Miska Hauser, Sigmund Hauser

Aus dem Wanderbuch eines österreichischen Virtuosen

Briefe aus Kalifornien, Südamerika und Australien

Miska Hauser, Sigmund Hauser

Aus dem Wanderbuch eines österreichischen Virtuosen
Briefe aus Kalifornien, Südamerika und Australien

ISBN/EAN: 9783743447752

Hergestellt in Europa, USA, Kanada, Australien, Japan

Cover: Foto ©Andreas Hilbeck / pixelio.de

Weitere Bücher finden Sie auf **www.hansebooks.com**

Aus dem Wanderbuche eines österreichischen Virtuosen.

Briefe

aus

Californien, Südamerika und Australien

von

M. Hauser.

Gesammelt und herausgegeben

von

S. Hauser.

Zweite Ausgabe.

Erster Band.

Leipzig,
Fr. Wilh. Grunow.
1860.

Herrn Ignaz Kuranda

als ein Zeichen

besonderer Verehrung und Hochachtung

zugeeignet

vom Herausgeber.

Als Herausgeber nachfolgender Reisebriefe, welche ursprünglich an einen engen und vertrauten Kreis von Verwandten und Freunden gerichtet waren, übergebe ich dieselben, trotz der freundlichen und ermunternden Aufnahme, welche sie in dem Feuilleton der „Ostdeutschen Post" gefunden, doch nur zögernd und befangen der Oeffentlichkeit. Vom flüchtigen Eindrucke des Augenblicks dictirt, können sie den vielen, oft bedeutenden Reisewerken der Neuzeit nur schüchtern an die Seite treten und auch der Nachsicht des gutmüthigsten Lesers nicht entbehren, wenn derselbe neue Aufschlüsse, wissenschaftlichen Werth, oder Gründlichkeit erwartet. Wer dagegen die schlichte Beobachtung eines anspruchslosen Virtuosen, der mit Geige und Bogen nach allen Richtungen des Windes segelte, weder überschätzt, noch verschmäht, und wer es für bequemer erachtet, die Welt in den harmlosen Blättern eines Buches, als über Berge und Meere zu durchwandern, könnte, so meine ich, bei der Lectüre dieser gesammelten Briefe doch Befriedigung finden. Ihm dürften diese im Fluge erfaßten Aufzeichnungen, wenn auch keine fertigen Bilder, doch die skizzenhaften Umrisse einer großen transatlantischen Welt, die Eindrücke tief bewegter Erlebnisse und tausendgestaltiger Erscheinungen vorüberführen, welche der Erzähler während seiner neunjährigen Wanderungen wahrgenommen und beobachtet hat.

Nachdem ich dies vorausgeschickt, sei es mir erlaubt zu erwähnen, daß mein wanderlustiger Bruder, im Jahre 1822 zu Preßburg in Ungarn geboren, schon frühzeitig einen ungewöhnlichen, alle Kinderspiele verdrängenden, Hang zur Musik äußerte. Konradin Kreutzer, zur Zeit Kapellmeister des dortigen Theaters, besuchte das kunstsinnige Elternhaus des Knaben und veranlaßte dessen ersten Unterricht im Violinspiel. Der Erfolg war ein so günstiger, daß der kaum 12jährige Knabe sich bald darauf mit vielem Beifalle im Theater hören lassen konnte. Unter Leitung des Hrn. Professor Böhm das Conservatorium besuchend, fand Michael Hauser in dem k. k. Kammervirtuosen Hrn. Joseph Mayseder einen eben so eifrigen als warmen Freund und Lehrer, der seiner ferneren Ausbildung eine künstlerische und vielversprechende Richtung gab. In Begleitung des Vaters, der einst als vorzüglicher Violindilettant mit Beethoven in naher Beziehung gestanden, unternahm mein Bruder 1840 den ersten schüchternen Kunstausflug nach Deutschland, der sich jedoch, unter stets steigernden Erfolgen, zu einer beinahe achtjährigen Konzertreise durch Deutschland, Dänemark, Schweden, Norwegen, Finnland, ganz Rußland bis an die Grenze Sibiriens ausdehnte. 1848 nach Wien zurückgekehrt, wurden die ersten Töne seiner Geige von den Donnerschlägen der Revolution übertäubt; das Hereinbrechen jener, für die Kunst so mißlichen, Ereignisse, die damals den größten Theil Europas erschütterten, bestimmten ihn, den stillen Herd seines Geburtsortes aufzusuchen, wo er, sich zu einer größeren Reise nach Frankreich und England vorbereitend, ausschließlich dem Studium und der Composition oblag. In London angekommen, lockte ihn ein überaus vortheilhafter Ruf über den Ocean, und schon am 1 Jänner 1850 brachte ihn der Dampfer „Baltic" nach New=York. Von dort aus durchzog er in Begleitung einer Concertgesellschaft zwei Jahre lang das Gebiet der Union in allen Richtungen. Von den Schneefeldern Canada's bis zum blumenreichen Frühling des Niagara mit seinen donnernden Katarakten, von den fernsten Ansiedelungen des Westens, bis zu den üppigen Orangen=Wäldern Louisiana's dürfte es wohl kaum eine Stadt geben, die von dem Besuche dieses modernen Argonautenzuges unberührt geblieben wäre. 1852 wieder nach New=York zurückgekehrt, schiffte er längs des Ohio und Mississippistromes, vorbei an den grellen Scenerien der Sclavenstaaten, der zauberhaften Zone des Südens zu. Die bösartigen Fieber Havana's jedoch, die zwischen den Wäldern voll Blüthen und Düften wie tückische Dämone dem Fremden auflauern, verkürzten seinen Aufenthalt auf jener Wunderinsel. Er eilte nach New=York zurück, und hier war es, wo der ebenso abenteuerliche, wie gefährliche Entschluß in ihm reif wurde, nach Californien zu ziehen; — doch ich will dem Erzähler nicht vorgreifen. Von da angefangen, beginnen die Schilderungen der Briefe, die ich hiermit einem größern Leserkreise übergebe. Mögen sie eine freundliche Aufnahme finden und das Interesse bewahren, welches sie früher in den Spalten eines Journals so leicht und ungekünstelt zu erringen gewußt. —

Wien, November 1858.

Sigmund Hauser.

Aus dem Wanderbuche

eines

österreichischen Virtuosen.

San Francisco (Californien), März 1853.

Durch mehrjährige Erfahrung zu der Ueberzeugung gekommen, daß von Europa's Boden für Virtuosen die goldenen Gärten der Hesperiden längst schon verschwunden, packte ich meine Violine in ein wasserdichtes Futteral, legte meine Hoffnungen in ein bescheidenes Fächlein, und segelte leichten Herzens über den Ocean. Amerika, dachte ich, ist ein glückliches Land; noch nicht heimgesucht von der Sündfluth der Concerte und Virtuosen, empfängt es jeden Künstler gleich einem Boten aus einer andern Welt und entläßt ihn ausgestattet mit den kostbarsten Gütern der Zeitlichkeit. Und siehe! ich durchwanderte viermal die vereinigten Staaten, Havannah und Canada in kurzer Zeit, und spielte an vielen Orten zehn- bis zwölfmal! Ein brillantes Geschäft! werden Sie ausrufen. Mit nichten! Ich, der Neuling, der unroutinirte Europäer — erwarb wenig, meine Agenten desto mehr. So pfiffige Leute, wie Barnum, sagen nicht: „Du bist ein Künstler, und deshalb sollst Du belohnt werden", sie sprechen: „Du bist ein Künstler, eine seltene Waare, und deshalb sollst Du durch mich verkauft und ausgepreßt werden." Hier gibt es auch Sklaven= handel mit Weißen. — Meinen merkantilen Werth ah= nend, riß ich mich los von diesen Seelenkäufern, und da selbe bereits hinlänglich dafür gesorgt, daß ich in die= sem Theile der Union den Reiz der Neuheit eingebüßt, be= beschloß ich nach Californien zu gehen. Selbst den An= trag mit Henriette Sonntag zu reisen, lehnte ich entschie= den ab, obwohl die Bedingungen glänzend waren.

In der Absicht, eine Sängerin für diese poetisch= prosaische Künstlerfahrt zu gewinnen, reiste ich von New= York nach Philadelphia. — Hier traf ich mit „Ole Bull" zusammen, der mir seinen Vorsatz, durch die Töne seiner nordischen Geige das Gold Californiens in Umlauf brin= gen zu wollen, mit Wohlbehagen mittheilte. Ich beschloß deshalb zu eilen. Im Drange des Augenblickes konnte ich die „menschgewordene Lyra" nicht finden, und mußte mich entschließen, in Gesellschaft des pianist=geworde= nen „Cabeneau" am 1. Jänner von New=York abzu= reisen. Der elegante Dampfer „Baltic" führte uns mit rapider Schnelligkeit hinaus in die unabsehbare Was= serfläche. Unter den Passagieren traf ich viele Bekannte. Zwölf Tage befanden wir uns auf dem atlantischen Ocean. Wir passirten sodann die Inseln Cuba, Jamaica und Haity. Es war ein großer, erhebender Anblick, als des Nachts die Insel Cuba balag, beleuchtet vom hellen Monde, dessen Schein magisch über das ruhige Meer ausgegossen war. Wie klein sind doch die Freuden der Kunst gegen die Freuden der Natur, die man erst dann zu würdigen weiß, wenn man an jener seinen Sinn geläutert hat.

Am zwölften Tage erreichten wir San Juan del Norte, wo wir in einen kleinen, mir bildlich bekannten Hafen einliefen, da ich dessen Abbildung vor langer Zeit im Pfennigmagazin gesehen.

Hier fängt erst das eigentliche Amerika, mit seiner üppigen und großartigen Thier= und Pflanzennatur an. Die Mannigfaltigkeit, Schönheit und Farbenpracht der tropischen Produkte erwecken das Erstaunen aller Ankömmlinge aus einer minder gesegneten Zone. Palmenbäume, Koko's und Cactus vegetiren hier in verschwenderischer Fülle, und nackte Indianer bewohnen diese heißen, paradiesischen Inseln.

In dürftig zusammengenagelten Bretterhäusern, welche, komisch genug, den Namen „Hotel" führen, ohne im Innern nur die Ahnung einer Spur davon zu besitzen, wurden die Reisenden untergebracht. Die menschenfreundliche Sorge einiger Spekulanten ließ es uns zwar an den nöthigen Erfrischungen nicht fehlen, sogar Champagner war zu haben, aber zu höchst exotischen Preisen! Der Taumel der tropischen Entzückung ward zum Sehnsuchtsseufzer nach der minder theuren Prosa des Nordens.

Die ersehnte Stunde des Aufbruches nahte, und

wir wurden nach vierundzwanzigstündiger Heimwehergießung in kleinere Schiffe gepackt, die, das Nothwendige vom Ueberflüssigen scharf unterscheidend, keine Betten enthielten. Das Faß des Diogenes ist zu einer großen Seereise weit bequemer und wünschenswerther als solch ein Schiff. — Nach glücklicher Durchschaukelung mehrerer kleinerer Gewässer erreichten wir am 14. Jänner, 10 Uhr früh, den Isthmus. Indianer, die unser ansichtig geworden, eilten herbei, die schmackhaftesten Früchte den Reisenden anbietend. Sie wurden dafür mit verschiedenen Kleinigkeiten beschenkt. — Noch nie hatte ich so häßliche, schmuzige Menschen gesehen, wie diese, und die Natur scheint hier dem edelsten Geschöpfe entziehen zu wollen, was sie den Thieren und Pflanzen im verschwenderischsten Maße gegeben. — Von hier ging es weiter nach San Juan del Sur, wo wir einige Häuser fanden und übernachteten. — Kleine Kähne, von Indianern geführt, brachten uns Tags darauf durch die Meerenge, was überdieß die ganze Nacht in Anspruch nahm. Von Krokodillen hie und da begrüßt, erreichten wir endlich nach diesen mehrtägigen Irrfahrten das Ithaka unserer vorläufigen Wünsche: Nicaragua.

Auf Nicaragua, welches noch von nackten Indianern bewohnt wird, war es zu dieser Jahreszeit (Mitte Jänner) unerträglich heiß, und wenn ich daran dachte, daß sich jetzt gerade in meiner Heimath der strengste Winter einstelle und an Schnee und Eis mich erinnere, so wurde es mir noch heißer. — Vor vierzehn Tagen noch in New-York im eisigsten Winter — und jetzt in tropischer Sonnengluth. An Stelle des Winterrocks trug ich nur eine dünne weiße Jacke, die leichteste Gattung Hosen und einen breiten Panama-Hut; denken Sie sich dazu meine Corpulenz und Sie haben das Portrait eines dicken Matrosen.

Nach kurzem Aufenthalte auf Nicaragua bestiegen wir wieder ein großes Dampfboot, welches uns für jene Entbehrungen einigermaßen entschädigte, und schifften nach Panama. Das Landen war hier jedoch nicht möglich, denn ein Sturm brachte die See in eine ungewöhnliche Aufregung. In einer Bucht zwischen zwei Bergen, wohin wir zurückzukehren genöthigt waren, war das Toben der Wasserfläche weniger fühlbar und die Landung wurde hier mit übermäßigem Aufwand aller Kräfte glücklich bewerkstelligt. — Doch welch ein paradiesischer Anblick öffnete sich hier unsern Blicken! Während es auf der weiten See stürmte und tobte, herrschte hier eine entzückende Ruhe. Die Vögel sangen, Affen kletterten lustig auf den Bäumen und die Natur prangte in ihrem schönsten Farbenschmucke. — Wir stiegen aus und promenirten in den schönsten Gärten der Welt. Wilde Indianer-Knaben umschwärmten uns und brachten uns Blumen und Früchte. Nach Verlauf einer Stunde hatten sich bereits Schaaren von Eingebornen um uns versammelt, die uns alle mit sichtbaren Zeichen von Neugierde und Verwunderung anstarrten. Ein charakterisches Zeichen der geistgen Versunkenheit dieses Menschenschlages bot die kriechende Demuth und sklavische Unterthänigkeit, die uns aus jeder Bewegung dieser Indianer entgegenblickte. Daß darauf unser numerisches Uebergewicht (wir waren über 400 Passagiere) im Verein mit den meerbeherrschenden Kanonen, die vom Dampfer herniederfeuerten, einigen Einfluß übte, soll hiermit nicht in Abrede gestellt werden.— Das vorherrschend melancholische, ernste Temperament dieser Menschen ist ein entsprechendes Zeichen des vegetabilischen Einflusses. Fremd unsern Hoffnungen, unsern Freuden, unserm Kummer, ist es selten, daß eine Thräne ihr Auge befeuchtet, daß ein Lächeln durch ihre Mienen zuckt. — Die schrecklichsten Qualen erduldet dieser merkwürdige Mensch, ohne eine Klage laut werden zu lassen; seine stoische Kraft der Beherrschung weicht nur der Wuth, der Rache und der Eifersucht. Strenge Arbeit scheinen sie gar nicht zu vertragen, sie, die unter Blüten und Früchten ihr Leben durchpilgern. Daß einwandernde Europäer, goldgierige und herzlose Scheinchristen sie dennoch zu schweren Arbeiten antreiben wollten, und, da sie dieselben der Anstrengung erliegen sahen, die abgehärteteren und kräftigeren Wilden der alten Welt, die Neger, als Sklaven einzuführen sich nicht entblödeten, — das ist und bleibt eine Schmach für ganz Nordamerika, die mit den Grundrechten der Verfassung in großem Widerspruche steht.

Welche Riesenkraft, welche üppige Ueberfülle läßt hier überhaupt die Vegetation erkennen. Die Palmen mit ihren schönen, schlanken Formen erinnerten mich unwillkürlich an die charakterische Gestallt des gesammten Amerika's; sie erheben ihre obersten Gipfel bis zu einer Höhe von 200 Fuß über den Boden; sie beherrschen alle übrigen Bäume sowohl durch ihre Höhe, wie durch ihre überwiegende Anzahl und durch ihre majestätischen Blattformen. Eine unzählige Menge Gebüsch und Bäume füllen den tiefern Raum aus, wo dieser erhabenen Baumgestallt die von Natur versagten Zweige fehlen. Emporkletternde, baumstarke, ineinander verflochtene Lianen umgeben in unendlicher Mannigfaltigkeit mit ihren elastischen Zweigen dieses dichte Gebüsch, und diese kolossalen Bäume entfalten ihren Blütenzauber über das grüne Blattmeer und verbinden das Ganze zu einer stark zusammenhängenden dichten Masse, daß sie von den Menschen nicht anders, als mit der kräftig aufräumenden Axt zu durchbringen sind. — Dort schwimmt auf ruhigen Wasserflächen die Victoria, die Nebenbuhlerin der Bafflesia, und erhebt sich mit bezauberndem Glanze aus der Mitte einer unendlichen Fülle von sanft über den Wasserspiegel ausgebreiteten Blättern; eine einzige dieser wohlriechenden Blüten nimmt einen Platz von 16 Fuß Umfang ein. — Die mit Riesenkraft sich überall eindrängende Vegetation erlaubt hier keinem Menschenwerke eine dauernde ruhige Existenz, die Monumente amerika=

nischer Civilisation sind bald in grüne Hügel verwandelt und bald gänzlich verwüstet. Stein auf Stein wird durch die mit unwiderstehlicher Kraft in die Ritzen und Spalten der Gebäude eindringenden Pflanzen zur Seite geworfen.

Mit einer Gesellschaft von zwanzig Personen unter dem Naturdache eines Palmen-Blattes Siesta haltend, hatte ich Muße genug, mich diesem Natur-Eindrucke ganz hinzugeben. Ja, Amerika besitzt einen unermeßlichen Reichthum an vegetabilischen Schätzen, sie liegen aber noch ganz unbearbeitet, ganz unbenutzt und unbeachtet in ihrer fernen Einsamkeit. — Nicht Goldjäger braucht es, es braucht Ackersmänner. — Dieser herrliche Boden harrt schon seit Jahrhunderten vergeblich auf sachverständige Landwirthe zum Benützen seiner unerschöpflichen Fruchtbarkeit. Die eingebornen Völker, die Urbesitzer dieser gewaltigen Territorien haben weder die Fähigkeit noch die Lust dazu gehabt, das große Werk der Bodenkultur ihres Landes in die Hand zu nehmen. Noch nie hat der Indianer aus eigenem Antriebe sein Land umgegraben und bestellt, er blickt auf ein landwirthschaftliches Erdenglück mit dummer Verachtung. Das Jagen ist sein Tagewerk, seine Lust, sein Glück, und der Krieg sein hochgefeiertes Handwerk und sein Fest. So leben auf einem Boden, welcher im Stande wäre, Millionen von Menschen reich und glücklich zu machen, nur wenige Eingeborne zerstreut umher, begnügen sich mit den zufälligen Freuden einer paradiesischen Wildniß, und finben in einer elenden, kümmerlichen Existenz ihr ganzes Lebensglück.

Nach zwei Tagen hatte das Wetter draußen ausgetobt und wir bestiegen unser Schiff unter einem entsetzlichen Geheul der Eingebornen, die uns auf diese Art das Lebewohl zuriefen. — Mit bewegtem Gemüthe fuhren wir den drei Stunden langen Weg zurück, der uns auf die offene See brachte. Dieses Hinderniß hatte unsere Fahrt um drei Tage verzögert, doch wir waren glücklich allen Gefahren einer wild brausenden See entgangen. — Die ganze Nacht über fahrend, erreichten wir des andern Tages früh 10 Uhr Panama. — Hier fanden wir ein bequemes Hotel und trafen mit Reisenden zusammen, die eben aus Californien kamen.

———————

San Francisco, 15. März 1853.

In einigen Zeitungen, deren ich in Panama ansichtig wurde, es war auch eine deutsche darunter, fand ich bereits einige Notizen über meine Ankunft in Californien! Um diese Notizen wahr zu machen, bestieg ich die in Bereitschaft gesetzten Pferde, die mich sowohl, wie auch die übrigen Reisegefährten, von dem „Nochnichtangekommensein" unfreundlich genug überzeugten. Tausend Maulesel dienten dazu, die Effecten der Reisenden und sonstige Waaren über die Landenge von Panama zu bringen; natürlich für sehr schweres Geld, denn je mehr Passagiere, desto höhere Forderungen. Für jedes Pfund Gepäck war ein Dollar zu bezahlen! Meine Violine, die man gleich einer Frau nie aus den Augen verlieren soll, nahm ich zu mir aufs Pferd, auf jeder Seite ein Kästchen und das dritte obenauf.

Um etwaigen Spöttereien zu entgehen, ritt ich stets, obwohl ich nie in meinem Leben geritten war, Allen voran und behauptete meinen Platz an der Spitze der Karavane bis nach Granada, das wir nach einem sauer und mühevoll zurückgelegten Weg von 12 deutschen Meilen erreichten. Mir hätte nach dieser mir unvergeßlichen Tour und Tortour jede elende Hütte ein Maurenpalast geschienen, um so wohlthuender war es aber, in Granada ein prächtiges Hotel zu finden, eine Alhambra, versehen mit allem Zauber, dessen unser aufgeklärtes Jahrhundert fähig ist. Von den Fenstern dieses Palastes erblickte ich zum ersten Male das stille Weltmeer. Ein großartiger, unvergeßlicher Moment! Es war mir, als stände ich an den Pforten der Ewigkeit!

Zur letzten großen Fahrt hinlänglich gestärkt, bestiegen wir den Dampfer "Bruder Jonathan," ein großes, auf's eleganteste eingerichtetes Schiff; der Speisesaal ist mit blauem Sammt und Silber, Gesellschaftssaal und Spielzimmer mit rothem Sammt und Gold bekleidet. Ich hatte meine eigene Kajüte und wurde vom Kapitän und der Schiffsmannschaft besonders bevorzugt. Der Kapitän, an den ich Empfehlungsbriefe hatte, brachte es durch Fleiß und Klugheit zum Millionär, als ein armer Teufel beginnend. Da machte ich es mir bequem, packte meine Violine aus, ging den ganzen Tag über in Schlafrock und Pantoffeln, exercirte, komponirte und veranstaltete, einer barocken Idee Folge leistend, zum Besten der Schiffsmannschaft ein Concert, welches 300 Dollars einbrachte. Die ganze Reisegesellschaft überhäufte den originellen Concertgeber mit Aufmerksamkeiten, der mit dem Bewußtsein, Heiterkeit erweckt zu haben, sich befriedigt fühlte.

Am fünften Tage unserer Fahrt veranstaltete eine Gesellschaft, den Kapitän an der Spitze, einen großen Ball mit Banket, so glänzend und prachtvoll, als befänden wir uns auf einer Redoute irgend einer großen Stadt des Festlandes.

Man behandelte mich wie ein verzärteltes Kind und nöthigte mir tagtäglich die theuersten Leckerbissen und die besten Weine, Ananas und Champagner auf. Der Kapitän erbat sich zum Ueberflusse mein Portrait, welches er als Andenken, unter dem Beifall der Anwesenden, in goldenem Rahmen im Gesellschaftsaale aufhängte!

So vergingen die Tage in Saus und Braus, während der Dampfer auf dem stillen Ocean dahinzog. Auf einer so großen Kugel, wie unsere Erde, erscheinen die Gewässer des Oceans unserem Auge wie eine einförmige wagerechte Fläche. Ungeachtet der sprichwörtlich gewordenen Unbeständigkeit und leichten Beweglichkeit dieses

Elementes, ungeachtet der unendlichen Wellenbewegung, ist das wahre, fast ganz allgemein herrschende Gefühl, welches den Wanderer befällt, der sich des Weltmeeres Wogen anvertraut, nichts anderes als eine ewige, in Verzweiflung bringende Einförmigkeit. Und das ganze Leben eines Seemannes, wie poetisch anziehend es auch ausgemalt und besungen sein mag, ist nur ein schrecklich ermüdendes Einerlei, und nur das Jubelgeschrei: Land! macht seiner fieberischen Ungeduld ein kurzes Ende.

Sie können sich demnach unsere Gefühle leicht enträthseln, als wir, nach einer Fahrt von 12 Tagen am 2. Februar des Hafens von San Francisco ansichtig wurden.

Der Hafen von San Francisko ist der schönste der Welt; von der Natur so trefflich angelegt, wird er in kurzer Zeit die Stadt zu einer der größten der Erde machen. Ich war sehr erfreut, bei meiner Ankunft von einigen Freunden, die ich aus den vereinigten Staaten kannte, erwartet zu werden; auch Viele mir noch Unbekannte, denen ich im Voraus empfohlen war, harrten meiner am Landungsplatze. Man führte mich in das Hotel, dasselbe, wo die Sängerin Katharina Hayez wohnte, die vor lauter Freude, einen alten Bekannten wieder zu sehen, mich umarmte und küßte.

Es sind jetzt gerade sieben Jahre, daß wir zusammen in Christiania concertirten und vor einem Jahre in New-York. Fräulein Hayez hat sich während eines Jahres eine halbe Million erfungen und wird hier im wahren Sinne des Wortes mit Gold überschüttet; in ihrem Concerte konnte ich nur durch ihr Verwenden einen Platz erlangen. Die Preise sind 10, 5 und 3 Dollars, und da murrt man in Wien gegen die Drei-Gulden-Cercle-Sitze. Da es hier von Concertgebern wimmelt und alle größeren Localitäten bereits pränumerirt sind, so mußte ich mich für mein erstes Concert mit einem kleineren Theater begnügen. Die Zahl der Concertgeber, die alle reich werden wollen, scheint mit der der Chinesen in steter Zunahme begriffen zu sein, denn von den letzteren befinden sich bereits 10,000 hier, welche eine eigene Schauspielergesellschaft unterhalten. Die Zahl der Deutschen soll über 6000 betragen, den Rest bilden Engländer, Franzosen, Spanier ꝛc. — Sogar fünf Ungarn erfreuten mich mit ihrem Besuche; sie sind erst vor Kurzem eingewandert und bereits im Besitz großer Reichthümer und einer ausgedehnten Goldwäscherei.

Trotz alledem und alledem, wie froh wäre ich, wenn ich dieses Amerika schon im Rücken hätte; doch die magische Gewalt des Goldes hält mich noch immer an Californiens Boden gebannt. Eigennutz heißt hier die angebetete Gottheit, und kein Mittel ist hier zu gering, keines zu schlecht, wenn es nur dem Eigennutze huldigt. Mord und Todtschlag sind an der Tagesordnung, und wer in diesem vielgepriesenen Eldorado längere Zeit zu wandeln gedenkt, der möge den nächtlichen Sternenhimmel stets nur aus dem Chambre garni irgend eines verläßlichen Hotels bewundern. — Doch, ich muß gestehen, daß solch ein nächtliches Rendezvous mit den Jüngern des Kommunismus der Selbstvertheidigung den schönsten Spielraum gewährt, denn, da keine Polizei vorhanden, so fällt es auch Niemanden bei, dem Heroismus des Angegriffenen durch irgend welche Hilfeleistung den geringsten Abbruch zu thun. Ich werde übrigens hier mit besonderer Auszeichnung behandelt, und genieße die Freundschaft der ersten Notabilitäten der Stadt. Kaum vier Wochen hier anwesend, veranstalte ich bereits mein sechstes Concert. — Die Theuerung übertrifft meine höchsten Erwartungen und trotzdem ich täglich eingeladen werde, verbrauche ich doch jeden Tag 30 Dollars. — Für die Reinigung eines Hemdes bezahlt man der Wäscherin einen halben Dollar! Ich sah hier Gold, daß mir die Augen übergingen, und jeder der nicht Gold gräbt, sucht sich durch die abenteuerlichsten Speculationen zu bereichern. Geisterklopfer und Gaukler, moderne Don Quixote's und Taschendiebe, öffentliche Redner und Marktschreier, berühmte Tänzerinnen und brasilianische Affen, Virtuosen und Papageien — Alle reichen sich die Hände zum gemeinsamen Werke der goldenen Speculation. Das ist das glänzendste Elend, das sind die goldenen Sclavenfesseln! Wohl dem, der die Macht besitzt, sich ihnen noch zur rechten Zeit zu entwinden. Die Stadt besteht meistens aus hölzernen Häusern, und kaum wage ich es, mich auf längere Zeit aus meiner Wohnung zu entfernen, da fast jeden Tag Feuer ausbricht, welches theils durch die Leichtfertigkeit und Flüchtigkeit, womit hier Alles getrieben wird, theils durch die unlautersten Motive, als: Neid, Rache, Speculation ꝛc. hervorgerufen wird. — Auf solche Weise ist hier schon unsägliches Unheil angestiftet worden; in dem Zeitraum von einer Stunde wurde oft ein ganzer Stadttheil in Asche gelegt. Aber beinahe ebensoschnell entstehen auf der noch rauchenden Brandstätte neue Stadttheile. Es ist wunderbar, was hier in kurzer Zeit geleistet wird; über Nacht wachsen comfortable Wohnhäuser aus der Erde, über Nacht werden die Leute reich und über Nacht wieder arm. „Sich regen," so heißt hier der Inbegriff aller irdischen Weisheit, und das höchste Ziel aller Regsamkeit ist der Mammon. Poetische, phantasiebegabte Naturen, Künstler und Literaten werden in jeder europäischen Dachstube eine weit zuträglichere Luft finden, als hier, wo alle Träume von menschlicher Tugend und Größe sich in Goldstaub aufzulösen scheinen.

Wie reich ist dieses Land von der Schöpfung ausgestattet, wie sehr allen andern Ländern der Erde vorgezogen worden, und wie wenig entspricht diesem Winke das Treiben der Menschen! Die milden Seewinde erzeugen hier ein herrliches Klima und die verhältnißmäßig geringen Anhöhen lassen den Landwirth fast ohne Ausnahme immer mit Sicherheit auf eine sehr reiche

Ernte rechnen. Der Europäer läßt sich in dem neuen Lande ganz klein und voll ängstlicher Besorgniß nieder, er thut jeden Schritt engherzig, langsam und mit allerlei Befürchtung, wie ein Dieb mit bösem Gewissen. Und, bei Lichte besehen, was ist er auch anderes, als ein habgieriger, gefühlloser, gemeiner Dieb, den blos die häßlichsten Leidenschaften hinübergetrieben haben. Er trachtet nur nach dem eitlen, betrügerischen und vergänglichen Golde, welches so leicht im Stande ist, gerade Den verarmen zu lassen, der in seinem Besitze schwelgt. Ueberfluß irdischer Güter schläfert den Geist des Menschen am meisten ein und verweichlicht und entnervt ihn, wodurch ihm der sichere Grund der Unabhängigkeit und Freiheit entzogen wird. War nicht gerade dem goldgierigen Spanien dieses amerikanische Metall so verhängnißvoll? war nicht gerade die plötzliche Ueberfülle desselben das Signal zu seinem Sturze?

Der leicht zu durchschauende Zweck aller heutigen Californien-Pilger besteht blos darin, ein rasches Glück zu machen und dann schnell wieder nach Europa zurückzukehren, um dasselbe mit Sicherheit genießen zu können. Zur Erreichung dieses Zweckes halten sie aber jedes Mittel für erlaubt.

Da der Winter ausnahmsweise sehr heftig war, so ist es gegenwärtig, im März, hier noch immer sehr kühl, doch immer noch bedeutend wärmer als in Oesterreich zu dieser Jahreszeit. Ich besuchte die hiesige Oper, es wurde „Martha" gegeben. Der Componist hätte nicht viel Vergnügen bei dieser Aufführung erlebt; ich selbst konnte es nur Einen Akt hindurch aushalten. Ich ging darauf in das chinesische Theater, wo ich wenigstens nichts verstanden. — Daselbst wurde ich mit einem französischen Grafen „Roussel de Boulbon" bekannt, der eine Invasion nach Mexiko befehligte, doch zurückgeschlagen wurde. Ein Abenteurer im strengsten Sinne des Wortes, aber ein sehr geistreicher, gebildeter Mann, der hier keine unbedeutende Rolle spielt. Vor Kurzem halb todt hierher gebracht und nun kaum wieder genesen, organisirt er wieder ein gleiches Unternehmen. Er war so freundlich, da er auch ein ausgezeichneter Pianist ist, die Pianoforte=Begleitung meiner „Lieder ohne Worte" für mein nächstes Concert zu übernehmen. — Er ist der Held des Tages und so wird dies nicht umhin können, großes Aufsehen zu erregen und mir, was das Beste an der Sache, ein volles Haus sichern. Mein musikalischer Scherz: „der Vogel auf dem Baum," hat hier ungeheuer gefallen und ich wurde durch wiederholte Zeitungs=inserate aufgefordert, „dieses klassische Tonwerk (?!)" in jedem meiner Concerte zu spielen. — Was sagen unsere Kritiker zu einer solchen Bezeichnung?

Bei einem meiner Concerte sang zum ersten Male eine Sängerin, der die Natur weder Gesang, noch weniger Jugend, noch hellenische Schönheit gegeben. Die aller Phantasie baren Yankees waren so unmanierlich, sie sogar häßlich zu finden und bethätigten ihren angebornen Musiksinn durch Pfeifen und Zischen, womit sie den Gesang der halb ohnmächtig gewordenen Sängerin begleiteten. Ich verschwendete alle meine Beredtsamkeit, die Aermste zu trösten. Doch ihre Hoffnungen, deren Anzahl bei dem zarten Geschlechte immer größer ist, waren mit einem Schlage vernichtet und meine Reden fruchteten wenig. Das Publikum geht überall, doch hier in noch höherem Grade dem Scheine nach; es wirft das Geld selten, aber dann am meisten hinaus, wenn es, wie überall, recht zum Besten gehalten und getäuscht werden kann. Manche Sängerin glaubt hier gefeiert, mancher Clavierspieler hier mit Gold beworfen zu werden, jedoch es täuschen sich die Meisten. Mit Bedauern mußte ich es erleben, daß wirkliche Talente, die es nicht verstanden, dem Publikum leckere Kost zu bieten, vor den Proletariern der Kunst das Feld räumen mußten.

San Francisco, 1. April 1853.

Ohne Mitwirkung ist in St. Francisco kein Concert möglich, je mehr Nummern das Programm enthält und je bunter sie zusammengewürfelt sind, desto besser. Außer der Hayez und einer Spanierin befindet sich gegenwärtig keine Sängerin hier, die beliebt wäre, denn so manche Andere wurde vom unzarten Publikum gezwungen, abzutreten. Ich rekrutire mir deßhalb ein Quartett und wo möglich auch ein ganzes Orchester. An Musikern fehlt es hier nicht, sie schießen wie Pilze aus der Erde und finden ihr bestes Gedeihen in der Treibhaus-Atmosphäre der hiesigen Spielhäuser. Nicht selten kommt es vor, daß ein glücklicher Spieler einen Goldklumpen hinwirft, um sich das „Yankee dooble" oder einen Strauß'schen Walzer vorgeigen zu lassen. Katharina Hayez beabsichtigt von hier in einigen Tagen nach den Goldminen und von da nach Südamerika, Chili und Peru zu reisen. Ich habe die Idee, später meinen Weg gleichfalls dahin zu nehmen, zumal da ich nach Rio Janeiro viele Empfehlungen habe, worunter auch einen Brief des Präsidenten Pierce an den Kaiser und sämmtliche Minister. Doch ich wollte, es ginge in meine Heimath; wie gerne würde ich das „Cearny Street" in St. Francisco mit einem Fuß breit ungarischer Erde vertauschen.

Vor dem Antritt meines Ausfluges nach den Goldminen gab ich am 15. Mai im hiesigen großen neuerbauten Theater mein Abschieds-Concert. Ich würde es einen Abschieds-Triumph nennen, wenn das Wort nicht schon zu vergriffen wäre, und mein Gefühl sich nicht gegen Huldigungen auflehnte, die nur Jenen, welche sich um die Menschheit verdient gemacht, zu Theil werden sollten. In dem prosaischen Lande der Prairien und Urwälder können solche Aeußerungen des Kunst-Enthusiasmus nur überraschen; doch der Mensch, wo er auch sei und was er auch treibe, muß einen Gegenstand seiner

Begeisterung haben, heiße dieser Gegenstand nun wie immer, wenn er nur seinen Zweck: „Vergessenmachen des Alltäglichen" zu erfüllen im Stande ist. Dies scheinen die Praktiker des modernen gelobten Landes gerade am meisten zu fühlen. Denn jede dargebotene Gelegenheit, sich den trockenen, Geist und Gemüth tödtenden Geschäften auf eine Weile zu entziehen, wird freudig ergriffen und reichlich belohnt. An geistigen Heloten, deren Gesichtskreis vom Mittelpunkte des Dollars ausgehend nur bis zu dessen Rändern reicht, ist zwar nirgends Mangel, aber die bessere Natur bricht sich selbst im wildesten Dickicht Bahn, und strebt, der Palme in den Urwäldern ähnlich, himmelwärts. In diesem allgemein menschlichen Bedürfnisse, das hier heftiger als sonst irgendwo gefühlt wird, will ich den Grund meiner unverhofften Erfolge erblicken, und da die materiellen Verhältnisse hier einen Glanzpunkt erreicht haben, wie nirgend in Europa, so kann ein berechnender Künstler auf guten Erfolg zählen.

Die Einnahme des erwähnten Concertes war sehr lucrativ und betrug über 2500 Dollars. Ich bin stolz darauf, ein Orchester zusammengestoppelt zu haben, das selbst einer europäischen Residenz Ehre gemacht haben würde. Ich habe die Musiker aus den Spielhäusern zusammengesucht, sie für meine Concerte, deren ich bis heute 26 gegeben, engagirt und exercirt, und brachte es endlich dahin, daß Beethoven's herrliche Ouverture zu

„Leonore" executirt werden konnte. Das Concert dauerte volle 4 Stunden, denn ich mußte dem ungestümen Verlangen der anwesenden Gentlemens, Chinesen und Abenteurer aller Länder nachgeben und jede Piece dreimal wiederholen. Als ich eine Composition mit eingeflochtener chinesischer Melodie vortrug, machten plötzlich die Kinder des himmlischen Reiches ihrer Begeisterung durch übermenschliches Toben und Heulen Luft, so zwar, daß ich mich schließlich in einem Winkel des Hauses verbergen mußte, um den chinesischen Triumphen zu entgehen.

Am folgenden Tage, 16. Mai, reiste ich in Gesellschaft des Pianisten Laveneau, des Sängers Gerold, der Sängerin Pattinos und meines Agenten nach den Goldminen. Zuerst nach Sacramento, eine Reise von vier Tagen, von da nach Stokton und Novara, Städte, erst im Entstehen. Mir gingen die Augen über beim Anblick des vielen Goldes! Doch machte ich hier im Verhältnisse schlechtere Geschäfte als in St. Francisco, denn die Kosten waren enorm; jeder meiner Begleiter forderte 60 Dollars täglich, und da die Leute in den Minen wenig Miene machten, in's Concert zu gehen, so spielte ich diesesmal „Lieder ohne Gold."

Von den Reise-Unglücksfällen, die mich bedrohten, erwähne ich nur im Allgemeinen, daß man gegen Menschenleben in diesem Lande der Brüderlichkeit, durch Ueberspannung der Dampfkräfte und unvorsichtiges Befahren gefährlicher Stellen eine nicht genug zu rügende Gleichgültigkeit an den Tag legt. Mephisto's Worte: „Der Menschenbrut — ist nun gar nichts anzuhaben," werden hier zum Theil auf grauenerregende Weise widerlegt, und mit wahrer satanischer Gleichgültigkeit geschehene Unglücksfälle besprochen. Man speculirt sogar darauf in Vorherein und findet es unbegreiflich, wenn diese Art von Speculation längere Zeit hindurch mißglückt. Da ich übrigens alle Vorsicht bei der Wahl der Schiffe und Capitäne anwende, so kehrte ich wohlbehalten nach St. Francisco zurück. — Lola Montez tanzt hier, spielt Theater, theilt Ohrfeigen aus und handelt dafür Gold ein. In „Yelva, die russische Waise" gefiel sie dem demokratischen Auditorium ungemein, nicht minder in dem von ihr verfaßten Stücke: „Lola Montez in München." Furore erregte sie im „Spinnentanz," in welchem sie, um eine Spinne herumtanzend, ohne selbe zu zertreten, ein neues Spinnengewebe um die Herzen der anwesenden Gläubigen zog. Quousque tandem! Doch ist sie noch immer sehr schön. Ich habe sie gestern gesehen und gesprochen. Sie ist ungezogen, wie ein kleines Kind, und spricht vom Feuer, wie Einer, der sich noch nicht verbrannt hat. Sie erzählte mir unter vielen anderen Dingen, zu deren Wiedererzählung die Kunst des geschicktesten Mnemotechnikers nicht hinreichen würde, ganz naiv, daß sie den früheren Agenten der Hayez auf Pistolen gefordert, ihn „Schuft" geheißen, und schließlich, weil er sein Wort ihr nicht gehalten, ihm noch eine Ohrfeige gegeben habe.

Wie ich bereits erwähnte, wimmelt es hier von Concertgebern und jene unglückliche Jahreszeit, die in Wien nur Einmal wiederkehrt, jene Zeit der geisttödtenden und geschmackverderbenden Virtuosenconcerte, sie lastet über Californiens Hauptstadt wie ein drückender Alp und bereitet ihr die ewigen Qualen des Tantalus. Alle Theater, Säle und Locale sind von den modernen Nachkommen Apollo's und Orpheus wochenlang vorher pränumerirt. Doch die wenigsten der singenden und spielenden Abenteurer finden hier das goldene Vließ. Wer nicht aus Europa selbst Ruf und Reputation mitbringt, hat hier einen schweren Stand; ist solches aber der Fall und hat man einmal den Entschluß gefaßt, dem materiellen Geschmacke des Publicums zu huldigen und die wahren Kunstinteressen auf eine Zeit lang zu missen, so kann es auch hier an den glänzendsten Erfolgen nicht fehlen.

Ein Banket nach dem andern wird mir zu Ehren veranstaltet, der dabei entfaltete Aufwand ist den Begriffen vom Goldlande sehr günstig und es möge genügen, wenn ich sage, daß bei dem jüngsten Banket zur Bestreitung der Auslagen die Summe von 500 Dollars wohl kaum hinreichte. Wenn ich ferner erwähne, daß sogar die Chinesen durch eine Deputation mich in ihr Stadtviertel laden ließen, so glaube ich die Früchte meines Systems hinlänglich characterisirt zu haben. Doch das bessere Ich drängt aus diesem beweglichen, trügerischen Meere der Speculation zur sicheren, heilbringenden Küste der wahren Kunst. Das Quartett, das ich mühsam zu Stande brachte, gewährte mir längere Zeit hindurch mehr Vergnügen, als alles californische Gold. Das Quartett in jener Vollendung, wie es ein Beethoven erfaßte, dieses geistige Viergespräch gleichgestimmter Seelen, das eine Welt von Thaten, Leiden und Hoffnungen in sich schließt, es ist mein Rettungsanker, so oft dämonische Mächte mein geliebtes Schiff, die Kunst, dem mit lockenden Reigen geschmückten Abgrunde zuzuführen bemüht sind. Leider starb dieser Tage an Unverdaulichkeit der Violaspieler — und so werde ich längere Zeit dieses reinsten musikalischen Vergnügens mich beraubt sehen. Unter den hiesigen Musikern befindet sich auch ein Zögling des Wiener Conservatoriums, welcher sich, im Verein mit noch andern Musikern, täglich 40 bis 50 Dollars verdient. Die Mitglieder des von mir gebildeten, in meinen Concerten wirkenden Orchesters, haben ein sehr nachahmenswerthes Exempel gegeben, sie verlangen keine Bezahlung, ein böhmischer Contrabassist ausgenommen.

Ole Bull hat mir geschrieben; seine Pläne sind excentrisch wie immer, er hat die Idee, da ihm die letzte Speculation mißlungen, mit dem nächsten Schiffe hierher zu kommen, um sich hier eine Million (!) zu ergeigen und sich dergestalt einigermaßen wieder empor zu helfen.

Meine Ansprüche sind bei weitem bescheidener, doch habe ich das Concertgeben bereits herzlich satt und bald muß es sich entscheiden, ob ich dieses unglückliche glücklichste Land auf immer verlasse. — Sobald mein Ziel erreicht, werde ich über Südamerika nach England zurückkehren.

Das glücklichste Land! ja ein glückliches Klima, ein üppig fruchtbarer Boden, eine wundervoll kräftige Vegetation, eine überreich gesegnete Bewässerung und der Ueberfluß an den edelsten Metallen, bilden lauter Eigenschaften, die Californien zum irdischen Eldorado erheben. Das herrliche breite Thal, welches sich zwischen den innern und den Höhenzügen der Küste ausbreitet, gestattet dem Flußgebiete reiche Entwicklung, die dem südlichen Californien versagt ist. Von Norden her kommt der Rio San Sacramento aus verschiedenen Seen am Wintergebirge, mit einer so bedeutenden Tiefe, daß er dreißig Meilen aufwärts selbst von größeren Schiffen befahren wird. Er mündet zugleich mit dem Fluß San Joaquim in die Bai von San Francisco. — Nach genauen in San Francisco und im Fort Roß angestellten Beobachtungen, schwankt die ganze Jahrestemperatur an jenem südlichern Punkte nur zwischen 10 und 20° R., an diesem nördlichern zwischen 7 und 11½°. Die Sommerhitze wird durch die Seeluft und die starken Nebel bedeutend gemäßigt und somit findet hier der für den Fremden so verderbliche Temperaturwechsel gar nicht statt. Dem entspricht auch die durchweg frische und reiche Vegetation, welche dem aus dem südlichen Californien Kommenden fast als ein Wunder erscheint. Die Höhen um so schrecklicher, weil sie so unerwartet, und überrascht sind mit den stolzesten Eichenwäldern bedeckt und solchen, die eine weiße Art Früchte tragen, welche den Eingebornen statt des Brodes dienen; ferner mit rothen Cedern, Platanen, Chpressen und verschiedenen Agavenarten. Die Missionsstationen finden hier einen ergiebigen Boden für Ackerbau, dessen Mühen alle europäischen Getreidearten bis ins Unglaubliche lohnen. Der Weinstock wurde gleichfalls mit dem günstigen Erfolge eingeführt und liefert trotz mangelhafter Pflege ein gutes Getränk; eben so gedeihen Dattelpalme, Oelbaum, Baumwollenstaude u. s. w. Die ausgedehnten fetten Waiden begünstigen die Viehzucht, welche die Missionäre von Anfang an durch Einführung der europäischen Hausthiere mit Erfolg gepflegt haben; Rinder und Pferde sind fast verwildert und man fängt sie ein, wenn man sie braucht.

Die Wälder sind dicht bevölkert mit Wild aller Art, Bären, Hirschen, Rehen, Hasen; Füchse werden in großer Menge gefangen und die Felle derselben ausgeführt, desgleichen die an den Küsten so häufigen Ottern, zu deren Fange früher öfters russische Fahrzeuge herabkamen.

Und in diesem Lande, das von der Natur nur zum Glücke der Menschen geschaffen erscheint, hat das Elend und das Laster seinen Thron aufgeschlagen. Ein Gang durch die Straßen von San Francisco überzeugt Jeden von dieser traurigen Wahrheit. Neben dem glänzendsten Reichthum findet man die bitterste Armuth. Sie wirkt um so mehr in einem Lande, wo Jeder nur von goldenen Bergen träumt. Diese Illusionen werden durch die Wirklichkeit auf eine sehr harte Weise gestört und Selbstmorde, Wahnsinn, kurz alles Elend mit seinem schrecklichen Gefolge findet man in weit höherem Maße, als Glück und Reichthum. Aber auch mit dem Golde werden die Herzen hart geschmiedet, das Almosengeben ist hier gar nicht Mode und kalt geht der übermüthige Glücksritter heute an niedergedrückten Gestalten und verzweifelten Gesichtern vorüber, er, der vielleicht schon morgen demselben Schicksale preisgegeben ist.

San Francisco, 15. April 1853.

Das hier herrschende Elend wird, wo nicht hervorgerufen, doch wesentlich befördert durch die vielen Spielhäuser. In jeder Straße sind deren zu finden, und auf fünf Wohnhäuser kommt ein Spielhaus! An den grünen Tischen sitzen meistens durch- und ausgetriebene Franzosen und arbeitsscheue Deutsche.

Ich besuchte ein solches Spielhaus und will versuchen es zu schildern. Das zwei Stock hohe Gebäude gehört zu den schönern in San Francisco, im Erdgeschoß befindet sich das Bierhaus zum „Gambrinus." Eine deutsche Kellnerin, ein deutscher Wirth und eine deutsche Küche locken den größten Theil der Landsleute hierher. Obwohl die Einrichtung höchst armselig und die Speisen schlecht sind, so werden doch ungeheure Preise gefordert: ein Glas Bier, Kaffee oder Thee kostet ½ Dollar, ein Glas Punsch, Wein und Eis einen Dollar. Unter den vielen Bekannten, die mich hier freundlichst begrüßten, war auch Dr. Prechter aus Bremen, der mich einlud, das im ersten Stock liegende Spielhaus zu besuchen. Wir gingen die Stufen hinan. Doch welch ein Contrast zwischen dem deutschen Bierkeller und dem im französischen Style eingerichteten ersten Stockwerke! Es schien mir wie eine Reise von Deutschland nach Frankreich! Die mit grünem Tuche belegten hölzernen Treppen führten uns in ein Vorzimmer, wo ein schwarzer Lakai die Symbole europäischer Cultur: Hut und Stock in Empfang nahm. Freilich ist solches bei vielen Gästen unnöthig, denn die meisten, die den Salonfrack der Europäer mit einer Jacke, und den Stock mit Spaten und Haue längst vertauscht haben, kommen gerade aus den Minen, noch russig an Händen und Gesicht, mit aufgeschürzten Hemdärmeln, auch zuweilen ohne Hemdärmel. Doch desto glänzender gestaltet sich der mittlere Theil dieser von roher Arbeit gezeichneten Gestalten. Hier befindet sich der Gürtel, wo das gewonnene Gold, von zwei Pistolen bewacht, symbolisch auf das den Reichthum umgebende Elend hinzudeuten scheint. Golddurst in den Zügen, kamen sie hierher, um in kurzer Zeit das mühsam Erworbene vermehrt oder auf immer verloren zu sehen. Kaum hatten wir unseren Fuß in dieses verlorene Paradies gesetzt, so umgaukelten uns die Abgesandten der Hölle mit den Schlangenkünsten der Beredtsamkeit, um uns zu locken.

Ich muß gestehen, daß alle Standhaftigkeit von meiner Seite aufgefordert werden mußte, um der Verlockung zu widerstehen. — Man las uns aus einem Catalog die Namen derjenigen vor, die Furtuna begünstigte; aber die Schaaren der den „Erinnyen" Anheimgefallenen verschwieg man uns. „Hier sind die Goldminen Californiens! rief ein Neger in bunter Tracht — „hier ist Onkel Toms Hütte!" entgegnete eine Stimme in meinem Innern. Ein Zweiter machte Bajazzo-Späße und suchte den Verlierenden den Verlust wegzulachen.

Sechs Musiker geigten Lust, Hoffnung und Trost, und wurden dafür von den Gewinnenden reichlich beschenkt; der minder glückliche Theil konnte in diesen Tönen die bringendste Mahnung zur baldigen Umkehr ausgesprochen sehen, denn diese Musik war abscheulich. Während meiner Anwesenheit gewann ein Goldgräber aus Columbia 3000 Dollars, zwei Andere verloren 2500 Dollars. Es war ihr durch sechzehn Monate der harten Erde abgezwungener Verdienst. Da wurde es mir unheimlich zu Muthe; die wilden Gestalten aller Farben, die sich mit einer Handvoll Goldstaub zu den Spieltischen drängten, glichen den Todten und Jüngstverstorbenen, die soeben am stygischen Gestade anlangend, mit dem Obolus in der Hand, den Eintritt in die Unterwelt von Charon sich erkaufen wollen. Dieses Toben und Lärmen zeigte mir an, daß alle Furien und Höllengeister hier losgelassen seien, und ich hatte nichts Eiligeres zu thun, als mich von diesem Orte zu entfernen. — An der Thür mahnte uns ein artiger Franzose, wir möchten belieben, da es uns nicht gefiel zu spielen, den Eintrittspreis von 2 Dollars zu berichtigen. Das war das erste Mal, daß ich nach der Vorstellung Entrée bezahlte; doch mußte ich mich wohl mit dieser Eigenmächtigkeit und neufranzösischen Prellerei zufrieden geben, und erlegte für den erwünschten Austritt mein Eintrittsgeld. Noch waren wir nicht befreit. — Ein schwarzer Garderobier in seiner ehemals eleganten Livree war der Gegensatz zu obigem Franzosen. Der Natursohn wollte zuerst seinen halben Dollar mit Händen fassen, bevor er sich herbeiließ, unsere Hüte und Regenschirme zu verabfolgen. Das ist der Unterschied zwischen einem Wilden und einem Franzosen.

So viel über das tolle Treiben in den Spielhäusern. Nun will ich noch im Kurzen eines chinesischen Nationalfestes erwähnen, dem ich vor einigen Tagen beiwohnte. Hier sah ich das Nun plus ultra menschlicher Tollheit, und Schillers Worte:

Der schrecklichste der Schrecken
Das ist der Mensch in seinem Wahn!

fand ich neuerdings bekräftigt. Sämmtliche anwesenden Chinesen hatten sich zu dem Feste, das zu ihren heiligsten gezählt wird, eingefunden und jeder vornehme Chinese brachte ein Schwein, einen Ochsen und ein Kalb mit, die öffentlich gebraten und verzehrt wurden. Konnte ich schon aus dieser Art von Gottesverehrung nicht klug werden, so hat, was nun folgte, mich vollends davon überzeugt, daß ich eben unter lauter Chinesen sei. Es war dies ein Spektakel ganz sonderbarer Art; man denke sich 6—7000 Chinesen, die zuletzt alle berauscht waren, sich schlugen und ein infernalisches Geschrei von sich gaben. Am ergötzlichsten waren die Abkömmlinge, oder die Kinder der Kinder des himmlischen Reiches. An diesen sind die Augen kaum bemerkbar und liegen tief in den Höhlen wie bei gemästeten Schweinen. Daß sie mit diesen nützlichen Hausthieren noch vieles Andere gemein hatten, ging daraus hervor, daß sie sich geflissentlich den größten Morast und Koth wählten, um sich darinnen buchstäblich herum zu wälzen. Die Festlaute ihrer Väter accompagnirten sie durch ihr kindisches Geheul, so daß das Ganze den vollstimmigsten, dissonirendsten Accord bildete, den ich je gehört, ohne Vorbereitung den Gehörsnerv betäubend und keine Aussicht auf baldige Auflösung gewährend.

Den gordischen Knoten durch meine schleunigste Entfernung von diesem Schauplatze des Schreckens entzweihauend, verfügte ich mich am Abend desselben Tages in das chinesische Theater. So kam ich vom Regen in die Traufe. In dieser zweiten Komödie sah ich bei 80 Schau-

spieler, in dem glänzendsten und kostbarsten Costume, durcheinander rennend, sich balgend und gegenseitig todt=
schießend; das ist aber auch Alles, was ich von dieser chinesischen Komödie mittheilen kann. Große Thätigkeit und Scharfsinn in kaufmännischen Dingen, verbunden mit einer nicht geringen Portion Schlauheit, bewirken, daß die chinesischen Auswanderer hier immer mehr Fuß fassen und an Wohlstand alle andern Fremdländer be=
reits bedeutend überragen.

Zwei Ungarn, die im Jahre 1849 hier ankamen, fand ich im Besitze einer großen Goldwäscherei. Da sie mich noch vom letzten Preßburger Landtag her kann=
ten, so ward ich von diesen in jeder Beziehung würdi=
gen und edlen Magharen auf das Freundlichste aufge=
nommen. — Das Vaterland verlassend, hatten sie sich hier bald, durch die glücklichsten Verhältnisse begünstigt, eine neue Heimath gegründet und unterstützen alle ihre ärmeren Landsleute auf das edelmüthigste. Sie sind im Besitze unermeßlicher Reichthümer: ich sah hier ge=
schmolzene Goldstücke bis zu dem Werthe von 200,000 Dol=
lars. Da Ströme von Auswanderern aus allen Welt=
gegenden sich hierher ergießen, so kann es auch an Juden nicht fehlen, welche hier schon eine eigene Gemeinde bilden.

Alle Nationen haben bereits zur großen Wanderung nach Amerika und Californien ihr Kontingent gestellt; möchten sie doch bald den richtigen Werth dieses glück=
lichsten Landes erkennen und zu benutzen verstehen! Seit

den wenigen, der Entdeckung der Goldminen folgenden Jahren, ruft jeder Tag die Begründung neuer Kolonien ins Leben und vergrößert und verstärkt die schon bestehenden. Alle eingewanderten Völker fassen rasch und tief Wurzel, sie wachsen und gedeihen mit unglaublicher Geschwindigkeit in einer Natur, welche ihnen ohne große Kunst Alles im Uebermaße gibt, was sie nur wünschen können. Während meines hiesigen Aufenthaltes allein hat sich die Bevölkerung um 8000 Seelen vermehrt; wenn das so fortgeht, so wird St. Francisco in Kurzem die größte Stadt Amerika's. Alles will hieher, in das Land, wo Gold, Milch und Honig fließt. Die Feld- und Gartenfrüchte gedeihen hier in einer Pracht, wie ich sie noch nirgends gesehen. Der um das künftige Wohl bedachte Theil der Bevölkerung wendet sich schon zur Bebauung der Felder, wohl einsehend, daß dabei mehr zu gewinnen, als bei der harten und unsichern Arbeit des Goldsuchens, obwohl noch immer neue Quellen entdeckt werden und der Goldreichthum unerschöpflich scheint. Die Geschichte der ersten Entdeckung californischer Goldminen dürfte nicht ohne Interesse sein.

Schon früheren Missionären und dem älteren spanischen Gouvernement waren die Schätze theilweise bekannt, wie man vermuthen darf, doch wurden sie aus verschiedenen Gründen nicht gehoben, oder doch geheim gehalten. Schon der Berliner Professor Erman, welcher 1829 Californien besuchte, vermuthete aus der Aehnlichkeit der erdigen Massen mit den goldhaltigen Steinen am Ural den verborgenen Reichthum; aber dem Zufall war es vorbehalten, denselben zu erschließen. Im Februar 1848 wollte der seitdem vielgenannte Kapitän Sutter, welcher, eigentlich aus Baden gebürtig, nach vielfachen wunderlichen Irrfahrten sich in Californien niedergelassen hatte, mit Hülfe des anglo-amerikanischen Mühlenbauers Marshall einen Wassergang seiner an einem Zuflusse des Sacramento angelegten Sägemühle erweitern. Man ließ, um sich die Mühe des Ausgrabens zu ersparen, durch die angespannten Wassermassen das Erdreich wegspülen, und so kam das Gold in glitzernden Stücken an das Tageslicht; in wenigen Tagen wurde für 225 Dollars Gold gesammelt. Die glücklichen Entdecker vermochten den Fund nicht geheim zu halten, und in kurzer Zeit strömten die Menschen in ungeheuren Massen zusammen, nicht blos aus der unmittelbaren Nähe sondern selbst aus andern Erdtheilen. Trotzdem, daß darüber so viel geschrieben worden ist, läßt sich der ganze Umfang der Goldschätze und der Werth des Gewonnenen nicht einmal annähernd bestimmen. Bis zum 22. September 1848 waren für 600,000 Dollars Goldstaub nach St. Francisco gebracht und zum größten Theile ausgeführt worden. Die Ausbeute war bei verschiedenen Goldsuchern verschieden: Einer gewann an einem einzigen Tage 42 Unzen Goldstaub, ein Anderer mit der gehörigen Anzahl von Arbeitern in drei Tagen gegen 2000 Unzen. Die Zahl derer, welche ihr Glück hier unter ganz abnorm gesteigerten Verhältnissen suchen wollten, stieg von Tag zu Tage: man mochte ihre Zahl nach wenigen Monaten auf 12,000 anschlagen. Der Engländer Murchison hat durch vergleichende Zusammenstellungen gefunden, daß der Gewinn des ersten Jahres wohl auf 1½ Million Pf. St. zu schätzen sei. Die Ausbeute des Jahres 1850 wird auf 15 Millionen Pf. St. veranschlagt. Bis jetzt wird das Gold hauptsächlich an den östlichen Zuflüssen des Sacramentoflusses, 25 Meilen von St. Francisco, gesucht, doch sind sichere Zeichen da, daß es sich in weit größerer Ausdehnung finden werde. Man gräbt es ent-weder trocken oder sammelt es an den sumpfigen Flußuern; das erstere ist meist körnig, das letztere in dünnen Blättchen. Es ist von bedeutender Reinheit, von über 21 Karat Feingehalt.

Neben solchen Schätzen entziehen sich weniger in die Augen fallende, aber nicht weniger wichtige, vor der Hand gänzlich der allgemeinen Aufmerksamkeit, z. B. das häufige Vorkommen des Quecksilbers, ferner, daß bei Stokton ein vortrefflicher Porzellan sich befindet, zu dessen Bearbeitung die Chinesen schon eine Manufaktur angelegt haben.

Chattel, ein französischer Violinspieler, dessen Bekanntschaft ich hier machte, hat sich kürzlich aus Eifersucht vergiftet, weil seine Frau, eine sehr schöne junge Sängerin, mit einem Spanier entflohen. Gestern wurden seine Effekten verauctionirt, ich kaufte seine Violine.

Der hiesige Gouverneur Woodworth, ein äußerst gebildeter und kunstsinniger Mann, veranstaltete kürzlich ein großes Musikfest im französischen Theater, dessen Programm ich hier vollständig mittheile: 1. Männerchor von Mendelssohn, vorgetragen von der deutschen Liedertafel. 2. Ouverture zur Oper „der Tannhäuser," von Richard Wagner, ausgeführt von der Société Concordia. 3. Große Phantasie über „Lucretia Borgia," komponirt und vorgetragen von M. Hauser. 4. Große Arie aus „Robert der Teufel," vorgetragen von Kath. Hayez. 5. Spinnentanz, ausgeführt von Sennora Lola Montez, Gräfin zu Landsfeld. 6. Polonaise von Mehseder vorgetragen von M. Hauser. 7. Phantasie über die „Hugenotten," von Thalberg, vorgetragen von E. Pettino. 8. Trio von Mendelssohn (D-Moll), vorgetragen von M. Hauser, Pettino, Giraldo. 9. Ouverture zur Oper „der Freischütz," unter der Leitung von M. Hauser. 10. Italienische Lieder, gesungen von Kath. Hayez. 11. Solo aus „Delva, die russische Waise," getanzt von Lola Montez. 12. „Der Wanderer im Walde," Chor von Schubert. 13. „Der Vogel auf dem Baume," komponirt und vorgetragen von Hauser. 14. „Heil Columbia!" vorgetragen von der deutschen Liedertafel.

Dieses Conzert war das besuchteste, das ich gesehen, man schlug sich förmlich um die Plätze. Der Ertrag war für wohlthätige Zwecke und von dem Reinertrag von 5000 Dollars wurden 2000 Dollars dem deut=

schen und französischen Hospital, 1000 für die Löschanstalten und Feuermänner, 1000 dem hebräischen Wohlthätigkeitsfond und endlich 1000 Dollars verschiedenen anderen Anstalten gewidmet.

— —

San Francisco, 4. Mai 1853.

Die deutsche Liedertafel brachte jedem in dem letzthin mitgetheilten Programm namhaft gemachten Künstler, nach einem beim Gouverneur eingenommenen glänzenden Souper, eine Serenade, und da die halbe Stadt herbeiströmte, diesen Gesängen zu horchen, so konnte dies eine wahre Festnacht genannt werden. Von allen Einigungsbestrebungen der Deutschen hat vielleicht keine bisher einen so anhaltend glücklichen und wirklich erfreulichen Erfolg gehabt, als die seit etwa 7 bis 8 Jahren in Nordamerika bestehenden deutschen Männergesangvereine. Diese herrlichen Feste, deren häufige Wiederkehr einen wahren und vielleicht den einzigen Glanzpunkt im deutschen Leben Californiens bildet, erfreuen sich allerseits der aufrichtigsten Anerkennung. Eine solche Anerkennung wird aber unverdient irgend einem deutschen Streben nicht zu Theil, und deshalb Dank den braven Sängern in San Francisco, die dem Volksleben der früheren unvergeßlichen Heimath in weiter Ferne so schöne Blumen in den immergrünen Ehrenkranz flechten.

Es ist ein großes Unternehmen für unsere jungen

Sänger, in dem mühevollen Ringen nach Selbsterhaltung so viel Zeit zu erübrigen, um diese Feste ins Leben zu rufen und durchführen zu können. Jeder schöne Zweck giebt aber frischen Muth und dauernde Begeisterung, und so sind es unsere deutschen Sänger, Männer, von der groben Handarbeit des Goldsuchens lebend, denen Deutschland es zu danken hat, daß seinem in der Regel nur wenig beachteten Volksleben eine Ehrenstelle an den Ufern des stillen Oceans eingeräumt wird.

Bei Fackelschein, mit jubelnder Musik und fliegenden Fahnen, zogen die Sänger durch die Straßen von San Francisco, vom schönen Geschlecht, das dem Vereine bereits viele prächtige Fahnen verehrte, aus offenen Fenstern begrüßt. Kränze, Blumen und andere Beifallszeichen wurden den vorüberziehenden Sängern aus vielen Häusern gespendet, und die regste Theilnahme, vom schönsten Wetter begünstigt, sprach sich überall aus. Die gelungene Aufführung des oben erwähnten Konzertes verlangte einige Anerkennung, und jubelnd saßen demnach die Sänger bis in die späte Nacht hinein vor schäumenden Pokalen, dem edlen Gerstensafte auch in seiner „außer-bairischen" Gestaltung ihre Protektion nicht versagend. Naturam expellas etc.

Es scheint, als ob die hiesigen Brauer in den Sängern eine Gambrinus-Succession wahrgenommen hätten, denn in Zeiten, wo andere goldbesitzende Menschenkinder darben oder das Zehnfache bezahlen müssen, findet sich für

Erstere noch immer Etwas vor. — Die ins Beileid ge=
zogenen Yankees haben wahrlich nicht Ursache, deshalb
den Deutschen gram zu sein, und die Verpflanzung echt
deutschen Humors und jener heiteren Lust, die unter allen Völkern vielleicht eben nur dem deutschen Volk in
der edelsten Gestaltung eigen, auf Californiens ewig
calculirendem Boden ist für Alle, Einheimische oder Fremde,
wahrhaft erquickend. Keine Unart, kein Ueberschreiten der
Grenzen des geselligen Anstandes störte die Serenade.
In Hunderten von Gruppen konnte man alle Schat=
tirungen des Frohsinns, von der tollsten Laune bis zum
stillheiteren Anschauen beobachten, ohne daran erinnert
zu werden, daß man sich in San Francisco befinde.

Da ich, ich weiß kaum, wie es gekommen, in den
Augen der schönen Andalusierin Lola Montez Gnade
gefunden, so ward eine gemeinschaftliche Kunstreise unter
uns beschlossen. Das vorläufige Ziel ist Sacramento.
Unlängst vertraute mir diese moderne, nun mir als Men=
tor zugewiesene Kriegsgöttin ihr „heiligstes Geheimniß,"
— ich bediene mich ihres eigenen Ausdruckes, — indem
sie mir mittheilte, daß sie sich entschlossen hätte, den
Redakteur eines hiesigen Blattes, Mr. Patrik Hull, zu
heirathen. In einigen Tagen sollte die Hochzeit sein, ich
wagte es nicht zu fragen: die wie vielte? — Hat Lola
aus der Verjüngungs=Quelle getrunken? Noch immer
sind an ihr die Spuren einer vorgerückten Jahreszeit
nicht wahrzunehmen, ein ewiger Hochsommer mit zwei

unvergleichlichen Tagesgestirnen, ihren beiden Augen am leuchtenden Horizonte. Ungezogen und frivol wie ein kleines Kind, ist sie doch im Stande, mit einem einzigen Blick zu imponiren, und wehe Demjenigen, der es wagt, ihre Ungnade auf sein Haupt zu beschwören. Doch gegen mich war sie bis jetzt immer liebenswürdig und nie grob. Sie ist sehr erregbarer Natur, und bei dem unbedeutendsten Anlaß erbebt ihre ganze Gestalt, und ihre Augen flammen wie Blitze. Man hat Grund, sich in Acht zu nehmen, denn sie ist das muthigste und tollkühnste Weib, das je den irdischen Boden betreten. Dabei besitzt sie wirklich Geist und eine nicht alltägliche Bildung. Obwohl ihr Stück „Lola Montez in Baiern," welches sie hier zur Aufführung brachte, trivial und geistlos ist, so gefällt doch der originelle Gedanke. Die Titelrolle wird von ihr selbst in englischer Sprache gespielt; man glaubt, sie sei eine geborene Engländerin, obwohl sie mich versicherte, diese Sprache erst seit einem Jahre zu sprechen. Daß sie viel Geld erwirbt, brauche ich wohl kaum zu erwähnen: in einer einzigen Woche hatte sie bei 16,000 Dollars eingenommen.

Kürzlich ward ich von ihr auf die angenehmste Weise überrascht. Sie ließ mich durch einen chinesischen Bedienten zu sich ins Hotel bitten und verehrte mir dort unter den schmeichelhaftesten Ausdrücken, die neuerdings von ihrem Rednertalent zeugten und meine Bescheidenheit einigermaßen auf die Probe stellten, ein sinnreiches

Souvenir. Ein sehr schön gearbeitetes Tintenzeug aus Silber, statt des Streusandes mit kalifornischem Goldstaub gefüllt. Dazu Feder, Siegel und ein kleines Federmesser — Alles von reinstem Golde. Diese Huldigung, wenn sie, wie die Geberin sich ausdrückte, meinem Compositionstalente gilt, muß ich als unverdient bezeichnen. Sie scheint, oder ist wirklich — es fällt schwer, solches bei ihr zu unterscheiden — von meinem Spiele entzückt, und in meinen Koncerten bekomme ich von ihrer Hand die schönsten Blumen. Sie hatte eines Tages den launigen Einfall, mir für die am vorhergehenden Abend gespendeten Blumen eine Rechnung von 150 Dollars zu präsentiren, die ich natürlich mit der blosen Versicherung meiner unauslöschlichen Verehrung zu quittiren bemüht war. Außerdem konnte ich die gewiß galante Bemerkung nicht unterdrücken, daß wenn die Blumen in San Francisco so enorm theuer, sie es erst seit der Anwesenheit der Lola Montez geworden sein können.

In der letzten Zeit war ich wieder so glücklich, ein Quartett zu arrangiren; leider begnügten sich dreiviertel Theile davon nicht mit den harmonischen Klängen Beethoven'scher Quartette, sie beanspruchten als harmonischere Zulage von mir für je zwei Stunden 15 Dollars. — Goldklang bleibt doch immer die wirksamste Musik.

Ein gewaltiger Feuerlärm schreckt mich so eben, indem ich dies schreibe, aus meinen goldenen Reflexionen.

Gold! — So eben war ich Zeuge einer erschütternden Scene. Drei Häuser brannten in der Nähe meiner Wohnung bis auf den Grund nieder, sechs Familien, darunter noch unmündige Kinder, stehen hülflos vor einem rauchenden Schutthaufen, worunter mit einem Schlage so viele goldene Illusionen ihr Grab gefunden. Höhnisch lächelnd zieht der herzlose Yankee an diesen kaum eingewanderten und schon dem Elende preisgegebenen Menschen vorüber, als ob er sich der Vortheile freute, die aus diesem Unglücke einigen Spekulanten erwachsen werden. Hier heißt es mit Recht: beschütze dich selbst und Gott wird dich beschützen!

Gestern wurde mit vieler Feierlichkeit der Grundstein zu einer neuen katholischen Kirche gelegt. 500,000 Dollars waren in einigen Monaten dafür gezeichnet. Desgleichen ist auch ein großer chinesischer Tempel im Bau begriffen, nebst einer jüdischen Synagoge.

Der Pianist Laveneau, mein bisheriger Agent, Begleiter und Sekretär, ist nach Australien gereist, was ich nur bedauern kann. Er war ein braver und solider Mensch und hatte sich während der Zeit seines hiesigen Aufenthalts so viel erspart, um, wie es sein Vorsatz ist, in Australien ein Musikaliengeschäft errichten zu können.

Dieser Tage trete ich mit meinem neuen, nicht uninteressanten Compagnon, mit Lola Montez, die zweite Reise nach den Goldminen an, und hoffe, dermaßen ausgerüstet, glücklicher zu sein, als das erste Mal.

San Francisco, 20. Mai 1853.

Seit acht Tagen befand ich mich in Sacramento, im prächtigen Hotel „New-Orleans," dessen Ausbau erst unlängst vollendet wurde. Es ist kaum eine vierwöchentliche Frist seit meinem letzten Hiersein verstrichen und schon ist die Stadt nicht mehr zu erkennen! Hölzerne Häuser haben indessen steinernen Platz gemacht, neue Anlagen sind entstanden, kurz alle Wunder amerikanischer Thätigkeit öffneten sich hier meinen überraschten Blicken. Das Wetter, bisher regnerisch, hatte sich geklärt und war für unsere Reise sehr günstig. Den ganzen Tag glänzte die Sonne an einem wolkenlosen Himmel und beschien eine Landschaft, wie ich sie nie zuvor gesehen hatte. Es war eine Ebene, begrenzt im Westen vom Küstengebirge, mit dem Monte-di-Diablo an der Bai von San Francisco und im Osten von den das Land durchziehenden Ketten des Schneegebirges mit dem Berge „Hood," einem über 15,000 Fuß hohen Riesen, der zur Bewachung des goldenen Bließes von Californien von der Natur hierher gesetzt scheint. Das Thal, das ich mit meiner abenteuerlichen Reisegefährtin durchfuhr, war bedeckt mit einem Teppich von üppig grünem Grase. Blumen von jeder Gestallt, Größe und Farbe, schienen bei dem Herannahen der blumen- und männersüchtigen Lola Montez noch stolzer in ihrem Schmucke zu prangen. Nur die bescheidenen Veilchen sahen kaum über das Gras hervor, und machten ihr Dasein durch ihren köstlichen Duft bemerkbar — eine Demonstration, die eine minder bescheidene Blume an meiner Seite nur belächeln konnte. Die Schneeglöcklein hoben ihre Köpfchen und neigten sie dann wieder, als bereuten sie es, als fürchteten sie, die weiße Farbe der Unschuld zu beflecken. Doch wer vermag die Schönheit dieser Fluren würdig zu beschreiben!

Was ich jedoch gegenüber einer solchen Naturscene nicht wage, das will ich gegenüber einer Kunstscene versuchen, welche in dem geweihten Tempel Thaliens, der kaum erst dem Schooße der Erde entwachsen, kurz nach unserer Ankunft in Sacramento sich zugetragen hatte. Lola Montez sollte zum ersten Male nach ihrer Verheirathung mit Hull auf den Brettern, welche die Welt bedeuten, erscheinen. Das Publikum war in der gespanntesten Erwartung und einige Tage vorher waren sämmtliche Billets verkauft. Die Gefeierte wurde hier von einigen Malcontenten in Zeitungen und auf der geduldigen Fläche der Straßenecken in ziemlich unästhetischen Versen besungen, deren Wiedergabe ich nicht verantworten möchte. Alles sah gespannt dem Abende entgegen und das Haus füllte sich zum Erdrücken.

Der Vorhang ging in die Höhe und Lola erschien in feenhafter Toilette, schritt in die Mitte der Bühne, ließ ihr kühnes, glänzendes Auge über die Menge schweifen und schickte sich zum Tanze an. Ein helllautes Gelächter unterbrach die gewitterschwüle Ruhe, Lola gab ein Zeichen mit der Hand — die Musik verstummte.

kühn bis zum äußersten Rande der Bühne vortretend, mit Stolz in den Mienen und Flammen in den Augen, hielt sie hochaufgerichtet folgende wortgetreue Anrede:

„Myladys und Gentlemen! Lola Montez hat zu große Achtung vor dem Volke Californiens, als daß sie das dumme Lachen einiger einfältiger Laffen als maßgebend anerkenne." — Erneuertes Gelächter. — „Ich will sprechen!" rief sie wieder mit lauter, erhobener Stimme und ihre Augen schoßen Blitze — „kommt herauf," so fuhr sie fort, „gebt mir euere Männerhosen und nehmt dafür meine Weiberröcke, ihr seid nicht würdig, Männer zu heißen." — Ungeheures Gelächter. — „Lola Montez ist stolz, so zu sein, wie sie ist, doch ihr, die ihr nicht den Muth habt, sich mit einem Weibe zu schlagen, das euch Alle nicht fürchtet, euch Alle verachtet — ja dieses Weib" — Sie wollte weiter reden, doch das Wüthen und Toben des Publikums hatte den Culminationspunkt erreicht. Faule Aepfel und Eier durchschwirrten die Lüfte, und so lange wurde dieses Bombardement, das dem weiblichen Gegner eine bessere Ansicht über das männliche Geschlecht beibringen sollte, fortgesetzt, bis der schwächere Theil aus strategischen Rücksichten eine rückgängige Bewegung machte und außer der Schußlinie war.

Aus einer Loge sah ich den Vorgang mit an und so eben betete ich mit dem Pharisäer: „Herr Gott ich danke dir, daß ich nicht bin, wie diese!" als zu meinem nicht geringen Schreck der Direkter des Theaters auf mich losstürzte und mich athemlos und händeringend bat, sein Institut zu retten und durch mein improvisirtes Spiel den unglücklichen Tanz vergessen zu machen, der ihn noch zu Grunde richten werde. O unglückseliges Geigenspiel! Noch nie befand sich ein Concertgeber in peinlicherer Lage — ich wollte lieber dem Toben einer wildbewegten See Stillstand gebieten, als diesem Publikum.

Doch das Händeringen des Direktors und die 600 Dollars, die er mir für diesen Dienst in der Noth seines Herzens angeboten, rührten auch mein Herz und nach kaum fünf Minuten stand ich mit Fiedel und Bogen bewaffnet vor dem kriegerischen Publikum.

Schon war ich bedacht, mich mit meiner Violine vor einem erneuerten Bombardement zu decken, als zu meiner Ueberraschung ein Sturm von Beifall mich empfing. Da ward es mit einem Male stille —

„Und rings im Kreis
Von Mordsucht heiß
Lagerten die gräßlichen Katzen!"

Das Zweckmäßigste, was ich unter solchen Umständen spielen konnte, schien mir: „Der Vogel auf dem Baume."

Ich begann, der Feind da unten lauerte. Doch der Gesang des Vogels klang anders, als die Worte der Lola Montez und so mußte der Vogel auf dem Baume noch einmal singen. Nach vollbrachter That rief man stürmisch nach dem Director. Er erschien. Eine Stimme aus dem Parterre verlangte zu sprechen — und Alles ward still. „Theaterdirektor!" so begann die Stimme, „wir haben unsere Dollars ausgegeben! Die Tänzerin Montez ist unwürdig vor uns zu erscheinen! Der sehr ehrenwerthe Mr. Miska Hauser hat soeben mit seinem Zauberbogen Wunder bewirkt, ein wüthendes Publikum besänftigt, ergrimmte Herzen erheitert! Theaterdirektor! Wir wollen Lola Montez nicht mehr sehen, wir wollen Miska Hauser hören!" Stürmischer Applaus.

Lola, die, hinter den Coulissen stehend, alles mitanhörte, stürzte jetzt auf die Bühne und schickte sich zum Tanzen an. — Da begann, einem Orkan ähnlich, der nicht verschmäht über schwache Blumen dahinzubrausen, das gereizte Publikum seinen Angriff gegen Lola Montez. Alles drang gegen die Bühne, Bänke und Stühle wurden zertrümmert und unter der Kriegsmusik zerbrechender Fensterscheiben ließ sich folgender Schlachtruf vernehmen: „Hallunke! Wir wollen unser Geld zurück!"

Da der Theaterdirektor nicht gesonnen schien, diese ehrenvolle Ansprache auf sich zu beziehen, so hütete er sich vorzutreten. Ich faßte Muth und richtete einige besänftigende Worte an das Publikum; mein rabebrechendes Englisch wurde beifällig aufgenommen. Um mein Rednertalent von einer wirksameren Seite geltend zu machen, griff ich abermals zur Violine und spielte so lang ich nur konnte die närrischsten Dinge, als: Carneval, Yankee doodle, Vogel auf dem Baum ꝛc. — unter dem Jauchzen eines zum Tollhaus gewordenen Schauspielhauses. Plötzlich erschien wieder die beharrliche Spanierin und tanzte, trotz der verdoppelten und zweideutigen Musikbegleitung, den Spinnentanz bis zu Ende. . Diesmal siegte ihre Beharrlichkeit, der gesinnungstüchtige Theil der Versammlung entfernte sich, andere, ihre Dollars berücksichtigend, blieben und wurden für ihren Abfall von der herrschenden Tänzerin auf mannigfache Art belohnt.

Als Lola, von Bewaffneten geschützt, ins Hotel „New-Orleans" zurückgekehrt war, wurde sie alldort mit einer gräulichen Katzenserenade beehrt. Zerbrochene Kessel, alte Häfen, Pfeifen, Trommeln, das waren die ausübenden Kräfte bei dieser ohrenzerreißenden Symphonie. Die Unerschrockene erschien mit einer Lampe auf dem Balkon und schrie mit greller Stimme folgende einleitende Worte zu der beabsichtigten Festrede: „Ihr feigen, niedrigen Schufte, feige Hunde und faule Buben! Einen stinkenden Hund verachte ich nicht so wie Euch" — hier wurde sie durch einen wüthenden Applaus unterbrochen.

Ein Mann kletterte auf den Balkon und löschte die Lampe aus — endlich erschienen Bewaffnete, trieben die Menge auseinander und machten diesem gefährlichen Konzerte ein Ende.

Tags darauf tanzte Lola unter ungeheurem Enthusiasmus desselben Publikums; statt der faulen Aepfel flogen Kränze. — Als ich sie kurz darauf besuchte, hüpfte sie mir lachend entgegen, und sagte naiv: "Glauben Sie mir, lieber H....., der gestrige Abend war mir lieber als 1000 Dollars, ich habe mich köstlich unterhalten und die Reihe meiner Abenteuer hat sich wieder um eins vermehrt!"

Und so ist Alles wieder in Ordnung, der Direktor lächelt selig und ich stecke jeden Abend als Antheil 300 Dollars ein. Von hier werden wir die übrigen Städte in den Minen besuchen, und dann erst unsere Rückreise nach San Francisco antreten.

Ein gräßliches Unglück hatte Sacramento vor nicht langer Zeit betroffen. Eine verheerende Feuersbrunst verbreitete sich mit unaufhaltsamer Wuth über den ganzen Plan der City, Alles unbarmherzig zerstörend. Nur die Festigkeit weniger Gebäude, gleichsam zurückgebliebene Zeugen entschwundener Pracht, leisteten dem zügellosen Elemente Widerstand. Darunter mehrere, mit doppelten und durch Sandschichten verbundenen Wänden, eine Vorsicht, welche den Eigenthümern, deutschen Landsleuten, zur Ehre gereicht. Nur wenige Minuten nach dem Ausbruch des Brandes standen auch schon die gegenüberliegenden Gebäude in Flammen; das brennende Crescent-City-Hotel sandte den Feuerstrom gleich nach verschiedenen Richtungen weiter. Der angrenzende Brik-Blok brannte nieder, desgleichen die übrigen Wohnungen bis zur 8. und südlich bis zur J Straße. Alle Hoffnung schwand, als der Wind, welcher Anfangs nach der Levee hinstrich, plötzlich zum Südwind umsprang, und nach der M=Straße hinübertrieb. Es glich einem großen Feuermeere, welches Alles in einen Aschenhaufen verwandelte, bis auf die „Lady Adams." Den Familien, welche unterhalb K=Straße wohnten, gelang es, einen großen Theil ihrer Güter und Geräthschaften zu retten. — Nur fünf Stunden waren nöthig gewesen, um die schrecklichste Zerstörung anzurichten.

Viele Menschenleben wurden beklagt und Alle, die an Brandwunden und Verletzungen zu leiden hatten, wurden größtentheils auf Dampfschiffen verpflegt; eben so fanden viele Frauen und Kinder auf den Dampfern und andern Schiffen Zuflucht und Pflege.

Der Verlust an Eigenthum und Gütern wird auf mehr als fünf Millionen Dollars veranschlagt. Mehrere Dampfboote führten einige Stunden nach dem Brande Hunderte von obdachlosen Familien nach San Francisco, wo dieselben mit großer Theilnahme aufgenommen wurden. Gleich nach dem Brand fand in der zweiten Straße ein Duell statt. — Während die Flammen noch nicht gelöscht waren und der Rauch noch in tausend Säulen zum Himmel aufstieg, wurden schon Contrakte für Aufbau neuer Wohnungen geschlossen. Obgleich ein solcher Geschäftseifer, ein hartnäckiger, durch keine Schwierigkeiten zurückzuschreckender Charakter, eine große Auszeichnung des Amerikaners von jeder andern Nation ist, und diese Züge eine Hauptbedingung der schnellen und glücklichen Entwicklung bilden, daher auch mit Recht Anerkennung verdienen, so zeigen sich dieselben doch auch häufig von einer Seite, die unsere ganze Verachtung auf sich ladet.

Auf dem Dampfer „Confidence," welcher kurz nach dieser Calamität mit Passagieren gefüllt von Sacramento nach San Francisco fuhr, befanden sich vier „Gentlemen," welche durch irgend welche Mittel den Kapitän des Dampfers bewogen, sie allein in San Francisco zu landen, und alle übrigen Passagiere noch einige Stunden auf der Bai umher zu fahren. Diese vier Gentlemen landeten, kauften bei den arglosen Kaufleuten Holz und die übrigen Baumaterialien, so viel sie auf dem Markte nur vorfanden, und ebenfalls auch noch andere Güter, welche in Sacramento augenblicklich fehlten. Nachdem die Einkäufe besorgt waren, ließen sie den Dampfer mit den Passagieren landen, und nun erst wurden die San Francisco-Kaufleute, so wie die ganze Einwohnerschaft von dem Unglück in Kenntniß gesetzt.

Die vier Gentlemen waren also jetzt Herren der Waaren, welche zum Aufbau der niedergebrannten Stadt und zur Befriedigung der nothwendigsten Bedürfnisse der dortigen Bevölkerung, z. B. Kleidung, unumgänglich nothwendig gewesen. Sie konnten daher jeden Preis für ihre Materialien fordern und thaten es im reichlich=

sten Maße. Die verunglückten Einwohner von Sacramento mußten Hunderte von Procenten bezahlen.

Diese auf ein so großes Unglück berechnete Spekulation entehrt die Menschennatur und muß jeden Menschenfreund aufs höchste entrüsten. Doch eben so schnell, wie von frühern derartigen Unglücksfällen, erholte sich Sacramento auch von diesem Schlage und steht nun blühender als je an dem Eingang der goldenen Pforten.

San Francisco, 6. Juni 1853.

Das Fest der Aufnahme Californiens in den nordamerikanischen Staatenbund, welches am 4. Juli in San Francisco gefeiert wurde, scheint mir in vieler Beziehung erwähnenswerth. Schon Tags zuvor war die Physiognomie der Stadt und ihrer Bewohner verändert. Größere Rührigkeit als gewöhnlich war zu erblicken, als wirkte die Erhabenheit des bevorstehenden Festes schon belebend auf die Sinne der Bewohner. Die Knaben ergötzten sich am Abbrennen ihrer „China=Kräker," die Feuerkompagnien schmückten ihre Häuser und zogen in geordneten Reihen im Gala=Anzuge durch die Straßen; zahlreichen, muntern Gruppen begegnete man an allen öffentlichen Orten. Am officiellen Festtage ward die Feier bei Sonnenaufgang durch eine imposante Kanonade der auf dem Platze aufgestellten „first California

Gards" eröffnet und mit dem ersten Schuß die Nationalflagge am Freiheitsbaum aufgehißt, welcher Schmuck in demselben Augenblicke an allen Masten der Hunderte von Schiffen im Hafen und auf allen städtischen Gebäuden in der heitern blauen Sommerluft prunkte. Wach gerufen zierten nun die Bürger ihre Häuser ebenfalls mit Fahnen, deren verschiedene Farben auf die gemischte Bevölkerung der Stadt zu schließen Gelegenheit boten. Das Lärmen und „Kräker-Schießen" nahm immer mehr zu, Reiter sprengten mit Windesschnelle durch die Straßen, Vereine und Corporationen eilten auf ihre Sammelplätze, um sich der Prozession anzuschließen, die endlich um 10 Uhr begann. Das verabredete Zeichen, der Schall der Monumental-Feuer-Glocken und der Donner der Kanonen ertönten, worauf sich der Zug in folgender Ordnung in Bewegung setzte:

Voran die verschiedenen Militärcompagnien, Infanterie und Cavallerie mit Musikchören. Dann folgten die höchsten Beamten der Stadt in prachtvollen vier- und sechsspännigen Wagen, verschiedene amerikanische Logen mit herrlich gesticktem Banner, die französische Benevolent-Societät mit gleichem Schmuck, und endlich die Chinesen, die durch den Glanz und die Eigenthümlichkeit ihres Auftretens unbedingt die größte Aufmerksamkeit auf sich zogen. — In der That verdient ihre Erscheinung besondere Erwähnung. Gegen 400 dieser asiatischen Söhne hatten sich in ihre feinsten Gewänder geworfen, bestehend aus engen Hosen mit Strümpfen und kurzem Oberkleide, Alles von schwarzem Seidendamast mit eingewirkten Blumen und Mustern, oder aus weiten Hosen und etwas längerem Oberrocke aus gleichem Stoff, oder aus bis auf die Schuhe herabhängenden Talaren. Die Farbe des Anzuges war vorherrschend hell und dunkelblau. Die Kopfbedeckung wie gewöhnlich: runde aufgekrämpte Hütchen oder kleine Mützchen ohne Schild, unter denen die pechschwarzen, bis auf die Waden fallenden Zöpfe hervorglänzen; in den Händen trugen sie Sonnenfächer oder leichte Stöckchen. Ihr Zug entwickelte sich in folgender Weise:

Einer der amerikanischen Adjutanten begleitete ihren ersten Marschall, der hoch zu Roß mit einer bunten Schärpe geziert, und den weißen Roßschweif schwingend, die Kinder aus dem Reiche der Mitte musterte und anführte; vier gleichfalls berittene Untermarschälle dienten als Suite. Die vordersten Fußgänger trugen die an einer ungefähr 20 Fuß langen Stange befestigte, rothseidene, mit breiten, schwer goldenen Ranken und Zeichnungen gestickte Fahne, von der absonderlichen Form eines Dreiecks, dessen eine Spitze von der Grundlinie mindestens 20 Fuß entfernt war. Drei aufgeputzte Chinesen hielten den Fahnenstock, dessen Gewicht durch zwei in der Mitte untergehaltene Stäbe gestützt wurde, und drei jugendliche Gestalten dienten als Schleppträger. Zwei schöne Atlasbanner führten die Inschrift: „Cheer for the Republikanism of China" und „The Chinamen or the fourth of July 1853."

Zwischen diesen Fahnen und Bannern befanden sich Abtheilungen von Fußgängern, einige Reiter und drei Wagen; auf dem ersten fuhren die vier angesehendsten Chinesen, der zweite brachte im komischen Aufzuge vier Musiker mit chinesischen Trommeln, Becken und sonstigen mir unbekannten Instrumenten; auf dem dritten Wagen befand sich eine Art Streich= und Klappermusikbande. Das Concert, das diese Künstler hervorbrachten, läßt sich mit einem einzigen, echt deutschen Worte charakterisiren; dieses Wort heißt „schauderhaft" und paßt nicht allein auf chinesische Musik. Ein letzter Wagen mit zwei Chinesen, welche sich durch fortwährendes Anzünden von „China=Kräkers" sehr bemerkbar machten, schloß die chinesische Abtheilung und zugleich den ganzen Zug.

Die Prozession passirte, von einem dichten Menschengedränge begleitet, die Hauptstraßen der Stadt, und löste sich, auf dem Platze angekommen, auf. Am Abend dieses Tages fand das bereits von mir erwähnte Musikfest statt, nach dessen Beendigung die Liedertafel ihren Umzug hielt. Ein prachtvolles Feuerwerk beschloß den Festtag. Die Bildnisse der Göttin der Freiheit, Washingtons und des Gouverneurs Woodworth strahlten im Farbenglanze. Nicht die geringste Störung fiel unter den Tausenden von Zuschauern vor. Dem Festtage folgte eine Festnacht und bis am Morgen blieb ein großer Theil der Bevölkerung auf den Beinen.

Im deutschen Theater fand vor einigen Tagen die letzte Vorstellung statt; die Gesellschaft löste sich auf, da sie sich nicht vereinigen konnte, obwohl sie bei umsichtiger Leitung ihre Rechnung gewiß gefunden hätte. Man muß hier, wie überall, den Launen der Glücksgöttin sich unterwerfen; Glück braucht der Virtuose, wie der Goldgräber in den Minen. In Columbia, einem kleinen Städtchen, war ich Augenzeuge, wie ein Irländer einen Klumpen Gold im Werthe von 300 Dollars gefunden; das ist hier eine solche Ausnahme, wie ein Lotterieglücksfall in Europa.

Die meisten Goldgräber gewinnen 5—6 Dollars täglich, die Arbeit ist aber erschöpfend schwer, und die Lebensmittel, ja Alles, was man zum Leben benöthigt, enorm theuer. Dazu kommen noch die Kämpfe mit den Indianern, die, obwohl überall zurückgedrängt, doch immer noch der Schrecken der Landleute sind. Hat sich einmal des Indianers die Idee erlittenen Unrechts bemächtigt, so verfolgt er den Feind unermüdlich mit der schlauen Heimlichkeit des Raubthieres, bis seine Rachsucht Befriedigung gefunden. Rachgier ist die Ursache der grausamen Hinrichtungen, des Systems der Blutrache, der endlosen Kriege. Man schätzt die Zahl der Ureinwohner Amerika's auf 9½ Millionen, und die Zahl der von ihnen gesprochenen Sprachen auf 5—600, von denen ein Drittheil ganz verschieden ist. Dieser Mangel eines gemeinsamen, größeren Kreisen verständlichen Idioms, erschwert die Civilisirung dieser Völker durch die Missionäre außerordentlich. Hier, wo der civilisirte Europäer nicht als Eroberer, sondern als Colonist festen Fuß faßte, schmilzt bereits die einheimische, ausschließlich von der Jagd lebende Bevölkerung, hin wie Schnee, und wird, entweder durch List oder durch Gewalt, immer mehr in unwirthsamere Gegenden zurückgedrängt, ohne Hoffnung, dem baldigen Aussterben entgehen zu können.

Jedes Zeitungsblatt berichtet von Einfällen der Wilden, von Plünderungen und Ermordungen friedlicher Familien. — Die Indianer begnügen sich nicht mehr mit der Jagd von Hirschen und Büffeln, sondern treiben Pferde und Rindvieh der Landleute weg, erschlagen Hirten und Bauern, und heften den Scalp an ihre Lanze. Ein Kampf der Vertilgung hat begonnen, und man sucht bereits den Feind im Gebirge auf. Einer der Häuptlinge der Wilden wurde kürzlich durch einen kühnen Abenteuerer in der Nacht aus der Mitte seines Lagers geholt und lebend nach San Francisco gebracht.

Ein Schrecken anderer Art sind aber die civilisirten Räuberbanden, die, wie ein angeschwollenes Gebirgswasser überall die Dämme der Ordnung durchbrechend, sich in den Hauptstädten organisiren und von hier aus die Geißel über das Land schwingen. Ein mexikanischer

Bursche, „Joakin," ist der Anführer einer solchen Bande, er hat es bereits durch seine Verwegenheit im ganzen Lande zu einer fürchterlichen Berühmtheit gebracht. Man sprach hier zu wiederholten Malen von seiner Gefangennehmung, doch es glaubt Niemand daran. Solche Verbrechen sind zu lange straflos geblieben, als daß das Gefühl für Recht und Unrecht bei der großen Masse nicht hätte verschwinden sollen. Ein Raub, ein Todtschlag, eine Entführung ꝛc. sind Dinge, von denen man tagtäglich spricht und hört.

Daß bei solchen Zuständen auch die Schrecknisse der Lynch=Justiz nicht ausbleiben, wird Niemand mehr Wunder nehmen. Erst gestern sah ich eine schauerliche Prozession vor meinen Fenstern vorüberziehen. Sie galt einem Chinesen, der wegen Diebstahl gehängt werden sollte.

Vor einigen Tagen wohnte ich auch einer chinesischen Beerdigung bei. De mortuis nil nisi bene, — aber es betrifft nicht den Todten, was ich zu sagen habe, sondern dessen lebendige Begleiter. Wenn man mir nicht ausdrücklich gesagt hätte, daß dies ein Leichenzug sei, ich wäre versucht gewesen, solches für ein Fastnachtsspiel zu halten. Dem Zuge schritten aufgeblähte Standartenträger voran, daneben einige Individuen mit Oriflammen; dann folgte eine Bahre mit verschiedenen Götzenbildern. Eine Art Musikbande umgab dieselbe, eine ohrenzerreißende Symphonie mit Kesselpauken und anderen Instrumenten anstimmend. Hätte mich das Unglück getroffen, an des Todten Stelle zu liegen, ich hätte mich bei diesen Klängen noch im Sarge umgedreht. Daß China-Kräker und allerhand Feuerwerk, das in Zwischenräumen von den Leidtragenden abgebrannt wurde, auch bei diesem Zuge nicht fehlen konnten, fand ich erklärlich. Jetzt erst kam die eigentliche Todtenbahre, auf der die Leiche blos in Tüchern eingehüllt lag. Hierauf folgte ein Priester. Nachdem sich der Zug bis zum Grabe glücklich hinausgetanzt hatte, ward die Leiche in stehender Richtung unter Räucherungen versenkt, und nach abermaliger Verpuffung einiger Feuerwerks=Requisiten endete das für mich eben so neue als interessante Schauspiel.

In der Fabrikation von Luxusartikeln behaupten hier die Chinesen die Oberhand. Die zierlichsten und geschmackvollsten Arbeiten, z. B. Stickereien, die in Europa der geübtesten weiblichen Hand Schwierigkeiten bereiten würden, werden von ihnen mit Schnelligkeit und Leichtigkeit ausgeführt. Ich kaufte viele Porzellan=Gegenstände und einen prächtigen Shawl, der die Bestimmung hat, zu den natürlichen Reizen einer europäischen Dame auch das Schönste und Seltenste der Kunst hinzuzufügen.

San Francisco, 29. Juni 1853.

Der mit jedem Tage wachsende Einfluß der Chinesen auf das Staatsleben Californiens bewegt mich, diesen Gestalten noch einige Zeilen zu widmen. Meine anfängliche Scheu, mich ihnen zu nähern, schwindet allmälig, und nicht selten befinde ich mich jetzt den Kindern des himmlischen Reiches gegenüber. Der Gegensatz, in dem die Chinesen zu allen Fremden stehen, bewirkt selten ein freundschaftliches Verhältniß zwischen einem Europäer und einem Chinesen; ja man muß sich vielmehr davor hüten, um zu keinem Mißverständnisse Anlaß zu geben. Ich dachte mir die Chinesen stets als ein Volk, das in Allem, was es denkt und thut, seine Verkehrtheiten habe — doch in Wahrheit, würden wohl die Chinesen, wenn sie die Europäer näher betrachten, weniger Stoff zum Lachen finden? Europäische Abenteurer, wie sie sich größtentheils in Kalifornien vorfinden, sind nicht die besten Repräsentanten unserer Bildung, und, mit Wehmuth spreche ich es aus, keine Nation, außer den Irländern, stellte ein so großes Kontingent von groben, rohen Gestalten, als die Schweizer und die Deutschen. So oft hier irgend ein Raufhandel vorkommt, kann man sicher annehmen, daß Schweizer oder Deutsche dabei im Spiele sind, um von schlimmeren Dingen zu schweigen.

Dadurch werden Vorurtheile genährt, und nur mit Mühe erringt sich der Deutsche jene Achtung, die er von fremden Nationen mit Recht beanspruchen kann.

Die Chinesen, denen Schlangenklugheit eben nicht abzusprechen ist, halten die Europäer für die größten Betrüger und die schlechtesten Menschen, und betreiben hier ihre Geschäfte mit der größten Vorsicht. Das kann ihnen hier nur zum Vortheile gereichen, während der Deutsche von allen Seiten betrogen wird. Ich lernte auch einige von den Sitten und Gebräuchen kennen, welche die Chinesen aus ihrer Heimath herüberbrachten, und zu deren Veränderung sie bis jetzt, umgeben von den verschiedenartigsten Nationen, die zu denselben den vollendetsten Gegensatz bilden, noch immer keine Neigung zeigten.

Bart und Haare rasiren die Chinesen stets mit der größten Sorgfalt, und lassen von den letzteren nur so viel übrig, um den charakteristischen Zopf zu bilden. Man kann es in dem Gesichte jedes Chinesen lesen, daß er ohne seinen hergebrachten Zopf nur ein halber Mensch wäre, weshalb er ihn auch mit der größten Sorgfalt pflegt. Zuweilen müssen auch die Augenbraunen beschnitten und rasirt werden. Den Katzen dagegen verkrüppeln sie gern die Schwänze, damit dieselben nichts haben, was ihrem Zopf ähnlich ist. Fast das ganze weibliche Geschlecht beachtet weder Schmerzen noch Entbehrungen, damit ihr Fuß die angestammte pferdefußähnliche Gestalt bekomme, die aber nur bei den Chinesen beliebt ist. Bei den Amerikanern, wie bei den Europäern ist Alles der Mode unterworfen. Was beliebt sein soll, muß neu sein, und Alles was etwas gelten will, muß fremd sein. Bei den Chinesen findet gerade das Gegentheil statt. Sie kennen keine Mode. Im Gegensatze zu Europa, wo man es nicht unter der Würde findet, je nach den Launen des wetterwendischen Paris vierteljährlich Kleider und Möbel zu wechseln, bewahren die Chinesen sorgfältig in ihren Arbeiten dieselbe Form, und fördern dadurch solidere und werthvollere Gegenstände zu Tage, als solches bei uns, wo nur für die vergängliche Mode gearbeitet wird, möglich ist. Welcher Art der Knopf am Hut, wie viel Sänftenträger ein Beamter mit sich führen müsse, das Alles ist genau bestimmt.

Für Gold läßt sich ein Chinese zu jeder That verwenden, und die kalifornischen Abällino's, die solches zu wissen scheinen, benützen dieselben sehr häufig zu ihren Streifzügen. Es bringt sie wenig auf, wenn man ihnen gerade heraussagt, sie seien Lügner und Schufte. Ein Schwur hat für sie nichts Bindendes. So lernte ich die Chinesen, mit manchen ehrenvolleren Ausnahmen, hier kennen, und ich zweifle nicht daran, daß selbe bei ihrer großen Gelehrigkeit und bei dem nothgedrungenen Umgang mit fremden Nationen, recht bald den Anforderungen der Civilisation nachkommen werden. Vielleicht treiben das Gold Kaliforniens und dessen nach China zurückkehrende Apostel einen stärkeren Keil in die chinesische Mauer als das Opium der Engländer.

Fünf Monate sind bereits seit meiner Ankunft in San Francisco verstrichen, und noch immer finden meine Koncerte ein dankbares Publikum. Dieselben haben bereits die Zahl 50 überschritten. Außer St. Petersburg erinnere ich mich keiner Stadt, die mich auf meiner Künstlerfahrt so lange beherbergt hätte. Von meinen neuesten Kompositionen, die ich trotz Goldstaub und trockener Geschäftsatmosphäre in Stunden zusammenfügte, wo der „Deus in nobis" seine Rechte geltend macht, sind folgende im Verlage von André in Offenbach erschienen: „Andacht," „Märchen," „Kirchgang," „Niagara," „Indianisches Märchen" und „Echo von San Francisco." Ein Rondo, welches ich Ole Bull gewidmet, 6 Etüden und ein Violinkoncert, so wie auch die „Lukretia-Phantasie" und den „Vogel auf dem Baum" habe ich an Schubert in Hamburg und New-York verkauft. Die Herausgabe der letztgenannten Komposition wird bedingungsweise erst nach meiner Zurückkunft nach Europa erfolgen. Es ist hier ein Etwas — die magnetische Kraft des Goldes abgerechnet — das mich mehr fesselt, als in den trockenen, weit geschmackloseren, östlichen vereinigten Staaten. Trotz der angebornen und hergebrachten Habsucht sind die Leute hier doch weit liebenswürdiger, gefälliger und brüderlicher. Ich habe hier Freunde, warme, edle, aufopferungsfähige Freunde, hier, wo ich solche nie gesucht.

Kein namhafter Rivale beeinträchtigt gegenwärtig meine Erfolge, denn Katharina Hayez befindet sich in Valparaiso und Lola tanzt in den Minen. Letztere wurde hier in einem Vaudeville auf die Bühne gebracht, nachdem sie bereits bei dem Richter von Gr. Vallay ein

Scheidungsgesuch von ihrem jüngsten Opfer, Mr. Patrik Hull, eingereicht hatte.

Gestern Abend nach 8 Uhr ertönte abermals die Monumentalfeuerglocke. Als ich auf die Straße trat, rötheten die Flammen bereits den Himmel. Das Feuer brach an der Ecke der Kearny= und Merchantstraße in einem Barbiershop aus, theilte sich sofort den angrenzenden Häusern mit, so daß in 30 Minuten schon 10 bis 15 Häuser in hellen Flammen standen. Südlich gegen die Claystraße setzte die Supreme Court, ein Backhaus, dem Elemente eine Grenze. Auf der andern Seite suchten die thätigen Feuerkompagnien die „Union" vergebens zu schützen, die Hitze zündete und nur die Backsteinwälle der „Jenny Lind" verhinderten eine weitere Verheerung. Nach 9 Uhr brannte fast die ganze Südseite der Merchantstraße. Die gegenüber liegenden Häuser riß man nieder. Die Claystraße ward durch naßgehaltene Carpets gesichert. Die Turner zeichneten sich bei den Rettungsversuchen sehr aus. Um 11 Uhr war das Feuer gelöscht.

Von den gegen das Ueberhandnehmen der Feuersbrünste getroffenen Maßregeln erwähne ich: Wenn nach der Ansicht eines Feuer=Inspectors irgend eine Gefahr aus der Construction einer Feuerstelle, eines Ofens, Schornsteins, oder in irgend einer andern Weise zu besorgen steht, und der Anordnung, dieselben binnen einer billigen Frist zu beseitigen, nicht Folge geleistet wird, so ist darauf eine Strafe von 25 bis 500 Dollars gesetzt. — Niemand darf innerhalb der Feuergrenzen in irgend einer Straße, Gasse, oder eines öffentlichen Squares irgend ein Feuer machen lassen, wenn nicht eine geschriebene Erlaubniß des Mayors, oder des Feuer-Inspektors eingeholt wurde, bei einer Strafe von 50 Dollars. — Gleichwie „lucus" von „non lucendo" hergeleitet wird, so scheinen auch diese Gesetze ihr Dasein damit zu fristen, daß sie niemals befolgt werden. — Diese zweibeinigen Lokomotiven, genannt Yankee's, entwickeln in solchen Dingen die unerträglichste Willkür. Man ist hier, bei aller Freiheit, der Sklave jedes Einzelnen, keine Stunde im Jahre gehört uns selbst an, Arbeiten und Schlafen, so heißen die sämmtlichen Funktionen, deren hier der Mensch fähig ist.

Man durchwandere die Straßen; die fieberhafte Geschäftigkeit, welche allenthalben herrscht, muß selbst Blinden und Tauben auffallen. Jedermann hat Eile; die Leute auf den Quais und auf den Trottoirs laufen so schnell, daß man sie eben so wenig aufhalten darf, als eine im Zuge befindliche Dampfmaschine. Wenn zwei Freunde sich auf der Straße begegnen, begnügen sie sich damit, sich mit der Hand zuzuwinken, haben aber nie Zeit, mit einander zu reden. Bei Geschäftsleuten ließe es sich noch begreifen, allein die Gewohnheit ist so allgemein, daß sie fast epidemisch geworden. Die Passagiere auf den Schiffsverdecken z. B., die doch gar nichts zu thun haben, essen mit derselben Hast, wie auf dem Lande.

Vor einigen Tagen hielt der durch mich neu gegründete Musikverein, zu dessen artistischen Director ich gewählt wurde, seine erste Musikprobe. War dieser erste Versuch auch kein glänzender, so sah ich doch meine Bemühungen belohnt. Mr. Davidsohn, der Chef des hiesigen Hauses Rothschild, der ein glänzendes Haus führt, steht an der Spitze; derselbe überreichte mir gestern im Namen des Vereines eine goldene Denkmünze. Diese ist ganz massiv und hat einen Goldwerth von ungefähr 100 Dollars. Darauf finden sich folgende rings um eine Leier gravirten Worte: „Dem unvergeßlichen Violinkünstler Miska Hauser von den Musikfreunden Kaliforniens."

Ich besitze übrigens bereits eine niedliche Sammlung von Goldquarz. Bei meinem Abschieds-Concerte in Sacramento warf mir ein Franzose ein Stück Goldquarz im Werthe von 260 fl. zu. Mein Entzücken darüber stand auf ungleich höherer Stufe, als solches bei Lorbeerkränzen der Fall gewesen wäre.

San Francisco, 12. Juli 1853.

Man hat sich, wie ich vernommen, daran gestoßen, daß ich meinen ehrlichen deutschen Namen „Michel" seit meiner Ankunft in Amerika mit dem ungarischen „Miska" vertauscht habe. Wahrhaftig, es ist nicht meine Schuld! Der sehr ehrenwerthe Mr. Barnum rupfte den deutschen Michel so, daß er ihm nicht einmal seinen Namen ließ. Miska, dachte er, klingt auffallender, fremdartiger, und mahnt an die Zigeunerbanden auf den ungarischen Puß= ten. Er kannte die Amerikaner, und ich mußte, wie der Elephant „Miß Baba," den diese Herrn auf gleiche Weise behandelten, mir solches gefallen lassen. Doch dem Him= mel sei Dank, daß ich dieses Kunstmäcens, wie sich die= ser Herr naiv genug nennt, los geworden; er hat mir manchen Genuß verbittert und manche Stunde getrübt.

Dieser Tage haben nicht weniger als fünf Zwei= kämpfe stattgefunden! Der Zeitungsredacteur Swift schlug sich mit Dr. Wolf auf offener Straße, von einem Kreise von Zuschauern umgeben. Es war heller Morgen. Sie stritten sich um den Besitz einer Braut, die selbst den Rath zu diesem fürchterlichen Entscheidungsmittel gab. Die Dame sah dem Zweikampfe von einem Balkon aus gelassen zu, und klatschte zum Zeichen des Beginnens in die Hände! Der Redacteur schoß den Doctor nieder, so daß Letzterer nach wenigen Augenblicken verschied, und bestieg sodann mit seiner blutig errungenen Braut einen Wagen. Mit stolzer Miene fuhren „Helena" und „Pa= ris" durch den murrenden Volkshaufen, und nur eine beschleunigte Entfernung rettete Beide vor angedrohten Mißhandlungen. Auch zwei Frauen duellirten sich, doch nicht wegen eines Bräutigams, sondern einer noch unbe=

deutenderen Sache wegen. Die beiden Lolaiden hatten
blind geladen und wurden wieder gute Freundinnen,
nachdem durch wunderbare Fügung des Geschickes beide
Schüsse fehlgegangen waren!

Vor acht Tagen besuchte ich eine Familie, die von
New-Orleans hieher übergesiedelt war; sie besteht aus
vier Schwestern von seltener Schönheit, die nebst dieser
Haupteigenschaft auch noch den Vorzug besitzen, daß sie
hübsch singen und artig Clavier spielen. Zu viel des
Guten für die ledige Männerwelt. Darum waren sie auch
vorgestern schon alle vier an den Mann gebracht.

In einer Woche vier Hochzeiten, das ist etwas stark,
doch ich meine, daß selbst ein großer Kriegsdampfer von
4000 Tonnen und 180 Kanonen, wenn er als Beman=
nung lauter heirathslustige Schwestern hätte, hier im
Zeitraume von acht Tagen ob und verlassen stünde.

Meine Concerte werden jetzt mit Dampf gegeben.
Gott gebe den San Franciscanern nur Gesundheit, da=
mit sie es ertragen. Täglich ein Concert! Ich bins zu=
frieden. Unlängst näherte sich mir eine englische Dame
von vorgerücktem Alter, und begann mir Elogen zu ma=
chen. Als sie sich entfernte, fand ich ein elegant gear=
beitetes Album gefüllt mit Goldstaub. Obenauf befand
sich ein enthusiastisches Gedicht in englischer Sprache.
Ein hiesiger Friseur hat sein Geschäft „Zum Miska Hau=
ser" beschildet. Die californische Schildmalerkunst hat
eine entsetzliche Karrikatur aus mir gemacht. Ich sehe

dort aus wie der Räuberhäuptling Rinaldo Rinaldini, mit einem langen, schwarzen Bart, und was mich wirklich ärgert, in einer Stellung mit der Violine, die jede Dame als höchst ungraziös und abscheulich bezeichnen müßte. Ich habe deshalb den unmanierlichen Friseur scharf zur Rede gestellt, und als solches nichts fruchten wollte, ihm 40 Dollars geboten, damit er das Bild wegnehme, er weigerte sich hartnäckig. Ich versprach 50, abermals umsonst. Endlich gab ich 100 Dollars — mit schwerem Herzen zwar, aber ich kann nun ohne Furcht die Straße entlang gehen, wo der Friseur wohnt.

Eine Sängerin aus der Havanna weilt gegenwärtig hier. Ich würde sie das schönste Weib der Erde nennen, wenn die Erde nicht so groß wäre. Sie heißt Gräfin Fernandin, ist unermeßlich reich, und reist mit einem Manne blos um ihre künstlerische Eitelkeit zu befriedigen und sich einen Namen zu machen. Drei Bediente, ein Koch und ein Kammermädchen begleiteten die gräfliche Nachtigall, die nicht blos, wie es oft der Fall, ihre körperlichen Reize producirt, sondern bei einer hübschen Stimme auch musikalisches Talent und viel Geschmack bekundet. Den Ertrag der Concerte verschenkt sie jedesmal an die Armen.

In Stockton wurde jüngst meine Unerschrockenheit einer schweren Prüfung unterzogen. Als ich bei einem Concerte gerade im höchsten Flageolet die Stimme meines „Vogels" producirte, erhob das Publikum ein entsetzliches Jammergeschrei. Solch drastische Wirkung eines unschuldigen Vogelgesanges konnte von mir nicht unbemerkt bleiben, und stand eben ich im Begriffe, mein Erstaunen über diesen neuesten Triumph an den Tag zu legen, als zu meiner Enttäuschung der furchtbarste Rivale, der je einem Concertgeber die Aufmerksamkeit des Publikums entzogen, sich mir in der Gestalt eines lebendigen Tigers producirte. Neben dem aus Holz erbauten Concertsaal befand sich ein zweiter Saal, worin gleichzeitig eine Menagerie zur Schau aufgestellt war. War es Zufall, war es Ironie des Schicksals, genug, Concert und Menagerie berührten sich, wenn auch nicht als Extreme. Durch das Gebränge im Concertsaale ward die Thüre, die in den Menageriesaal führte, eingedrückt, und dicht hinter derselben eröffnete sich für das Gesammt-Publikum eine schreckenerregende Scene. Plötzlich erscholl es von allen Seiten: der Tiger, der Tiger! und Alles suchte zu entfliehen. Zum Glück befand sich das gefürchtete Ungeheuer in einem Käfig, was von mir jedoch und von vielen Andern in so großer Entfernung anfänglich nicht bemerkt wurde. Bald jedoch überzeugte man sich von der gezwungenen Unschuld und umgitterten Friedfertigkeit des afrikanischen Gastes, der überdies noch die außerordentliche Bravour an den Tag legte, indem er ruhig und sanft dem Concerte bis zu Ende beiwohnte. Von dem Beispiele des gestreiften Zuhörers aufgemuntert, blieb auch das übrige Auditorium bis zum Schluß des Concertes. Sonderbar genug hatte ich, der Concertgeber, für den ungebetenen Concertgast ein sehr hohes Entrée zu bezahlen. Der Inhaber dieses Saales berechnete mir 200 Dollars Schadenersatz. Ich mußte mich dieser Eigenmächtigkeit fügen, denn der ehrenwerthe Hausherr, der mir die kriegerische Scene so hoch anrechnete, war ja — Friedensrichter in Stockton. Bei uns in Europa hätte solch ein Impromptu unfehlbar den Schluß der Vorstellung herbeigeführt, hier aber, wo der Muth mehr gilt, als baares Geld, und wo so viele Tigergriffe an der Tagesordnung sind, findet man es nicht naturwidrig, in Gesellschaft eines Raubthieres längere Zeit in Einem Saale zu bleiben.

Diese Nebenlocalitäten sind drolliger Natur und geben häufig Anlaß zu lustigen Qui pro quo's. In Columbia z. B. wurde im Nebensaal, als ich Concert gab, ein langmächtiger Riese aus Schottland gezeigt.

Der Redacteur der californischen Staatszeitung überreichte mir unlängst einen zierlichen Brillantring — ein Fall, der nur in Californien als möglich gedacht werden kann. Anderswo soll es umgekehrt sein.

Vom eigentlichen Musiciren ist hier keine Rede, und wenn ich der Stunden gedenke, die ich in Petersburg, Wien und Hamburg verlebte, so ergreift mich eine traurige Sehnsucht. Da setze ich mich ans Piano, präludire, componire und verscheuche so die Stunden der Traurigkeit und des Heimweh's! Die sechs Lieder ohne

Worte (bei André in Offenbach bereits erschienen) entstanden in solchen Momenten. Eines davon, „Indianisches Märchen," verdankt seinen Ursprung einer erwähnenswerthen Begebenheit. — Vierzehn Meilen von Quebeck besuchte ich im vorigem Sommer ein Indianerdorf. Man wohnt dort wie im Paradiese, in kleinen, niedlichen Häuschen, umgeben von den üppigsten, wohlriechendsten Pflanzen, und Frauen dazu, wie selbe von einem auf den siebenten Himmel Anspruch habenden Mohamedaner nicht schöner geträumt werden können! Ich war entzückt bei dem Anblick dieser Natur, und das Glück, die Zufriedenheit, die sich auf den braunen, gutmüthigen Gesichtern dieser Menschen spiegelte, das Benehmen dieser echten Natursöhne und Naturtöchter, alles dies verbreitete einen Zauber sonder Gleichen. Ein wunderschönes Indianermädchen saß unter einer schattigen Linde und schläferte einen Säugling ein, den sie auf dem Arme trug. Sie sang dazu mit heller Stimme eine ergreifende Weise. Melodie und Indianermädchen hatten sich fest in mein Gedächtniß eingeprägt und bilden die Grund-Idee zu meinem „Indischen Märchen."

Ich bin entschlossen, in einigen Tagen die Südreise anzutreten, denn die Winterzeit ist meinem Unternehmen die günstigste. Daß mein „aller-allerletztes Concert" wirklich stattgefunden, und die Stunde des Abschiedes bereits geschlagen, bekräftigen folgende, aus der californischen Staatszeitung entlehnte Worte: „Herr Hauser sprach uns wenige Stunden vor dem Concerte seinen Schmerz aus, den er jetzt beim Verlassen unserer gastlichen Gestade empfinde, wo er so manchen Genuß gehabt, und so viele wahre Freunde zurücklasse. Er spielte seine neue Composition „Echo von San Francisco." Allen diesen Empfindungen der angenehmen Erinnerung an die genossene Freude, dem traurigen Schmerz begegnen wir in diesem Stücke wieder, und lassen sie in der deutlichsten Sprache des Herzenkünstlers selbst tief unser Inneres bewegen. Herr Miska Hauser verläßt uns mit dem nächsten Panamadampfer, um Lima, Chili, Valparaiso und Rio Janeiro zu besuchen; wir rufen ihm, wie Katharina Hayez bei ihrem Abschiede, zu: mögen die Wellen Dich bald zurücktragen!"

Am Bord des „Pacifique," 1. Dezember 1853.

Nach einem zehnmonatlichen Aufenthalte verließ ich am 16. November die Stadt San Francisco. Die hell dröhnenden Kanonenschüsse des reisefertigen Dampfers „Pacifique" kürzten den Abschied von einer Schaar Freunde, die mich zu Schiffe begleitete. Die letzten Händedrücke wurden gewechselt, die Abschiedsthränen getrocknet, ungeduldig brauste der Dampf in der Schiffsmaschine, und die gewaltigen Wellen des Ozeans theilend, fuhren wir hinaus in die weite Wasserebene des stillen

Weltmeeres. — Das Schiff, eine wunderbare Kombination von tausend Erfindungen, zeugt am augenfälligsten von den Fortschritten, die das menschliche Geschlecht in allen Zweigen der Kunst und des Wissens gemacht hat, und mit Bewunderung muß man hier dem erfinderischen Geist huldigen, der die Windsbraut an das Segel fesselt, nur dem geheimnißvollen Magnet folgend, dessen Bühne — der unermeßliche Ozean ist.

Die Winde waren der Fahrt günstig, die ich jetzt zum zweiten Mal machte, und hätte ein Theil unserer Passagiere die Monotonie dieser Seereise nicht durch ein Zwischenspiel zerstreut, so hätte ich nichts Bemerkenswerthes zu berichten. Unter den 500 Reisenden befanden sich beiläufig 30 Franzosen, die von der launenhaften Fortuna besonders protegirt worden waren und nun froh der Heimath zueilend, sich in ausgelassener Lustigkeit die Zeit vertrieben. Die übrige Gesellschaft war aus Leuten aller Weltgegenden zusammengesetzt, die Kalifornien mit mehr oder weniger glücklichen Erinnerungen verließen. Mit Ausnahme eines mir bekannten polnischen Barons, spielte keiner eine hervortretende Rolle. Nachdem der letzten Champagnerflasche der Hals gebrochen und sie geleert war, und der Wein die Köpfe der Franzosen noch mehr erhitzt hatte, brachte ein im Spiele ausgebrochener Streit die übermüthigen Franzosen in eine solche Spaltung, daß sie bereits Versuche machten, sich gegenseitig die Hälse zu brechen. Da erschien plötz=

lich ein Friedensapostel und Menschenfreund, der mit Gefahr seiner eigenen Haut die Streitenden vor blauen Flecken schützte. Es war der polnische Baron P..., den ich vor Jahren in den Bädern von Spaa und Ostende kennen lernte, später in Neu-Orleans und in San Francisco und jetzt auf dem stillen Ocean traf. Mir schien damals dieser polnische Baron nicht ganz geheuer, denn er erinnerte mich gewaltig an jene Marquisen-Figur, die Ludwig Börne in seinem „Französische Spielhäuser" so trefflich schildert, und als ich den lieben Baron in San Francisco als Chef am grünen Tische erblickte, war ich meiner Sache ganz gewiß. Wie Oel die brausenden Wogen, so beschwichtigte er mit glatten Worten die feindlichen Parteien. Er stellte ihnen vor, wie gar nicht edel es wäre, solcher Lapalien wegen als Franzosen und Brüder den Frieden und die Einigkeit zu stören, und wie gottlos es wäre, sich aus langer Weile die Köpfe einzuschlagen. Er bedaure nur das Schicksal der goldenen Dingerchen — er warf dabei lüsterne Blicke nach den Taschen der Reisenden, in denen sich der goldene Schatz befand. — Der Pole zog hierauf einen Schlüssel hervor, womit er ein ziemlich großes Kästchen, das bis am Rande mit Goldstücken gefüllt war, und dann ein zweites kleineres öffnete. Lächelnd beobachtete er schlau die Mienen der Franzosen, und als diese die Spielrequisiten erblickten, verschwanden die zornigen Wolken von ihren Stirnen, ihre Blicke hellten sich auf, und in wenigen

Minuten saß unser Held am Pharotische, umringt von den durch ihn versöhnten Parteien.

Es wurde hoch gespielt; je mehr die Franzosen gewannen, desto mehr setzte der Pole entgegen, dessen Schatulle schon zur Hälfte leer war — doch plötzlich wendete sich das Glück mit solcher Konsequenz dem Polen zu, daß die Taschen der Franzosen bald leichter wurden. Mit gieriger Hast warfen sie immer frisch eine Hand voll Gold hin, mit funkelnden Augen blickten sie auf die Karten, die immer zu Gunsten des Polen fielen, der mit bewundrungswürdigem Phlegma das viele Gold einstrich und mit den Schlangenkünsten der Beredtsamkeit seine Opfer lockte. — Immer setzten die Franzosen — und wieder verloren sie — plötzlich packt eine Hand die Gurgel des Polen, und eine Stimme schrie im wilden Triumph: „Habe ich dich endlich, falscher Spieler, habe ich den Schurken?" Die ganze Gesellschaft drang wüthend auf den Polen ein, der todtenblaß in seinem Stuhl zurücksank und aus den weiten Aermeln seines Frackes zog man die falschen Karten, die er mit virtuoser Schnelligkeit zu seinen Gunsten changirte, hervor.

Der Pole war in einer Jammerlage. „Ins Wasser mit dem Hunde!" schrie alles erbittert, und hätte sich der Kapitän nicht ins Mittel gelegt, so wäre diese Stunde seine letzte gewesen. Aber der Spieler gewann bald seine Keckheit wieder und eiferte im Fluchen mit seinen Verfolgern. „Der Gouverneur von Panama," sagte er in fran=

zöſiſcher Sprache, „iſt mein alter Freund, er wird dieſe Verläumder ſchon züchtigen." Doch trotz all dieſem wurden Stricke herbeigebracht, mit denen ihm Hände und Füße gebunden wurden, und in dem zum Gefängniß improviſirten Schiffskeller hatte er Zeit, über ſein tragiſches Abenteuer nachzudenken.

Bald nach dieſer Exekution läutete die Schiffsglocke zum Mittageſſen und ein gaſtronomiſches Intermezzo beſänftigte die empörten Gemüther, doch war der Friede, den die Roſtbeefs, Lachſe und Poudins herſtellten, nicht von dauernder Wirkung; denn kaum leerten ſich die Schüſſeln, ſo füllten ſich die Herzen aufs Neue mit kurz vergeſſenem Groll und die ganze Spielgeſellſchaft vereinigte ſich, den gefangenen Spieler aufzuſuchen, um ſich zu rächen. — Der Pole, der ſich ſeiner Banden entledigt hatte und durch den Lärm vorbereitet war, ſtellte ſich, in jeder Hand eine Piſtole, den ſtürmenden Eindringlingen entgegen und rief mit ſtarker Stimme: „Den Erſten, der ſich naht, ſchieße ich nieder, ſo wahr ich ein Ehrenmann bin." Letzteres war wohl nicht ſehr überzeugend, aber der Ton und die Stellung unſeres Helden ſchreckte die Angreifenden, die nicht Luſt hatten, die Zielſcheibe der ernſt drohenden Piſtolen zu werden. Der Kapitän ergriff energiſche Mittel. Der Pole mußte zur Genugthuung der Beſchädigten eine Geldbuße von 6000 Dollars erlegen, in was er auch willigte, um mit heiler Haut aus dieſer verdrießlichen Affaire ſich zu ziehen.

Das Frühlingswetter, welches uns seit dem Verlassen der Gestade Kaliforniens erquickte, änderte sich in Sommerhitze, und je näher wir gegen Süden kamen, desto empfindlicher wurde die Tropengluth, die am ersten Dezember den Kulminationspunkt erreichte, denn an diesem Tage befanden wir uns unter der Linie des Aequators. — Unser Schiff durchglitt die von keinem Windhauch bewegte See, ringsum sah Alles wie vergoldet von den Strahlen der Sonne, die vom dunkelblauen Tropenhimmel glühende Flammenküsse uns zuschickte, welche uns vom Verdecke verscheuchten.

Ich schloß mich in die Kajüte ein und warf die Kleider von mir; ermattet und eingewiegt in träumerische Ruhe, überblickte ich den Ozean, der in seiner Erhabenheit vor mir ausgebreitet lag. Alle Elemente hielten Siesta, nichts störte diese feierliche Stille der Natur, als hie und da das Plätschern der Fische, die sich, an der Sonne wärmend, auf- und niedertauchten. Fromm und ruhig wie er balag, konnte man den klaren immer lächelnden Ozean für ein schlafend Kindlein halten und vergessen, wie, vom Sturme geneckt, er Tausende in den Abgrund verschlingt.

Klar und heiter blickt der alte Mörder Ozean
Den Himmel an, als hät' er nichts — gethan!

Neu-Granada, (Panama,) 5. December 1853.

Es war die schnellste Reise hieher, die je gemacht wurde, mir fast zu schnell, denn ich muß hier einige Tage auf den englischen Dampfer warten, der mich nach Lima bringen soll, und Panama ist ein sehr ungesundes, langweiliges Nest. Außerdem haben sich Egoismus, Habsucht und Betrug aus allen Yankee-Ländern hier ein Stelldichein gegeben, und wenn man sich leider nicht selbst überzeugen muß, hat man keinen Begriff von der Prellerei in den hiesigen Gasthöfen, wo sogar Trinkwasser bezahlt werden muß. Ich werde daher sehr froh sein, so bald als möglich von hier fortzukommen, wo nichts zu finden ist, als Staub, Hitze und Langeweile.

Die Sängerin Miß Hayez hat auf ihrer Durchreise nach Lima hier ein Koncert gegeben. — Ole Bull bekam hier das Fieber, ist aber wieder wohl und freute sich sehr mich zu sehen. Ich erfuhr durch ihn, daß Schuberth mein Stück „Vöglein auf dem Baume" in Hamburg herausgegeben, was mich wundert, da er sich doch verpflichtet, erst meine Rückkehr nach Europa abzuwarten. Bull geht von hier nach San Francisco, an dessen Goldgestaden er sich vollends zu erholen gedenkt.

Gestern besuchten mich zwei nach Kalifornien reisende koncertirende Geschwister. Der Bruder, seiner Karte nach Hofpianist von nicht weniger als fünf regierenden Häuptern, nennt sich selbst „der Unübertreffliche." Die singende Schwester, über die erste Blüthenzeit hinaus, nennt sich auf ihren Annoncen „Bairische Lerche." Windbeutel vom Scheitel bis zur Zehe, sind die beiden musikalischen Dulcamara's originell geschmacklos gekleidet, und lügen mit einer solchen Unverschämtheit, daß ich, der in diesem Lande der Humbugs an dergleichen gewöhnt, dennoch in Erstaunen gesetzt wurde. Der geniale Klavier-Orpheus hat eine dünne Frauenzimmerstimme und ein Wiener Stubenmädchen-Gesicht, in dessen Mitte ein eingequetschtes Stumpfnäschen ruht. Die moderne Catalani hat ein martialisches Männergesicht mit langen schwarzen Locken, an deren Echtheit ich sehr zweifelte, einen besondern Mangel an Zähnen und eine tiefe Baßstimme. Man denke sich noch zwei spindeldürre Figuren, und das Bild der Beiden ist fertig.

Es ist traurig, daß das Publikum hier einen so erbärmlichen Geschmack besitzt und solche After-Musen oft als Kunstphänomene anstaunt, aber wie im Leben so in der Kunst, huldigt man hier mehr dem Barocken als dem wahrhaft Schönen. Dieses Publikum, das nichts hören will als musikalischen Unsinn, wenn es noch so droll, dumm und trivial ist, nur entzückt wird vom „Vöglein" oder dem „Karneval," trübte mir manche Stunde, so daß ich oft wüthend die Fiedel in den Kasten stecke und mich ärgere, daß die Kunst diesem Publikum nur in gemeiner Weise zusagt. — Nur einmal, in einer unverwahrten Stunde, hatte ich Herz genug, in irgend einer Stadt das Beethoven'sche Koncert mit Orchester zu spielen; aber du lieber Himmel, da sind sie herumgesessen die Gentlemen und Ladys wie die Ochsen und Kälber, rissen die langweiligen Mäuler auf, und als es ihnen zu lange dauerte, erzählten sie sich ganz laut die neuesten Stadtgeschichten — da verbiß ich meinen Grimm, dachte hol' euch Alle der T... und ließ das „Vöglein" ertönen. Jetzt setzten sich entzückt die breiten Hände der Yankee's und die zarten Fingerchen der Lady's in Bewegung, und das dumme Beifallklatschen hörte nicht auf, bis ich ihnen das „Oh Susanna" ein halb Dutzendmal vorzwitscherte.

Es kränkt mich oft, so abgeschlossen von der musikalischen Welt zu leben und dem Publikum in so gemeiner Weise preisgegeben zu sein. Wie sehne ich mich nach Europa, das sich zu Amerika wie ein ehrwürdig klassisches Werk Mozarts zu einer Oper von Verdy vergleichen läßt! — Der Postdampfer „Viktoria" wird eben signalisirt; dieses Nest los zu werden, kann man auch „Viktoria" rufen.

Am Bord des Dampfers „Viktoria," 18. Decbr. 1853.

Am 10. December verließen wir Panama und heute ist es der fünfte Tag, seit mich wieder der Ocean trägt; wir fahren stets der Küste entlang, die zauberisch alle Reize der Tropenländer entfaltet. Paradiesische Eilande mit ihren Palmen= und Cypressenhainen tauchen wie schilfbekränzte Undinen aus dem Meere und wechseln in bunten Bildern. Stolz wie ein königlicher Schwan, schwimmt unser Schiff durch dieses Blumenparadies voll wunderbarer Pracht. Blühende Lionen umstricken den Cactus, die Euphorbien, die geheimnißvolle Aloe, und ranken sich zu den höchsten Zweigen, um diese durch Blumengehänge durch einander zu verbinden, so daß der Boden für diese schwellende Vegetation nicht Platz zu haben scheint. Jeder Baumstamm wird zum Garten für hundert duftende Blümlein, die ihren Balsam ausstreuen und sich nie erschöpfen.

„Die Welt wird schöner mit jedem Tag,
Man weiß nicht was noch werden mag,
Das Blühen will nicht enden."

Diese charakteristischen Worte des herrlichen Uhland summten mir den ganzen Tag im Kopfe, als ich diese Blumenwunderwelt durchfuhr. Die luftigen Zweige waren belebt von neugierigen Affen aller Art, daneben goldgrüne, kletternde Papageien, das Prachtgefieder der Paradiesvögel, der hinschwirrende Colibri, der wie ein Diamant funkelt, die handgroßen Schmetterlinge, die sich an den Blumen satt trinken und die Smaragdkäfer, welche jeden Edelstein an Glanz und Feuer übertreffen. Um das Bild zu vollenden, denke man sich noch über diesen Blüthengarten den dunkelblauen tropischen Prachthimmel mit dem prächtigsten aller Sternbilder, dem Kreuze des Südens, die geheimnißvollen Nächte mit dem Säuseln der Fluthen und dem Silberlichte des Mondes, der von tausend träumerischen Sternen umgeben, dieses Märchengebilde magisch beleuchtet. Von Panama aus landeten wir an vier verschiedenen Punkten, wo wir spazieren gingen und Krokodille und Alligator schossen. Die Lebensweise auf dem Schiffe kann mit jenem in den Prachthotels auf dem Kontinente rivalisiren. Die Dienerschaft besteht aus Negern, die in bunten Kostümen ab und zu eilen und mit einer besondern Geschicklichkeit rasiren und frisiren. Ich schlafe in einer Kajüte, die mit Gold und Sammt verziert ist, von wo aus man einige Stufen ins Badezimmer geht. Man frühstückt Thee mit Seefischen und Backwerk, raucht dann eine Havanna und arbeitet bis 3 Uhr; dann wird gespeist. Die Tafel, überhäuft mit allen möglichen Leckerbissen und Weinen, dauert bis 6 Uhr. Dann versammelt man sich auf dem Verdecke oder im Gesellschaftssaale, wo konversirt, gespielt oder musizirt wird. Ich werde mit vieler Aufmerksamkeit behandelt und die Reise ist eine der angenehmsten meines Lebens. In drei Tagen hoffe ich in Lima zu sein, wohin ich viele Empfehlungen habe an alle Minister, Gesandte und Banquiers. Von Lima denke ich nach San Jago in Chili, Valparaiso, Buenos-Ayres zu gehen, und werde aus allen diesen Städten ausführlich berichten.

Lima, 1. Jänner 1854.

Am zwanzigsten December fuhren wir glücklich in den Hafen von Callao ein. Die früher so lebhafte, doch jetzt durch Erdbeben in Trümmern liegende Stadt, ist drei Stunden von Lima entfernt. Nach Lima brachte uns eine Eisenbahn, die längs schöner, reizender Gartenanlagen gebaut ist. Lima ist die aus den Trümmern der Tempel, die der grausame Picarso zerstörte, erbaute Stadt. In der heißen Zone, doch unter den glücklichsten klimatischen Verhältnissen gelegen, genießt Lima die Vortheile des Tropenlandes, sowie die der gemäßigten Zone. Man findet hier Ananas, Feigen, Citronen und Orangen, wie bei uns Nüsse, so auch viele der köstlichsten fremdartigen Früchte und alle europäischen Obstgattungen von den Höhen der Cordillera's, welche das Amphitheater bilden, in dessen Schooße Lima ruht.

Die Stadt erhebt sich aus dem Hintergrunde der weiten Bai von Callao vom Niveau des Meeres, dem sie nicht ferne liegt, bis zur Höhe von 6000 Fuß. Von hier aus hat man eine entzückende Aussicht auf die hohe, in ewigen Schnee gehüllte Bergkette der Cordillera's, auf das ewige Grün der niedern Gebirge, auf den Hafen und den stillen Ocean, der wie ein gezähmter Löwe an seinen Küsten spielt. Von ferne bietet die Stadt den überraschendsten Anblick, indem sich die Thürme von zwei Kathedralen, 23 Kirchen, 85 Männer- und 57 Frauenklöstern, der Universität, den Hospitälern, aus einer Masse von niedern Häusern erheben. Die Bauart der Häuser in dieser Stadt ist nämlich, wegen der häufig in fürchterlicher Art wüthenden Erdbeben, höchst eigenthümlich. Mit Ausnahme des Stadttheils, wo die Paläste und andere öffentliche Gebäude stehen, sind die Häuser ganz drollig, selten über einen Stock hoch, ohne Fenster, mit eisernen Stäben vergittert, und Käfigen einer Menagerie ähnlicher als Menschenwohnungen. Das nur für eine Person breite Trottoir führt uns bald in geräumige, mit großen Palästen besetzte Straßen, alle blendend weiß mit zierlichen Jalousien und eisernen Balkonen geschmückt, und ziehen sich hinauf zu den geräumigen „Pisco di Commercio" mit dem prachtvollen Börsengebäude. Weiter hinauf liegt der Theaterplatz, einst für die spanischen „Auto=da=Fée's dienend, und noch weiter hinauf erhebt sich terrassenförmig der „Passeico Publico" (öffentlicher Spaziergang), der jedoch bei der hier herrschenden Trägheit der Frauen so wenig besucht wird, daß man nur meistens Mönche oder neugierige Fremde dort unter den hohen Palmen und ernsten Cypressen wandeln sieht.

Eine südamerikanische Stadt ist in mannigfachen Beziehungen höchst interessant. Unter den 90,000 Einwohnern findet man Menschen von allen Farben und Nationen: Neger, Mulatten, Spanier, Creolen, Jambos, Franzosen, Engländer mit ihren glatten Gesichtern und unbeweglichem Phlegma, Matrosen in den buntesten Trachten, sehr viele Bettler, eine überraschende Anzahl Mönche mit langen Bärten, grau, braun, schwarz und weiß gekleidet, durchschwärmen diese, einem ewigen Karneval gleichenden Straßen. Desto armseliger ist das Treiben in den bergauf- und ablaufenden Straßen der Vorstädte, wo sich meistens Bettler, Matrosen, Lastträger u. dgl. aufhalten. Des Nachts ist es hier wohl sehr romantisch aber gefährlich, denn die Masse von Heiligenbildern mit ihren Votivlämpchen beleuchten nur schwach die schmutzigen Häuser, an denen man oft grün gemalte Schilder findet mit den schaurig-melancholischen Schriftzügen: „Hier wurde getödtet Sennor E..., betet für ihn!" und nicht selten blitzt dem nächtlichen Wanderer aus den finstern Schlupfwinkeln das Auge oder das Messer eines Banditen entgegen.

Dennoch wissen die zarten Sennorita's hierdurch ihren Weg zur täglichen Messe zu finden. Ihre feinen, üppigen Formen umhüllt eine weiße oder rothe Tuchmantille, das glänzende, schwarze Haar versteckt eine Tuchkapuze mit hinten herabhängendem Zipfel. Nur das feurige Auge weiß aus dieser Verhüllung ihres reizenden Teints zu glänzen und zu coquettiren. Ihr einziger Weg ist zur Messe, wohin ihnen eine Schaar eigener oder gemietheter Dienerinnen folgt, die paarweise, in bunte Mäntel gehüllt, hinten nachtrippeln. Die Eifersucht der Männer ist so groß, daß sie lieber mit ihrem Heere fauler Diener alle häuslichen Geschäfte selbst besorgen, als diese den Frauen überlassen, wenn sie dafür Gefahr für ihre Tugend laufen sollten. Müßig und tändelnd sitzen die schönen Sennora's mit untergeschlagenen Beinen in elastischen Schaukelstühlen, oder bringen den ganzen Vormittag wachend im Bette zu. Schon im 12. oder 13. Jahre vermählt, können sie mit 30 Jahren die Zeichen des Alters nicht verbergen.

Hier wird der katholische Kultus in seiner feierlichsten Pracht entfaltet, wie ich noch nirgends gesehen: den ganzen Tag hallt Glockengeläute; pomphafte Processionen ziehen durch die Straßen und alles fällt auf die Kniee.

Ich wohne hier beim Ministerresidenten der Vereinigten Staaten, Mstr. Lyonel Clay, einem Bruder des verstorbenen großen Staatsmannes. Vom Präsidenten Pierce empfohlen, fand ich an diesem ausgezeichneten Manne einen großherzigen Freund, der mich liebevoll bei sich aufnahm und dessen herrliche Eigenschaften zu schildern meine Feder zu schwach ist. Ich lernte ihn in Petersburg kennen, wo er 9 Jahre als Gesandter lebte. Selbst sehr musikalisch und klassisch gebildet, ist er Cavalier im schönsten Sinne des Wortes. Seine Frau, eine schottische Edle, sehr schön und liebenswürdig, eine Freundin der Stuarts, ist eine Dame von hohem Stande, sie spielt virtuos Klavier und die Noblesse Lima's kömmt zu ihr. Mstr. Clay war auch 7 Jahre Gesandter in Wien, kennt viele Leute dort und fast alle ungarischen Magnaten.

Das Klima ist herrlich, wirkt aber sehr erschlaffend; trotzdem kann man, obwohl es Sommer ist, doch nicht in dünnen Kleidern ausgehen. Es hat hier noch nie geregnet, es schneit nie, es ist nie Wind, hingegen fällt im Winter ein starker Thau, der die Fluren erfrischt, und im Sommer sind häufig Erdbeben; man kann annehmen, daß in einem Jahre drei zerstörend eintreten, der kleinen, welche jährlich zehnmal wiederkehren, nicht zu gedenken.

Das Theater, welches ich schon einigemal besuchte, hat mich überrascht. Man hört hier Opern von Mozart, den „Propheten", „Robert" und gute andere Stücke. Die erste Sängerin, Mad. Dévories, ist sehr schön, singt hübsch, und bekommt monatlich 1500 fl. Münze. Miß Hayez gastirt hier und hat gestern vor einem ganz vollen Hause die Norma gesungen.

Die Damen im Parterre sitzen hier ebenfalls mit der Mantille über Kopf und Gesicht, wo nur die Augen sichtbar sind. Aber die in den Logen, in wunderbarer Schönheit prangend, sind in weiße Spitzenkleider gekleidet, feenhaft geputzt, und bezaubern durch die Grazie ihrer Formen und das seelenvolle Feuer ihrer Augen, die wie schwarze Diamanten strahlen. Sie befassen sich wenig mit Lektüre, können oft nicht lesen oder schreiben, lieben nur Tanz, Musik, Theater, Stiergefechte, sind sehr gesprächig, aber höchst bigott und ungebildet.

Auf meiner heißen Wanderung in der Musikwüste

traf ich endlich wieder eine musikalische Oase, in der ich mich erquickte. Mstr. Clay veranstaltete auf seinem Landsitze mir zu Ehren eine musikalische Soiree, wo nur Kammermusik gespielt wurde. Es war für mich ein Hochgenuß, endlich einmal wieder meinem Geschmack huldigen zu dürfen, und statt der mir schon überdrüssigen Effectpiecen, die herrlichen Töne Mozarts, Haydns und Beethovens zu hören. Sie weckten so süße Erinnerungen in mir und stimmten mich so weich, daß ich Südamerika, Don Elias und die weite Fremde vergessend, mich von heimathlichen Lüften angeweht, begrüßt und umgeben von lieben, guten Bekannten ins theure Vaterland zurückgekehrt glaubte, im Kreise der lieben Meinigen. Begeistert von den herrlichen Liedern jener unsterblichen Meister, schwelgte ich in entzückenden Träumen. Es war eine Nacht, der Kunst geweiht, und die poetische Luna lächelte heiter und zufrieden ihr Silberlicht in den duftend grünenden Garten, wo wir musicirten. Ich spielte mit solch leidenschaftlicher Lust und war von den Mitwirkenden so entzückt, wie schon lange nicht, denn der Hunger ist auch in Kunstgenüssen „der beste Koch".

Lima, am 15. Jänner 1854.

Dienstag war mein erstes Konzert im Theater. Ich habe großes Furore gemacht; es war kein zahlreiches, aber ein gewähltes Publikum da, darunter der Präsident, die Minister und viele Gesandte. Das Programm war folgendes: 1. Ouverture zu „Ferdinand Cortez" von Spontini; 2. Variationen über italienische Themata, komponirt und vorgetragen von M. Hauser; 3. Casta Diva aus der „Norma", gesungen von Miß Hayez; 4. Monolog von Calderon, im Costume gesprochen von Sennora Morena; 5. Bolero, komponirt und gespielt von M. Hauser; 6. Ouverture zur „Semiramis" von Rossini; 7. „Vöglein im Baume," von M. Hauser; 8. Lieder von Mendelssohn, gesungen von Max Charton; 9. Konzert von Weber, gespielt von Mad. Collignion; 10. The last rose of summer (die letzte Rose des Sommers), komponirt und gespielt von M. Hauser. Der Kapellmeister der Oper, ein sehr talentvoller Musiker und Neffe Rossini's, leitete das Ganze.

Ich wurde sehr ausgezeichnet und gefiel so, daß ich des Erfolges meiner nächsten Konzerte sicher bin. Das Publikum hat mehr Musiksinn, als in den Yankee-Ländern, und das südliche Blut ist empfänglicher, als das der Krämer am Missisippi. Die Zeitungen loben mich mit Enthusiasmus, denn es wurde hier schon sehr lange kein Violinspieler gehört; besonders ist es wieder der „Vogel", aus dem ich das „Yankee-Doodle" hinausgeworfen, und dafür wie ein ächter Kosmopolit einige spanische Volksmelodien eingeflochten, der Spektakel macht.

Nach dem Konzerte kamen die entzückten Sennora's auf die Bühne, machten mir viele Elogen aber auch viel

Angst, denn die neugierigen Donna's nahmen meine Violine aus dem Kasten, und machten Miene, darauf herumzukratzen. Doch Lady Clay war Retterin in der Noth, verstand meine ängstlichen Winke und befreite mich von den der 'Ruhe meiner Violine so gefährlichen Schönen.

Eigenthümlich war die „Don-Jouan"=Vorstellung, der ich hier beiwohnte. Miß Hayes sang die Donna Anna, Mad. Dévories die Elvire und Mad. Charton das Zerlinchen. Es wäre Alles sehr gut gegangen, aber Don Ottavio war zu begeistert, nicht von Mozartischer Musik, sondern vom Rum, dem jener Sänger besonders huldigte. Schon in der ersten Szene, als Donna Anna auf die Leiche ihres Vaters stürzt, wäre der sie halten sollende Don Ottavio ihr bald zuvorgekommen, aber Donna Anna merkte den wankenden Zustand ihres Bräutigams, und hielt ihn mit all ihr zu Gebote stehender Kraft aufrecht. Das Publikum, vertraut mit dem originellen Talente dieses Sängers, bezähmte seinen Unwillen, um die Vorstellung nicht zu stören. Doch am Schlusse des ersten Aktes, in der bekannten Ballscene, erreichte die Begeisterung Ottavio's einen solchen Höhepunkt, daß er, über Donna Anna's langem Kleide stolpernd, die Elvire über den Haufen warf. Da empörte sich das Blut der Peruaner und der famose Ottavio=Sänger konnte nur von Soldaten geschützt mit genauer Noth seine Haut retten.

Ich habe hier einen Hrn. Collignion, Pianist aus

Paris, kennen gelernt, der ein sehr lieber Mensch und guter Musiker ist. Seine Frau, sehr schön und liebenswürdig, ist eine Klaviervirtuosin ersten Ranges, Schülerin des Conservatoire und Chopin's, von dem sie mir viel vorspielen muß. Die Leute sind hier etablirt und verdienen monatlich mit Stundengeben 4000 fl. CM., leben sehr nobel und haben sich schon ein schönes Vermögen erworben. Ich musicire sehr oft dort und bearbeite mein Konzert im Hummel'schen Style, eine Konzertform, die ich für die beste halte.

Gestern war ich auf einen Ball beim brasilianischen Gesandten geladen; es war dort sehr glänzend. Die Männer sind gebildet und chevaleresk, die Damen sehr unwissend, aber von entzückender Schönheit; sie bezaubern durch den Glanz ihrer Augen, der lebhaften Grazie ihrer Bewegungen und erinnern durch ihre plastischen Umrisse an ein griechisches Gebilde. Sie lieben leidenschaftlich den Tanz, und selten trennt sich eine Gesellschaft Herren und Damen, ohne dies Vergnügen genossen zu haben. Eine große Beleidigung wäre es, eine Sennora beim Tanzen mit Handschuhen anzufassen.

In Gesellschaft herrscht eine Art feiner Koketterie. Der Fächer ist beredt und ihre natürliche Grazie und Ungezwungenheit verleiht ihnen ein gewisses Relief, das im Augenblicke bezaubert und fesselt; allein dieser Nimbus verschwindet, sobald man die Schattenseiten dieser Damen entdeckt. Sie besuchen täglich die Messe, das

Theater ein paar Mal in der Woche. Spaziergänge sind gar nicht üblich. Französische Moden haben in neuerer Zeit allgemeinen Eingang gefunden, aber sehr nach dem Klima modificirt, leicht, weit und von lebhaften Farben.

Von allen spanischen Sitten der Vorzeit hat sich die Huldigung der Frauen hier in ihrer ganzen Reinheit erhalten. Mit einer poetischen, feurigen Einbildungskraft gefällt sich der liebende Ehemann, der Sklave seiner Dame zu sein. Die schönen Sennora's machen aber die höchsten Ansprüche auf Galanterie, und die geringste Außerachtlassung derselben wird von ihnen oft unerbittlich geahndet. In Gesellschaft naht man sich nur dann einer Dame, wenn man ihr eine Aufmerksamkeit erweisen kann. Ueberall hat sie das größte Vorrecht, den ersten Platz und die ersten Ehrenbezeugungen. Man spricht hier nicht wie anderswo: „Ich habe die Ehre, Ihnen meine Aufwartung zu machen," oder „wie befinden Sie sich," sondern: „Sennora, beso e vos los pies" (Sennora, ich küsse Ihre Füße). Ich befinde mich daher in einer sehr kritischen Lage, da die Gentry gegen Damen doch nie meine starke Seite war.

Mein zweites Konzert war trotz der schwülen Hitze gedrängt voll. Ich wurde mit Beifall und Blumen überschüttet, und als ich am Schlusse einige Variationen in Art des „Karneval" über ein peruanisches Volkslied improvisirte, erreichte das Furore den Kulminationspunkt.

Nach dem Konzerte brachten die officiellen Zeitungen Folgendes: „Seine Hoheit der Präsident der Republik Peru war so herablassend, das Konzert des Geigenkünstlers Miska Hauser mit seiner hohen Gegenwart zu würdigen, und meldete dem Künstler, sowie auch der Sängerin Miß Hayez, seine Zufriedenheit und besondere Achtung." Aus diesen kurzen Zeilen kann man entnehmen, welche Glorie und spanische Grandezza der Präsident um sich ausbreitet, und doch steht er auf wankenden Füßen, denn Don Elias zieht mit einem großen Anhange gegen seinen ehemaligen Busenfreund und sucht ihn zu stürzen; es sind Nachrichten eingelaufen, daß die Insurgenten in einigen Gefechten Vortheile errungen. Es wird stark gerüstet und man sieht viel Militär, das weiße Hosen, blaue Fracks und große runde Strohhüte trägt.

Sehr romantisch ist eine peruanische Brautwerbung. In Begleitung eines bunt geputzten Travadors erscheint der Freier am bestimmten Abend vor der Schwelle seiner Geliebten. Der Sänger tritt vor das mit Blumen geschmückte Fenster der Schönen und besingt in des Bräutigams Namen ihre Schönheiten. Er vergleicht ihren Wuchs mit einer Palme, ihre Lippen mit zwei blühenden Rosenknospen, ihr weibliches Wesen mit der Taube. Mit verstellter Sprödigkeit fragt die Braut den Geliebten: „wer er sei und was er wolle?" — „Dich will ich, Engel," erwidert dieser mit feuriger Zärtlichkeit, „alle Sterne leben in Liebesharmonie, die Nachtigall schlägt, sollen wir uns nicht auch lieben?" Da ergiebt sich die stolze Schöne, hastig wirft sie den Kranz aus den Haaren dem Freier zu und verspricht ewig nur ihm anzugehören.

Jetzt — Verzeihung — Dame Aesthetik, wenn ich einer eigenthümlichen, überaus zahlreichen, Bewohnerschaft dieser Stadt erwähne, von der ich unmöglich, ohne den Anstand oder zimperliche Ohren zu verletzen, erzählen kann, die aber eine zu interessante Rolle spielt und nicht übergangen werden kann. Dadurch nämlich, daß es nie regnet, giebt es hier eine ungewöhnliche Anzahl kleiner Haus- und Leibtyrannen, die bei uns, obwohl sie Blumauer zu einer Ode begeisterten — doch nur unter der unschuldigen Bezeichnung „Flöhe" eine ganz bescheidene Rolle spielen. Hier aber nimmt dieses hüpfende Geschlecht einen blutdürstigen Charakter an, und belästigt mit einer solchen zudringlichen Unverschämtheit, daß es, eine wahre Landplage, oft den gelassensten Menschen zur Verzweiflung bringt. Sehr verliebter Natur, halten sie sich am liebsten bei der Damenwelt auf, die sie als hüpfende Don Juans umschwärmen. Es ist zum todtlachen, wenn man im Theater oder in Gesellschaft sieht, wie Alles mit Kratzen und Suchen beschäftigt ist, und die Damen, empört über die Frechheit der kleinen Vampyre, sich in Busen und Nacken fahren, die Zudringlichen erhaschen, die dann dem längst geschwornen Rachetod anheimfallend, in den zarten weichen Fingern der Sennora's ihr

Grab finden. Noch gefährlicher wüthet hier die Eifersucht, die mit tückischen Schlangenbissen die Freuden des ehelichen Lebens zernagt, und oft ist Gift oder Dolch das verzweifelte Mittel, um sich mit der Rache abzufinden. In diesem Lande ist wahrhaftig „gut gehängt" besser als „schlecht verheirathet."

Lima, 1. Februar 1854.

Am 24. Jänner fand im Theater mein drittes Konzert statt. Das Haus war sehr voll, die Logen waren vom Präsidenten, allen Ministern, vielen Generalen und festlich geputzten Damen besetzt. Ich spielte so eben mit Madame Collignion das Freischütz-Duo, als ein ängstliches Geflüster im Saale laut wurde, welches die Aufmerksamkeit des Publikums immer stärker in Anspruch nahm. Anfangs glaubte man Erdstöße zu verspüren, da ein dumpfes donnerähnliches Getöse auf diese Vermuthung hinlenkte. Doch plötzlich wurde die Logenthüre des Präsidenten aufgestoßen; ein Adjutant desselben meldete athemlos, daß die Truppen des Gouvernements geschlagen und Don Elias vier Stunden von der Hauptstadt stehe.

Man kann sich den Schreck dieses plötzlichen Ueberfalles denken. Alles floh in fieberhafter Angst und solcher Hast dem Ausgange zu, daß im Gedränge mehrere Menschen erdrückt wurden.

Die Aufregung und Verwirrung wuchs immer mehr.

Alle Glocken läuteten Sturm. Der Präsident sprengte, von seinem Stabe umgeben, durch die Straßen, sammelte die Truppen, und sich selbst an die Spitze stellend, zog er dem Feind entgegen. Es war eine Nacht des Schrekkens und der peinlichsten Verwirrung. Alles suchte aufzupacken und die Stadt zu verlassen, der Don Elias Verderben geschworen.

Ich flüchtete im Konzertanzuge, die Geige unter dem Arm und andere Habseligkeiten mit mir schleppend, nach Callao, wo ich mich zu Schiffe begab, um im Falle der Noth gleich das Weite zu suchen.

In peinlicher Erwartung verfloß die Nacht und der nächste Tag, nichts hörte man, als das ungewisse Donnern der Schlachtgeschütze und das Jammern der Weiber.

Am zweiten Tage kam die Nachricht, daß Don Elias von den Truppen des Gouvernements total vernichtet und er selbst nur durch Zufall entkommen sei. Jetzt ging es zurück in die jubelnde Stadt. In allen Kirchen wurden Tedeum gesungen, pompöse Prozessionen zogen unter Glockengeläute durch die Straßen und große Festlichkeiten waren an der Tagesordnung.

Am 27. war beim Präsidenten großer Ball und Konzert, wozu ich, Miß Hayez und Mad. Collignion geladen waren; es war eine sehr interessante Nacht, die ich da verlebte. Um 10 Uhr Morgens wurde ich zum Ceremonienmeister gerufen, der mich über das Verhalten bei dem Feste instruirte. Schwarze Atlas-Schuhe, seidene Strümpfe, weiße Weste und höfische Manschetten mußten angelegt werden, um bei dem in seiner neuen Glorie strahlenden Präsidenten erscheinen zu dürfen.

Um 10 Uhr Abends holte mich wieder eine Volante (d. i. ein zweirädriger Wagen, sehr reich mit Silber und Gold verziert, mit langer Wagendeichsel, nur mit einem Pferd bespannt, worauf ein Neger in einem bunt phantastischen Postillon-Costume sitzt) und führte mich durch die illuminirten, von Soldaten, Volk, Musikbanden und Masken durchwogten Straßen zum Palaste des Präsidenten. Die hell erleuchteten, mit Orangen-, Cactus- und Citronenbäumen bepflanzten, Marmortreppen führten mich durch weite Vorsäle, wo Dienerschaften von allen Farben und Trachten hin und her eilten, in einen Saal, wo ich unter einer Menge von hohen Beamten und Militärs wartete, bis mich der Ceremonienmeister durch einen Korridor in ein anderes Gemach führte, in dessen Mitte ein Vorhang von weißem Atlas aufrauschte — welch' ein Anblick!

> „Im Saal voll Pracht und Herrlichkeit —
> Schließt Augen euch, hier ist nicht Zeit
> Sich staunend zu ergötzen."

Einem Zaubertempel aus Tausend und einer Nacht gleich, bot dieser schimmernde, halb in einen Garten verwandelte, Saal einen wunderbar überraschenden Anblick. Der Fußboden war, um die Luft zu erfrischen, mit Zitronensaft besprengt; kühlende Springbrunnen, umrankt von Jasmin und tropischen Blüthen, plätschernde Cascaden von duftenden Gewässern spendeten alle Wohlgerüche Arabiens. Tausende von Wachskerzen funkelten, aber noch glänzender strahlten die Diamanten und wundervollen Augen der junonischen Schönheiten, die in den duftenden Jasminlauben in bezaubernder Grazie ruhten.

Mstr. Clay führte mich durch die schimmernden Reihen dem Präsidenten vor, der mich sehr herablassend empfing, einige Minuten mit mir sprach und mich sodann seiner Gemahlin, einer noch sehr jungen Dame, vorstellte.

Jetzt begann der Tanz. Ein Neger-Orchester in phantastischem Costume spielte die originellen Tanzweisen, und unter dem Schalle der Castagnetten begann die schmachtende Bolero, die lustig dahin schwindelnde Tarantell und der feurige El Ole. Es ist ein Tanz, gewoben aus schmachtenden Seufzern, bald flehenden, bald begeistert-frohlockenden Blicken. Die Lieblichkeit der Stellung, die traurigen Blicke, der gefälligste Anstand in jeder Bewegung, dieses Alles bildet jene geheimnißvolle reizende Mischung, die diesen tanzenden Grazien einen schwer zu widerstehenden Zauber verleiht.

Nach Beendigung des Tanzes wurde musizirt. Ich spielte Fantasien über „Lucretia Borgia," Adagio von Mozart, das unvermeidliche „Böglein im Baume" und mit Madame Collignion die Variationen aus der Beethovenschen A-Sonate.

Ich, der bis jetzt nur von einem bescheidenen Winkel des Saales aus meine Beobachtungen gemacht, trat jetzt in den Vordergrund. Alles drängte sich um mich und erwies mir die größte Aufmerksamkeit und Auszeichnung. Von schönen Sennora's umringt, wurde ich mit den albernsten Fragen gequält. Die eine fragte: „ob ich ledig oder verheirathet sei," die andere: „wie viel ich im Konzert eingenommen und wie lange sie lernen müßte, um so gut Violinspielen zu können;" ja, eine trieb ihre Neugierde so weit, mich zu fragen: „wie viel Vermögen ich besitze und ob Kaspar Hauser, von dem sie einst gehört, mein Bruder gewesen sei?" So in die Enge getrieben, verschanzte ich mich hinter mein radebrechendes Spanisch und gab den neugierigen Sennora's die verkehrtesten Antworten, so daß sie einander ganz verdutzt anschauten und kopfschüttelnd mich nicht begreifen konnten.

An der reichen, mit aller Ueppigkeit und luxuriösen Pracht besetzten, Tafel nahm ich neben Lady Clay meinen Sitz, die alle auf mich einstürmenden Fragen statt meiner beantwortete. Ich hatte meine wahre Freude daran, so sicher und bequem den stillen Beobachter spielen zu können und auf diese hundert lästigen Fragen den schnatternden Sennora's nicht antworten zu müssen, deren Zungen alle auf einmal wie ein Mühlrad sich in Bewegung setzten, und gar nicht begreifen konnten, daß es Menschen gäbe, die nicht ihre Sprache redeten. Lady Clay machte ihnen begreiflich, daß ich ein Ungar, folglich der spanischen Sprache nicht mächtig sei; da fragte eine der gebildeten Sennora's ganz naiv, ob Ungarn zu England oder zu Frankreich gehöre?

Nach Tische sang Miß Hayez einige Lieder, worunter Mendelssohns „Auf Flügeln des Gesanges" dieser poetischen Scenerie ganz passend war. Den meisten Beifall aber erhielt sie durch ein irisches Lied mit Variationen, die sie mit großer Bravour ausführte.

Dem Wunsche des Präsidenten folgend, mußte ich nochmals zur Violine greifen; ich spielte das „Märchen" und „Frühlingslied." Letzteres wurde aber durch eine Serenade unterbrochen, die dem Präsidenten von allen Musikbanden gebracht wurde. Ein tausendstimmiges Eviva empfing den auf den Balkon tretenden Präsidenten, und um 2 Uhr Nachts erschien ein von Fackeln beleuchteter großer Maskenzug. Ich habe in meinem Leben nichts Phantastischeres gesehen. Die Anführer ritten in grotesken Anzügen auf Stieren, die ein wildes Gebrüll ausstießen, dann folgten Karrikaturen auf Don Elias, Seiltänzer, Ritter in altspanischer Tracht, und auf einem Triumphwagen, von Fackeln grell erleuchtet, ein mit Bändern und Blumen geputzter „Riesen-Ochse," den der Präsident zur Feier des Festes dem Volke geschenkt. Polichinells, Harlekine, Scaramuth liefen in bunten Masken um den Wagen und wetteiferten in wilder Lust und zügelloser Ausgelassenheit. Mitten durch das Maskengewühl zogen fromme Brüderschaften in Prozession um die Vergebung der Sünden, welche in dieser tollen Nacht vorfielen, zu erflehen — ohne jedoch das bunte tolle Treiben zu stören.

Jetzt wurde ein großes Feuerwerk losgebrannt, und ein infernalisches Geschrei rief wieder den Präsidenten, der eine Dankrede ans Volk hielt. Dieser folgte ein wildes Gejohle, von dem ich nicht mit Bestimmtheit angeben kann, ob es der Rede oder dem großen Ochsen gegolten, der jetzt, auf einem ungeheuren Scheiterhaufen gebraten, von der sich blutig schlagenden Volksmenge verzehrt wurde. So ging es die ganze Nacht unter dem Gewimmel der Masken, dem Knattern der Feuerwerke und dem Jauchzen der Volksmassen, bis der heiße Morgen anbrach und dem bunten Schauspiel ein Ende machte.

Am andern Morgen hörte man von nicht weniger als 25 Personen, die im Gedränge als Opfer gedungener Banditendolche gefallen, denn solche Gelegenheiten werden hier am liebsten benützt, um ungerngesehene Personen ohne Aufsehen aus der Welt zu schaffen. Kaum gönnte sich das genußsüchtige lustige Völkchen einige Stunden der Ruhe, so begann das tolle Treiben in den Straßen aufs Neue. Diesmal besuchte ich das Stiergefecht, und will versuchen es zu schildern.

Ein auf einer großen Ebene vor der Stadt aus Holz erbautes Amphitheater empfängt die Zuschauer. Im Schatten tropischer Riesenpflanzen sitzen die Vornehmen, und der weibliche Blumenflor strahlt in eigenthümlich bunter Nationaltracht in den Logen. Neger in phantastischen Costumen laufen ab und zu mit Erfrischungen, denn die Hitze ist afrikanisch und das Amphitheater gedrängt voll.

Es schlägt 3 Uhr und mit lautloser Stille der Erwartung sind alle Blicke nach dem Stierbehälter gerichtet, vor dessen bunt bemaltem Gehäuse ein Kampfrichter in altspanischem Costume steht. Jetzt öffnet sich die Pforte und unter ungeheurem Applaus tritt die Quadrille der Stierkämpfer ein; ihnen folgen die vier Banderilleros, ferner sechs Chulos mit rothen Tüchern und Fahnen, dann die Picadores zu Pferde, ganz in gelbes Leder und Eisen gehüllt, mit dicken Lanzen, die drei Zoll lange eiserne Spitzen haben. Die ganze Quadrille ist in silberstrahlender altspanischer Nationaltracht mit blauen goldverzierten Jacken, breiten mit Bändern und Blumen geschmückten Hüten, und gewährt einen poetisch chevaleresken Anblick. Endlich beginnt der blutige Kampf, jeder Augenblick spannt die Aufmerksamkeit und Theilnahme der Zuschauer. Auch die Damen betrachten mit gieriger Lust das grausame Schauspiel, und die Spannung, in der sie sind, verschönert ihre Gesichter, die dunklen Augen leuchten, und wenn sie auch über die Unglücksfälle laut klagend sich entsetzen, so bleiben sie doch nie davon weg.

Jeder einzelne Kampf dauert in der Regel 20 Minuten, und gewöhnlich werden an einem Nachmittag 12 bis 15 Stiere getödtet.

Nach Beendigung des Stiergefechtes fand noch ein zweites Volksfest statt, ich aber, ermüdet von dem grotesken Schauspiele, ging nach Hause, um ein wenig auszuruhn. Die Stadt war wie ausgestorben, und nur aus der Schlacht heimkehrende Soldaten durchzogen, wilde Kriegslieder singend, die öden, heißen Straßen.

Ich suchte einzuschlafen, aber die mich umschwirrenden Mosquitos ließen mich trotz des ums Bett gespannten Netzes nicht ruhen. Ich setzte mich an das Fenster und bemerkte einige Arbeiter, die auf dem großen Platze vor meinen Fenstern ein Gerüst aufschlugen. Es hatte einen sehr traurigen Zweck, denn 4 Anhänger des Don Elias, die sich am Aufstande betheiligten und in der Schlacht gefangen wurden, sollten den kommenden Tag hier den fürchterlichen Tod der „Garotta" sterben. Die Garotta ist ein in Südamerika zu Hinrichtungen gebräuchliches Halseisen mit spitzigen Haken versehen, die das Opfer in fürchterlicher Art zu Tode würgen. Ein schauerliches Mordinstrument, noch aus den Zeiten der Inquisition, die auch hier viele Opfer forderte. Ich wollte um keinen Preis diesem entsetzlichen Schauspiele beiwohnen und folgte der Einladung des Hrn. Clay, ihn nach einem nahe gelegenen Seebade zu begleiten, wo die Noblesse Lima's den Sommer verlebte.

Ein tiefblauer Himmel überwölbte die üppigen Oliven- und Orangenwälder, die wir durchritten, riesige Cactusgattungen mit den prachtvollsten Blüthen, Kokos-

und Palmenbäume überschatteten unsern Weg, führten uns durch wild wachsende Kräuter von Rosmarin, Lavendel, Jasmin, die die Luft mit ihren Düften erfrischten, in ein von Hirten bewohntes peruanisches Dorf, dessen Einwohner halb wild in Felle gekleidet, mit aufrecht gehaltenem Stabe, wie die Steinbilder, uns entgegenkamen.

Das Dorf, wild romantisch gelegen, fesselte unsere Aufmerksamkeit in einem solchen Grade, daß wir Halt machten. Die Hütten, aus Bambus geflochten, sind von wilden Blumen von ganz eigenthümlich wunderbarer Schönheit umrankt, und deren Bewohner führen darin ein wahres Schlaraffenleben. Die Sonne des Südens hat ihre Hautfarbe gedunkelt, und das feurige Temperament strahlt voll Gluth aus den glänzenden Augen. Sie sind im Ganzen gutmüthig, träge, abergläubisch, oft von heftiger Eifer- und Rachsucht und stehen auf der untersten Stufe der Kultur.

Sehr eigenthümlich sind ihre pantomimischen Gesten, mit denen sie sich in sehr weiter Entfernung einander verständlich machen, so daß es fast den Anschein eines magischen Einverständnisses hat. Kaum bemerkt, wurden wir von Weibern, Kindern und Mädchen umringt, die uns erst neugierig angafften, dann in phantastischen Sprüngen, begleitet von einer Art Tambourine einen Tanz produzirten. In origineller, phantastischer Leichtigkeit gekleidet, sind diese halbwilden Schönen solche interessant reizende Erscheinungen, daß sie fast an die

Sage von der bezaubernden Anziehungskraft der Syrenen erinnern. Nachdem wir ihnen mehrere Kleinigkeiten geschenkt, brachten sie uns Blumen und Früchte, und erst, als die Nacht ihren dunklen Schleier zur Erde senkte, verließen wir weiter reitend dieses Utopien.

Lima, 1. März 1854.

Fürwahr es wäre ein Hochgenuß, wenn ich auf allen meinen Wanderungen die liebe Heimath mit mir nehmen könnte, nicht immer in ängstlicher Bangigkeit dorthin zurückblicken müßte, und so von dieser peinlichen Sorge frei wäre. Der Anblick der gewaltigen Natur, die Meere, Berge, Blumen und Wälder könnten mich noch mehr entzücken, würde das alte dürre Weib Heimweh mir nicht auf allen meinen Wegen nachschleichen, das traurige Lied in die Ohren summen und so manche Stunde trüben, mir manche Freude schmälern.

Die acht Tage, die ich in Copiapo, einem Seebade 6 Stunden von Lima, verlebte, gehören zu den angenehmsten meines Lebens. Hart am Meere, zwischen reizenden Bergen, erfrischt von einem herrlichen Klima, liegt Copiapo. Der Himmel ist immer wolkenlos und blau, die Gluth der Sonne wird von den Seewinden gekühlt, und die weißen niedlichen Häuschen, mit Reben, Jasminen und Rosenlauben umpflanzt, gleichen den Gärten der Semiramis. Dazwischen prangen die Prachtblumen der südlichen Zone, das dunkle Grün der Feigen=, Citronen= und Orangenbäume. Durch die grünen Zweige blickt oft eine schneeweiße Hand, ein feuriges Augenpaar, oder eine sanft geröthete Wange hervor, und in diesen duftenden Gärten bringen die Sennora's plaudernd, singend, Guitarrespielend oder neugierig auf die Straße lauschend, den größten Theil des Tages zu, um von den Mühen des Nichtsthuns und der Sorglosigkeit auszuruhen.

Auf schattigen, ringsum vom Meer umgebenen Inselgruppen, findet man außer den Bädern, die auf Schiffen erbaut sind, viele Buden, wo Sorbette und köstliche Erfrischungen gereicht werden. Des Abends beginnt hier lustiges Leben, Musik ertönt, Raketen steigen und bunte Lampen beleuchten das originelle Treiben. Hier predigt ein Mönch vor einer andächtigen Versammlung, dort zieht ein singender Troubadour vorüber. Hier machen schwarze Jongleurs ihre Künste, und die Einwohner lachen trotz eines Wieners über die Späße des Bajazo's, oder buntbewimmelte Gondeln befahren unter Sang und Castagnettenklang das ruhige Meer.

Ich habe hier zwei Concerte gegeben und war sehr zufrieden. Das Billet kostete 20 fl. C. M., doch konnte der Saal nur 50 Personen fassen, und da die Galanterie hier zu Hause ist, so spielte ich nur vor Damen, die mir entzückt ihre Blumen zuwarfen. Mit dem Arrangement hatte ich noch nirgends so viel Mühe, und oft regt sich mein Gewissen, die vielen Herren und Damen, mit deren Accompagnement in Europa ich unzufrieden war und zankte, recht herzlich um Vergebung zu bitten, denn ich wäre gewiß zufriedener und dankbarer gewesen, wäre ich früher drei Jahre in Amerika gereist.

Im ersten Concert mußte ich ganz ohne Begleitung spielen, denn der Pianist, ein Sohn des hiesigen Musikalienhändlers, begleitete mich so niederträchtig, daß ich alle meine guten Geister wach rufen mußte, um diesem blonden Jüngling nicht augenblicklich den Hals zu brechen. — Die Sängerin, eine Schülerin des Capellmeisters, die im zweiten Concert mitwirken sollte, wurde, als ich sie hinausführte, von einer solchen Todesangst überfallen, daß sie Krämpfe bekam und ohnmächtig in meine Arme fiel. Nicht genug, keine Sängerin zu haben, hatte ich noch meine Noth, die nervenschwache Dame ins Leben zurückzurufen, und da in der Schnelligkeit kein Arzt zu finden war, so mußte ich auch noch die Stelle eines solchen vertreten und die blasse Donna so lange mit Essig und Wasser bespritzen, bis (um mich poetisch auszudrücken) ein zartes Roth ihre holden Wangen wieder färbte. Als die Dame aus ihrem Fieberschlummer genesen, erwachte auch wieder die liebe Eitelkeit, und trotzdem ihr von allen Seiten gerathen wurde, das Singen für diesmal zu unterlassen, quälte sie mich doch so lange, bis ich ihren Bitten nachgab, und sie abermals hinaus vors Publikum führte. Sie sang — wenn man das überhaupt singen nennen kann, eine Arie aus „Lucia," aber selbst für den Componisten wäre es eine Aufgabe gewesen, das Kind seiner Muse wieder zu erkennen, und ein abermaliges Inohnmachtfallen wäre dieser Dame gewiß ehrenvoller als ihr Singen gewesen.

In diesem Concerte spielt ich ohne Begleitung die Lieder „Andacht," „Märchen," „Liebes- und Frühlingslied," das „Bolero" und die „Jagd."

Wenn man den peruanischen Damen außer ihrer Schönheit sonst nicht viel rühmliche Eigenschaften nachsagen kann, so muß man ihre musikalischen Anlagen bewundern, denn eine enthusiastische Vorliebe, ein gutes Gehör und feiner Geschmack für Musik ist diesen Damen in nicht gewöhnlichem Grade eigen. Es wird viel gesungen und ich habe schon einige sehr gute Clavierspielerinnen gehört.

Wenn ich von der Harmonie der Töne zur Disharmonie im ehelichen Leben übergehe, so geschieht dies einer tragischen Geschichte wegen, die sich während meines Aufenthaltes hier zutrug und die Stadt in eine seltene Aufregung versetzte.

Don José Alvarez, Staatssekretair im Gouvernement, heirathete vor einem Jahr die Tochter des obersten Kriegsraths Don Cristo's. Die Ehe war eine überaus glückliche, und Alvarez, den seine schöne Gattin anbetete, schenkte ihr das hier seltene Vertrauen, der kranken Mutter nach Copiapo folgen zu dürfen, um dort den Sommer zu verleben — jedoch, bald setzten sich die Lästerungen der klatschsüchtigen Sennora's in Bewegung und das Geflüster von geheimen Bekanntschaften, verbotenen Zusammenkünften der Donna Alvarez in Copiapo wurde immer lauter und drang endlich zu den Ohren des Sorglosen auf die Treue seiner Gattin festbauenden Don Alvarez. — Mehr bedarf es hier nicht, um das Vertrauen wankend zu machen, die Eifersucht zu entflammen und alle Liebe im Herzen in Haß, Rache und Verzweiflung zu verwandeln. Don Alvarez, von allen bösen Geistern aufgestachelt, beschloß die Ungetreue zu überraschen, reiste nach Copiapo und fand — was er immer gewünscht — in einer Gartenlaube, an der Seite eines ihm fremden Mannes — seine Gattin. Von der Verzweiflung, die dieser Anblick in ihm wachgerufen, zeigte seine That, denn kaum bemerkte er die Entfernung des Fremden, so stürzte er wie ein Tiger auf seine Gattin, bohrt ihr den Dolch ins Herz, welches nur für ihn schlug — dann zog er einen zweiten und stieß sich selbst nieder.

Kaum war diese grause That vollbracht, enthüllte sich das fürchterliche Mißverständniß. Der Fremde, den Alvarez für seinen Nebenbuhler gehalten, war der Bruder seiner Gattin, der den Tag vorher aus Brasilien, wo er in Kriegsdiensten gestanden, heimgekehrt, um seine Familie zu überraschen, die er zwölf Jahre nicht gesehen. — In den letzten Athemzügen erfuhr Don Alvarez diese schauerliche Enthüllung, und bald erlöste ihn der

Tod von den Qualen der Reue und der Verzweiflung. Ein langer Leichenzug begegnete mir, als ich vorgestern nach Lima zurückkehrte, der die unglückliche Dame zu Grabe trug. Die Leiche des Don Alvarez wurde der eines Mörders gleich, öffentlich verbrannt. Ein Wort der Aufklärung, ein besonnener Augenblick hätte beide sicher gerettet, so aber siegte die blinde Eifer- und Rachsucht; die unglücklichen Eltern weinen um ihre Kinder. Die ersten Familien der Stadt sind Verwandte oder Bekannte der Unglücklichen und die hier herrschende melancholische Stimmung veranlaßte mich, mein nächstes Concert um einige Tage zu verschieben.

Die Revolution ist ganz zu Ende. Ein Mann, den man gefangen eingebracht und für Don Elias gehalten, hat sich als nicht echt erwiesen. Die frappante Aehnlichkeit mit dem General wäre dem guten Manne bald theuer zu stehen gekommen, denn es fehlte gar nicht viel, so hätte ihm die Garetta einen fatalen Streich gespielt, ihn statt Elias umhalst, und der gute Mann wüßte gar nicht, wie er zu dieser Ehre gekommen. Doch der Gefangene schien nicht blos ein armer Teufel, sondern war es auch mit Leib und Seele, und diese glückliche Eigenschaft rettete ihn vom Tode. Jetzt will diese merkwürdige Person bei dem Geschäftchen noch etwas profitiren, läßt sich in einer eigens erbauten Hütte für Geld bewundern und der schwarze Bajazzo lockt durch seine Rufe: „Hier ist für 30 Centimes der falsche Elias zu

I. 8

sehen!" so viel Neugierige an, daß der Pseudo-Elias für seine ausgestandene Todesangst ein hübsches Geld einsteckt und seine Aehnlichkeit mit dem „wilden General" ist für den Jungen jetzt gar nicht mehr so übel.

Am 26. wurde in der großen Kathedrale die glückliche Beendigung der Revolution gefeiert. Unter der Leitung des Capellmeisters wurde von den Opernmitgliedern Haydn's große Messe in B aufgeführt und eine geistliche Deputation lud mich ein, die erste Violine zu spielen. Die Kirche glänzte von Silber und Gold, denn die hiesigen Reichen häufen hier große Schätze an. Die Aufführung war bis auf die Tenor-Soli's ziemlich gut. Nach der Feierlichkeit ließ mich der Erzbischof zu Tische laden — eine Ehre, die nur selten Jemand zu Theil wird und um die ich von allen Seiten beneidet wurde.

Eine gewisse Befangenheit bemächtigte sich meiner, als ich durch die weiten Gänge des Klosters schritt. Die Vorsäle, mit kleinen Kapellen und vielen Heiligenbildern geschmückt, vor denen viele Mönche knieend beteten, sind von eigenthümlicher Bauart. Das Licht findet durch die mit eisernen Stäben vergitterten lückenartigen Fenster nur schwachen Eingang, und die dort herrschende Dunkelheit machte einen düstern Eindruck auf mich. Doch bald befand ich mich in einem prachtvoll mit den schönsten Bildern und Kunstwerken geschmückten Gemach, von wo aus ich in den Empfangssaal geführt wurde. Der Erzbischof, ein Greis mit Silberhaaren und höchst einnehmenden Gesichtszügen, empfing mich mit den Worten: "Sie haben mir durch Ihr herrliches Spiel viel Vergnügen gemacht! ich hätte nie geglaubt, daß eine Violine so schön singen kann." Hierauf erkundigte er sich nach meiner Heimath, beneidete mich um meine Reisen, von denen ich ihm viel erzählen mußte, und war sehr freundlich und liebenswürdig.

Die Tafel strotzte von Gold= und Silbergefäßen, und ich, der aus dem Goldlande komme, wurde überrascht von dem Reichthum und der Pracht der schönen Bilder, Statuen und gestickten Teppiche, die jeden europäischen Palast zieren würden, und hier um so weniger zu erwarten waren, da das äußere Ansehen des Klosters höchst düster und armselig aussieht. Bei Tische ging es sehr munter und lustig zu. Es waren nur Geistliche geladen, besonders war es der erste Kanzelredner, eine Art Abraham a Sancta Clara, der durch seinen sprudelnden Witz und originellen Humor Alles erheiterte. Nach der Tafel mußte ich nach meiner Violine schicken, und einige Piecen spielen. Das "Wiegenlied" gefiel so, daß ich es dreimal wiederholen mußte. — Beim Abschiednehmen mußte ich versprechen, vor meiner Abreise noch einmal zu kommen, und den Tag darauf erhielt ich ein sehr liebenswürdiges Schreiben und einen werthvollen silbernen Becher.

Die Hayez ist nach Valparaiso gegangen, kehrt aber hieher zurück, geht dann wieder nach San Francisco und von dort nach Australien. Es ist enorm, was sie überall für Geld macht, eine Million Thaler besitzt sie wenigstens schon. Wenn ich schon so viel hätte, dann wüßte ich, daß mein erster Weg von hier übers Gebirg zum Atlantic ginge, wo Schiffe in 25 Tagen nach Europa gehen. — Der Genuß, die Heimath wieder zu sehen, ist kein leerer Wahn, und das biedere ehrliche Europa ist doch so übel nicht.

Mein viertes Concert fand gestern bei ganz vollem Hause statt. Ich wurde wieder sehr applaudirt, besonders huldigten mir wieder die schönen Sennora's, die mir gewiß Disteln statt so schöner Blumen zuwerfen würden, wenn sie wüßten, wie sehr ich ihre Schattenseite beleuchte, ihr Sündenregister bemerke, aufzeichne und nach Europa schicke. Aber ein zartes Herz kennt die Rache nicht, die Schönen besuchen regelmäßig meine Concerte, und klatschen mir mit ihren zarten Händen enthusiastischen Beifall zu.

Außer einer violinspielenden Persönlichkeit finden vier andere sehr eigenthümliche Artisten großen Zuspruch. Ihre Kunst besteht in den ungeheuersten Grundsätzen von Menschenliebe, und den frommen Wahlspruch: „Du sollst alle Menschen lieben, sogar auch deine Feinde," befolgen sie so sehr, ja sie dehnen ihn so weit aus, daß sie ihre gefangenen Feinde aus purer Freundschaft und Liebe gleich lebendig — fressen. — Es sind vier Botokuden, die von einem amerikanischen Kunstmäcen für Kunstreisen engagirt, hierher gebracht und zur Schau gestellt werben. Sie wurden in brasilianischen Wäldern gefangen, wo sie in ihren Schlupfwinkeln einen immerwährenden Vernichtungskrieg gegen den weißen Erbfeind führen, und die Grausamkeit, mit der man sie verfolgt, macht sie nur noch mehr verwildern und tiefer sinken. Es ist ein hochgebauter Menschenschlag von olivenbrauner Hautfarbe, häßlichen Physiognomien, schwarzen, von Rache und Mordsucht blitzenden Augen. Sie vergiften ihre Pfeile, schleppen ihre Gefangenen in das Dickicht des Waldes und verzehren dort mit Heißhunger und Gefräßigkeit die unglücklichen Schlachtopfer.

Ich war sehr neugierig, diese edlen Menschenfreunde kennen zu lernen, und machte ihnen vor einigen Tagen meine Aufwartung. Ein in die Dekoration eines Urwaldes verwandelter Saal empfängt die Zuschauer. Unter einem riesigen Baumstamme erblickte ich die vier wilden Gestalten, die nur mangelhaft in Thierfelle gehüllt, Lippen und Ohren mit Holzpflöcken durchbohrt, um ein loderndes Feuer lagerten. Während einer von ihnen in häßlicher Weise lachend grinzte, mit der Zunge schnalzte und unartikulirte Töne wie ein Stier ausstieß, kauerte der Andere, in sich gekehrt, trotzig in einen Winkel und schleuderte auf die Zuschauer Haß und Mordsucht flammende Blicke. Die andern zeigten ihre Magenvirtuosität, indem sie die abscheulichsten Thiere, wie Eidechsen, Heuschrecken, Schlangen, Ameisen, ja sogar gebrannte Lederstücke mit einer Eßlust verzehrten, als ob es die leckersten Bissen, Austern oder andere Dilikatessen, gewesen wären. Wohl möchten die guten Natursöhne mit eben so viel Appetit sich auch über uns gemacht, und mit uns, ihren Brüdern, ein so inniges Freundschaftsband geschloßen haben, daß wir mit ihnen ein Leib und eine Seele geworden wären. Der Gedanke, mich so lange mit Violinspielen geplagt und genährt zu haben, um von diesen Menschenfressern einst schmackhaft gefunden zu werden, machte mich so schaudern, daß ich entsetzt davon lief und erst an der Thüre wieder Athem schöpfte. Auf der Straße angelangt, machte ich Halt, betastete ängstlich meine Glieder und da mir kein theures fehlte, Alles in bester Ordnung war, freute ich mich noch zu sein im rosigen Lichte und nicht — im Magen eines Botukuden.

―――――

Lima, 15. September 1854.

Von allen Ländern, Städten und Völkern, die ich bis jetzt gesehen und kennen gelernt, hat noch keines meine Aufmerksamkeit in einem so hohen Grade angeregt, als dieses Peru. Es ist ein sehr eigenthümliches, höchst merkwürdiges Land, und nichts, was ich bis jetzt, mit Ausnahme der Havannah und den Wasserfällen des Niagara, gesehen, kann dem Interesse dieses Landes angenähert, viel weniger verglichen werden. Hier begann für mich die eigentliche neue Welt, und jedes poetische

Gemüth wird hier für das Reizlose in den Vereinigten Staaten reichlich entschädigt.

Durch romantische Thäler, riesige Berge und durch das Laub der Palmenbäume säuselt hier geheimnißvoll die dunkle Geschichte der Vorzeit. Trümmer von grandiosen Palästen, Brücken und Tempeln, die 1525 bei dem Einzuge des grausamen Pizarro gestürzt und zerstört wurden, zeigen noch jetzt von verblichener Herrlichkeit. Auf Bergeshöhen, wie in wild schauerlichen Höhlen findet man noch jetzt Spuren von einst flammenden Altären, worauf, um zürnende Götter zu versöhnen, Menschenopfer geschlachtet wurden. Hier sah ich eine Grotte, wo nur Priester eintreten durften, jeder Andere fand sogleich den Tod, und auf einem Berge zwischen schattenkühlen Hainen zeigt man einen kleinen mit geheimnißvollen Bildern und Hieroglyphen bemalten Tempel, in welchem die letzten Sonnenpriester den Hungertod starben. Ueberall findet man sichtbare Erinnerungen einer frühern Zeit, die von der Vergangenheit mit untrüglicher Zunge sprechen, und

„Könnte die Geschichte davon schweigen,
Tausend Steine würden redend zeugen,
Die man aus dem Schooß der Erde gräbt."

Da, wo jetzt Lima auf begrabenen Mysterien erbaut ist, stand die Heiden=Hauptstadt mit den wunderbarsten Tempeln, glänzenden Palästen, und hatte über 12 Stunden im Umfange. Doch den glänzenden Königspalast, den märchenhaften Sonnentempel, verzehrte das Feuer der Spanier. Die blühenden Städte sanken in Trümmer, die Opferflammen sind verlodert, die Haine götterleer, nur bemooste Ruinengemäuer zeugen von der entschwundenen Pracht dieser in Todesschlaf versunkenen Herrlichkeit. Der geheimnißvolle Schleier und der Zauberreiz der Poesie, mit dem dieses Alles umkleidet ist, regt unsere Phantasie noch mehr an.

Wie ganz anders ist es hier als in den profanen Parvenu-Städten der Vereinigten Staaten, wo man nichts zu bewundern hat als die Dampf- und Menschen-Maschinen, die aus der Erde wachsenden Mauern und die wilde Jagd nach Glück und Geld. Nur dem Flachen, dem Materiellen wird dort gehuldigt. Die Kunst, die Poesie verwelkt und eine gut konstruirte Drehorgel findet mehr Bewunderung als eine Symphonie von Beethoven. Hier aber wissen die Menschen die Freuden des Lebens zu genießen, sind bessern Herzens und Geistes und nicht solche lebendige Rechenmaschinen des Eigennutzes.

Das sorglose, genußsüchtige Temperament dieses Völkchens erkennt man am besten, wenn man das Theater besucht, welches ihre größte Leidenschaft und immer sehr voll ist. Für schauspielende Personen sind hier die Weltbedeutenden Bretter ein sehr schlüpfriges, oft gefährliches Feld. Es gehört zur Cavalier-Noblesse, oft zur Leidenschaft der jungen reichen Dandy's, junge Schauspielerinnen unter ihren schützenden Schild zu nehmen, selbe mit allem Möglichen zu versorgen, und sie bieten ihren ganzen Stolz, oft große Summen auf, die unter ihrer Aegide Stehenden in die Gunst des Publikums zu setzen, die in Ungnade Gefallenen zu verfolgen, überhaupt ihren besondern Einfluß beim Theater zu zeigen.

Im Ganzen haben diese Theater-Amourschaften nur den leichtfertigsten Charakter und dienen den Cavaliero's nur so zum Zeitvertreib, wie in Europa die Pferdeliebhaberei und die Jagden, denn Jeder würde es unter seiner Würde halten, an ein ernstes Verhältniß zu denken, oder dieser leichtfertigen Schönen wegen auch nur ein Tröpfchen seines theuren Blutes zu vergießen. Ein echter Cavaliero ist immer nur hinter den Coulissen zu finden, wo sich die verschiedenen Parteihäupter versammeln, auf die Erfolge ihrer Schützlinge große Summen wetten und die errungenen Siege durch Schmaußgelage und Champagnertrinken feiern. Im Publikum hat jedes Parteihaupt gewöhnlich eine Armee von 50 bis 60 handfester Claqueurs, die mit Hand und Mund für ihre Chefs kämpfen und den Triumpf oder den Fall eines Schauspielers beschließen. Das Haus ist bei solchen Kämpfen zum Erdrücken voll; das Publikum erklärt sich nach Belieben für diese oder jene Partei, und wenn außer dem Schauspiele auf der Bühne nicht noch das Publikum eines zum Besten giebt, so ist das kein interessanter Theater-Abend.

Vor einigen Tagen wohnte ich einer solchen Vorstellung bei, die ihr eigenthümliches Interesse folgender Geschichte verdankt. Sennora Laurino spielte so lange eine unbedeutende Rolle, bis sie durch die Macht und das Ansehen ihres Freundes in den Vordergrund und in die Gunst des Publikums gesetzt wurde. Man spricht von großen Summen, die ihr Protektor, ein Cavalier ersten Ranges, aufgeboten, und wie er oft das ganze Haus auskaufte, um das Reussiren seiner Donna durchzusetzen. Doch war die Schöne keine Freundin der Beständigkeit, und bald machte sie ihrem Amante die 10,000 Lire verlieren, die er auf ihre Treue und Anhänglichkeit gewettet. Der Gewinner, der die Leichtfertige durch kostbare Geschenke an sich gelockt, triumphirte über seinen aus dem Sattel gehobenen Freund, jener aber sann auf Rache. In den Zeitungen begann er bereits seinen Vernichtungskrieg gegen die Treulose, und bei der stattfindenden Benefizvorstellung der Verhaßten beschloß er den Hauptstreich zu führen. Es wurde „das öffentliche Geheimniß" von Calderon gegeben, und nur mit Mühe konnte ich einen Platz erhalten, denn das Theater war schon einige Stunden früher von den Truppen der Parteigänger gefüllt, die, sich in Pfeifen, Klatschen und Zischen übend, ungeduldig den Ausbruch des Kampfes erwarteten. Jetzt erhob sich der Vorhang und die Laurino, ein in der That reizend schönes Mädchen, erschien unter ungeheurem Beifallsjubel, der gar nicht enden wollte und jedes von ihr gesprochene Wort übertönte. Vergebens wurde von ihren Freunden Ruhe gefordert, so oft aber die Sennora sprechen wollte, brach das Gejohle der feindlichen Partei von Neuem los, und brachte die Gegenpartei in rathlose Verwirrung. Diese Kriegslist machte die arme Schauspielerin so verwirrt, daß sie im zweiten Akte, wo Alles ruhig blieb, vor Angst an allen Gliedern zitternd, von ihrem Gedächtniß im Stiche gelassen, die unzusammenhängendsten Reden führte.

Jetzt begann der eigentliche Kampf. Jede Bewegung, jedes Wort der Armen wurde nachgeäfft, verhöhnt und ausgezischt. Vergebens suchten ihre Anhänger den Feind zu bändigen, der, immer siegreicher, jeden Widerstand unmöglich machte. Ein Regen fauler Citronen und Orangen flog der armen Schauspielerin statt der gehofften Blumen zu, die sich ganz verzweifelt geberdend, die Bühne nicht verlassen wollte und beharrlich noch immer auf Sieg hoffte. Da tönte plötzlich aus einer Loge die Löwenstimme des feindlichen Generals, der mit triumphirenden Blicken ihr die boshaften Worte zurief: „Nicht wahr, Sennora Laurino, ich halte mein Versprechen besser als Sie? denn mit Ihrer Herrlichkeit hat es jetzt ein Ende." Das war zu viel; nachdem sie ihrem Demüthiger einige von Zorn flammende Blicke zugeworfen, brach ihr stolzes Herz, und unter dem Hohngelächter ihrer Feinde wurde die Arme ohnmächtig von der Bühne getragen. Das Schauspiel, welches das Publikum aufführte, war jetzt zu Ende und jenes auf der Bühne begann. Eine neue Herrin und Nebenbuhlerin der Vertriebenen betrat jetzt die Bretter, und spielte unter ungeheurem Jubel die Vorstellung zu Ende. Ob der Fall der Einen, ob der Sieg der Andern in künstlerischer Beziehung ein verdienter war, darüber kann ich, der die Eine gar nicht, die Andere nur halb verstanden, nicht urtheilen. Sennora Laurino aber verließ für immer das Theater, und man spricht, daß sie in einem der 57 Nonnenklöster Lima's reumüthig Schutz und Trost sucht.

Das Klosterleben spielt hier eine sehr große Rolle, und viele fromme Sennoras ziehen sich, kaum 14 Jahre alt, in die Einsamkeit zurück, wo sie in stiller Abgeschiedenheit der Andacht leben, und der fromme Glaube erwartet von ihrer Buße die Fernhaltung der so gefürchteten Erdbeben und Krankheiten. Sie beschäftigen sich nur mit Fasten und Beten, unterwerfen sich dem Gelübde der Armuth, des unbedingten Gehorsams gegen ihre Obern und der härtesten Büßungen, wenn sie auch nur ein Gedanke an die Welt überrascht, welche sie für immer verlassen haben. Sie kleiden sich schwarz, tragen eine Maske, so daß man ihr Gesicht nie sehen kann. Dann giebt es noch Barfüßer-Nonnen, die durch die schärfsten Regeln des Fastens, Schweigens, der Selbstpeinigung, kurz aller Entbehrungen sich von den Uebrigen unterscheiden. Sie leben in entlegenen Wäldern und

Gebirgen als Eremiten in höchst dürftigen Einsiedeleien, kleiden sich in weiße Mäntel und braune Unterkleider, und der Gebrauch des Scapuliers ist ihnen vorzüglich eigen. Dieses ist von grauer Wolle und hängt ihnen über Brust und Rücken herab.

Meine Koncerte habe ich bereits beendigt, die zwei letzten gab ich im Arsenalsaal, den mir der Präsident angeboten. Sie fielen sehr glänzend aus, besonders das letzte, welches zum Besten des Hospitals und der verwundeten Krieger eine große Einnahme erzielte. Das Programm war folgendes; 1) Ouverture; 2) Phantasie über Lucretia Borgia, komponirt und gespielt von M. Hauser; 3) Arie aus „Figaro" von Mozart, gesungen von M. Devorier; 4) Zweiter Akt aus dem Drama „Leben ein Traum," von Calderon, aufgeführt von den Schauspielern des Theaters; 5) Adagio religioso von Ole Bull, gespielt von M. Hauser; 6) Arie aus „Cenerentola" von Rossini, gesungen von M. Charton; 7) Arie aus „Robert" von Meyerbeer, gesungen von M. Devorier; 8) „Vöglein im Baume" von M. Hauser. Ich mußte alle Piecen da capo spielen und zum Schlusse noch Mes adieux à Varsovie und den Karneval.

Ich habe hier sehr viele Geschenke bekommen, worunter eine schöne mit Juwelen besetzte Uhr vom Präsidenten, von Mr. Clay eine Brillantnadel, den Byron und Shakespeare in prachtvollem Einbande von der liebenswürdigen Lady, nebst einem wunderschön gearbeiteten sil=

bernen Tintenzeug sammt goldener Feder. Nie werde ich diese Theilnahme vergessen, die mir diese hochherzigen Freunde erwiesen, und es ist mir sehr schwer gefallen, von ihnen Abschied zu nehmen. Die Zeitungen fordern mich alle zum Wiederkommen auf, und bringen das Dankschreiben des Gouvernements für die den Wohlthätigkeits-Anstalten zugeflossene Summe des letzten Koncerts. Es lautet:

„Sennor Misko Hauser hat nicht allein die hiesige Bevölkerung durch seine Kunst unterhalten, sondern er hat als edler Mensch und echter Künstler den hiesigen Kranken und den verwundeten Kriegern, die den Staat gerettet, die bedeutende Summe von 8000 Piastern (circa 16,000 fl. C. M.) gespendet. Das Gouvernement dieses Landes sieht sich verpflichtet, dem herrlichen Talente des Sennor Hauser die hohe Achtung, und seinem guten Herzen den wärmsten Dank darzubringen. Zugleich fordern wir alle Behörden des Landes auf, den Sennor Misko Hauser überall mit der größten Achtung zu behandeln und ihm allen Schutz und Beistand zu verschaffen. Gegeben im Gouvernement zu Lima am 24. März 1854. Don José Equinak, Minister."

Morgen gehe ich nach Valparaiso und werde gleich nach meiner Ankunft schreiben.

Valparaiso, 14. Mai 1854.

Wahrlich, die Kunst hat wenig für diese interessante Stadt gethan, aber die Natur viel. Der prächtige Hafen, der beinahe 2000 Schiffe fassen kann, bildet den Mittelpunkt des südamerikanischen Handels; Revolutionen und Hungersnoth, die 1820 hier herrschte, untergruben ihn zwar, jetzt aber blüht er wieder mächtig auf, und macht Valparaiso zu einer volkreichen Stadt. Wenn auch die Gebirge, die es umgeben, einen kahlen, wenig einladenden Charakter tragen, so macht doch die milde Seeluft, die reizende Natur der Ebenen, der balsamische Hauch, der in Wiesen, Gärten und Auen duftet, einen lieblichen Eindruck.

Die Quais sind mit hellschimmernden Quintas bedeckt, deren glatte Dächer und eiserne Geländer von blühenden Mandelbäumen und den blaßgrünen Zweigen der Oliven beschattet sind, und dem Wanderer bezaubernde Ruhepunkte bieten, die erquickende Seeluft einzuathmen, die in das Innere der Stadt nicht zu bringen vermag.

Das öffentliche Volksleben bietet hier die heitersten Genrebilder. Alles geschieht öffentlich, so daß die Straße das Haus der Bewohner zu sein scheint. Das Geschrei von tausend feilbietenden und wunderverkündenden Charlatans oder von wüthenden Morra-Spielern (die sich ihre Zahlen ins Ohr schreien) erfüllt die Luft. Dort sitzt der Schuhmacher, da der Schneider in seiner Werkstätte auf der Straße, da hobelt der Tischler, da hämmert der Schmidt oder Kesselflicker, als gelte es nur den Höllenlärm zu vermehren. Da in der Ecke sitzt ein Stegreifdichter in origineller Livrei und schreibt Liebesbriefe den harrenden Sennorita's. Dort an der Pfanne eines Garkochs steht eine Gruppe zerlumpter Soldaten und jeder verschlingt mit Heißhunger die leckern Bissen; daneben fleht ein barfüßiger Mönch in brauner, schmutziger Kutte für die im Fegfeuer brennenden Seelen. Um den Vorleser einer haarsträubenden Räubergeschichte sammelt sich dort eine Gruppe grotesker Gestalten, und vor jener Sorbeterie, unter deren weißen, zeltartigen Sonnendache, stehen die Kaufleute, Schiffskapitäne, Mäkler und Notare ihre Börse abhaltend. Braune Hirtenjungen der Araukas, mit dem Ziegenfelle auf den nackten Schultern, bringen jenen Männern des Soll und Habens, die sich fast heiser schreien vor Zanken und Disputiren, ein Ständchen auf dem quiquilirenden Dudelsack. Inzwischen lispelt uns ein wundersüßes Mädchen verführerisch ihr „Oh Sennor nao capadoces" (Oh Herr, kaufen Sie meine Süßigkeiten) in die Ohren, und dort im Hintergrunde kauert geisterartig eine Gruppe rothhäutiger Indianer, die verkümmerten Ueberbleibsel der einst zahlreichen Urstämme Südamerika's.

Auf dem Platze, auf welchem die Inquisition einst Juden und Ketzer verbrennen ließ, sammelt sich jetzt zu allen Tageszeiten die elegante Welt. Die Stutzer, den Mantel kühn um die Schulter geworfen, einen sehr breiten Hut aus Palmblättern geflochten auf dem Kopfe, und große buntseidene Regenschirme gegen die Sonne über sich haltend, traben zu Fuß, zu Pferd oder auf Maulthieren neben ihren Donna's, die in wunderlich verzierten Volantes sich in weichen Polstern schaukeln, mit dem Schleier spielen, den sie sehr malerisch zu drappiren wissen. Auf einer Anhöhe von Orangen- und Citronenbäumen umgrünt, ist ein Pavillon erbaut. Dort ertönt Militärmusik, dort wird Eis genommen, geplaudert, gelacht nach Herzenslust, und um 8 Uhr ertönt ein brausendes Freudengeschrei, womit der erste Abendstern (Stern der Liebe) begrüßt wird.

Um 9 Uhr hält die Geistlichkeit eine Procession, an der sich alle Stände betheiligen, unter Absingung des Rosenkranzes, und zieht jeden Abend mit Wachskerzen und Fakkeln aus einer der zahlreichen Kirchen durch die Hauptstraßen. Der murmelnde Gesang von Tausenden, aus der Ferne an gehört, tönt melodisch und wehmüthig.

Gegen Mitternacht erstirbt allmälig das Volksgewühl; nur noch hier und dort, von der Heiligenblende eines Madonnenbildes her, hört man sanften Frauengesang, oder eine einsame Mandoline begleitet die klagenden weichen Töne eines Liebesliedes durch die Stille der Nacht. Hinter dem Gitter eines Balkons lauscht dann wohl ein schöner Mädchenkopf und flüstert schmachtend: gute Nacht!

Ich habe bis jetzt sechs Konzerte gegeben. Das

Publikum entschädigt mich reichlich für die Kälte und Theilnahmlosigkeit, mit der es mich empfing, und obwohl die alten Weiber, die hier so bigott und abergläubisch wie nirgends sind, die Leute vom Konzertgehen abzuhalten suchen, indem sie überall ausstreuen, meine Geige sei vom Teufel verhext, bin ich doch so beliebt und begünstigt, daß man sogar in Merkurs heiligen Hallen, der Börse und Comptoirs, neben den prosaischen Buenos-Aires-Häuten und Montevideo-Aktien auch noch über Violinspielen verhandelt.

Am Tage des letztstattgefundenen Konzerts zog ein Trupp dieser alten Weiber, so abschreckend häßlich wie Macbeths Hexen, durch die Straßen, eiferten sehr gegen mich und rissen alle Konzertzettel von den Straßenecken. Die Freigesinnten waren empört über diese Gewaltthat, besuchten sehr zahlreich das Konzert, und da einige im Publikum gegen mich Opposition machten, so kam es zu heftigen Auftritten.

Diese Demonstration, hervorgerufen von einer bigotten Partei, wurde vom Publikum mit Entrüstung zurückgewiesen, und ich bin so beliebt, daß ich fast täglich anderswo eingeladen und mit allen möglichen Aufmerksamkeiten überhäuft werde.

Die Eingeborenen, besonders die der höheren Stände, haben Sinn für Wissenschaft und Künste. Die Männer sind fast durchaus schöne, dunkelbraune Kraftgestalten mit großen schwarzen Augen, malerisch leicht gekleidet, und da viele von ihnen in London und Paris erzogen wurden, besitzen sie daher eine ausgezeichnete Bildung.

Die Frauen altern früh und werden dann abschrekkend häßlich. Aber in ihrer Jugend sind sie ungemein liebliche Erscheinungen. Ihr interessant dunkler Teint und die blassen Wangen, vereinigt mit einem entzückenden Lächeln, geben ihnen das Schmachtende der südlichen Leidenschaft. Außerdem verlieh ihnen die Natur ein reiches glänzendes Haar, weiße Perlenzähne, frisch rothe Lippen, wunderbar kleine Hände und Füße und eine volle, schöne proportionirte Gestalt. Sie lieben phantastischen Putz, besonders viel Gold- und Juwelenschmuck, tragen gelbe, rothe oder blaue Seidenschuhe und, wenn sie in die Kirche gehen, ein nationelles Costume.

Außer den Eingeborenen findet man Indianer, Kreolen, Mulatten, Spanier, Neger und einige Franzosen. Außer der spanischen werden noch viele Indianersprachen gesprochen. Die eigentliche chilesische Sprache ist ungemein sanft, und im Komplimente erreicht kein Volk den orientalischen Schwung und Prunk chilesischer Höflichkeit. Der geringste Maultthiertreiber begrüßt oft mit „Ich sterbe vor Sehnsucht, Sie zu sehen" seine Kameraden. Gemeine Schimpfworte kennt diese Sprache nicht.

Merkwürdig sind die Leichenbegängnisse junger Mädchen. Der Sarg, mit Rosen und Myrthen geschmückt, wird von Maulthieren, die mit schwarzem Tuch behangen sind, getragen, dann folgen die Angehörigen, bunt und farbig wie bei Festen gekleidet, denn die Trauer kennt man hier nicht, dann Straßenmusikanten, Trommelschläger, Pfeifer, die einen betäubenden Lärm machen, Chorknaben mit den Rauchfässern und brennenden Kerzen, dann viele Priester, unter Sonnenschirmen gehend, mit großen brennenden Laternen; das Alles wallet seltsam und phantastisch vorüber durch die ehrerbietig schweigende Menge. Alle entblößen das Haupt, verneigen sich, Viele sinken auf die Kniee, aber einen Augenblick später beginnt wieder der vorige heillose Spektakel und das Gewirr.

Die Spiel- und Duellsucht bilden die Nachtseiten des geselligen Lebens. Besonders sind es die Spanier, die diesen Leidenschaften über alle Maßen ergeben sind. Ihr Charakter ist im Ganzen nicht lobenswerth. Sie sind stolz, abergläubisch, prunksüchtig, falsch und unwissend. Freilich giebt es auch Ausnahmen, aber die meisten Abenteurer und Glückritter rekrutiren sich aus dieser Nation. Das Costume dieser Salvator-Rosa-Figuren ist ihrem Charakter angemessen: höchst barock und auffallend, ihr Blick ist unsicher umherschweifend wie das böse Gewissen, und wäre ihr Gang nicht so weibisch und schleppend, der Fremde würde fürchten, das Messer schon zwischen den Rippen zu fühlen, wenn er an diesen abenteuerlichen Gestalten vorübergeht.

Im Saale des Hotels, welches ich bewohne, producirte sich vor einigen Tagen ein Negerorchester. Die schwarzen Musikanten sind, den Policinellos gleich, mit Federbüschen, Schellen und Trobdeln behangen und die Stücke, die sie spielen, sind eben so barock und verblichen, wie ihr Costume. Neben einigen altmodischen Stükken, die sich über den großen Ocean zu diesen schwarzen Natursöhnen verirrten, hörte ich einen Walzer von Strauß und phantastisch originelle Negerlieder, die sie mit verzerrten Gestikulationen und Grinsen akkompagnirten. Der Kapellmeister, in der ehemaligen Generalsuniform eines jetzt vielleicht gestürzten Diktators, deren es in Südamerika so viele giebt, schlug in wunderlicher Zeichensprache den Takt. Jetzt ertönen nationelle Lieder, krampfhaft zieht sich der Körper zusammen, Hände und Füße setzen sich wie Windmühlenflügel in Bewegung und sein wilder Wirrwarr von Tönen, ohne Regel und leitenden Faden, durchbringt die Luft und wird für jedes musikalische Ohr zur Höllenqual. Eben wollte ich diese barbarischen Afrikaner verlassen, die sich an Gott Orpheus so arg versündigten, als mein Auge in ihrer Mitte einen Geiger bemerkte, dessen Gesicht, obwohl eben so pechschwarz wie das seiner Kollegen, doch einen intelligenten Thpus trug. Neugierig beobachtete ich den Mohrengeiger, der sich verlegen meinen Blicken zu verbergen suchte, aber je näher ich ihn beobachtete, desto mehr interessirte er mich, und als ich sein Gesicht ganz nahe besah, fand ich in ihm einen alten Bekannten. Wirklich, ich täuschte mich nicht, denn der schwarze Geiger war

kein Anderer, als der Sohn eines deutschen Kommerzien=
raths aus Aachen, den seine Lust nach Abenteuern hier=
her führte. Da ihn aber Fortuna nicht unter ihren
schützenden Mantel nahm, so zwang ihn das boshafte
Schicksal, bei Tag Mordgeschichten=Bilder zu malen, des
Nachts aber (o tückischer Verrath!) sein ehrliches weißes
Gesicht schwarz anzustreichen, um unter dieser musikali=
schen Negerkompagnie mitgeigen zu können.

Nachdem der Mohr seine Schuldigkeit gethan und
sich müde gefiedelt, folgte er mir auf mein Zimmer. Hier
wurde vor Allem das Gesicht gewaschen; der Turban,
der das lichtblonde Haar so treu verborgen, abgelegt,
das hellklingelnde Harlekincostume, das einen solid bür=
gerlichen Anzug unter sich barg, in ein Tuch gebunden,
dem vertrauten Trompeter zum Heimtragen übergeben.
Nachdem der Pseudo=Afrikaner seine Verlegenheit ab=
gestreift, löste eine Flasche Champagner, die ich zu Eh=
ren des deutschen Landsmannes bringen ließ, seine Zunge.
Voll köstlicher Laune erzählte er mir seine Abenteuer.
Obwohl absolvirter deutscher Rechtsgelehrter, wäre er in
diesem Lande trotz seiner wirklich ausgezeichneten Bil=
dung fast verhungert, hätte ihn das Bischen Violinspiel,
das er einst zum Zeitvertreib gelernt, und der originelle
Einfall, sich in diese Teufelslivree zu stecken, nicht davor
geschützt, und ihm jetzt ein gutes Einkommen verschafft.

Das Theater ist hier viel schlechter als in Lima,
und da die erwartete italienische Operngesellschaft, die

mich in einem Konzerte unterstützen sollte, nicht ankam, so hatte ich wieder eine schreckliche Mühe. Der schlaue Theaterimpresario wußte sich aber auch ohne die dem Publikum versprochene Opernkompagnie zu helfen, und führte mit seiner Gesellschaft dem Publikum von Valparaiso zum ersten Mal den „Freischütz" vor. Armer Weber, so arg wurdest du noch nirgends mißhandelt! In Ermangelung eines Tenoristen steckte sich ein robustes Frauenzimmer in Jägerkleider und sang? — den Max. Ich glaube, das allein genügt schon, um sich einen Begriff von dieser entsetzlichen Vorstellung machen zu können; Agathe sang gar nicht, und Aennchen, das liebliche Aennchen, war diesmal so unverschämt, die herrlichen Lieder Webers, die ihm zu schwer waren, durch verschiedene ihm bequem liegende Donizettische, Bellinische und andere zu ersetzen. Einen wilderen Jäger als den hiesigen Kaspar gab es wohl noch nirgends, denn er polterte und brüllte mit einer solchen Bravour, daß er dafür mit vollem Recht verdiente zum Schlusse vom Teufel geholt zu werden. Orchester und Chöre, letztere aus Naturalisten zusammengesetzt, trugen alles Mögliche zu diesem heillosen musikalischen Chaos bei, und ich hätte mich köstlich unterhalten und viel gelacht, wenn ich mich nicht so sehr geärgert hätte.

Ein wehmüthiges Gefühl übermannte mich, als ich sah, wie ein Komponist, möge er ein noch so großer Künstler sein, nicht wirken kann, wenn seine Werke solchen erbärmlichen Interpreten in die Hände fallen, wie so dem herrlichsten Werke die Flügel gelähmt, wie es mißhandelt und geschändet in den Koth gezerrt wird. Aber ein solches musikalisches Aergerniß erlebt ein in diesen Ländern reisender Virtuos leider nur zu häufig, und oft muß ich mich noch glücklich schätzen, wenn ein solch liebliches Aennchen für schweres Geld sich herbei läßt, mein Konzert durch ihren Gesang zu verherrlichen.

Viel willkommener als dieser „Freischütz" war mir der Dampfer „Bolivar", denn er brachte mir lang erwartete Briefe von meinen Theuern, und wichtige europäische Neuigkeiten.

An den Kommandanten eines seit längerer Zeit im Hafen liegenden französischen Kriegsdampfers brachte er eine officielle Depesche, die den völligen Bruch seiner Regierung mit Rußland verkündete. Eine russische Fregatte, die mit der französischen schon seit längerer Zeit brouillirt war, machte sich kampfbereit, und die kriegserklärenden Kanonenschüsse des französischen Dampfers lockten Tausende von Menschen an den Hafen, die neugierig das Schauspiel eines Kampfes erwarteten.

In einer Gin=Kneipe (Branntweinschenke) erfolgte die erste Schlacht zwischen Franzosen und Russen. Letztere zogen aber den Kürzern und die französischen Matrosen ließen den Ohren der russischen Schiffsjungen sehr heftig ihren Patriotismus fühlen. Der russische Commodore, nicht stark genug, einen Angriff aufzuneh=

men, ließ die Anker lichten und verließ mit rapider Schnelligkeit den Hafen. Wie ein Blitz so schnell jagte der französische Kriegsdampfer hinter der Fregatte, die er am äußersten Ende des Hafens erreichte. Gespannt erwartete jetzt Alles einen Kampf. Aber der Wind begünstigte die Fregatte, legte sich mit voller Kraft in ihre Segel und trieb sie hinaus ins weite Meer. Rastlos folgte der französische Dampfer, bald aber sah man nur zwei schwarze Punkte, die sich den Augen des Zuschauers immer mehr entrückten, dann ganz verschwanden.

In einigen Tagen gehe ich nach San Jago, kehre aber wieder hierher zurück, um die nächsten europäischen Nachrichten abzuwarten.

San Jago di Chile, 29. Juni 1854.

Gewaltsam mußte ich mich losreißen von den immer neu und neu sich aufdrängenden lebhaften Bildern, die den Fremden in Valparaiso förmlich überfluten, und ihm nicht Zeit lassen, seine Aufmerksamkeit auf Einzelnes zu richten. Keine grandiosen Bauwerke und Kunstschätze, keine Denkmäler der Kultur sind es, die den staunenden Wanderer fesseln, aber die interessante Mannigfaltigkeit des Volkslebens bannt jede Langeweile und jeder Tag bringt Ueberraschendes, Seltsames, noch nie Gesehenes.

Die vielen Freunde und Gönner, die ich mir er=

worben, gaben mir kurz vor meiner Abreise ein prächtiges Mahl. Bis spät in die Nacht kreiste der Becher, Toaste wurden ausgebracht und die liebevolle Theilnahme, die man mir überall erweist, giebt mir die innige Befriedigung, in der ganzen Welt, vom heimathlichen Donaustrande angefangen, bis zu den fernen Küsten des stillen Ozeans, überall gute edle Freunde zu finden, die sich liebreich meiner annehmen.

Von Valparaiso nach San Jago führt eine Poststraße, die einzige gut erhaltene im Lande, welche bis nach Buenos Ayres geht. Wie dem Fisch der trockene Boden, so fremdartig ist mir, der ich immer zu Wasser schwimme, das Landreisen geworden. Ich freute mich, der Seltenheit wegen, wieder einmal des guten soliden Bodens, als ich in die Postkutsche stieg, welche sehr an die gute alte Zeit erinnerte, in der ich meinen ersten Kunstausflug wagte, und als ich den rothbefrackten schwarzen Schwager mit der Peische knallen und in's Posthorn schmettern hörte, freute ich mich gleich einem Kinde.

Viel Spaß machten mir zwei Passagiere, die sich noch im Wagen befanden, und selten dürfte man in Europa auf so originelle Figuren stoßen, wie sie das in Windeln der Civilisation liegende Südamerika so reichlich besitzt. Der Eine, ein Schauspieler, ein leibhaftes Perpetuum mobile, blieb keinen Augenblick ruhig sitzen, agirte immerwährend mit Händen und Füßen, und da er in San Jago die Bretter der Welt betreten sollte, so studirte er während der Fahrt in hochtrabendem Pathos seine Heldenrolle. Ihm gegenüber saß eine hagere Gestalt in einer etwas defekten militärischen Uniform, den Hals in eine hohe Cravatte geschnürt, die ihn an jeder Kopfbewegung hinderte, steif, regungslos und sprach kein Wort. Nur das einer Verwünschung ähnliche Murmeln, welches von Zeit zu Zeit seinen Lippen entfuhr, und dem begeisterten Talma, auf den er wüthende Blicke schoß, zu gelten schien, war das einzige Lebenszeichen, welches diese martialische Figur von sich gab.

Unsere Wackelmühle, vor Altersschwäche ächzend, keuchte mühsam bergauf und führte uns durch ein romantisches Panorama, das seine höchsten Reize durch die poetische Mannigfaltigkeit der Kontraste erhält: Es bedarf oft nur weniger Schritte, um aus einer wilden Felsenwüste, oder von einer öden, vom Sonnenbrande versengten Heidegegend, in eine paradiesische, in der üppigsten Vegetation prangende Gegend versetzt zu werden. Hier dichte Olivenwälder und grüne Flächen von nie versiegender Fruchtbarkeit, die sich zu den Hochwäldern hinaufziehen; dort trostlose Einöden, schaurige Schluchten, die nur der Adler umkreist; bald darauf wieder entzückende Thäler, lachende Wiesen, und dort in weiter Ferne — das Auge erblickt nur schwankend die nebelhaften Umrisse — erheben sich gigantische Berge und Wälder, wo die wilden Gauchos und Pampas-Indianer ein räuberisches Jägerleben führen. Ein Schmerzensschrei, den der Schauspieler außer seinem gewöhnlichen: „Ihr Götter!" ausrief, unterbrach meine romantischen Betrachtungen, und als ich erschrocken aufblickte, fand ich die Hand des wunderlichen Fremden in sehr heftiger Berührung mit der Kehle des Deklamators; mit fürchterlicher Stimme schrie er in spanischer Sprache: „Herr, ich bin der Major N., habe in vielen Schlachten gekämpft und unter Rosa gedient, aber ich will verdammt sein, wenn ich Ihr verteufeltes Winseln und Heulen länger dulden werde. Länger konnte ich vor Lachen nicht an mich halten und platzte heraus. Der Major warf sich grimmig in seinen Winkel, blieb stumm und unbeweglich wie früher, und der Musensohn respektirte die heroisch gesprochenen Worte des schrecklichen Patrons, sparte fernerhin seine Kunst für ein dankbareres Publikum, und gab sie nicht mehr so uneigennützig aller Welt zum Besten.

Im Wirthshaus zum „bösen Hahn," wo wir Nachts einkehrten, setzte sich der Schauspieler, der meinen Namen erfahren, zu mir, begann mit einem feierlichen Prolog meine Bekanntschaft, die ihn, wie er mich versicherte, überschwenglich glücklich mache, und als ich ihm sehr höflich eine Flasche Wein bringen ließ, besang er mich mit feuriger Begeisterung.

Der andere wunderliche Gast machte gute Miene zum bösen Spiel. Als ich ihn zum Braten und Wein einlud, konnte er meinen Bitten und der magnetischen

Kraft des Weines nicht länger widerstehen, und setzte sich ganz friedlich neben seinen Todfeind, den Schauspieler. Letzterer, in dessen poetischem Herzen die Rache keinen Raum hatte, bot die Hand zur Versöhnung, und großherzig wie Brutus im „Cäsar" reichte er das Glas dem schroffen Cassius und sprach begeistert: „Trink, Bruder, trink, in diesem Becher Wein sei aller Groll begraben," und als dieser den Becher leerte und gerührt versicherte, daß er von Brutus' Liebe nie zu viel trinke, ward durch die wunderthätige Wirkung des Weines ein Freundschaftsbund gestiftet, so fest und unauflöslich, das Mars und Apollo mit schwerem Herzen von einander schieden, als wir gegen Mittag San Jago erreichten.

Eine Stunde früher erblickten wir die in der Sonne glänzenden Thürme und Kuppeln der Stadt, die, auf der Höhe des Gebirges gelegen, sich 3000 Fuß hoch über dem Meere erhebt. San Jago bietet ein mittelalterliches Bild. Die meisten, nicht neu gebauten, Häuser sehen gar nicht aus, als könnten sie eine bequeme Wohnung gewähren, viele haben nach der Straße keine Fenster, sondern lückenartige Oeffnungen mit in Blei gefaßten blinden Glastafeln, und die flach bedachten Häuser mit den überall angebrachten Balkons und Heiligenbildern, nehmen sich höchst baufällig aus.

Die schönste Straße ist die „Calza de Alesto," sie ist die einzige geräumige und fahrbare Straße, die das

Gassengewirre der Stadt in seiner ganzen Länge durchschneidet.

Hier fällt vor Allem die Mannigfaltigkeit der Häuser auf, denn oft lehnt sich an den prächtigsten Palast eine armselige Hütte. Erstere sind oft herrlich mit Säulen und Balkons geziert, welche, mit Blumen und Cascaden geschmückt, ganz einem außerhalb angebrachten Boudoir gleichen.

Hier erblickt man oft eine Mulattin von dunkelbrauner Farbe, deren Gesichtsbildung zwar mit den Schönheitsprinzipien nicht übereinstimmt, aber doch hinreißend und entzückend ist. Ihre Gestalt, zart und voll zugleich, ist von einem dünnen weißen Kleide leicht und malerisch umflossen, Arm und Nacken sind unbekleidet, mit Korallen, Perlen, Goldspangen umhangen, und in das üppige, rabenschwarze Haar sind bunt flatternde Bänder und Blumen geflochten. Die dunkeln Augen wetterleuchten und die sich öffnenden Korallenlippen zeigen blendende Elfenbeinzähne. In verführerischer Stellung, die Beine übereinandergeschlagen, die Füße nackt, und die dampfende Cigaretta im Munde, sind diese braunen Sirenen ein wahres Fegfeuer für Männer, und wären diese grellen Prachtblumen nicht so ganz ohne Duft, nicht so bar jeder Gesittung und Kultur, sie wären ihren weißen Schwestern gefährliche Rivalinen.

Von ungleich trefflicheren Eigenschaften sind die Creolinen spanischer Abkunft, welche, schöner als in

Spanien, beinahe ebenso schön als in Lima, durch ihre ungezwungene Liebenswürdigkeit am meisten dazu beitragen, San Jago zu einem sehr angenehmen Aufenthaltsorte zu machen.

Es ist wohl keinem Zweifel unterworfen, daß die Luft auf die Gemüthsstimmung des Menschen einen wichtigen Einfluß übt; so sieht man auch in dem heitern, frei und hochgelegenen, San Jago Menschen, welche sich in ihrer Fröhlichkeit und Herzensgüte sehr auffallend von allen spanischen Bewohnern Südamerika's unterscheiden. Ein wahres Utopien glaubt der Fremde zu erreichen, denn die offenste Gastfreundschaft, die sorglose Freude und der heitere Lebensgenuß kommen ihm überall entgegen. Jeder Tag gleicht einem Feste. In allen Häusern wird Musik getrieben, überall getanzt.

„Immer ist's Sonntag, es dreht immer der Spieß sich am Herd."

Nicht kostbare Assembleen sind es, welche gegeben werden, sondern kleine Vereine von Freunden, Bekannten und Verwandten, welche hier oder dort zusammen kommen, Vereine bilden, immer den Ort der Versammlung wechseln, und Tag für Tag hier oder da einen Ball, ein Konzert geben, oder eine Spazierfahrt machen.

Die Bildung der Frauen ist wohl nicht groß, denn außer ihrem Gebetbuche können sie in der Regel nichts lesen, aber desto mehr natürlichen Verstand und Witz, desto mehr muntere Laune besitzen sie, sind geschickte Lautenschlägerinnen, graziöse Tänzerinnen und haben vortrefflche Stimmen.

Das Costume der niedern Stände ist noch dasselbe wie vor dreihundert Jahren, und für den Fremden giebt es nichts interessanteres, als diese eigenthümlichen Menschen und Gestalten bei einem Volksfeste zu beobachten, die ihre Fröhlichkeit durch Jauchzen und Gesang zu erkennen geben. Die schneidenden Töne der Musikanten und Pfeifer, die wilden Tänze der halbnackten Indianer, das unaufhörliche Schnalzen und in die Hände Klatschen macht ein solch verwirrendes Getöse, daß man betäubt wird. Ein ganzes Stadtviertel ist von Tänzern, Taschenspielern und Straßenmusikanten bewohnt.

Die Spaziergänge sind von blühenden Orangen-, Mandel- und Citronenbäumen beschattet, mit Springbrunnen geziert, wo Eiswasser und Südfrüchte feilgeboten werden, wo viele Improvisatoren, Bänkelsänger, Hunde- und Affentanzmeister ihre Ernte halten.

Merkwürdig ist die Brautschau an einem Sonntage in einer eigens dazu bestimmten, mit Blumen bepflanzten, Allee. Die heirathsfähigen Sennora's erscheinen, von ihren Müttern oder Tanten begleitet, im nationalen Costume. Das lange, weite, sich nur an der Taille eng anschließende Kleid aus schwarzer Seide, mit sehr langem Kragen, gleicht einem Domino. In den Haarflechten, die mit Blumen, Gold- und Juwelenschmuck überladen, ist ein Schleier aus buntem Stoffe befestigt, der bis zu den Knien reicht, welchen sie so geschickt und kokett zu drapiren wissen, daß ihr ausdrucksvolles Gesicht, die schönen Augen, auch oft der stolze Nacken und die wunderbar kleinen Füße sichtbar bleiben. Die Brautbewerber bilden Reihen und suchen sich unter den durchwandelnden Sennorita's ihre Braut aus. Die, welche der heirathslustige Werber nach seinem Geschmacke findet, verfolgt er ehrerbietig, erkundigt sich bescheiden nach ihrer Familie, ihren näheren Verhältnissen, und streitet kein Hinderniß dagegen, so wird sie nach kurzer Werbung seine Frau.

Die Hochzeit dauert bei diesem lustigen Völkchen gewöhnlich eine Woche, oft noch länger, und nach derselben wird die Braut in einer zierlich geschmückten, mit Glöckchen behangenen Sänfte heimgeführt. Spielleute gehen fiedelnd und blasend voran. Der Notar in altmodischem Costüme, Fackelträger, Masken, Faschingsnarren, Hochzeitsgäste folgen der Tragbahre hinten nach, in das Haus des jungen Ehemannes, wo die Festlichkeiten aufs neue beginnen.

Merkwürdig bleibt es, daß es, trotz so kurzer auf dem Frauen-Bazar gemachten Bekanntschaft, verhältnißmäßig viel weniger unglückliche Ehen als in Lima giebt.

Das Versammlungshaus des Kongresses ist ein sehr imposantes Gebäude, und die große Kathedrale ist überaus reich und prächtig ausgestattet. Außerdem giebt es

I. 10

eine Universität mit Bibliothek und kunstwissenschaftlicher Sammlung aller Gelehrten und Künstler der Erde, viele Kirchen und Klöster und auf dem großen Plazo di Carrote steht zwischen Bäumen und Springbrunnen die Bildsäule des Generals San Martin, der 1820 dem Lande die Unabhängigkeit erkämpfte, ferner eine Kaserne und das morsche, verödete Inquisitionsgebäude.

Die Familie Pantanelli, die mich sehr unterstützte, that alles Mögliche, mir den Aufenthalt angenehm zu machen, und im ersten Koncert, welches ich im Theater gab, waren von dieser Familie nicht weniger als 50 Sitze und 10 Logen genommen, die sie unter ihren Bekannten vertheilte. Auch habe ich einen geborenen Pesther, Don Pedro Herz, getroffen, einen sehr angesehenen Arzt, den ich oft besuche, und einen Mr. Prehnu, der hier französischer Konsul ist. Eine italienische Opernkompagnie giebt hier Gastrollen, und man drückt sich nicht zu stark aus, wenn man sagt, diese Leute stehen auf der höchsten Stufe moderner, italienischer Gesangskunst. Sie sind Meister im Agiren, Tremoliren und Distoniren. Grimassen und Gesichter schneiden sie mit furchtbarer dramatischer Wahrheit. Schauer- und Rache-Arien mit charakteristischem Zähneklappern, müssen nur von ihnen gehört werden und das Alles erschütternde „Trema Bisanzio" bildet schon den Höhepunkt theatralischer Wirkung, denn mehr kann in dieser Art unmöglich geleistet werden.

Der Bassist, der mir im Koncert gesungen, sieht

auch außer der Bühne wie ein blutdürstiger Tyrann aus; er trägt eine hellrothe Mütze, langes Haar und wilden Bartwuchs gleich Rinaldo, sonst aber ist er ein sehr guter Mensch und sieht nur so fürchterlich aus, um damit Effekt zu machen.

Der Charakter des hiesigen Volkes ist im Ganzen ein sehr gutmüthiger und ehrlicher; es wird sehr wenig gestohlen und nur selten trifft man versperrte Wohnungen.

Der Geschmack an blendenden, schillernden Zierrathen ist vorherrschend. Alles ist grell geputzt von der Architektur der Häuser bis herab zu den mit Silberpapier beklebten Buden.

Die geringeren Stände sind leicht bekleidet, tragen ein weißes Zipfeltuch und einen braunen Mantel. Letzterer spielt eine sehr große Rolle, und jeder ehrenfeste Bürgersmann wie auch der elegante Dandy, trägt hier durch alle Lebensstürme seinen Mantel, den er selbst in der größten Hitze nicht verläßt, und erscheint er Abends bei guten Bekannten ohne Mantel, so hat er ihn wenigstens zusammengeschlagen unter dem Arm und entschuldigt sich, daß er in so vertraulicher Kleidung zu kommen wage. Zum Eintritt in gute Häuser, in den Kirchen und vor Gericht ist der Mantel unumgänglich nothwendig und ersetzt jeden andern Putz. Von höchsten Herren bis herab zu den gefürchteten Banditen trägt Alles den Capa, bei letzteren aber wird er noch durch Dolche und Pistolen obligat accompagnirt.

Am Bord des Dampfers Helario, im September 1854.

Eine Stunde von San Jago, in einem lieblichen Thal, umgeben von reich bewachsenen Höhen, die voll Naturschönheiten zwischen Stadt und Ozean sich aufthürmen, liegt das Landhaus des Kapitän Taborah, eines sehr liebenswürdigen Creolen, dessen Bekanntschaft ich vor zwei Jahren in Havannah machte. Fünf Wochen ruhte ich in dieser idyllischen Gegend, unter einem wunderklaren Himmel, erquickt von einer heitern Bergluft, und erholte mich von den Mühen des Konzertgebens, das mir in letzter Zeit so arg verleidet wurde. Denn eine bigotte, von ihrem religiösen Eifer zu weit getriebene Partei eiferte unter dem Vorwande, daß ich durch mein Spiel das Volk vom Beten und Kirchgang abhalte, in einem solchen Grade und regte die abergläubischen Massen so sehr gegen mich auf, daß ich gezwungen war, meine Konzerte zu unterbrechen und mich in diese Einsamkeit zurückzuziehen. War auch diese Siesta keine ganz freiwillige und die Lorbeeren, auf denen ich ruhte, nicht ganz grün, so fühlte ich mich dennoch sehr glücklich bei diesen wackern Leuten, die mich mit splendider Gastlichkeit aufnahmen und alles Mögliche aufboten, mir den Aufenthalt lieb und angenehm zu machen. Ich hatte ein Piano auf meinem Zimmer, komponirte größere Sachen, worunter auch ein Rondo, übertrug einige chilesische Volkslieder, die mir sehr gut gefielen, kurz, arbeitete so nach Herzenslust wie schon lange nicht. Des Abends machte man Ausflüge in die Wälder, Berge, auf Jagden.

Von da aus ging ich nach Concepcion, Capio, Städte von 30 bis 50,000 Einwohnern, wo ich einige gute Konzerte machte, dann nach Valparaiso, um einen neuen Reiseplan festzusetzen. Da aber in den La=Platastaaten und Mexiko Unruhen ausgebrochen, und in Lima das gelbe Fieber seinen verderbenden Wohnsitz aufgeschlagen hatte, so blieb mir, von allen Seiten eingeschlossen, nur die Wahl, entweder am 15. August nach Australien oder nach Europa zu segeln.

Welche herzberauschende Möglichkeit! Aber so warm auch mein Herz für Letzteres sprach, konnte ich mich den=noch nicht entschließen, dahin zurückzukehren, wo der wilde Kriegssturm die letzten goldenen Früchte, die noch hie und da für Konzertgeber geblüht, gewiß vollends abge=schüttelt hat. Um so lebhafter träumte ich von Austra=liens goldenen Bergen, von den interessanten Beobach=tungen, die dort in musikalischer Hinsicht zwischen den Tonarten des kalifornischen und australischen Goldklanges anzustellen wären, und da ein reisender Konzertgeber vor Allem dem mächtigen Einflusse seiner Taschen erge=ben ist, — die nebenbei gesagt, zu den theuern Passio=nen des Konzertgebens in Europa sich nicht stark genug fühlten — so erklärte ich mich rasch für Australien.

Der 15. August war der letzte Tag, den ich in Amerika verlebte. Wochen und Monate sah ich gleich=gültig vorübereilen, oft suchte ich ihren Lauf zu beflü=

geln; aber als die letzte Stunde herannahte, in der ich
das Schiff bestieg, wurde mir das Herz seltsam bewegt
und der Abschied schwer.

Bald verschwanden Stadt und Hafen, und wie ein
Pfeil so schnell fuhr unser Schiff den Küsten der Pam-
pas entlang, jenen baumlosen Steppen Südamerika's,
die einem Meere gleichen, das man ohne Kompaß nicht
bereisen kann. Ein bleicher Nebel liegt über diesen Wüsten ausgebreitet, bei deren Anblicke man einer düsteren
Beklommenheit sich nicht erwehren kann. Wilde Pferde
jagen mit Blitzesschnelle durch diese trostlose Einöden,
und oft erblickten wir ganze Strecken dürren Grases in
hellen Flammen, die mit solcher Windeseile um sich greifen und fortbrausen, daß das schnellste Roß nicht zu entfliehen vermag. Bald waren auch diese letzten Spuren
Amerika's verschwunden, es waren die letzten Erdtheile
dieses gigantischen Welttheiles, den ich wohl nie wieder
betreten werde.

Ein echt tropischer Wolkenbruch, der seinen wasser-
schwangern Inhalt ununterbrochen sechs Tage lang über
uns ausschüttete, bildete die Ouverture zu dieser dreimonatlichen Wasserfahrt, welche diesmal tragisch genug
war, um sich meinem Gedächtniß unvergeßlich einzuprä-
gen. Da ich an den Kapitän empfohlen war, mit dem
ich auch die Reise nach Concepcion machte, so suchte ich
es mir so bequem als möglich zu machen, hüllte mich
in den Schlafrock und hoffte mit Hülfe meiner Violine,

jener treuen Begleiterin, die Langeweile einer monotonen Seefahrt fern zu halten.

Unter den Reisenden befand sich auch eine vornehme chinesische Familie, deren Häupter, ein noch ziemlich junges Ehepaar, sich, wenn auch durch nichts Anderes, schon dadurch an der Menschheit arg genug versündigten, daß sie zwei Sprößlinge in die Welt gesetzt haben, welche, ein Muster chinesischer Erziehung, die Qual der leidenden Schiffsgesellschaft bildeten. Vom frühen Morgen bis in die späte Nacht krochen diese Wechselbälge von einer Kajüte zur andern, und peinigten die armen Passagiere in schonungsloser Weise. Aber am meisten hatte ich zu leiden, denn kaum machte ich mich an's Kompeniren, so polterten und kratzten diese Quälgeister so lange an meiner Thüre, daß jeder Arbeitsversuch aufgegeben werden mußte. Vergebens waren alle Mittel, diese Wildfänge zu bändigen, sogar die indirekten Rippenstöße und Fußtritte, die wir ihnen so reichlich zuschickten, blieben wirkungslos.

Der Vater dieser himmlischen Kinder, ein chinesischer General, schien als Held sich keinen Ehrenplatz im Himmelreich erworben zu haben, denn wie ich durch den Kapitän erfuhr, räumte er auf den ersten Angriff der Rebellen den ihm zur Vertheidigung übergebenen Platz, und da er durch diesen Akt der Bereitwilligkeit sich die Gnade seiner chinesischen Majestät verscherzte, so machte er, um allen verdrießlichen Eventualitäten zu entgehen, eine Erholungsreise über den Ozean. Ich machte bald seine Bekanntschaft, denn ich war sehr neugierig, so Manches über China zu erfahren, wohin ich vielleicht nächstens einen Abstecher machen werde, und da ich in Kalifornien einige Worte chinesisch, er etwas englisch erlernt hatte, so konnten wir uns prächtig mit einander verständigen.

Wie alle Chinesen, die ich bis jetzt kennen lernte, hielt er uns Europäer für unkultivirte Barbaren und nur seine Nation für die auserwählte. Mit arroganter Pedanterie bespöttelte er alles Nichtchinesische, und über unsere Sitten und Gebräuche moquirte er sich weit mehr, als wir uns über die chinesischen.

Auch mein Violinspiel befriedigte ihn anfangs nicht ganz; er meinte, es sei zwar nicht übel, aber die chinesische Musik, besonders die große Glockenpauke, mache viel mehr Effekt. Doch als ich ihm eine chinesische Melodie, die ich einst in San Francisco gehört, vorspielte, schmolz das Eis seines chinesischen Herzens, Thränen standen ihm in den Augen; gerührt fiel er mir um den Hals, und der prächtige Ring, den er mir an den Finger steckte, überzeugte mich, daß auch eine chinesische Begeisterung nicht ganz zu verachten ist.

Unsere Fahrt geht rasch von statten, zwölf Tage schwimmen wir auf hoher See, ohne Land zu erblicken; mit Windeseile jagt das Schiff über die Wasserfläche, die kein menschliches Auge zu übersehen vermag, und nichts hört man als das Rauschen der Wellen, das bei völliger Windstille auch verstummt.

Welche schauerliche Einsamkeit! Man fährt Tage lang, ohne einem Schiffe zu begegnen und ist froh, einen Trupp Möven zu erblicken, die, Gespenstern gleich, durch die grauen Lüfte jagen, oder wenn das unheimliche Geschrei eines Raben diese Todesstille unterbricht. Da fühlt sich der Mensch allein in einer ausgestorbenen Welt, kein Land, kein Schiff,

„Keine Luft von keiner Seite,
Meeresstille — fürchterlich;
In der ungeheuren Weite
Reget keine Welle sich."

Wenn wir bei so ruhigem Wetter auf einem Kahn ins Meer hinausschifften, so glaubten wir in freier Luft zu schweben und viele Seethiere durch hohe Wassergräser schwimmen zu sehen. Dies ist so täuschend, daß, wer des Anblicks nicht gewohnt ist, Schwindel bekömmt und sich fürchtet, aus der Gondel auf den Meeresboden zu fallen.

Etwas Magisches hat dabei die blaßgrüne Farbe des Meeres, die einen zarten Schimmer über Alles verbreitet und eine Beleuchtung giebt, die dem Mondlicht nicht unähnlich, doch so klar und hell ist, daß man die wunderbaren Fische, die durchs Meer schlüpfen, vollkommen gut zu erkennen vermag.

Eine andere interessante Erscheinung ist das nächtliche Leuchten des Meeres, welches immer glänzender wurde, je mehr wir uns der Tropenzone näherten. Die Seiten des Schiffes sind von blitzähnlich bezacktem, farbigem Licht umgeben, auf allen Wellen hüpfen blasse Flammen, ja häufig sieht man nicht nur die Oberfläche des Wassers, sondern auch dessen Inneres leuchten, und Fische und andere Seethiere darin herumschwimmen, die wie Johanniswürmchen leuchten. Doch trotz dieser imposanten Naturerscheinungen thront die Langeweile mit gewaltiger Macht auf dieser ewigen Wasserwüste, und ich wüßte ihr gar nicht zu entgehen, hätte ich nicht meine Violine und meinen chinesischen Freund.

Letzterer wird täglich liebenswürdiger, auch mein Spiel sagt ihm jetzt besser zu, und fast täglich besucht er mich und bringt mir die artigsten Kleinigkeiten chinesischer Arbeit. Wenn das so fortgeht, hoffe ich in Europa ein chinesisches Kabinet eröffnen zu können, denn mein Freund ist so splendid, daß die vielen Geschenke in meinem Koffer fast keinen Raum mehr finden. Vor einigen Tagen lud er mich zum Soupé ein und schon der Seltenheit wegen, einem chinesischen Mahl beizuwohnen, willigte ich darein, trotz der meinem Gaumen drohenden bösen Folgen. Beim Eintritt in die Kajüte, die mit buntfarbigen Papierlämpchen erleuchtet war, wurde ich durch ein helltönendes Geschrei begrüßt, — denn so ist es Sitte, Gäste zu empfangen — und von der Hausfrau unter gravitätisch-komischen Kniebeugungen und Handausstreckungen förmlich zur Tafel geschleppt.

Nachdem unter den seltsamsten Gestikulationen ein Gebet gesprochen wurde, eröffnete ein gespickter Pferdebraten den Schmauß. Dann folgten eingepökelte Fische, Vögel und andere mysteriös aussehende Thierchen, die sie in Tonnen eingepökelt mit sich führten, welche aber meinem europäischen Gaumen durchaus nicht munden wollten, trotzdem die kleinen Wildfänge, welche immer mit den nackten Händen in die Schüssel griffen, mir die Bissen mit Gewalt in den Mund steckten. Eine Art Mehlbrei aus chinesischen Wurzeln zubereitet, bildete den Mittelsatz dieser originellen Mahlzeit, und Thee mit Kuchen das Finale. Nach dem Mahle produzirte die chinesische Dame einen Gesang, — der nicht viel angenehmer für das Ohr, als die Mahlzeit für den Gaumen war.

Am Bord des Dampfers Belario im Sept. 1854.

Ein schauerliches Ereigniß verdüsterte unsere Fahrt. Am 5. September wurden wir um 1 Uhr Nachts durch Nothsignale geweckt, und als wir erschrocken aufs Verdeck eilten, erblickten wir in nicht weiter Entfernung ein brennendes Schiff, das in hellen Flammen durch die dichte Finsterniß leuchtete. Alle Rettungsanstalten waren vergebens, denn die rings um uns her fliegenden Feuer=

bränte brachten unser Schiff so in Gefahr, daß wir uns dem unglücklichen Fahrzeug nicht nähern konnten. Der Sturm wüthete mit teuflischer Lust in den lobernden Flammen, Masten und Schiffsbalken prasselten durch die Lüfte, und immer heftiger griff die flackernde Lohe um sich, die den ganzen Umkreis in blendende Helle tauchte. Rettungsboote wurden ausgesendet, um die Mannschaft zu retten, deren Kapitän sich wie ein Verzweifelter an sein verlorenes Schiff klammerte und es immer noch zu retten glaubte Schon sanken die Masten verkohlt ins Meer, schon war jede Hilfe vergebens und der Kapitän noch nicht gerettet; da bestieg unser Kapitän ein Boot und schiffte selbst hinaus, um den hart Bedrängten zu retten, aber zu spät — der Unglückliche war bereits mit seinem Schiffe verbrannt.

Farben, auch nicht die grellsten, sind im Stande, dieses schauerliche Nachtstück zu schildern. Das Meer, durch Wind und Wetter furchtbar aufgeregt, tobte und drohte die gebrechlichen Kähne zu verschlingen, die wie Nußschalen von berghohen Wellen hin und her geschleudert wurden. In solchen Momenten erkennt man die Gewalt des Himmels und die Ohnmacht der Menschen, die, an der Lippe des Abgrundes schwebend, mit dem Tode ringen, und deren Angstgeschrei durch die Lüfte hallt, übertäubt vom wilden Geheul des Sturmes. Doch wurden die Meisten gerettet. Nur ein Kahn mit der Mutter und den Kindern des Kapitäns schlug um — schäumend stürzten die Wellen heran und begruben die Unglücklichen in den Abgrund. Bald waren wir dem Schauplatze dieser fürchterlichen Katastrophe entrückt, tiefe Nacht herrschte über dem Ozean, als wollte sie für ewig dieses schauerliche Ereigniß bedecken.

Ermattet und tief ergriffen von dem Eindrucke dieser Nacht, stand ich am Mastbaum gelehnt, den anbrechenden Morgen zu erwarten. Es ist ein imposanter Anblick, wenn die Wolken, vom zarten Purpur gefärbt, bald von Gluth durchhaucht am fernen Horizonte auftauchen und so lange in den mannigfaltigsten Nuancen spielen, die sich im Meere abspiegeln, bis die Röthe allmälig vergilbt, die Sonne mit ihrer goldenen Flammenpracht hervorbricht und majestätisch den hellen Tag verkündet. — Die Matrosen kletterten lustig auf den Masten und jauchzten ihr Morgenlied so fröhlich und unbekümmert, als hätten sie kein Herz für das Unglück dieser Nacht, kein Ohr für die Wehklagen der armen Reisenden, die auf dem Schiff ihr Hab und Gut verloren, verzweifelt und durchnäßt auf dem Verdecke kauerten. Es waren meistens Matrosen, denn das Fahrzeug hatte keine Passagiere am Bord, aber eine sehr reiche Ladung, die der Eigenthümer nach Honolulo führen wollte, als durch Unvorsichtigkeit seines Knabens das Schiff in Brand gerieth, und sein Leben und Eigenthum vernichtete. Augenblicklich wurden Wäsche und Kleidungsstücke für die Hilfsbedürftigen gesammelt, die unter ihnen vertheilt wurden, bei welcher Gelegenheit sich die Chinesen am besten auszeichneten, denn sie schenkten eine Kiste voller Kleidungsstücke, und wie oft auch die tragischste Sache eine komische Seite hat, so waren auch diesmal die Yankee-Gesichter der armen Matrosen sehr ergötzlich, als sie so plötzlich zu dem chinesischen Reichthum gelangten. Der Eine trug einen Weiberrock mit langer Schleppe; der Andere stolzirte gravitätisch in seidener Hülle als Mandarin daher, und die Jungen waren am Ende noch glücklich, ihre schmutzigen Theerjacken mit so prächtigem Costume vertauschen zu können. Auch ich veranstaltete ein Konzert zu ihrem Besten, welches 200 Doll. eintrug, wofür ich viel Dank und Segensprüche erhielt; ja, Einer überreichte mir ein in englischer Sprache mühsam zusammengeleimtes Gedicht, worin er in rührenden Versen den Dank Aller auszudrücken suchte.

Das Wetter wurde wieder heiter und immer rascher näherten wir uns unserem Ziele. Gewaltige Felsenstöcke, die schwarz und düster aus dem Ozean ragten, waren die Vorboten der nahen Küste. An diesen Felsenmauern, die in Trümmer gefallenen Gebäuden gleichen, deren dunkle Färbung gegen den Silberglanz des Wasserschaumes merkwürdig absticht, fuhren wir, mit großen Gefahren kämpfend, drei Tage lang vorüber, bis wir aus dem weißen Nebel die Gipfel hoher Palmenbäume erblickten, die das Herz voll froher Hoffnungen erfüllten. Die Gebirge Tahiti's, pittoresk und massenhaft, in der üppigsten Vegetation blühend, lagen jetzt dicht vor uns. Das Auge kann sich nicht satt sehen an dem frischen saftigen Grün der riesenhaften Palmen, die mit ihrem malerischen Wuchs die höchsten Spitzen der Berge bewalden und auf das Auge des Seefahrers, der Wochen lang nur ewige Wasserwüsten erblickte, einen Eindruck machen, wie ihn nur die vollendetste Erhabenheit eines Paradieses hervorzuzaubern vermag.

Wie schwimmende Gärten erscheinen die grünbewaldeten Inselchen, welche Otahaiti wie einen Feenaufenthalt umbrängen. Die Gestade sind mit Palmen, Cocos, Pomeranzen, Citronen und anderen Tropengewächsen bedeckt, die von buntbefiederten Vögeln umschwärmt, einen entzückenden Anblick bieten; Nachts 10 Uhr landeten wir im Hafen von Tahiti.

———

Tahiti, 30. September 1854.

Es giebt Länder, die man nicht besuchen darf, will man seine Heimath lieb behalten, wo Himmel und Erde einen Zauber üben, der das Gemüth mit Sirenengesang bestrickt, und uns, wie den Gefährten des Odysseus, die Erinnerung an das theure Vaterland raubt. Zu ihnen gehört Tahiti. Gleichweit entfernt von den zwei mächtigsten Kontinenten der Erde, der alten und neuen Welt, mitten im stillen Ozean, erheben sich aus schäumenden Wogen diese paradiesischen Inseln, die an Pracht, Fülle und Erhabenheit auch die kühnste Phantasie des Dichters überflügeln. Vom untersten Rande der See angefangen, bis hinauf zu den höchsten Spitzen der Berge blüht Alles in der üppigsten Pracht. Der Boden ist gebirgig, die Vegetation überkräftig, der Himmel ein ewiger Azur, die Erde ein grüner Teppich voll seltsamer Blumen und Früchte. Man findet hier nicht jene Luftverschleierungen, welche Meer oder Berg verhüllen und umweben. Das Auge findet keine andere Begrenzung, als die ihm Erde und Horizont setzen, und stets wird man umschmeichelt und fortgezogen von Strömungen eines belebenden ätherischen Lichtes, dessen sammetweiche Atome alle Umrisse der Gegenstände umspielen. Und wenn dann die Lüfte sich regen und alle Wogen des Grüns bewegen, das bald um die Gipfel der Palmen, bald in Schneckenlinien sich um die Hügel windet, so fühlt der Mensch sich magisch hinausgezogen ins Freie, alle Poren von dem süßesten Duft durchdrungen, die den wildwachsenden Früchten und Blüthen entströmen, welche die Boudoirs der ganzen Welt mit Parfüms erfüllen.

Nicht aufzuzählen sind die Erzeugnisse, mit denen eine verschwenderische Natur dieses irdische Paradies gesegnet hat. Hier wuchert der Feigenstock und schlingt sich um Lorbeer-, Cocos- und Cypressenbäume, dort in dunkler Laube glühen Orangen, Citronen, Bananen und Ananas, blüht die Mandel, Alles ohne Zucht und Pflege und von wunderbarer Größe. Schlanke Palmen ragen zum Himmel empor und brechen fast unter der süßen Last der Datteln, und im Hintergrunde erheben sich 4000 Fuß hohe Riesenberge, von Früchten strotzend und von Blumenketten umwunden, die einen doppelten Eindruck machen, weil die Pracht der tropischen Sonne und der zurückstrahlende Spiegel des Meeres einen zweifachen Effekt geben.

Die Hauptstadt Otahaiti's liegt reizend in einer Bucht der Westküste am Abhange eines herrlichen Palmenhaines. Von Ferne gleicht der Ort mehr einer ununterbrochenen Reihe von Landhäusern und Gartenmauern, als einer Stadt, aber im Innern angelangt, machen die meist europäischen Gebäuden gleichenden Häuser, die mit Gärten und Villa's umgeben sind, einen freundlichen Eindruck. In der eigentlichen Hauptstraße, die den ganzen Ort durchschneidet, herrscht reges Leben. Da findet man englische und französische Kaufläden, wo man alle Kulturerfordernisse befriedigen kann, Hotels, Schenkstuben, französische Spielbuden, die immer von Seefahrern aller Nationen gefüllt sind, die sich hier die langersehnten Genüsse verschaffen, welche sie auf ihren Fahrten so lange entbehrten.

Franzosen, Engländer, Neger, Portugiesen und Chinesen durchstreichen die Straßen; die Häuser der Europäer sind mit wenigen Ausnahmen einstöckig, mit Gärten und luftigen Veranda's umgeben, mit Glasfenstern versehen und verleihen dem Ort das Aussehen eines der

bedeutenderen Plätze Südamerika's oder Indiens. Die
Hütten der Eingeborenen sind nicht alle neben einander
gruppirt, viele liegen ganz nahe am Ozean, andere
wieder in der Mitte oder im Hintergrunde der Stadt,
welcher sie einen sehr eigenthümlichen Charakter verlei=
hen. Sie sind aus Bambus oder Holz gezimmert, mit
kegelförmigem Flechtwerk versehen und das Innere wird,
durch aus Pflanzenstoffen verfertigten Vorhängen, in
Zimmer abgetheilt. Alle sind von Palmen und wilden
Bananenbäumen umschattet, die sehr graziös aus dem
niedern Laub hervorragen und die lieblichsten Gärten
bilden.

———

Tahiti, 30. September 1854.

Die Eingebornen sind ein schöner, kräftiger Men=
schenschlag, von sanftem gutmüthigen Charakter und et=
was braungelber Hautfarbe. Schooßkinder der Natur,
frisch und üppig wie der Boden, dem sie entwuchsen, wie
die Luft, die sie athmen, sind diese Gesellschafts=Insulaner
— welchen schönen Namen sie in der That ihrem biede=
ren Charakter verdanken — vollendete Formen mit sanf=
tem, edlem kaukasischen Antlitz, Männer voll Kraft, Würde
und Anstand. Sie sind sanft, heiter, gesellig, gegen
Fremde gastfrei bis zur Verschwendung, und die artig
gearbeiteten Schnitzwerke in ihren Hütten, lassen schon
einen bedeutenden Fortschritt zur Civilisation erkennen.

Sie pflegen Baumwollpflanzungen, verfertigen allerlei Zeug aus Papier-Maulbeerbäumen, haben Sinn für Cultur und die größte Vorliebe für europäische Kleider, obwohl noch Viele halbnackt und tätowirt gehen; aber an Festtagen darf sich Niemand vor der Königin zeigen, ohne Rock und Hemd anzuhaben.

Die Mädchen und Frauen sind etwas weniger groß, voll attischer Schönheit und lachender Anmuth, gleich wie das Eden, das sie umgiebt. Ihr Geist ist klar, durchbringend und gewandt, und eine arkadische Unschuld, die sie zeigen, verleiht ihnen einen Glanz, der durch den Gifthauch der schlechten, eingewanderten Sitten noch nicht getrübt wurde. Die Finsterniß des Götzendienstes, der früher Otahaiti zum Schauplatz von Gräueln machte, wovor jedes menschliche Gefühl erschauderte, hat jetzt ganz aufgehört, denn im Jahre 1818 bekehrte sich Königin Pomare zum Christenthum, und den Missionären ist es bereits gelungen, den Götzendienst ganz zu verdrängen, die Sitten zu mildern, und wahrhaft bewundernswerth sind die Fortschritte, welche dieses liebenswürdige Volk seitdem in europäischer Kultur gemacht hat. Die Insel steht unter französischem Schutze, aber da die meisten amerikanischen Emissäre und Glücksritter die Insel zum Zielpunkt ihrer Pläne machen, und die Eingebornen gegen die Franzosen aufwiegeln, so verfahren diese sehr strenge.

Börne's Worte, „gebratene Aepfel, den Schnupfen

und eine Obrigkeit findet man überall", bewahrheiten sich auch da, denn man hat keine Idee, wie man hier von der Polizei gequält wird. Sie besteht aus Eingebornen, die aus Furcht vor der französischen Herrschaft ihren Diensteifer lieber zu viel als zu wenig ausüben. Kein Fremder darf auf der Insel ohne Erlaubniß übernachten, und will er längere Zeit bleiben, so müssen Pässe, Dokumente und dergleichen einer hochweisen otahaitischen Polizei übergeben werden, die dann nach genauen Prüfungen sich entschließt, dem Fremden eine Aufenthaltskarte auszuhändigen.

Gleich nach meiner Ankunft verfügte ich mich ins Polizeiamt, das sich von den Hütten der Eingebornen nur durch eine französische Fahne unterscheidet, die auf der Dachspitze flattert. Der Beamte, ein Eingeborner, nahm sich in der weiten blauen Jacke, den französischen Pantalons mit rothen Streifen, aus denen die nackten gelben Füße hervorguckten, sehr komisch aus. Nachdem er mich von Kopf bis zu Fuß neugierig betrachtet, begann die Untersuchung meines Reisepasses.

Ich war überrascht von dem Talente dieses Natursohnes, der seine urwüchsige Physiognomie so meisterlich in wichtige Polizeiamtsmienen zu falten wußte; aber noch mehr wurde ich überrascht, als der gelbe Insulaner ein Protokoll mit mir aufnahm, wie es in Hochveraths=Angelegenheiten nicht strenger zu geschehen pflegt. Mein Charakter „Tonkünstler" gab mir am meisten zu schaffen, denn der Glückliche wußte noch gar nichts vom „Konzertgeben"; Tonkünstler und Flibustier schien ihm gleichbedeutend, und das Wort „Violinspielen" war ihm so unklar und verdächtig, daß er, ängstlich die Achsel zuckend, eine gefährliche Freibeuterei dahinter witterte. Er sagte, die Sache sei ihm sehr verdächtig, klingelte einige halbnackte Bütteln herbei, die mich still in ihre Mitte nahmen. Voran schritt gravitätisch der Beamte, in der Mitte ich, hintennach die Büttel, und so ging es fort zum Gouverneur. Ich konnte vor Lachen nicht an mich halten, trotzdem meine Lage nicht sehr lustig war, und je mehr mich der Natursohn mit wüthenden Geberden zurechtwies, desto mehr platzte ich heraus.

Man denke sich meine unschuldige Persönlichkeit, in gelben Nankinghosen, kurzem, lichtem Röckchen, und den Palmenhut mit rothem Bande auf dem Kopfe, in der Mitte dieses imposanten Zuges durch die Straßen Tahiti's marschiren zu sehen; die liebe Straßenjugend und andere Eingeborene, die mich in der Gewalt der Häscher erblickten, liefen jubelnd hintennach, und so hielt ich meinen Einzug, aus dem man entnehmen kann, daß einem reisenden Virtuosen nicht überall Kränze und Lorbeern blühen, obwohl letztere hier wild wachsen.

Der Gouverneur nahm mich mit echt französischer Liebenswürdigkeit auf, entschuldigte sich des strengen Verfahrens wegen, versprach mir mit allem Möglichen an die Hand zu gehen, und der braune Polizeikommissär, der sich um den Ruhm, einen gefährlichen Flibustier entdeckt zu haben, betrogen sah, nahm weiter keinen Anstand, mir eine Aufenthaltskarte auszuhändigen, obwohl das mystische Dunkel, welches bei ihm über die Worte Virtuos, Violin schwebte, noch immer nicht gelüftet schien.

Die Franzosen haben sich nach und nach so zu Herren der Insel gemacht, und breiten ihren Schutz so weit aus, daß die armen Eingeborenen gewiß viel lieber wünschten, sie wären weit weggeblieben. Kanonen sind überall aufgepflanzt, Soldaten liegen überall vertheilt, halten alle festen Plätze besetzt, oder ziehen schwer bewaffnet durch die Straßen, während die halbnackten Eingeborenen friedlich und unbewaffnet gegen solche Truppenzüge wunderlich abstechen. Um 8 Uhr Abends ertönt ein Kanonenschuß, und nach diesem darf kein Eingeborener mehr in den Straßen gefunden werden. Jetzt sieht man die Indianer schaarenweise nach Hause strömen, die mit verdrießlichen Gesichtern die Schenkstuben verlassen, welche großentheils von den Franzosen mit der Civilisation zugleich aufgeschlagen wurden, aber auf den Charakter dieses Volkes einen höchst verderblichen Einfluß üben. Der Genuß des Branntweins wirkt wie Gift auf diese Naturen, und der übermäßige Genuß desselben macht sie betäubt und sinnverwirrt.

Leider greift diese häßliche Leidenschaft schon so stark um sich, daß man Trunkenbolde mit stieren Augen, dem Wahnsinn gleich, in den Straßen findet, die ein abschrekkendes Beispiel von jenen Leidenschaften geben, deren Bekanntschaft diese einst glücklichen Leute nur den Franzosen verdanken.

Schon bin ich zehn Tage in Tahiti und noch habe ich die Königin nicht gesehen. Sie hat vor einigen Wochen ihr Reich mit einer Prinzessin beglückt; seit dieser Zeit lebt sie sehr zurückgezogen und geht nur aus, um die Kirche zu besuchen. Ich habe so viel Interessantes über ihre Persönlichkeit gehört, daß ich mir fest vornehme, diese Insel nicht eher zu verlassen, bis ich bei Pomare eine Audienz gehabt, denn der französische Gouverneur wird mir dazu behilflich sein. Letzterer, so wie viele Offiziere, behandeln mich mit großer Zuvorkommenheit, werden alle mein Konzert besuchen, welches in einigen Tagen stattfindet und auf dessen Erfolg ich selbst sehr neugierig bin, denn es will nicht wenig sagen, auf Otahaiti ein Konzert zu geben. Ich bin gleichsam der erste Virtuos, der hier das Konzertbanner entfaltet. Die paradiesische Unschuld dieser Insel wird gewiß vollends dahin sein, wenn mit den Belagerungsgeschützen der Franzosen auch noch das wilde Heer der Konzertgeber heranstürmt, und ich fürchte nur, die alten Heiden und jüngst begrabenen Götzen werden aus den Gräbern steigen, wenn auf Otahaiti das erste Konzert ertönt. Gewiß winkt mir hier Unsterblichkeit, denn wer weiß, ob es nicht geschieht, daß Pomare mir entzückt einen Orden ins Knopfloch schlingt, oder daß man einst noch auf meiner Karte lesen wird: „Kammervirtuos Ihrer Otahaltischen Majestät", und kann man denn sonst wissen, was bei einem solchen allererſten Konzerte nicht alles noch geschehen kann?

Pomare IV. bewohnt ein vollkommen europäisch eingerichtetes Haus. Sie iſt an einen Eingeborenen verheirathet, der mit den Indianern ſo populär iſt, daß man ihn oft in ihrer Mitte in den Straßen ſpazieren ſieht.

Das Gouvernementsgebäude, von Stein aufgeführt und mit vielen Thürmchen und Fahnen geschmückt, ist das schönste Haus der Insel. Franzöſiſcher Geſchmack und Comfort haben ſich auch hier ſo gut als möglich eingerichtet, und in der Mitte des Platzes erhebt ſich ein Palmenhain, der dem Fremden nicht allein einen ſehr anmuthigen Ruhepunkt bietet, ſondern ihm auch die Gelegenheit verſchafft, die Tahitiſche Nobleſſe zu bewundern.

Jeden Sonntag und Donnerſtag ſpielt Militärmuſik und nach dem Takte derſelben promenirt hier die vornehme Welt; beſonders ſtolziren die Stutzer in einem Putz daher, wie man ſeines Gleichen in der ganzen ciblisirten Welt nicht findet. Das Haar ist wohl geordnet und gekämmt, als hätte es ein franzöſiſcher Haarkünſtler friſirt, und wird von einem ſchief ſitzenden breiten Palmenhut bedeckt. Ein dickes weißes Tuch, welches die franzöſische Salonkravatte erſetzen ſoll, iſt aufs ungeſchickteſte um den Hals gewunden, und der Oberkörper in einen schwarzen Frack gehüllt, in einen Frack, dessen Formen so weit und unbequem sind, daß er ursprünglich gewiß für eine dreimal wohlbeleibtere Person geschaffen wurde. Eine weiße Weste ersetzt zugleich die Stelle des Palmengürtels, aber die Beine! o Jammer! — verhülle dich, Kultur! — sind nackt, wie sie von Gott erschaffen wurden, und noch obenbrein gelb, grün oder blau tätowirt. Ich muß gestehen, daß mich schon lange nichts so entsetzt hat, als diese Vereinigung der tahitischen mit der europäischen Mode; und besonders wenn ich die tätowirten Beine wahrnahm, überfiel mich eine Furcht, die nur dann wieder beruhigt wurde, wenn ich den civilisirten Oberkörper erblickte.

In diesem originellen Anzug stolziren die barfußen Dandy's auf und ab, hören die Musik und kokettiren mit ihren Damen trotz eines Wiener Lions. Ihr hellbrauner glänzender Teint kontrastirt seltsam mit den weißen und rothen Gesichtern der Engländer und Franzosen, die man bald in gestreiften Matrosenjacken, bald als Gentlemen, oder in glänzenden Uniformen mit spöttischen Mienen und boshaftem Lächeln an diesen urwüchsigen exotischen Gestalten vorüberwandeln sieht.

Die Frauen sind wohlgestaltet, haben angenehme Züge, feine Taille, reizende Fülle und schöne Augen. Ihr feines Haar ist wohlgeordnet, gesalbt und auf dem Scheitel in seltsame Zöpfe geflochten. Mit der Mode nehmen sie es weniger genau. Sie kleiden sich oft sehr wenig, oft in die prächtigsten Seidenstoffe. Das Kleid reicht nicht weit über die Kniee, auf dem Kopfe tragen sie gewundene Madwas-Tücher oder einen Strohhut, und die Vornehmen schmücken Arme, Ohren und Beine mit Perlen, Korallen, Goldspangen, gehen aber immer barfuß. Ihre Sprache, halb französisch, halb tahitisch, ist weich, glühend und nachlässig wie ihre Sitten. Tanzen und Reiten sind ihre Hauptvergnügungen, und nur ein kleiner Theil findet an europäischen Beschäftigungen Genuß.

In der Liebe sind sie glühend heiß, wie alle Südländerinnen, aber ihre Sitten sind streng und eheliche Untreue höchst selten. Allein eine Macht und ein Ansehen genießen diese Frauen, wie es nur bei civilisirten Nationen gefunden wird.

Vorgestern war ich zu einer Soirée beim Gouverneur geladen, wo es sehr lustig zuging. Ich lernte hier die wunderbarsten Früchte dieser Insel kennen. Ananas, Pomeranzen und Melonen, dreimal größer als bei uns, wechselten mit andern saftreichen Früchten, die man nur genießen muß, um sich von dem wunderbaren Geschmack einen Begriff machen zu können. Fische wurden nur die allerseltensten gewählt, da die gewöhnlichen umsonst zu haben sind. Tauben, Hühner, Indiane von ausgezeichnetem Geschmack, sind hier sehr wohlfeil und werden gar nicht beachtet. Dazu kommen noch die feinsten Gemüse, Spargel, grüne Erbsen, Alles in Hülle und Fülle. Aber die französischen Feinschmecker begnügen sich nicht mit den Erzeugnissen, die der Boden Tahiti's so verschwenderisch hervorbringt, sie müssen auch noch heimathliche Trüffelpasteten aus Straßburg und Weine aus der Champagne haben.

Nach der Tafel wurde musicirt; ich spielte einige Piecen und gefiel so, daß ich noch einige spielen mußte. Dann setzte sich die Frau Gouverneurin, eine gebildete, aber etwas stolze Dame, ans Piano, welches vielleicht das einzige in Tahiti ist. Ich dachte so im Stillen an die „Reverie" von Rosselbe, ein Stück, welches sogar unter den Pagoniern gespielt werden muß, denn überall hörte ich diese Piece, und wirklich hatte ich es errathen.

Die Nichte des Gouverneurs sang jetzt ein halb Dutzend französische Balladen, und nachdem auch diese glücklich überstanden waren, trennte sich die Gesellschaft.

Am 6. September findet mein Konzert statt. Der Gouverneur hat mir den Saal angeboten, denn im Hotel Amerikan, welches ich bewohne, hat eine Matrosengesellschaft bei einer stattgefundenen Schlägerei den Saal so übel zugerichtet, daß er nicht mehr benutzt werden kann. Mitwirkende habe ich noch keine, und über die Wahl der Stücke bin ich auch noch nicht einig. Morgen führt mich der Gouverneur zur Königin. Ich bin gewiß, daß sie ins Konzert kommt, denn sie hat schon von mir gesprochen, und schon die Neugierde wird sie dazu bewegen, der Kultur dieses Opfer zu bringen.

Ein Missionär, der zugleich Orgelspieler ist, besucht

mich sehr oft. Er war einer der ersten auf Otahaiti, der mit Gefahr seines Lebens gegen den Götzendienst predigte. Als ich ihn besuchte, öffnete er eine Kiste und ich erblickte mit Entsetzen eine Anzahl der wildphantastischsten Götzenbilder, die schrecklichsten Ausgeburten einer ausschweifenden, im Wahn befangenen Nation.

Noch nicht lange ist es, daß hier Menschen geschlachtet wurden, und erst im Jahre 1836 haben die Anhänger der Götzen eine Empörung angezettelt; allein die Königin hat mit einer seltenen Unerschrockenheit und Ausdauer ihre Feinde besiegt, denn Pomare ist eine der eifrigsten Vertheidigerinen des Christenthums.

In einer von der Missionsgesellschaft ihr geschenkten Buchdruckerei, wo eine Ausgabe der Bibel in tahitischer Sprache gedruckt wird, befindet sich auch eine kleine Bibliothek in englischer, tahitischer und französischer Sprache. Es giebt nichts Ergötzlicheres, als dort unter den eifrigen Lesern Beobachtungen anzustellen. Ich sah einige junge Indianer mit Fieberhast über die Bücher herstürzen, aus denen sie ihre Weltweisheit schöpften, als wenn sie den Schleier ihrer Hegel'schen Philosophie lüften wollten; aber als ich neugierig ins Buch blickte, konnte ich mich eines mitleidigen Lächelns nicht erwehren, denn die Werke, über welchen die Weisheitsjünger so eifrig brüteten, waren unschuldige Namenbüchlein mit großen ABC-Buchstaben. In derselben Buchdruckerei werden jetzt Werke gedruckt, die nicht nur einen klassischen, sondern auch einen historischen und musikalischen Werth in den Annalen der Kultur einnehmen werden. Es sind die Konzert=Affichen für mein erstes Konzert.

———

Tahiti, den 12. Oktober 1854.

Wohl selten dürfte irgend ein Konzertgeber der Welt ein so wunderliches Publikum um sich versammelt haben, als jenes, welches mich am 6. Oktober in Tahiti umgab.

Das Lokal, jetzt zum Konzertsaal improvisirt, diente früher zum Götzentempel der Eingebornen, später wurden hier, auf Befehl der Königin, die falschen Götter verbrannt, noch später verdammte hier ein französisches Kriegsgericht die aufrührerischen Indianer zum Tode, und jetzt steht auf derselben Stelle ein schwarzbefrackter Virtuos als Herold der Zeit, und sucht mit Geige und Bogen jenen urwüchsigen Naturkindern einige Begriffe jener modernen, europäischen Kultur beizubringen, mit deren Bekanntschaft sie von einer gütigen Vorsehung bis jetzt verschont wurden. Rechts, von tropischen Pflanzen umgeben, saß der Gouverneur und seine Gemahlin nebst vielen Offizieren in hellschimmernden Uniformen. Links ist der aus Strohmatten mit buntem Baumwollenzeuge behangene Platz der barfußen Königin errichtet, und den andern Theil des Saales füllten die eigenthümlichen Gestalten der Eingebornen, deren Gehörsinne bis jetzt noch gesund und unverdorben und noch für keinen andern Gesang als für den der Nachtigall schwärmten.

Ich trat hervor, verneigte mich vor dem barfußen Auditorium und eröffnete das Konzert. Freilich brauchte es einige Zeit, bis man diesem Publikum begreiflich machte, daß man im Konzerte eigentlich nur hören soll, was jedoch die meisten nicht zu wissen schienen, denn sie schwatzten so laut, daß ich einige Mal unterbrochen wurde und wieder beginnen mußte.

Ich spielte „Othello," Phantasie von Ernst, aber ein schmetterndes Trompetengedröhne mit obligatem Paukenwirbel hätte diesen gelben Insulanern gewiß mehr Vergnügen gemacht als mein armseliges Geigenspiel, denn außer einigen befreundeten europäischen Händen rührte sich kein Fingerchen. Das Stück ging ohne jedes Zeichen des Wohlgefallens seinem Ende entgegen; so unbelobt spielte ich noch vor keinem Publikum des Erbenrundes.

Die Königin, einen kleinen Jungen an der Hand führend, erschien jetzt, begleitet von ihren Hofdamen, die barfuß, wie ihre Herrin, in phantastischer Toilette in den Saal trippelten und in neugieriger Verwunderung der Dinge warteten, die da kommen sollten.

Die erste Musikcelebrität Otahaiti's, Mr. Camieux, Chef der französischen Militärkapelle, ein breitschultriger Riese, erschien jetzt und spielte ein Stück auf der Flöte.

Man sagte, es wäre eine Cavatine aus „Ernani" gewesen und man hätte das Stück vielleicht als solche erkannt, wenn dem korpulenten Bläser, dem vor Anstrengung die Schweißtropfen auf der Stirne standen, nicht die meisten Töne versagt hätten und malheuröser Weise gänzlich ausgeblieben wären. Dieser Künstler hatte außerdem noch die originelle Manier, beim Heraustreten der Frau Gouverneurin ehrerbietigst die Hand zu küssen, eine Huldigung, die, obwohl sie eine Zurücksetzung für die barfuße Pomare und ihre gelben Hofdamen bildete, doch viel verzeihlicher als sein Flötenspiel war, denn dieses wollte gar kein Ende nehmen, und trotz meiner beredten Zeichen, endlich einmal aufzuhören, quinquilirte er immer weiter. Schon sah ich zu meinem Schrecken die gähnende Pomare sich von ihrem Sitze erheben, schon sah ich die urwüchsigen Kinder der Natur, deren Gehörsinne auf eine so harte Probe gestellt wurden, den Saal verlassen. Alle lockenden Verheißungen, die barfuße Monarchin durch mein Spiel zu entzücken, alle Illusionen von Orden, Ruhm und Unsterblichkeit waren dahin. O unglückseliges Flötenspiel, das ihm nie hätte einfallen sollen. Pomare verließ, ohne mich gehört zu haben, den Saal, vertrieben von dem heillosen Flötisten.

Nachdem sich mein empörtes Gemüth so gut als möglich beruhigt und der unselige Franzose zu blasen aufgehört, trat ich abermals hinaus vors Publikum. Ich nahm alle meine Kraft zusammen, spielte sentimentale

Liebeslieder und Paganini'sche Hexenvariationen, aber vergebens; kein Zeichen des Wohlgefallens belohnte mich, die gelben Insulaner blieben starr und theilnahmlos wie vorher.

Da faßte ich in arger Noth, den unvermeidlichen Fiasko vor Augen, einen kühnen Entschluß. Hilf du, Spiegelfechterei, dachte ich, und riß ergrimmt vor den Augen des gaffenden Publikums die Saiten von der Geige und spielte auf der G=Saite allein den „Carneval." Das wirkte. Ein Murmeln der Ueberraschung durchflog die Menge und bald war ich von gelben Naturenthusiasten umringt, die bei jeder Passage, insbesondere aber bei den Flageolettönen, in ein Beifallsgejohle ausbrachen, wie es ein civilisirtes Publikum gar nicht hervorzubringen vermag. Immer spielte ich nur den Carneval, immer improvisirte ich neue Variationen, und je toller und barocker diese klangen, desto enthusiastischer jauchzten meine barfußen Bewunderer, die nicht eher den Saal verließen, bis mein Arm ermüdet sank und nicht mehr im Stande war den Bogen zu führen.

Nach dem Konzerte war ganz Tahiti in enthusiastischer Aufregung. Alles erzählte sich von dem fremden Geiger, der über so viele Meere hergeschifft sei und auf dem Holze so gut wie jeder Vogel zu pfeifen verstehe. Die schönsten Blumen und Früchte werden mir ins Hotel geschickt; wenn ich spiele, sammelt sich eine Schaar Bewunderer unter meinen Fenstern, und wenn ich ausgehe, grüßt mich Alles und kommt mir freundlichst entgegen — kurz ich bin der Held von Tahiti. Und diese Wunder alle hat nur der „Carneval" bewirkt. Wahrlich, die Violinspieler wissen gar nicht, wie viel sie diesem Stücke zu danken haben, dessen wunderthätige Wirkung oft wie ein Syrenenlied das starrste Publikum entflammt, und oft ward es mir, wie diesmal, zur rettenden That.

Einige Tage nach dem Konzerte wurde ich zum Gouverneur geladen, wo auch alle Consuln und fremde Agenten Tahiti's anwesend waren, denn es wurde das Geburtsfest des Gouverneurs gefeiert. Auch eine Deputation Eingeborner, die den Gouverneur zu beglückwünschen kamen, wurde zur Tafel gezogen. Sie machten mir wieder sehr viel Spaß. Sie waren aufs Sorgfältigste gekleidet, trugen sogar Vatermörder und Glacéehandschuhe als Symbole erworbener Kultur, aber die Nacktheit ihrer Füße behielten sie konsequent und ungeschmälert bei. Es war ergötzlich, mit anzusehen, wie die guten Naturkinder sich vergebens abmühten, die feinen Manieren der europäischen Tischgenossen nachzuahmen, und wie ungeschickt sie die, ihnen sonst ganz überflüssigen, Servieten, Messer und Gabeln handhabten. Jede neu aufgetragene Speise brachte ihnen neue Verlegenheiten, ja, ein famoser Pudding, an dem sich die ganze Tischgesellschaft delektirte, spielte einem der gelben Gäste schon den boshaftesten Streich, und wollte dem Gaumen des

Natursohnes so wenig munden, daß in seinem Magen eine entsetzliche Empörung ausbrach. Wie sollten aber auch diese französischen Leckereien jenen urwüchsigen Gelbhäuten munden, bei denen vor noch gar nicht langer Zeit ein Stück Menschenfleisch gebraten und gesotten als großer Leckerbißen galt; denn nicht nur die gefangenen Feinde allein waren es, die sie kochten und verzehrten, sondern auch junge Mädchen, die durch irgend einen Fehler den Zorn der Götter erweckten, wurden zur Strafe festlich geschlachtet, in Gruben gebraten und dann — verzehrt. Seit diesen entsetzlichen Greuelthaten ist noch kaum ein halbes Jahrhundert verflossen, und jetzt geigt hier ein europäischer Violinspieler schon den „Carneval." Wahrlich die Civilisation ist schnell. Wie froh bin ich, daß ich nicht früher gekommen, denn dreißig Jahre früher hätte man mir vielleicht aus lauter Verehrung den Kopf abgeschnitten, oder mich lebendig gebraten, um den zürnenden Eatu=Rahai (Donner=Gott) durch meine musikalische Persönlichkeit zu versöhnen.

Auch die Musen Tahiti's sind hier nicht ganz verwaist, denn nach der Tafel führten die französischen Officiere eine theatralische Vorstellung auf, und gaben Moliere's „Bourgeois gentilhomme" zum Besten. Aber nicht zu meiner Befriedigung, denn ich langweilte mich so, daß ich lieber in den Garten spazieren ging, an dessen blühender Farbenpracht ich mich ergötzte. Die Franzosen, die auf dieser Insel sich alle Lebensgenüsse herbeizaubern, haben diesen Garten, der schon von Natur aus allen Zauber des Südens entfaltete, noch durch kunstreiche Anlagen, mächtige Cascaden und Springbrunnen zu einem wahren Feenhain gestaltet.

Alle Blumen und Gewächse erreichen hier einen ungemeinen Grad von Vollkommenheit. Die Blumen sind üppiger und duftreicher, besonders übertreffen die Rosen an Geruch und Farbenpracht fast jene des Orients. Die ganze Natur scheint im Feierkleide zu prangen. Jubelnde Vögel spiegeln sich dort im Sonnenglanz, der Kolibri umschwärmt die Aloe, Schmetterlinge in glänzender Farbenpracht umflattern die Rosen, aber auch Mosquitoschwärme durchsausen die Luft, Vampyre, die schmeichelnd Kühlung zuwehen, während sie dem Schlafenden das Blut aussaugen, und Schlangen, unter Blumen verborgen, haben hier ihren verderbenden Wohnsitz und können namentlich dem unachtsamen Europäer gefährliche Feinde werden.

Der Schloßgarten war dießmal ausnahmsweise auch den Eingebornen geöffnet, die sich sehr zahlreich in ihrem Sonntagsstaate, oder mitunter auch in halbnackter Toilette einfanden und allerlei Spiele und Künste zum Besten gaben.

Tahiti, 12. Oktober 1854.

Sehr originell und merkwürdig sind hier die Tänze. Tahitische Mädchen, die mit herabwallenden Haaren, mit Blumen geschmückt, sonst aber nur sehr wenig bekleidet sind, jagen wie im Fluge dahin. Dieses geht so fort, bis sie athemlos und erschöpft in den Sand sinken, wo sie so lange regungslos liegen bleiben, bis es der pantomimischen Ueberredungskunst ihres Tänzers gelingt, die Erschöpfte zu einem neuen Tanze zu bewegen; wie ein Blitz so rasch schnellt sie empor und unter den phantastischsten Sprüngen rast sie fort, so lange sie Athem hat. Wehe aber dem Tänzer, der aus Ungeschicklichkeit fällt. Von neckenden Mädchen umringt, wird er mit Wasser begossen, mit Cocosschalen beworfen, verlacht und ausgehöhnt, und zum Finale wird ihm mit Kuhhörnern ein ohrenzerreißendes Charivari gebracht, was er jedoch, da es Landessitte ist, nicht übel nehmen darf.

Noch merkwürdiger war ein Indianermädchen, das eine große Riesenschlange um den Körper gewunden gleich einem zahmen Lämmchen mit sich herumführte. Aber eine Gewalt übte sie auf das Ungeheuer, welches sie seit ihrer Kindheit wunderbar gezähmt und in allerlei Künsten abrichtete, die an das Unglaublichste grenzten. Jedes Wort, jede Geberde der Gebieterin wurde von der Schlange verstanden und befolgt. Verlangte das Mädchen nach einer Rose, so kroch das Thier nach der bezeichneten Stelle, pflückte die Blume, und sich dann liebkosend an ihrer Herrin hinaufschlingend, überbrachte sie die verlangte Blume. Diese merkwürdige Dressur verstanden insbesondere die alten Eingebornen, die nicht nur kleine Arten, sondern auch schreckliche Riesen= und Klapperschlangen zu allerlei Künsten und Spielen abrichteten.

Auch die Königin wurde erwartet, erschien aber nicht, denn Pomare sucht so wenig als möglich mit den Franzosen in Berührung zu kommen, besonders scheint sie keine Freundin der Gouverneurin zu sein, denn wie ich durch den schon erwähnten Missionär erfuhr, soll Letztere und nicht der arme Flötenspieler die Ursache gewesen sein, daß Pomare so schnell mein Konzert verließ.

Der Abend lagerte schon seinen dunklen Schatten über die Berge und Blumenebenen Tahiti's, als ich das Schloß des Gouverneurs verließ. Der dunkelblaue Nachthimmel glänzte voller Sterne, balsamische Lüfte säuselten erfrischend durch ernste Cypressen und schlanke Dattelpalmen, die ihre Kronen leise im Windeshauche wiegten, und die duftenden Blumen, abgemattet von der Sonnengluth, erhoben sich jetzt, eine zauberische Pracht entfaltend. Johanniswürmchen leuchten durch das dunkelgrüne Gebüsch der duftenden Orangenbäume, aber noch mächtiger leuchtete der Mond sein Silberlicht durch dieses Märchengebilde einer Sommernacht, dessen erhabene Schönheit sich die lebhafteste Einbildungskraft nicht vorzustellen vermag.

Von erquickenden Abendlüften magisch fortgezogen, wandelte ich, in Gedanken vertieft, zwischen blühenden Cactus und Aloen, unter riesigen Palmen, zu denen der Mensch sich wie ein Zwerg verhält, auf einem zum Gebirge führenden Wege, als ich am Abhange eines Palmenwaldes ein hellerleuchtetes Gebäude erblickte, aus dem Orgelklang und Gesang ertönte. Ich trat ein und befand mich in der ersten katholischen Kirche Otahaiti's, durch welche Königin Pomare 1828 den Götzendienst verdrängte; 35 mächtige Säulen von Brodfruchtbäumen tragen das Gebäude, dessen Inneres einfach und prunklos, aber festlich mit Blumen geschmückt, ein feierliches Aussehen hatte. Vor dem Hochaltar, den nur ein einfaches Madonnenbild zierte, wurde die Messe gelesen. Eingeborne Männer und Frauen knieten andächtig auf den Altarstufen, tahitische Mädchen und Knaben, in weiße Tücher gehüllt, sangen im feierlichen Chore, begleitet von den melancholischen Tönen der Orgel so andächtig und erhebend, daß selbst die trivialen französischen und englischen Gassenlieder, die von den fremden Seefahrern auf Tahiti eingeführt, und von den unschuldigen Naturkindern in langgetragenen Accorden als Kirchenlieder benützt werden, diese Weihe nicht entzauberten.

Das Funkeln der Kerzen auf dem Altare, die Weihrauchsdüfte und die Andacht der Betenden unter dem Rauschen der Orgel, stimmte mich melancholisch und wehmüthig. Der Prediger, ein alter ergrauter Mann, bestieg jetzt die Kanzel und seine Stimme hallte feierlich in tahitischer Sprache durch die Räume. Nach ihm bestieg ein Eingeborner den Stuhl und sprach begeistert für den christlichen Glauben.

Jeden Sonntag und Mittwoch finden Gottesverehrungen statt, und an diesen Tagen wird bei Gesang, Predigt und Gebet die Nacht zugebracht. Die Geistlichkeit besteht aus Missionären, die aber nicht immer gelehrte Theologen sind.

Endlich ging mir ein langersehnter Wunsch in Erfüllung. Dienstag erhielt ich durch den Gouverneur die Nachricht, daß mich Pomare zu hören verlangt, und da die Audienz noch am selben Tage stattfinden sollte, so mußte ich mich über Hals und Kopf hofmäßig in Bereitschaft setzen.

Um 3 Uhr Nachmittags, die Sonne brannte gerade am heftigsten, schritt ich in Begleitung des Missionärs, der zugleich Hauspater der Königin ist, durch die Straßen Tahiti's. Ein halbnackter Indianer trug meinen Violinkasten hinten nach, und während der Missionär mir mein Verhalten bei der Königin vorzeichnete und meinem ängstlichen Gemüthe Trost zusprach, schifften wir in einem Kahne nach der Insel Papetée, der Residenz Ihrer barfußen Majestät.

Ein reizenderes Bild kann man sich nicht denken, als dieses hellgrüne Eiland, das gleich einem Zaubergarten auf stiller Flut schwimmend, auf einer Seite von lieblichen Häusern und Gärten, auf der andern von schäumenden Riffen eingefaßt ist, an denen die Wellen des Ozeans an stürmischen Tagen oft 30 Fuß hoch hinaufsprühen.

Durch einen kleinen Palmenwald, an dessen Ende mehrere Hütten der Eingebornen zerstreut umherlagen, gelangten wir zu dem Hause der Königin, welches sehr reizend mitten in der tropischen Pflanzenwelt liegt. Das Haus gleicht einem europäischen Wohngebäude, ist mit zierlichen Fenstern, sogar mit einem Balkon versehen, und eine vergoldete Krone, die auf der Dachspitze in der Sonne glänzt, verkündet den Herrschersitz der gelben Königin. Eine Schildwache, halb in glänzender Uniform, halb nackt, mit Flinte und Säbel schwer bewaffnet, ging trotzig auf und nieder, aber nachdem wir ihr ein Geldstück in die Hand gedrückt, wurde sie freundlicher, und öffnete uns bereitwillig die Pforten zum Throne der Monarchin.

Während der Missionär meinen Besuch der Königin meldete, wartete ich in einem Zimmer des Erdgeschosses, welches nur mit einem langen Tisch meublirt war, auf dem ein sehr wohlbeleibter Mann in etwas starker Negligée zu schlafen schien. Kurz nach meinem Eintreten erhob er sich gähnend, hüllte sich in einen grünen Frack, schnallte einen schweren, rostigen Degen um, und schien sehr verwundert, als er mich erblickte. Unter dem Beendigen seiner Toilette, musterte er mich mit allerdings nicht sehr freundlichen Blicken so durchdringend, und machte ein solch diplomatisches Gesicht, daß ich nicht länger daran zweifeln konnte, entweder einen Kämmerling, oder gar einen Minister ihrer Majestät vor mir zu haben. Schnell verneigte ich mich gegen den auf mich zuschreitenden gelben Diplomaten, der sich eben etwas unzart über meine Anwesenheit erkundigen wollte, als der Missionär eintrat und mich zur Königin berief. Allerlei Ammenmärchen von Hautabziehen, Kopfabhacken und Lebendiggebratenwerden, durchkreuzten düster meine Phantasie, als ich die Geige unter dem Arm, durch die mit allerlei mystischen Geräthschaften, Waffen, Kriegstrophäen, Schädeln von vielleicht gefressenen Feinden, behangenen Vorgemächer der Indianer-Königin schritt.

Mein Begleiter führte mich in ein Gemach, wo eben mehrere Hofdamen in nicht sehr reizender Negligée Toilette machten. Hier stimmte ich meine Geige, waffnete mich mit dem Bogen, und in wenigen Minuten stand ich vor der barfußen Potentatin.

In einem mit buntem Baumwollenzeug drapirten, sonst aber sehr wenig meublirten Gemache, saß auf Strohmatten, mit untergeschlagenen Füßen, die Königin Pomare. Ein grell gemaltes Madonnenbild hing über ihrem Sitze, und zu ihrer rechten und linken Seite kauerten zwei barfuße Hofdamen in phantastischem Anzuge, die mit großen Fächern aus Straußfedern ihrer Herrin Kühlung zuwehten.

Pomare, ungefähr 36 Jahre alt, ist eine eher große, als kleine Gestalt, ihr Körperbau edel und wohl geformt, ihre Haltung nicht ohne Majestät und Würde, und ihre Gesichtszüge, voll Ausdruck und Lebhaftigkeit, zeigen Spuren einstiger Schönheit, obwohl die etwas aufgeworfenen Lippen und der gelbe Teint ihrem Gesichte ein eigenthümliches Aussehen geben. Ihr sehr dunkles Haar wird durch einen großen Kamm auf dem Wirbel zusammengehalten, und auf ihrer schön gewölbten Stirn sitzt ein einfacher, goldener Reif. Ein durchsichtiges Mousselinkleid, von lichtblauer Farbe, umhüllte in weiten Formen ihre Schultern und schloß sich eng an die Hüften, wo es durch eine Binde zusammengehalten wurde, aber es war nur sehr kurz, und reichte kaum über die Kniee. Arme und Beine waren mit Glasperlen, Korallen und Muscheln geziert, und die große Fußzehe sehr sorgfältig mit einer röthlichen Farbe bemalt und mit Ringen geschmückt.

Um ja keinen Verstoß gegen die tahitische Hofetiquette zu begehen, verneigte ich mich so tief als möglich, und begann mit einigen einfachen Melodien dieses seltsame Hofkonzert. Aber Pomare hörte nicht und schwatzte zu meinem großen Verdruß lieber mit ihren barfüßigen Hofdamen, die mit ihrem Geschnatter mein Spiel übertönten. Schon dachte ich, verdrießlich über diesen unerwünschten Erfolg, an den Rückzug, als ich mich entschloß, noch einen letzten Versuch zu machen, den Bogen in Bewegung setzte, und das „Vöglein" ertönen ließ. Die Königin wurde aufmerksamer, das Yankee Doodel schien ihr nicht unbekannt, denn als dieses in Flageolette ertönte, nickte sie mit dem Kopfe und schien so entzückt davon, daß sie ihre beiden Kinder herbeiholen ließ, die mein dankbarstes Publikum bildeten; denn während der Kronprinz, ein kleiner, vollwangiger Junge, in die Hände klatschte, führte die Prinzessin, ein etwa dreizehnjähriges Mädchen, nach dem Takte der Musik einen Tanz auf, wovon Pomare so entzückt wurde, daß sie ihren ganzen Hoofstaat um sich versammelte.

Der königl. Gemahl, der Prinz Albert von Tahiti, ein junger Indianer von riesenhaftem Wuchse, erschien jetzt und mit ihm ein ganzer Schwarm barfußer Höflinge, die in den abenteuerlichsten Anzügen sich um meine arg bedrängte Persönlichkeit gruppirten, bald mich, bald meine Violine angafften oder in die Saiten griffen, kurz, mich so umdrängten und umschnatterten, daß ich fast keinen Raum mehr fand, den Bogen zu führen. Es ist schwer, die grellen Situationen in diesem phantastischen Zirkel zu schildern, und ein zweitesmal würde ich mir es überlegen, der Neugierde dieses Opfer zu bringen.

Pomare verabschiedete bald ihre ganze Umgebung und blieb mit mir allein. Sie winkte mir näher und wünschte meine Geige zu betrachten. Ich war in Verwirrung, aber da war keine Weigerung möglich, und nach kurzem Besinnen übergab ich meinen Schatz den Händen der Indianerkönigin. Während sie mit den Fingern an den Saiten zupfte, stand ich wie auf der Folter, nur ein Gelüste dieser Herrscherin und die Geige ist für mich verloren. Pomare gab sie mir unversehrt zurück, ich athmete freier und spielte aus Dankbarkeit ein tahitisches Volkslied. Sie schien sehr erfreut darüber, und frug mich in gebrochenem Französisch, ob ich auch aus dem Lande der Franzosen komme? und als ich dieses verneinte, faßte sie meine Hand, drückte sie und flüsterte geheimnißvoll: „Ich liebe diese Männer nicht." Wohl mag sie Ursache haben, diesen Männern zu grollen, die ihre freie Stellung und Unabhängigkeit untergruben, die ihr Macht, Ansehen und Scepter aus den Händen wanden und sie zu einer Königin nur dem Namen nach machten. Sie löste ein kleines goldenes Kreuz von ihrer Korallenkette und reichte es mir mit den Worten: „Dies als Erinnerung an Pomare." Hierauf verneigte ich mich tief vor der gelben Majestät und verließ mit dem Missionär das königliche Haus und die Insel Papetée.

Nie werde ich den Aufenthalt auf Otahaiti vergessen. Jetzt geht es wieder zur See. Alles ist gerüstet, die Winde sind günstig, in wenigen Wochen wölbt sich ein anderer Himmel über mir, und an dem Tage, an dem dieses Schreiben nach Europa gelangt, bin ich schon in — Australien.

Sidney, 1. Dezember 1854.

Wie traurig sind diese Küsten Australiens! düster und trostlos ragen nackte Felsentrümmer aus den zischenden Wogen wie zerschmettert von einem Aufruhr der Natur. Nur hie und da ragt eine einsame Palme, verdorrt und entblättert vom Sonnenbrande, aus diesen Steinwüsteneien, die das Gemüth des Reisenden so bange und trübe stimmen, daß man sich forsehnt und sich glücklich fühlt, den sichern Hafen zu erreichen. Nach einer fünfwöchentlichen ermüdenden und gefährlichen Fahrt, erreichten wir am 25. November den Hafen Port Jackson. Dichter Nebel lagerte bei unserer Einfahrt über dem Spiegel der herrlichen Bay, doch bald vertrieb ihn der Strahl der belebenden Morgensonne, und mit entzückender Ueberraschung erblickten wir das langersehnte Sidney, das gleich einer fata morgana sich aus der stillen Fluth erhob.

Die Stadt ist zwischen zwei, in die See hineinragenden, Vorgebirgen gelegen, welche die in den Port Jackson mündende Sidney-Bay bilden, deren Zugang zwei Forts vertheidigen und in der die größten Seeschiffe sich überall gefahrlos dem Ufer nähern können. Reizende Baumgänge und Villen umschatten die Ufer des, von der Natur wundersam gebildeten, Hafens. Stolze Dampfer, die mannigfaltigsten Schiffe aller Nationen, mit unzähligen Wimpeln, Segeln und Flaggen, die im Winde flattern, durchgleiten wie Schwäne die blaue Fluth, zierliche

Gondeln und Fischerboote hüpfen über die leichtgekräuselten Wellen, und im Hafen herrscht ein Gewimmel und Gewoge, ein Leben und Treiben, welches die kühnsten Erwartungen übertrifft.

Im Jahre 1788 entfernte das glückliche England seine Verbrecherschaaren, wie den Eiter eines Geschwüres, und sendete den Auswurf der Gesellschaft in das grenzenlose australische Zuchthaus, um in diesem entferntesten Winkel der Erde eine Niederlassung zu gründen. Die Ostküste von Neuholland — einer Insel, größer als Europa — wurde als vortheilhaftester Punkt zu dieser Ansiedlung gewählt, Botany-Bay genannt, und inmitten australischer Wildniß schimmerte der Civilisation ein Hoffnungsstrahl. Aus der Botany-Bayer Spitzbubenherberge entstand bald die Stadt Sidney, anfangs dürftig und armselig, wie ihre Gründer, später durch Viehzucht und Handel mit Schafwolle gehoben, jetzt aber eine reiche, blühende Stadt, wie ein Märchen aus 1001 Nacht aus der Erde hervorgezaubert. Ueber 60,000 Einwohner bevölkern dieses neugeborene Wunder, Palast um Palast steigt aus der Erde empor, mächtige Kirchen erheben sich stolz. Städte und Dörfer, Felder und Aecker, Straßen und Eisenbahnen entstehen wunderbar rasch im Innern des Landes, wie sie ohne den Zauberhebel des Goldes — das erst im Februar 1851 durch Hargraves entdeckt wurde — nimmermehr entstehen konnten.

Sidney, durch den wunderbaren Hafen besonders

begünstigt, ist der Centralpunkt des Verkehrs der ganzen Südsee. Es ist der Sitz des Gouverneurs, hat große öffentliche Gebäude, drei Theater, mehrere Banken und Sparkassen, ein Waisenhaus, von welchem die darin erzogenen Mädchen eine Ausstattung erhalten, ferner eine philosophische und Ackerbau-Gesellschaft, ein topographisches Bureau, viele Hospitäler, Schulen für Eingeborene und seit Kurzem eine Universität mit Sternwarte.

Die ganze Stadt ist bis zu den Zifferblättern der Uhren mit Gas beleuchtet, ziemlich gut gepflastert und die Häuser, sehr leicht aus Backsteinen aufgeführt, sind inwendig auf das Wohnlichste eingerichtet. In den Straßen, früher verwaist und einsam, drängt sich jetzt eine ganze Welt von Engländern, Chinesen, Negern und Malayen in bunten, malerischen Trachten.

Schon am ersten Morgen nach meiner Ankunft wurde ich von mehreren Deutschen besucht, die meine Ankunft aus den Zeitungen erfahren. Wie man sich in der weiten Fremde freut, auch nur den gleichgiltigsten Bekannten zu begegnen, so fühlte ich mich sehr angenehm überrascht und unternahm unter ihrer Führung eine Wanderung durch die Stadt.

Den Mittelpunkt Sidney's bildet der „Victoria-Platz". Hier ist der leidenschaftlich bewegte Brennpunkt dieser neuen Welt, das Hauptquartier der Civilisation. Hier giebt es Buchhandlungen, Lesekabinete, Kaffee- und Speisehäuser, Konditoreien. Da findet sich Alles, was das genußsüchtige Herz begehrt, die prächtigsten Läden, reiche Waarenmagazine mit Geschmeiden von Gold und Edelsteinen, und Alles in so reichem kostbarem Vorrath, daß selbst eine durch europäischen Luxus verwöhnte Dame mit Bedenken wählen würde, und welch ein Gewühl, welch Leben, Treiben und Schreien. aller Völker, Sprachen und Sitten. Dort die phlegmatischen Engländer in ihren weiten herabschlotternden Kleidern, die so verdrossen-emsig ihre Beine in Bewegung setzen, als würden sie mit der Peitsche dazu genöthigt, hier die schüchternen Deutschen und die „grünen" Ankömmlinge, die, scheu und verlegen, nicht den Muth haben, ein lautes Wort zu sprechen, dort wieder die breiten plumpen Irländer und die tölpelhaften Bauern, dazwischen die häßlichen Austral-Neger in ihrer stupiden Verschmitztheit und die drolligen Figuren der Chinesen, die in komischer Gravität durch die Straßen trippeln, und mit den kleinen Augen blinzelnd alle diese Wunder begaffen. Mit fieberischem Golddurst jagt Alles durch die Straßen. „Make money" (Geld machen) ist die Losung, das einzige allgemeine Ziel dieser leidenschaftlich bewegten Menge.

Von sehr komischer Wirkung war der Besuch des chinesischen Viertels. In der Hölle kann der Lärm nicht größer sein, als hier während des Karnevals. Schauspieler, Tänzer und Gaukler produziren sich dort den ganzen Tag in ihrer seltsamen barocken Art, unbekümmert um den Wirrwarr und Spektakel der Geschäftsleute und

Krämer, die sich gegenseitig den Markt zu verderben suchen, sich wüthend herumbalgen, bei den Zöpfen packen, oder den Fremden mit Gewalt in ihre Buden schleppen. Jetzt sinkt hinter den blauen Bergen die Sonne unter, herrlich auch hier wie überall, und ermüdet von meinen Wanderungen kehrte ich in ein Kaffee- und Speisehaus ein, welches hellerleuchtet in einer der belebtesten Straßen lag.

Da ging es lustig her, da wurde gelacht, geschrien und geflucht, da klapperten die Billardkugeln, da knallten die Stöpsel der Champagnerflaschen, da findet man die wunderlichsten Tableaux, die abenteuerlichsten Gestalten und Gesichter, Piraten und Goldjäger, ehrliche Leute und Lumpengesindel, Glücksritter, Aerzte, Spieler, Kaufleute, Amerikaner, Chinesen, ja sogar jüdische Geschäftsleute, welche Letztere, meist aus Deutschland gekommen, sich hier schon so heimisch fühlen, daß sie fast darüber das gelobte Land vergessen.

In den angrenzenden Gemächern herrschte eine feierliche, fast schwüle Ruhe; da liegen die Spieltempel, in denen die Bankhalter ihr nichtswürdiges Geschäft betreiben. Dort sitzt der Leichtsinn mit dem Laster am Pharaotische und spielt mit diesem va banque, viele Unerfahrene werden täglich ausgeplündert, denn das Gesetz hat hier noch zu wenig Kraft, um diesem wüsten Treiben einen Damm zu setzen.

Die Spielwuth, diese mit dem Golddämon zugleich

heraufgestiegene Furie, übt den giftigsten Einfluß auf das sociale Leben; niedrige Habsucht und gemeine Sinneslust haben diese Stadt immer zu ihrem Tummelplatze gewählt, obwohl schon viel geschah und gewiß noch mehr geschehen wird, um den Geist des Gesetzes und der Civilisation in einem Staate zu verbreiten, der von Londoner Gaunern und Diebinnen gegründet, in einem ununterbrochenen anarchischen Zustand aufwuchs. Zwanzig Jahre lang galt der Branntwein als Scheidemünze, so vernachläßigt blieb diese Kolonie von Seite der englischen Regierung.

Mit der Auffindung des Goldes hat sich die Bevölkerung Neu-Südwales fast um eine Million vermehrt, von der ungefähr der dritte Theil aus von England verbannten Verbrechern besteht. Die Letztern werden hier zu öffentlichen Arbeiten aller Art und als Taglöhner für die Ansiedler verwendet, nach Ablauf ihrer Strafzeit erhalten sie Land, wenn sie sich ansiedeln, oder eine andere Unterstützung, wenn sie ein Handwerk treiben wollen, und bei weitem die Meisten werden auf diese Weise der Gesellschaft wieder gegeben, ja Viele unter ihnen gehören zu den angesehendsten Bewohnern Sidney's und haben durch gutes Betragen häusliches Glück und bürgerliche Achtung erlangt.

Die Hotels und Speisehäuser sind ganz nach englischer Art eingerichtet, Alles sehr luxuriös und großartig, aber so enorm theuer wie in San Francisko. Vergebens schnürt man den Beutel aufs Engste zusammen, er leidet dennoch an der Schwindsucht, denn beinahe vier Pfund Sterling sind erforderlich, um den Tag bequem und anständig verleben zu können. Dieses sogenannte anständige Leben wird freilich von so manchen Glückspilzen noch viel weiter ausgedehnt, denn Viele verprassen ihren Reichthum eben so schnell, als er von ihnen erworben wurde. Beinahe fünfhundert Spielhäuser halten hier ihren verderblichen Wohnsitz, und Tausender von Menschen einzige Beschäftigung ist die des Spielens. Das Treiben dieser Leute kann nicht schwarz genug geschildert werden; kein Mittel ist ihnen zu lasterhaft, ja die raffinirtesten Lockungen werden ausgedacht, um den unachtsamen Fremden ins Verderben zu führen. Da findet man unter andern ein großes Spielhaus, wo jede Woche zweimal offene Tafel gehalten wird. Der Fremde bedarf nur einen schwarzen Frack, weiße Weste und lackirte Schuhe, um an diesem Göttermahl Theil nehmen zu können. Freilich erfordert es die Delikatesse, daß man nach Tische ein Spielchen wagt, aber wehe dem Fremden, der ungewarnt dem Lockspielhause in die Schlinge geht; so mancher Unglückliche fand von dort aus schon den Weg zur Verzweiflung oder zum Selbstmorde.

Der Hauptsammelplatz der Sidneyer Welt ist der „botanische Garten", in welchem man zwar weniger Blütenstaub, aber um so mehr irdischen findet, denn in der trockenen Jahreszeit, die gewöhnlich acht Monate anhält, spielt die Hitze und der Staub eine größere Rolle, als die erquickende Pflanzenwelt. Zwar schießen hier die großartigsten Gewächse über Nacht empor, aber leider dauert ihre Herrlichkeit nicht lange, und bald erliegen sie den Strahlen der versengenden Sonne. Eine Reihe steifer Gummibäume bildet eine ununterbrochene Allee und führt in den, mit der geputzten haute-voleé Sidney's gefüllten Garten. Excentrische Engländer fahren hier in plumpen Reisewagen, die schwarze Dienerschaft inwendig, die Herrschaft im plebejischen Anzuge unter großen Strohhüten auf dem Bocke. So Mancher unter ihnen, der jetzt die stolzen Rosse lenkt, hatte in seiner Heimath nicht Geld genug, sein Steinkohlenfeuer zu bezahlen; so Mancher, der in Europa den Diener machte und ohne Schuhe hierhergeschifft kam, fährt jetzt in prächtiger Karosse und spielt den großen Herrn. Alles findet man da, neben dem glänzendsten Reichthume das unsäglichste Elend.

In der Mitte des Gartens liegt ein Platz, mit Stühlen und Bänken versehen, da ist der tägliche Sammelplatz der Dandy's und der feinen Damenwelt. Frauenzimmer, die, Gott weiß von wo und wie hieher gekommen und den Sommer schon weit hinter sich haben, sitzen hier umschwärmt von Anbetern, umschimmert von neuen Hoffnungen, schon mit einem Fuße im Ehestande, obschon ihre Herzen nach europäischer Zeitrechnung schon lange

Ferien halten sollten. So mancher heirathslustige Sidneyer seufzt wohl im Stillen über die karge Auswahl, aber was ist zu thun; der Mangel am „schönen Geschlechte" ist groß und Europa ist fern. Nicht weit davon befindet sich eine große Wiese, auf der einige Hundert australische Goldsprößlinge herumhüpfen, die ein solches Geschrei machen, als wenn sie beweisen wollten, daß sie würdige Kinder jener Männer sind, die dort unter dem schattigen Dache einer Kaffee= und Eisbude, unter einem großen Zusammenlaufe und wüthendem Geschrei das Gold taxiren. Des Nachts wird es noch ärger, denn nach den Mühen des Tages versammelt sich hier die handelsbeflissene Jugend, die Börsen= und Goldmäklern freuen sich des Lebens und der freien Luft.

Einige Tage nach meiner Ankunft machte ich den verschiedenen Zeitungs=Redakteuren Sidney's meine Aufwartung, und mein erster Besuch galt Mr. „......" dem Redakteur der „............".

Ein palastähnliches Haus, in dessen Erdgeschoß eine große Druckerei in voller Thätigkeit arbeitete, empfing mich. Im ersten Stock fand ich unter verschiedenen Schildern und Annoncen auch eine Tafel, auf der mit großen Buchstaben zu lesen war, daß Mr........ in den gewöhnlichen Geschäftsstunden überhaupt nur dann zu sprechen sei, wenn man seine so höchst kostbare Zeit vergüte. Jedermann ohne Unterschied sei daher angewiesen, sich an der Kasse im Wartesaal eine Sprechkarte zu lösen. Eine Stunde zehn, eine halbe sechs, und eine Viertelstunde drei Schillinge, so lautete dieser merkwürdige Zeit-Preistarif. Ich trat in den Wartesaal, kaufte mir bei dem rothbefrackten Austral-Neger eine Stunde Zeit seines Herrn und trat neugierig in das Sprechzimmer dieses uneigennützigen Journalisten. Dieser nahm mich sehr verdrossen und schläfrig auf. Sie sind Artist? kommen gewiß aus Europa, wollen hier Geld machen? Dieses waren die Fragen, die er an mich richtete und zwar in nicht sehr freundlichem Tone. Erst als er erfuhr, daß ich aus Südamerika und Kalifornien komme, erheiterte sich sein fahles Gesicht und seine Stimme wurde freundlicher. Er fragte mich, zu welchen pekuniären Zugeständnissen ich mich herbeilassen werde, wenn sein Blatt mir zu einem tüchtigen Erfolge verhelfe. Ich erwiderte, verblüfft über diese etwas unverschämte Frage, ich wolle mich gewiß sehr dankbar zeigen. Da schüttelte er den Kopf und meinte, das sei nicht bestimmt genug. Ich müsse mich genauer mit ihm verständigen und eine gewisse Summe aussetzen, denn nur dann sei mein Erfolg gesichert. Ich bat um einige Tage Bedenkzeit, verließ diesen Tempel der Uneigennützigkeit und verfügte mich in die verschiedenen Bureaus der andern Zeitungs-Redakteure, die mir nicht so hart das scharfe Messer an den Hals setzten, sondern mich sehr freundlich aufnahmen und mir mit Rath und That an die Hand gingen.

Mein erstes Konzert findet am 5. Dezbr. im Theater Royal statt und ich habe die besten Aussichten auf guten Erfolg.

Miß Hayez, mit der ich überall zusammentreffe, wird hier im wahren Sinne des Wortes mit Gold überschüttet. Ganz Sidney schwärmt für den „irischen Schwan" (so nennt man sie hier), und seit der Entdeckung des Goldes, hat hier noch Nichts einen fieberhafteren Enthusiasmus hervorgebracht als das Auftreten dieser Sängerin. So oft sie singt, ist das Haus so überfüllt, daß ich für mein erstes Konzert schon mit der Hälfte dieses Publikums zufrieden wäre. Die Konzertkosten sind ungeheuer, aber auch die Eintrittspreise. Die Loge kostet 5 Pfd. Sterling, 1. Sitz 2 Pfd. Sterl. und Eintritt $^1/_2$ Pfd. Sterl. Ich wollte, das erste Konzert wäre schon glücklich vorüber, denn dieses ist entscheidend.

Sidney, 20. December 1854.

Vierzehn Tage befinde ich mich jetzt in Sidney und so behaglich, wie man sich nach einer dreimonatlichen Seefahrt fühlt, die nebst Mühseligkeiten und Gefahren auch noch eine fast erdrückende Langeweile im Gefolge führt, welche die auch mit der reichsten Phantasie begabten Menschen in Cretins umzuwandeln vermag.

Nun ist es mir auf dem Festlande, mitten in der Civilisation, als wäre ich aus der Tiefe des Meeres, wo wilde Fische und Seeungethüme nach mir schnappten, wieder hinaufgehoben in die freie Luft. Das Grün der Bäume, das Sonnenlicht, die Menschenstimmen und das Geräusch des Lebens entzückt mich so, es stimmt mich so froh und heiter, daß ich die Länder, Berge und Meere vergesse, die zwischen mir und meiner Heimath liegen.

Sidney besitzt aber auch, wie eine große Weltstadt, alles was man braucht, um diesen isolirten Winkel der Erde vergessen zu können; die Genußsucht und der Luxus sind auf das Aeußerste getrieben, und der Fremde, der, wie z. B. ich, sich längere Zeit mit den Brosaamen der Kultur begnügen mußte, wird hier plötzlich in ein Meer von Vergnügungen gestürzt. Außer den Zerstreuungen der Privatgesellschaften, findet man Musik- und Gesangsvereine, Bälle, Masteraden, Konzerte, Cirkus und Wettrennen, Oper und Schauspiele, Spazierfahrten nach den Garteninseln, ähnlich denen von Longechamp in Paris, Lustfahrten auf dem Meere nach den reizenden Cooks river und dem Leuchtthurm, der einen reizenden Vergnügungsort bildet. Doch bei aller Lustigkeit herrscht hier nicht jene peruanische Lebhaftigkeit, kein eigenthümlicher Volksjubel des südlichen Himmels von Lima und San Jago, obwohl reiche Engländer sich einige Male im Jahre das Vergnügen machen, und nationelle Wettrennen mit exentrischen Masteraden aufführen.

Das Wettrennen hat hier einen besonders leidenschaftlichen Charakter, und gleich nach den Tagen meiner Ankunft wohnte ich einer solchen Maskerade bei, die den Schluß der Saison bildete. Der Schauplatz ist eine große Ebene vor der Stadt. Hier strömen Tausende von Menschen herbei, viele maskirt, und Hunderte von Wagen fahren in zwei Reihen langsam auf und nieder. Schaugerüste und Tribünen sind mit geputzten Herren und Damen besetzt, und Jeder hat ein Körbchen mit Gipskügelchen zur Hand, die nach den Masken auf der Straße geworfen werden, welche diese Kanonade in scharfen Ladungen erwidern, denn nichts wird an diesem Tage übel genommen. Harlekine und Polichinelle laufen neben den Wagen einher, klettern auf den Tritt und sagen den Damen Schmeicheleien und pikante Neckereien. Jetzt machen zu beiden Seiten die Zuschauer Platz, um den Pferden die Mitte des Platzes frei zu lassen. Hinter einem ausgespannten Seile stehen die ungeduldigen Rosse, die Kanonen geben das Signal, God save the Queen ertönt, und die Trompeten schmettern. Plötzlich werden die Pferde losgelassen und fliegen mit Windesschnelle durch die Rennbahn bis ans Ziel, wo ein ausgestecktes Zeichen den weitern Lauf hemmt. Die Rosse werden wieder eingefangen, und der Besitzende des Siegers erhält den Preis, der in einem Stück Goldquarz von 50 bis 100 Pfund besteht. Ein donnerndes Lebehoch wird dem Sieger als Huldigung dargebracht, der dann gewöhnlich einige Faß Branntwein zum Besten giebt, und mit Begeisterung nach Hause getragen wird.

Abends besuchte ich zum ersten Mal das Schauspielhaus, denn im Opernhause, wo Miß Hayez die Norma sang, war kein Platz zu haben. Es war grade Sonntag, das Haus auch hier sehr voll, denn es wurde, wie der Zettel lautete, gegeben: Shakspeares Meisterwerk „Othello der eifersüchtige Mohr und die unschuldige Destemona." Schon eine Stunde vor der Vorstellung versammelt sich hier das Publikum, theils, um sich auf das zu erwartende Vergnügen der Rührung so recht vorbereiten zu können, theils um dem modernen Spleen zu huldigen, und bei dieser Gelegenheit irgend ein politisches oder religiöses Meeting abzuhalten. Als ich in das Schauspielhaus trat, sah ich einen langen, spindeldürren Menschen vom Soufleurkasten herab in ungezwungener Weise gegen die neu eingeführte Goldgräbertaxe predigen; auch gegen die englischen Machthaber donnerte er schonungslos und forderte von ihnen die augenblickliche Vernichtung des russischen Reiches. Obwohl er sehr viel Unsinn sprach, horchte doch Alles dem eifernden Apostel in athemloser Stille, und als er zum Schlusse noch seinen Haß gegen die Branntweinsteuer schleuderte, jubelten die Galerien ein begeistertes Bravo.

Statt der gewöhnlichen Logen besteht hier der Dress cercle. Da ist der Sitz der feinen Welt, hass down! wird den Leuten zugerufen, welche vergessen die Hüte abzunehmen. Die Damen erscheinen hier in weißen Kleidern und prächtigen Toiletten, die Herrn in schwarzen Fracks, weißer Cravatte und Handschuhen. Die zweite Gallerie ist schon unanständig, da wird von den Matrosen, Grisetten und Handwerkern schon tapfer Brandy, (Branntwein) getrunken, die Besucher der dritten Gallerie gleichen aber eher einer Räuberbande, als einem civilisirten Theaterpublicum. Die wildesten, verkommensten Gestalten sitzen dort kartenspielend, mit leidenschaftlich verzerrten Gesichtern; wilde Flüche und kreischendes Gelächter durchdringt die vom Branntweindunst verpestete Luft, als aber der Vorhang sich erhob, wurde es stiller. Jago trat auf mit einem höllischen Hohn-Gelächter und wahrem Hallunkengesichte, wofür er schon wüthend aplaudirt wurde.

Ich habe einst in San Francisco von einer deutschen Schauspielergesellschaft die Räuber aufführen sehen, und glaubte damals, das sei schon das Höchste in der Kunst des Koulissenreißens, jetzt aber gebe ich den englischen Schauspielern den Vorzug. Einem Tollhause glich diese Insel Chpern wohl eher, als einer Schauspielbühne. Die sanfte Desdemona schimpfte wie ein keifendes Hökerweib, und wurde schon im dritten Akte von ihrem wüthenden Gemahl ohne alle Umstände erwürgt. Dieses mörderische Impromptu geschah eigentlich nur zur Erhöhung des dramatischen Effectes, denn Desdemona erholte sich wieder so weit, um zum Schlusse des Stückes von dem blutschwitzenden Mohren in die Mitte der Bühne geschleppt und hier unter dem wüthenden Geschrei des Galleriepöbels nach allen Regeln der Würgekunst — erdrosselt zu werden. Nur Othello starb seinen eigenen tragischen Tod, aber Jago sollte nicht so leicht wegkommen; der rothe Scharfrichter machte sich über ihn her und bei offener Scene sah man seine schwarze Seele zur Hölle fahren. Armer Shakspeare, so mißhandelt und verarbeitet man Dich, um von Deinen profanen Nachkommen schmackhaft gefunden zu werden. Wie schade, daß Tiek und Schlegel hier nicht Vorlesungen über den Character Shakspearischer Dramen gegeben haben.

Ein Schauspiel ganz anderer Art, welches Humor gehabt, wenn es nicht gar so traurig geendet hätte, fand folgenden Tages statt. Vor einigen Tagen nämlich kündigten große Affichen dem Sidneyer Publikum das Schauspiel an, der berühmte Gelehrte der Physik und Mitglied der französichen Akademie Mr. Professor Egaria werde — zum Erstaunen des Jahrhunderts auf dem Meeresspiegel eine Promenade zu Fuß machen, — wer nicht daran glauben will — bemerkte die Ankündigung — der überzeuge sich und komme. Die leichtgläubige, vom Schein beherrschte Menge kam in Schaaren herbei, wer aber nicht kam — war der Herr Professor. Längs dem Meeresstrande waren Tribünen errichtet, die zu theuern Preisen vermiethet waren, und eine dichte Volksmasse wartete ungeduldig an den Ufern, während ein Negermusikkorps in schauderhafter Weise das Rule Britania heulte.

Von dem Balkon aus übersah ich das bunte Getreibe der lebenden Menge, die bereits Gewißheit hatte, von irgend einem Charlatane geprellt zu sein. Da wollte der tückische Zufall, daß der Wagen, in welchem sich eben der Gelehrte mit dem erschwindelten Gelde heimlich davon machen wollte, am Ende der Stadt eingeholt und zurückgebracht wurde. Eine Bande roher Gesellen brachte den bleichen Charlatan nach dem Schauplatze seiner Wirksamkeit zurück. Drohende Geberden und wüthendes Geschrei empfingen ihn von allen Seiten. Vergebens bemühte sich die Stadtmannschaft, den Unglücklichen aus den Händen des Pöbels zu befreien, aber immer wuchs die Aufregung und bald sah man das fürchterliche Schauspiel, einen Menschen ohne überwiesene Schuld, ohne richterliches Urtheil ungehört verdammen — und ins Meer stürzen. Diese barbarische, aller Civilisation hohnsprechende Gewaltthat, hat mich mit Abscheu und Ersetzen erfüllt. Nirgends sah ich mitleidige Blicke, ja, die rohe, von Haß beherrschte Menge, rühmte sich, das Schlachtopfer mißhandelt zu haben. Bis spät in die Nacht lärmte sie in den Branntweinbuden und kühlte dort ihren Muth, dann zerstreute sie sich nach allen Winden.

Ueberhaupt steht es hier mit der Gemüthlichkeit auf schlechtem Wege. Alles hat eine spekulative Rich=

tung, das Gemüth geht unter in den Sorgen um Gewinn und Verlust, und wie überall in England, zeichnet sich auch hier Alles durch stumme Verschlossenheit, in Gesellschaften durch Langeweile und Einsylbigkeit aus. Nur ein politisches Meeting macht sie beredt und ein Trinkgelage und Hahnenkämpfe entzücken sie. Wer aber hier Geschmack und Sinn für Kunst sucht, der wird nicht viel finden, würde er auch tausend Laternen anzünden!!

Die Sitten und Gebräuche des Mutterlandes werden von den Engländern stereotyp beibehalten. Von dem schwelgerischen Esquire, dem Dandy und der hüper-bedeuten Lady, bis herab zu dem bettelhaften Hafenarbeiter hängt Alles mit eiserner Beharrlichkeit an die hergebrachten Sitten wie an Privilegien, und obschon das Clima zu Modifikationen räth, weicht doch Niemand ein Haar breit davon ab. Besonders lächerlich kopiren die Australier Sitten und Manieren der Engländer, obwohl sie letzteren spinnefeind sind.

Der Australier ist vielleicht der schmutzigste Menschenstamm der Erde. Erblickt man die verkrüppelte Körperbildung von magerer, dickknochiger Beschaffenheit, den häßlichen mit Wolle bedeckten Kopf, und die weit vorspringenden affenartigen Eßwerkzeuge, so glaubt man, die Natur habe sich verirrt, und statt einen Menschen einen Affen geformt. Sie sind stumpf, düster, falsch, aber auch diebesschlau, und so feig, daß sie Krämpfe bekommen, wenn man sie mit Degen oder Pistolen erschreckt.

An den Küsten und im Innern des Landes, das noch von keinem Europäer betreten wurde, leben vielleicht an 300,000 Neger, deren Zustand nahe an Thierheit grenzt. Nichts ist im Stande, das Gefühl dieser Menschen zu erregen; man hat ihnen Bequemlichkeiten gezeigt, Nahrung und Kleidung gegeben, sie durch Musik aufzuheitern gesucht, doch alles umsonst, ihre Wildheit ist nicht zu zähmen. Sie gehen meist nackt, bemalen sich mit bunten Farben und tätoviren die Haut. Selten sieht man Hütten; eine Felsenhöhle, ein hohler Baum reicht für eine Familie aus. Gegen ihre Frauen sind sie so grausam, daß man selten eine ohne Wunden findet, und schon als kleine Mädchen werden ihnen zwei Vorderzähne ausgeschlagen. Nichts zeigt eine Verehrung höherer Wesen, Aerzte und Zauberer sind zwar vorhanden, sie werden aber mißhandelt, sobald ihre Mittel fehlschlagen. Von diesem liebenswürdigen Volke leben einige Tausende in und um Sidney, und haben sich die lasterhaften Streiche viel eher angeeignet, als die Segnungen der Civilisation. Ihr Costüm besteht gewöhnlich aus einem Quodlibet aller möglichen Kleidungsstücke, wie sie ihnen eben der Zufall an den Leib wirft. Zu dem romantischen schwarzen Fracke tragen sie oft einen verabschiedeten Damenstrohhut, oder die Narrenkappe eines Chinesen, während die Beine in den weiten Kleidern eines Malayen stecken. Die Meisten von ihnen sind geschickte Barbiere, spitzbübische Aufwärter in den Gasthöfen, Privatdiebe oder Polizeidiener. Die Montur letzterer besteht aus blauen Jacken, Hosen mit rothen Streifen und runden Mützen. Sie schwärmen für Branntwein und sind so dienstfertig, daß sie gewöhnlich für ein Gläschen Branntwein auch einen Cartouche entweichen ließen. So bleibt hier auch die Heilighaltung des Eigenthumes oft nur ein frommer Wunsch, und wenn auch beinah täglich einige der geschicktesten Fingerfertigkeitsvirtuosen in der Blüthe ihres thätigen Lebens so recht hoch und erhaben über alles Irdische placirt werden, daß sie den Taschen ihrer Nachbarn nicht mehr gefährlich werden, so fällt doch ihr kühner Genius gleich einer Tontine den überlebenden Erben zu, die dann bei ihren Nebenmenschen das Versäumniß ihrer Vorgänger einzubringen suchen. Auch mein schwarzer Concertfrack, den ich am Tage des ersten Konzertes meinem Negerdiener zum Lüften übergab, fiel als Opfer menschlicher Habsucht in die Hände langfingeriger Genie's. Glücklicherweise hatte ich noch einen zweiten in petto und da die Konzertstunde heranrückte, begann ich meine Toilette. Da öffnete der Himmel seine Schleußen und echt australischer Platzregen raste vom wolkenlosen Himmel nieder; doch bald darauf wurde es wieder heiter, und voll froher Hoffnungen warf ich mich in ein Cabriolet, um den Schauplatz meiner ersten That zu erreichen. Aber, o welch ein neues Hinderniß! unvergleichlich in den Annalen meiner Konzertgeschichte — eine Stunde vor dem Konzerte, auf dem Wege zum Ruhme und tausend süßen Triumphen, stolperte die alte Karosse und ich lag da im Sidneyer Straßensumpfe. — O welch ein Fall war das!

Wäre ich ein Pessimist, ich hätte die bösen Omen, die so plötzlich meinen Konzerthimmel umdüsterten, für verhängnißvoll genug gehalten, um das Konzert für diesen Abend lieber ganz aufzugeben, aber auf Reisen wird man pragmatisch, und läßt sich durch solch läppische Vorbedeutungen nicht abschrecken. Wie König Richard durch die heiße Schlacht, so standhaft und beharrlich jagte ich durch die Straßen Sidneys. Einen Frack rief ich — einen Frack, ein Königreich für einen schwarzen Frack! Und es erbarmte sich meiner ein Retter in der Noth in Gestalt eines deutschen Kleiderkünstlers, der mit echt deutscher Gemüthlichkeit sich liebreich meiner 8 Pfund Sterling annahm, und mir, wenn auch keinen konzertfähigen Schwarzen, doch einen lichtblauen Frack mit gelben Knöpfen verschaffte, und ich, froh auch über diese Eroberung, fuhr nach dem Theater „Royal Victoria." —

Das Haus war nur halb gefüllt, als ich das Theater erreichte, die Ouvertüre zu „La Gazza Labra" schleppte sich mühsam und seelenlos ihrem Ende zu, und der Vorhang erhob sich.

Ich trat hervor bis an den Rand der Bühne, verneigte mich vor den Gentlemen und Ladies, und wollte eben den Bogen in Bewegung setzen, als plötzlich aus

Dress cercle ein donnerndes withdraw, to retire (abtreten) mir entgegen dröhnte. Verwirrt und überrascht von diesem Empfang zog ich mich scheu zurück, ohne mir auch nur im Geringsten diese wunderliche Manifestation erklären zu können. Da stürzte mir der Theaterdirektor mit einer Jammermiene entgegen und machte mir tausend Vorwürfe, daß ich es gewagt, vor der Gentry of City vor der Crême der fashionablen Welt Sidneys, ohne schwarzen Frack, ohne weiße Cravatte und ohne Handschuhe zu erscheinen. Freilich ein unverzeihliches Vergehen; aber es ist ein Fluch der bösen That, daß sie fortzeugend Böses muß gebären." "The director," schrie es jetzt von allen Seiten. Der Gerufene kam. Verlegen stammelte er die ganze Leidensgeschichte meines schwarzen Fracks, dann improvisirte er einen Abschnitt aus meiner Lebensgeschichte, log wie gedruckt, nur einem solchen Genie (wie mir), sagte der Schelm, könne man diese Anstandsverletzung nachsehen, und als er zum Schlusse ausrief: „Meine Herren! wollen Sie jetzt, daß Mr. Hauser spielt oder nicht?" Es antwortete eine Stimme aus dem Dress cercle „Yes" und „yes" rief es einstimmig von allen Seiten.

Aengstlich wie ein Verlorener, betrat ich zum zweiten Male die heißen Bretter der Bühne, welche die Welt bedeuten, und mit dem „Siciliano" begann ich meine erste Attaque gegen das kritische Publikum. Ein Beifallssturm, wie ihn meine kühnsten Hoffnungen nicht erwartet hatten, belohnte mich nach Beendigung des Stückes. „Very fine" riefen die Gentlemen und Ladys entzückt, und als ich als Zugabe das „Rule Britania" mit Beethovischen Variationen ertönen ließ, kam John Bull erst so recht in Extase.

Von den Mitwirkenden finde ich nur eine singende Dame erwähnenswerth; Miß Sarah Nero war ihr stolzer Name — eine mit vielen Blumen und Bändern phantastisch aufgedonnerte Gesangs-Ruine erschien und gurgelte in qualvoller Weise eine Arie von Verdi, hätte sie aber das ästhetische Gehör ihres Namensvetters so mißhandelt als das meinige, der Thrann würde sie gewiß vom tarpezischen Felsen herabgestürzt haben.

Das unter so ominösen Vorbedeutungen begonnene Konzert nahm einen sehr glücklichen Verlauf. Das Publikum zeigte viel Sympathie für mich, und zum nächsten Konzert sind schon viele Plätze bestellt.

Uebermorgen bin ich zum Generalgouverneur, dem unumschränkten Herrn dieses Welttheils geladen. Es ist der englische General Sir Charles Natham, der sehr kunstsinnig sein soll. Es wird getanzt und musicirt werden, und außer mir ist noch, da die Hayez verreist ist, Miß Nero geladen.

————

Sidney, 1. Jänner 1855.

Gleich dem Wanderer, der auf der Höhe eines Berges angelangt, einen Augenblick rastet und rückwärts nach dem zurückgelegten Pfade blickt, um ihn mit dem noch fern liegenden Ziel der Heimath zu messen, so wehmüthig verweilte ich bei der letzten Jahresnacht, die gestern ihren dunkeln Schleier über Himmel und Erde breitete. Es war die vierte Sylvesternacht, seit jener, in der ich im Jahre 1851 von meiner Heimath schied, die in das Meer der Vergangenheit rollte. Ich weiß nicht, sind es Freuden oder Schmerzen, Erinnerungen oder Hoffnungen, die so seltsam mein Inneres bewegen, denn zu verschiedenartig sind die Eindrücke, welche die Saiten meines Herzens berühren. Aber welch ein Unterschied zwischen einem Neujahrsfeste im heitern Wien und einem Neujahrstag in Sidney! Dort vielleicht eine weit und breit beschneite Erde, hier eine 36 Grad (Reaumur) heftige Südsonne, und während in Wien vielleicht geschäftige Gratulanten in warme Mäntel gehüllt durch den krachenden Schnee sich durch die Straßen drängen, veröbet hier eine afrikanische Sonnengluth die staubigen Straßen, denn Alles sucht Schutz in den Häusern.

Am 22. Dezember fand bei dem General-Gouverneur Sir Charles Natham eine Fest-Soiree statt, zu der auch ich geladen zu sein die Ehre hatte. Königliche mit Gold und reichen Tapeten verzierte Säle, kunstreiche Statuen, Bilder, Teppiche, tausend funkelnde Kerzen, und eine Legion reichverzierter Lakaien, kurz alle Attribute eines mächtigen Herrn, fand ich hier in eben so reicher und wunderbarer Pracht als in London, Petersburg oder Wien. Aber die Genüsse einer geistreichen europäischen Salongesellschaft, das erfrischende Element der Konversation entbehrte ich, ja davon hat man hier auch nicht den entferntesten Abglanz. Ein frostiger Hauch der Langeweile liegt über der ganzen Gesellschaft ausgegossen, die blauäugigen Ladies mit ihren blonden nachlässig geordneten Locken sitzen wie die Automaten den steif phlegmatischen Gentlemen und Banquiers gegenüber, und das Gespräch wickelt sich nur matt und schläfrig ab.

Miß Nero, die famose Sängerin, war so freundlich, durch ein ganz tüchtiges Halsübel, welches sie sich wahrscheinlich durch ein par force Ronlade zugezogen hatte, am Erscheinen und Singen gehindert zu sein. Statt dieser erhob sich eine mit vieler Mühe herangequälte Gesangs-Dilettantin, und suchte mit einer endlosen altenglischen Ballade die Gesellschaft zu entzücken. Dame und Gesang wurden aber so meilenlangweilig, daß die ganze Gesellschaft mit feinstem Anstande gähnte und sehnsüchtig das Ende herbeiwünschte. Eine mit fürstlicher Ueppigkeit besetzte Tafel erlöste uns auf's wohlthuendste von dieser Tantalus-Qual der Langenweile. Fasanen, Fische, indische Hühner, Enten, Austern und Desserts von Melonen, Oliven, Weintrauben, Ananas, kurz Alles, was das Meer, das Thier- und Pflanzenreich an Köstlichkeiten barg, wurde zu unserer Gaumen-Huldigung geplündert. Die einsilbigen Gentlemen huldigten tapfer diesem Göttermahl, und ein rasender Champagner, der in den Gläsern schäumte, besiegte auch die Verschlossensten und löste ihre Zungen.

Ein Indianermädchen, etwa 15 Jahre alt, welches der Gouverneur zur Erziehung angenommen, und im Zeichnen, Singen, Deklamiren und Fortepiano-Spielen unterrichten ließ, wurde nach der Tafel vorgeführt. Das Mädchen, erst in ihrem sechsten Jahre der thierischsten Wildniß entrissen, ist ein Phänomen merkwürdiger Auffassungsgabe und reicher Talente. Mit eisernem Fleiß lernt sie wunderbar rasch alle kunstreichen Handarbeiten, sang eine Romanze von Mallashe mit gutem Vortrag und wunderlieblicher Stimme; ebenso, fast tadellos, begleitete sie am Piano alle von mir gespielten Piecen, und mit wahrhaft seltenem dramatischen Feuer sprach sie eine Ballade von Thomas Moore.

Den Weihnachtsabend brachte ich in sehr angenehmer Weise bei Mr. Ravek, einem hier angesehenen Banquier, zu, in dessen Gemahlin ich eine geborene Wienerin, die liebenswürdige Pianistin Amalia Mauthner fand. In dieser angenehmen Gesellschaft musizire ich sehr oft, und mein musikalisches Gemüth, das in letzterer Zeit jeder Kultur so arg entbehrte, stärkt sich dort an den süßen, wunderbaren Melodien Mozarts und Beethovens.

Nach meinem vierten Konzerte, dessen Erfolg mich

sehr befriedigte, unternahm ich in Begleitung eines Pianisten und eines Tenoristen eine Konzert-Expedition nach Newcastle und Maitland, deren eigenthümlicher Verlauf erwähnenswerth ist.

Ein wunderklarer Himmel wölbte sich über den Ocean, als wir am 24. den Dampfer „William Pitt" bestiegen, kaum aber erreichten wir die hohe See, so trübte sich die Sonne. Der heitre Himmel hatte sich indeß umzogen, graue Wetterwolken, unheilschwanger, stiegen im Südwesten auf und im düstern Hintergrunde zuckten blaßgelbe Blitze. Scheuflatternde Seevögel zogen als Unheils-Herolde eines Gewitters über unsern Häuptern. Der Sturm sauste anfangs ein melancholisches Andante, bald aber ging er in ein rasendes Allegro über, und die Wellen, zum Tanze furchtbar aufgepeitscht, rasten mit unserem Schiffe einen dämonischen Schwindsuchtswalzer, der uns betäubt und athemlos machte. Ein Angstgeschrei, Erbrechen und Beten tönte aus der mit seekranken Herren und Damen gefüllten Kajüte, als obligates Accompagnement zu dieser höllischen Donnerwetter-Symphonie. Wahrlich, schon öfter als einmal erkannte ich schaudernd des Aeolus furchtbare Macht, aber so ungestüm rasen und wüthen hörte ich ihn noch nie; hatten doch die tükkischen Parzen bei monatlangen Seefahrten sich nicht so nahe an unser Schiff herangewagt als diesmal. Nur ich und noch ein Passagier blieben, von der schützenden Panacea begünstigt, von dem abscheulichen Brechübel verschont; wer aber beschreibt mein Erstaunen, als ich dem sympathischen Gefährten, der so sorglos und tapfer sein Rostbeef verzehrte, als ob ihm die ganze Donnerwetter=geschichte gar nichts anginge, neugierig ins Gesicht blickte und Niemand Andern in ihm fand, als meinen alten polnischen Baron P., den falschen Spieler und Helden von Panama. Ah! mein charmanter Freund! rief er in französischer Sprache, stürzte an meine Brust und herzte mich mit einer solchen Unverschämtheit, daß ich mit in=niger Herzenslust ihn dafür mit einigen Ohrfeigen re=vangirt hätte; aber in solchen Momenten der Wasserge=fahr war mir seine Anwesenheit am Bord nicht ganz so unlieb. In seiner Galgenphysiognomie fand ich Trost gegen die herannahenden Schiffbruchsgefahren, denn das Schiff mit einem solchen Mann am Bord, dürfte von den Wellen nichts zu fürchten haben.

Wirklich war dem so; bald hatte das Wetter aus=getobt, heitere Sonnenstrahlen vertrieben die düstere Ge=witterluft, die kranken Passagiere erholten sich wieder und nach einer vierundzwanzigstündigen Fahrt erreichten wir wohlbehalten die Stadt Newcastle.

Ein Gang durch die Straßen dieser sogenannten, in einer traurigen Sandwüste gelegenen Stadt, gehört wahrlich nicht zu den Annehmlichkeiten des Lebens, hin=gegen aber gehört es nicht zu den Unmöglichkeiten, hier auf die anständigste Weise von der Welt den Hals zu brechen. Die Straßen, die alles Pflaster entbehren,

könnten als Schlammbäder benützt werden, denn ein hi=
storischer Schmutz, der in wahrhaft schaudererregender
Art in den Straßen Newcastle's angehäuft liegt, könnte
gewiß viel Interessantes von der Entstehungs= und Bil=
dungsgeschichte dieser noch sehr jungen Stadt erzählen.
Aber Gold, dieses Alles überglänzende Zaubermittel, fin=
det man hier, also genug Anziehungskraft für einen rei=
senden Konzertgeber.

Die Honorationen dieser Stadt, die von unserer
Ankunft wußten und das Konzert arrangirten, empfingen
uns in sehr feierlicher Weise. Der Pastor im feierlichen
schwarzen Rock und weißer Halsbinde, ferner der Schul=
lehrer, ein geborner Deutscher, der sich uns als be=
sonders musikalisch repräsentirte, indem er vor beiläufig
sechs Jahren auf dem Wege von Frankfurt nach Bruch=
sal dreimal wöchentlich mit großer Virtuosität das Post=
horn geblasen, und der Apotheker führten uns wie im Tri=
umphe nach dem Stadthotel, in welchem sich auch der
Konzertsaal befand.

Der Apotheker, — dieser Titel ist für diesen Mann
eigentlich viel zu dürftig, denn er war auch Orgelspieler,
Friedensrichter, Kaufmann und Magister der Geburts=
hülfe, alles in einer Person — erzählte mir zu meinem
Vergnügen, daß er das Konzert auf's Sorgfältigste ar=
rangirt hätte, und daß alle Plätze verkauft seien. (Eine
That, die nur einem solchen Universalgenie gelingen kann.)
Freilich war der Saal sehr klein, und dem schlauen

Wirthe — der noch obendrein so kunstsinnig war, daß
er alle europäischen Künstlerberühmtheiten in seinem Zimmer aufgehängt hatte und daß er, aus purer, Kunstbegeisterung, seinen großen Jagdhund „Jenni Lind" getauft
— mußte ich für seine Gaststube mehr bezahlen, als
für den Wiener Reboutensaal.

Das Publikum, welches da ins Konzert kam, war
eines der originellsten in der ganzen civilisirten Welt.
Da war kein Kranz blühender Damen, keine esbouquetduftende Gesellschaft, sondern Männer mit gebräunten Gesichtern und Schwielen-Händen, wie sie aus den Minen
kommen. Männer, die der harten Erde ihren Verdienst
abzwingen, die mit umgebundenen Schurzfell, mit noch
geschwärzten Händen das Goldstück aus dem Beutel holen, um es als Zeichen ihrer Bewunderung der Kunst
hinzuopfern. Von solchen Leuten war das Konzert gefüllt, und würde der Saal noch dreimal größer gewesen
sein, ich glaube er wäre nicht leer geblieben.

Ich hätte gewiß noch einige volle Konzerte geben
können, aber da der Dampfer nach Maitland abging, so
konnte ich nur die Bitten des Pastors erfüllen, und noch
ein Konzert geben, dessen Erträgniß ich zur Anschaffung
einer Thurmuhr bestimmte, worüber die guten Leute so
entzückt waren, daß sie uns durch ein Festessen mit begeisterten Reden verherrlichten.

Ich beneidete nur den Pianisten, denn dieser Glückliche war mit dem Gepäcke schon voraus zu Schiffe, während dem wir noch in der Gewalt der Honoratioren steckten und gar nicht loskommen konnten. Vergebens suchte ich den Tenoristen, der Freund solcher Glorifikationen war, mit fortzuziehen, aber der Pastor predigte noch immer im feierlichen Tone, und der Dampfer wartete nicht, denn als der Prediger nun beim Scheiden nachrief: „So zieht denn hin, ihr edlen Musensöhne" war es zu spät, denn als wir zum Ufer hingezogen kamen, war das Schiff — fort. Das Konzert in Maitland war für den nächstfolgenden Tag festgesetzt, und die nächsten nach Maitland fahrenden Dampfer erwartete man erst in acht Tagen. Da blieb nichts anderes zu thun übrig, als Pferde zu nehmen, um noch zeitig genug die Post zu erreichen, die acht Stunden von Newcastle lag und nach Maitland führte.

———

Sidney, 1. Jänner 1855.

Um 2 Uhr Nachmittags stiegen wir zu Pferde; die Sonne brannte heftig auf dem heißen Sande, und rasch ging es fort durch monotone Landschaften, die nur hie und da von faben Gummibäumen oder blos grünen Norfolktannen durchschnitten, diesen Welttheil so besonders charakterisiren.

Die Sonne neigte sich zum Untergange, als wir den Saum eines Waldes erreichten, der, von einem schmalen finstern Wege durchschnitten, einen düstern Eindruck auf uns machte. Mühsam ritten wir vorwärts durch des Urwalds schauerlicher Wildniß, nur leise strich der Wind durch das dürre Laub, das unheimlich unter unseren Tritten knisterte, und eine schwüle unbehagliche Ruhe lag beengend zwischen diesen vermoderten Baumstämmen, die wie dürre Todesfinger gegen den grauen, fahlen Himmel ragten, der in trauriger Sympathie über diesen todten Bäumen hing.

Der Tenorist suchte seine Angst zu bannen und sang sein ganzes Repertoir zu Ende. Ich aber, von dieser Wildniß trüb gestimmt, sehnte mich fort aus dieser düstern Melancholie und dachte an Lenau's Verse:

"Wo sind die Blüthen, die den Wald umschlangen?
Wo sind die Vögel, die hier lustig sangen?
Nun ist der Wald verlassen und verdorrt,
Längst sind die Blüthen und auch die Vögel fort."

Die Sterne funkelten schon hoch am Himmel, und das „südliche Kreuz" stieg immer höher, als wir, den düstern Weg im Rücken, die Pferde anspornten. Nach einem tüchtigen Ritte erreichten wir die Polizei=Poststation. Nebenan lag ein Gasthaus, in dem wir übernachteten, und um 5 Uhr Morgens bestiegen wir einen ziemlich bequemen Wagen, der uns gegen Mittag wohlerhalten nach Maitland brachte. Das sehr freundliche Städtchen liegt hart am Fuße der blue Mountains (blauen Berg), zwischen großartiger Scenerie und zeichnet sich durch nette Häusche nund gute Straßen aus. Jene Glücklichen, die in den Minen das bezaubernde Lächeln Fortuna's gesehen, ruhen hier, ordnen behaglich ihren goldenen Reichthum oder bereiten sich vor, in die große Welt zu treten. Unter den 5000 Einwohnern fand ich durchgehends einen Wohlstand und Reichthum, wie ich ihn im Verhältnisse noch an keinem Orte der Welt, selbst nicht in Kalifornien, gesehen habe; heiterer Lebensgenuß und fast offene Gastfreundschaft hätten mich gewiß noch länger hier gefesselt, wenn mich nicht Verpflichtungen nach Sidney zurückgerufen hätten.

Der Pianist, der viel früher eintraf als wir, kam uns mit freudestrahlendem Gesichte entgegen. Alles ist arrangirt, rief er entzückt, meisterlich arrangirt, sogar eine Sängerin ist gewonnen, eine zweite Malibran. Ich, der hier zu Lande etwas mißtrauisch gegen die fahrenden Nachtigallen geworden, dachte schon so im Stillen, was das wohl wieder für eine Sängerin sei, als ich aber erst erfuhr, daß sie eine Dilettantin sei, die aus reiner Kunstpassion das Publikum haranguirt, da wurde ich untröstlich. Ein ganzes Arsenal von chevaleresker Galanterie reicht da nicht aus, um der Eitelkeit dieser koketten Musen zu huldigen, und ein wahrer Prophetengeist sprach aus meinen antipathischen Gesinnungen, die ich im Voraus schon gegen diese neue Sängerin hegte. Die Dame stand schon im Spätsommer ihrer Jahre und obwohl ihr auch die Grazien nicht das Wiegenlied gesungen, war sie doch ein Prototyp von Hochmuth, Eitelkeit und Anmaßung, denn als ihre Gesangspiece kam und ich sie hinaus vors Publikum führte, kehrte sie auf halbem Weg um und erklärte unter keiner Bedingung singen zu wollen. Wie ein Blitz aus heiterm Himmel, so unvorbereitet traf mich dieser plötzliche Abfall. Bitten, Schwüre, kurz alle Mittel wurden erschöpft, um die Dame zum Singen zu bewegen — vergebens, sie sagte, ich hätte sie grob behandelt und wie eine Dirne hinaus vor das Publikum geschleppt. Und doch hätte Aurora mit ihren Rosenfingern sie nicht zarter berühren können, als ich es gethan. Sie aber blieb dabei, ich hätte sie geschleppt, das Publikum hätte das bemerkt und gelacht, und meiner Künstlerehre, meinte sie mit affektirtem Pathos, bin ich es schuldig, auf öffentliche Abbitte zu dringen. Das aber überlegte ich mir wohl, und darüber wurde die holde Nachtigall, die mich wie eine Spinne haßte, so erbost, daß sie mir einige vor Zorn flammende Blicke zuschoß und scheu davouflatterte.

Würde ich alle die Leiden und Qualen zusammenfassen, mit denen ich im Zeitraum von vielen Jahren von diesen amerikanischen Spottdrosseln blaß und blau geärgert wurde, ich könnte dickbändige Leidensmemoiren schreiben.

Ich bin kein Misanthrop, ja in manchen Dingen bin ich so harmlos wie ein sanftes Bürgermädchen, aber solch eine amerikanische Gauklerin ergreift meine Nerven und facht meinen Haß an. Jeder Instrumentalist, möge er ein noch so großer Künstler sein, muß, will er sich pekuniäre Erfolge erringen, solche talentlose Quälgeister zu Hilfe rufen, und das schöne Gold unter Säufern zusammenrollen, als Honorar für falsche Triller und Roulaben. Der Unbefangene aber, der sich zu emanzipiren sucht, den trifft Ole Bull's Geschick, der in letzter Zeit zwar ohne Sängerin, aber auch ohne Publikum nur vor leeren Bänken spielte. Hingegen aber fühle ich auch einen Nationalhaß gegen alle diese transatlantischen Sängerinnen, den ich nie in mir gesucht, und der mich sogar glauben macht, daß eine Lucretia Borgia oder Madame Laffarge noch auf Begnadigung hoffen dürften, würden sie einst vor dem ewigen Richterstuhl neben einer amerikanischen Sängerin zu stehen kommen.

Das Konzert-Publikum in Maitland verschmerzte indeß sehr leicht den Verlust dieser Dame. Durch Beifall und Ehrenbezeugungen ausgezeichnet, veranstalteten wir am selben Abend noch ein zweites Konzert und am folgenden Tag noch ein drittes, und gewiß hätten wir noch mehr volle geben können, allein ich mußte, eingegangener Verpflichtungen wegen, nach Sidney zurück.

Seit einigen Tagen wieder in Sidney angekommen, ließ ich mein fünftes und sechstes Konzert vom Stapel laufen, spielte wieder beim Gouverneur, von dem ich ein sehr nettes Geschenk erhielt und machte in angenehmer Gesellschaft verschiedene Ausflüge nach dem Leuchtthurm und Cook River. Ersterer liegt romantisch schön auf der südlichen Einfahrt des Hafens, auf einem grandiösen Felsen, der sich 200 Fuß hoch über der Meeresfläche erhebt.

Bewaldete Berge, schroff und malerisch, sieht man im
Hintergrunde, erst sanft und allmälig, dann aber bis
zu den kolossalsten Verhältnissen emporsteigend, senkrechte
Felsen schroff und wild, erheben sich, den hohen Ufer=
rand bildend, aus den blauen Wellen, und mitten aus
dem Meere, von großartiger Scenerie umgeben, ragt der
Leuchtthurm wie eine geweihte Säule gegen den azur=
blauen Himmel. Die an seiner äußersten Spitze ange=
brachten Spiegelgläser sind mehr optische Meisterwerke,
und der Seefahrer sieht bis 60 Meilen entfernt schon
dessen Licht strahlen. Auch Cook River ist durch eine
reizende Vegetation wahrhaft malerisch. Eine bunt ge=
putzte Menge trieb sich unter den duftenden Blüthenbü=
schen und reizenden Baumgängen herum; Riesen, Affen,
Zwerge, Geisterklopfer, kurz alles, was der Charlatanis=
mus nur aufzubringen im Stande ist, wird hier dem
Sidneyer Publicum zur Verfügung gestellt; aber auch
schöne Mädchen, in weißen Kleidern, mit wundervollen
Augen, die, obwohl noch sehr jung, dennoch im Kokett=
tiren geübt sind (und wo wären sie es nicht?), hüpfen mun=
ter und graziös zwischen den Blumen, spielen, reiten
und tanzen. Hier war es, wo Capitän Cook zum ersten
Mal australischen Boden betrat, zu dessen Andenken
man auch in einem Felsen eine Kupferplatte mit Inschrift
eingeschnitten sieht und eine Säule zu Ehren seines Be=
gleiters, des Franzosen La Pausée.

Sidney, 15. Jänner 1855.

Wäre ich nur von der Sehnsucht frei, die mich immer erfaßt, so oft ich die Feder zum Heimschreiben ergreife. Wie munter wollte ich mich auf dem Papier gehen lassen, aber sobald ich das Blatt unter meinen Händen erblicke, das jetzt so leicht nach meiner Heimath flattern soll, verfliegt der Humor und die Wehmuth bleibt. Hier ist es nicht wie in den duftenden Blumenwäldern Tahiti's, wo silberhelle Mondnächte trösten und dahinsäuselnde Paradiesesstunden das Heimweh mildern; hier sieht es mit der Trösterin Natur selber sehr trostlos aus, mit der Poesie noch trostloser und mit der Kunst am trostlosesten. Während in der Regenzeit eine vom Himmel stürzende Sündfluth die Fluren überschwemmt und verdirbt, lechzt die Erde in den Sommermonaten vergebens nach erfrischender Kühlung, die Gewässer versiegen, die Pflanzen verschmachten unter der Gluth der sengenden Sonne, und nur hie und da am Fuße der Gebirge entfalten tropische Blumen im erquickenden Grün ihre Pracht. Diese wenigen Ausnahmen abgerechnet, ist Alles grau, dürr und monoton.

An den Küsten erheben sich, als Gegensatz zu anderen Welttheilen, fast unersteigliche Feuerberge; das Innere des Landes gleicht einem Centralsumpfe. Statt der buntbefiederten Sänger der Lüfte, findet man Vögel ohne Sang und Federn, Thiere, die ihre Jungen in Säcken, wie in einer Tasche, herumtragen, schwarze

Schwäne und Kinder raubende weiße Adler, Fische mit
Federn und Thiere mit Fischschuppen. Ein sehr sonder=
bares, höchst merkwürdiges, aber kein angenehmes Land.
Keine schlanken, majestätischen Palmen, keinen Nachtigal-
lenjubel, keinen Blüthenduft findet der Wanderer hier,
dafür aber kalte Prosa, widerlichen Steinkohlendampf und
nie zu stillenden Golddurst. Wenn es wahr wäre, daß
die schwerentbehrten Freuden der Natur durch Kunstge-
nüsse ersetzt werden können, so müßten selbe schon auf
dem Chimborasso der Vollkommenheit stehen, aber nicht
wie hier auf der flachsten Fläche der Frivolität.

Die Charlatanerie, diese prahlende feile Dirne, zieht
gewiß in den abenteuerlichsten Gestalten auch durch alle
Länder Europa's. Dort aber ist sie immer nur die
Stütze des lahmen Verdienstes, während sich hier das
auf den gesundesten Füßen stehende Verdienst dieser häß=
lichen Krücke bedienen muß, um fortzukommen. Muß
doch auch ich mein Bischen Bescheidenheit vermummen
und als apodiktische Konzession an den hiesigen Geist
der Zeit, auf meinem eigenen Konzertprogramm das enthusiastische Prädikat beigedruckt lesen: „The celebrated
Hungarian Violinist." Und doch leuchtet diese meine
Ankündigung gegen die Programms anderer Konzertgeber nur wie ein mattes Stümpfchen Licht gegen eine
hellflackernde Illumination. Da kündigt sich unter vielen Anderen ein französischer Windbeutel mit großen
Lettern an, er hätte schon vor Jahren alle europäischen

Klaviermatadors besiegt und nur mit der linken Hand allein Alle in die Flucht geschlagen; um diese seine Worte mit der Wahrheit zu siegeln, druckte er bestätigend Atteste bei von Berlioz, Chellard und Meyerbeer. Vielleicht, dachte ich, hat Göthe recht, der da sagt: „Nur die Lumpe sind bescheiden!" zahlte meinen Dukaten als Bewunderung im Voraus und ging in's Konzert. Le monsieur docteur de musique, Horace Henri Terneaurs, den Musen dürfte es schwer fallen, diesen langen Namen zu behalten, sprengte täglich hoch zu Roß an der Seite seiner Gattin durch die Straßen Sidney's, gab in seinem Hotel glänzende Meetings und erreichte dadurch, daß man sich an der Kasse um die Plätze förmlich schlug. Nach einer halben Stunde neugieriger Erwartung erschien der Künstler, eine elegante und imposante Figur, warf sich nachläßig in einen Lehnsessel und lorgnettirte das Publikum. Hierauf erschien in phantastischem Costume ein indischer Groom mit silbernem Becken, und der Künstler wusch mit eleganter Nonchalence vor den Augen des Publikums seine Hände, dann zog er ein Battisttuch aus seiner Tasche, lud auf's Artigste eine Dame aus dem Dreß Cercle zu sich, bat selbe, seine rechte Hand mit dem Tuche an den Sessel zu binden, und während die Dame, erröthend über diese Auszeichnung, ihre Mission beendigte, begann der Virtuos mit der linken Hand einen wahren Teufelsmarsch, mit dem er auf einmal die Gunst und Bewunderung des Publikums erstürmte. Obwohl er dabei so viel als möglich mit Händen und Füßen dem guten Geschmack in's Gesicht schlug, zeigte er doch eine Kraft, Geläufigkeit und Reinheit, die bewundert zu werden verdienten. Nachdem er lärmend gerufen und mit Blumen beworfen worden, führte er seine Dame vor.

Diese, eine schlanke Grazie in reizender Toilette, bezauberte mehr durch den wunderbaren Glanz ihrer beiden dunkelblauen Augen als durch ihren Gesang. Als sie aber, durch enthusiastischen Beifall aufgemuntert, ein sittenloses, französisches Lied anstimmte, stand sie wie ein gefallener Engel aller ästhetischen Grazie beraubt da, und ich konnte mich nur wundern, daß ich anfangs darüber auch nur einen Augenblick zweifeln konnte, worüber die Dame jetzt so freiwillig und frivol alle Welt aufklärte. Auch als Pianistin wollte sie bewundert sein, und gleich ihrem Gatten wusch sie, bevor sie sich an's Piano setzte, sehr graziös ihre Hände. Ich aber dachte an die Lady Macbeth, die vergebens ihre Hände weiß zu waschen suchte, und verließ genußsatt das Konzert.

Mein mich begleitender Tenorist, der diese Dame kennen lernte, erzählte mir, daß sie eine gewandte und geistreiche Abenteuerin, eine Art Lola Montez, aber nur die personifizirte und nicht die echte Gemahlin des Franzosen. Eben letzterer Art findet man hier häufiger, als an irgend einem Orte der civilisirten Welt, besonders übertreffen die Sidneyer Frauen an Flatterhaftigkeit und frivolem Leichtsinne alle ihre Schwestern des Erbenrunds. Das Wörtchen „eheliche Treue" haben gar viele aus ihrem Lebensbuche gestrichen, denn ohne viel Umstände zu machen, laufen sie eines schönen Morgens ihren Ehemännern davon. Der Dichter, der da sang: „süß ist's, vom sichern Hafen aus Schiffbrüchige zu sehen," der dachte gewiß an die Leiden des Ehestandes, wie sie hier in wahrhaft epidemischer Weise grassiren, und auch Schillers „Lied an die Frauen" wäre ungedichtet geblieben, hätte er gesehen, wie wenige „himmlische Rosen" die hiesigen Frauen ihren Männern „in's irdische Leben" flechten.

Auch einer meiner Bekannten, ein deutscher Arzt aus Düsseldorf, Namens Schönheit, fiel den Schlangenkünsten einer solchen abenteuerlichen Syrene als Opfer zu. Im Theater, diesem Forum des modernen Lebens, verirrte sich der Arme in das Liebesnetz einer fremden Schönen, und ohne viel zu überlegen, machte er sie zu seiner Braut. Vier Wochen beherrschte die schöne Unbekannte das Herz des Doktors als unumschränkte Königin, und großmüthig wie Scipio schenkte er seiner Angebeteten nicht allein Herz und Hand, sondern auch die schönsten Spitzen, Diamanten und Perlen. Aber an dem Tage der Vermählung wurde die Gemüthsstärke des Doktor auf eine harte Probe gesetzt, denn als schon alle Vorbereitungen zum Feste getroffen, die Gäste geladen waren, und der Priester schon bereit stand, das beglü=

ckende Band zu knüpfen, fehlte zur Hochzeit sonst
nichts als die — Braut. Diese aber war fort durch
Nacht und Wind, und mit ihr auch die Spitzen, Dia=
manten und Perlen des Bräutigams. Als Zeichen ewi=
ger Erinnerung ließ sie ihm ein Schreiben zurück, worin
sie in rührenden Worten den Schleier des Geheimnisses
lüftete, daß sie nämlich durch den Machtspruch des
Himmels schon seit einigen Jahren die Gattin eines
Oberbootsfähnrichs sei, mit dem sie ihrer Pflicht gemäß
fort zu Schiff nach Kalifornien gehe.

Der arme Doktor, dem der süße Becher der Freude
so unerwartet arg verbittert wurde, spielt jetzt zur Zer=
streuung im „Café Melbourn," ein Art Kasino, in wel=
chem die Schöngeister Sidneys fern von der Welt des
„Soll und Habens" sich versammeln, mit dem Tenoristen
gewöhnlich jeden Nachmittag eine Partie Piquet. Letz=
terer, ein sehr drolliger Kauz, hat die wunderliche Ge=
wohnheit, den ganzen Tag in dem romantischen Bühnen=
pathos zu leben, welchen des Abend seine Rolle auf dem
Theater erfordert. An einem dieser Abende sollte er
die Rolle Ernani's des Banditen singen, war daher in
einer etwas gereizten Stimmung und zankte mit dem
Doktor während des Spiels mehr als gewöhnlich. Die=
ser blieb nichts schuldig und meinte, Freund Arion möge
den Ernani besser spielen als das Piquet, sonst würde
er erbärmlich ausgepfiffen. Der Tenorist ließ hierauf
einige Anspielungen wegen der so fatal verunglückten

Liebesgeschichte gegen den Doktor los. Gereizt erhob sich dieser und mit frevelndem Munde griff er das Allerheiligste des Tenoristen an, indem er ihn, ohne viel zu überlegen, einen abgewirthschafteten Schreihals nannte. „Thunder-Weather!" rief der Heldentenor, ergrimmt von seinem Stuhl aufstehend, „das ist eine Beleidigung, die nur Blut abwaschen kann." „Wenn Sie überflüssiges haben," erwiderte der Doktor gelassen, „so bin ich jeden Augenblick bereit, es Ihnen abzuzapfen." Dieser kalte, berechnete Spott brachte den Tenor noch mehr in Harnisch. „Wohlan denn, morgen!" rief er voll grimmer Wuth und forterte den Doktor auf Leben und Tod. Ich gab mir alle Mühe, die Streitenden zu versöhnen; da aber meine Friedensvermittlungen nichts fruchteten, so wollte ich mich eben ganz gelassen aus dem Staube machen, als der Tenorist meinen Arm ergriff und, mir ein in Musik gesetztes „Hasenherz" zurufend, mich zu seinem Sekundanten wählte. Ich, der ich nur immer den Bogen führe, aber von Degen und Pistolen fast gar nichts verstehe, entschuldigte mich mit einem sehr heftigen Schnupfen, den ich mir im Theater zugezogen hätte, es wäre mir daher diesmal unmöglich, mich so leichtsinnig der kühlen Morgenluft auszusetzen, zu jeder andern Zeit würde es mir ein Vergnügen sein, für ihn auf dem Felde der Ehre zu siegen oder zu fallen. Vielleicht findet man, daß ich zu scherzhaft von solchen ernsten Dingen erzähle, aber die Duellwuth, wie sie in Sib-

neh graffirt, ist zu bramarbasirend, um nicht lächerlich
zu sein, und dann geschieht es nur äußerst selten, daß
die bombastischen Helden bei einer solchen Affaire auch
nur ein Tröpfchen ihres tapfern Blutes verlieren. Auch
diesmal war es nicht anders, denn kaum standen sich
die beiden Helden, den Degen in der Faust, einander
gegenüber, so war auch schon ihr bischen Muth ver=
raucht, und anstatt nach Gebühr sich gegenseitig todtzu=
stechen, wurde einigen Champagnerflaschen der Hals ge=
brochen und ewige Freundschaft getrunken.

Im Foreigner=Hotel, welches zu einem Theater ein=
gerichtet wurde, giebt seit 14 Tagen eine italienische Opern=
kompagnie Vorstellungen, die brillante Einnahmen erzielt.
Die Gesellschaft sollte sich viel eher eine poliglotte als
italienische nennen, denn ein solches Zungenragout aller
möglichen Sprachen und Nationen hörte ich auf dem
Theater noch nie. Die Primadonna, Miß Waverley,
eine amerikanische Negerin, ist schwarz wie ein Rabe,
der Tenorist singt deutsch, der Bariton italienisch, der
Baß französisch und die übrigen englisch. Der Impres=
sario dieser Gesellschaft, ein kurzes dickes Männchen
mit goldener Brille, dessen Gesicht einer Spitzbubenher=
berge voll Schelmerei gleicht, besuchte mich dieser Tage
und wollte mich für sein Unternehmen auf eine Reihe
von Konzerten engagiren. Sein Benehmen voll Anstand,
hatte etwas von jenem feierlichen Ernst, mit dem die
schlaue Durchtriebenheit sich gewöhnlich zu vermummen

sucht, und obwohl auf seiner Visitenkarte zu lesen war: "Sir James Cohen, New-Orleans," so konnte es doch einem Kennerauge nicht entgehen, daß der Mann ein Deutscher und sein Name wohl eher "Jakob Kohn" lauten dürfte. Trotzdem ich ein radebrechendes Englisch erkünstelte, um nur wieder einmal das liebe Deutsch sprechen zu können, war der Mann doch nicht zu bewegen, mit mir in seiner Muttersprache zu reden. Da ich seine Anerbietungen weder annehmen wollte noch konnte, so verließ er mich bald, zuvor aber hatte ich noch den süßen Triumph, daß Sir James, sich vergessend, das Geständniß ablegte, daß er kein Amerikaner aus New-Orleans, sondern ein zahmer Deutscher aus Frankfurt sei. Der Direktor des Royal Victoria-Theaters aber sieht nur mit scheelen Augen das Gedeihen dieses Unternehmens, und wie ein feiner Diplomat führt er ermüdende Guerillakämpfe gegen seinen Feind, den er durch die extravagantesten Streiche zu demüthigen sucht.

Vergangenen Dienstag flüsterte man wieder von einer geheimen Mine, die der Viktoriatheater-Impressario gegen Sir James gegraben, und ganz Sidney strömte in's neue Theater. Es wurde "Lucia von Lamermoor" gegeben, und nur wie durch ein Wunder wurde ich, der froh war, mit einigen unsanften Rippenstößen davon zu kommen, von der wogenden Menge in's Haus gefluthet und in der Loge eines Bekannten wieder ausgeworfen. Der Vorhang rollte auf, die Oper begann. Bis auf den Bassisten ging alles gut, die Stimme der schwarzen Lucia hatte einen überraschenden Wohlklang, aber ihr Spiel war zu lebhaft, und das Gedächtniß schwach. Der erste Akt ging ganz ereignißlos vorüber, und das skandalsüchtige Publikum war erstaunt, über nichts erstaunt zu sein. Aber im dritten Akte wurde der schwarzen Lucia vor den Gaslampen eine charakteristische Huldigung dargebracht. Sie trillerte eben ihre Wahnsinns-Variationen, als sie durch einen gellenden Pfiff unterbrochen wurde, bei dem plötzlich die Lampen erloschen und den ganzen Theaterraum in rabenschwarze Nacht versetzten.

Die Verwirrung, die jetzt begann, war panisch und komisch zugleich. Lucia wurde vor Schreck von ihrem Wahnsinn geheilt und erhob, im Dunkeln herumtappend, ein aufrichtiges Angstgeschrei. Das Publikum lachte und schimpfte, die schottischen Ritter fielen im Finstern und zerschlugen sich die Köpfe, und der verbannte Edgardo kam ohne Erlaubniß, über einen Baum stolpernd, auf die Bühne gestürzt und fluchte im reinsten Hannoveranischen über die Bosheit der treulosen Gasbeleuchtungskompagnie. In einer Hand hielt er sein Schwert, in der andern eine brennende Kerze, die nur ein schwaches Licht über dieses stockfinstere Ereigniß verbreitete. Vier schottische Edle, die in der verwirrenden Eile ihre Mäntel anzulegen vergessen und in Hembärmeln erschienen, brachten den zu Tod erschrockenen Sir James auf die Bühne. Ein lautes Gelächter empfing den armen Impressario und so oft er reden wollte, wurde er verlacht. Alle Wiederbelebungsversuche der Gaslampen blieben erfolglos und wie ich später hörte, hatte dieses finstere Impromptu darin seinen Grund, daß die Rechnungen der Gasbeleuchtungsgesellschaft von Sir James nicht pünktlich genug bezahlt wurden.

Druck von Friedrich Andrä in Leipzig.

Aus dem Wanderbuche
eines österreichischen Virtuosen.

Briefe
aus
Californien, Südamerika und Australien
von
M. Hauser.

Gesammelt und herausgegeben
von
S. Hauser.

Zweite Ausgabe.

Zweiter Band.

Leipzig,
Fr. Wilh. Grunow.
1860.

Verfasser und Verleger behalten sich das Recht einer Uebersetzung ins Englische und Französische vor.

Goulbourn (in den westlichen Golddistrikten Australiens), den 6. Februar 1855.

Zu Euch wende ich mich, Ihr mächtigen Schicksalsschwestern, Euch, Ihr schützenden Götter, juble ich meinen Dank zu, daß ich überhaupt noch die Feder zu führen vermag; daß ich aber noch Herr meiner Knochen und Glieder bin und nicht ein Stück meiner körperlichen Bestandtheile auf dem Wege von Sidney nach Goulbourn verlor, diese Wunderthat des Himmels gehörig zu preisen, reicht das Wort nicht hin und meine Feder ist ein zu dürftiges Werkzeug. Oben erwähnte Fahrt kann nicht schauderhaft genug geschildert werden, und alle Menschenkinder, welche diese Reise jemals zurücklegen, ohne dabei wenigstens den Hals zu brechen, jene Glücklichen mögen Buße thun und ambrosianische Lobgesänge zum Himmel emporsenden.

Am 18. Jänner, einem wunderschönen Sonntag, fand ich mich in Begleitung meiner Newcastler Konzertgefährten in der Royal-Post-Hall ein, und der Wagen, den wir da bestiegen, war so stattlich und bequem, daß wir uns nicht genug verwundern konnten, indem wir uns auf das Gegentheil gefaßt gemacht hatten. Die Sonne strahlte heiter vom blauen, wolkenlosen Himmel, als wir, 8 Uhr Morgens, Sidney verließen; unter munterm Hörnerklang unseres Schwagers ging es rasch und lustig fort durch grüne Auen und Fluren, bis wir gegen Mittag das Gasthaus zum Blak-Dog (schwarzen Hund) erreichten, vor welchem wir Halt machten. Der Wirth, ein verschrumpftes, überaus häßliches Männchen mit dem entschiedensten Hallunkengesichte von der Welt, der zu seinem Privatvergnügen eben sein heulendes Eheweib bei den Haaren umherzog, sprang uns voll Dienstfertigkeit entgegen, und mit süßer Miene tischte er uns sauern Wein und schlechten Braten auf, die er sich aber sehr theuer bezahlen ließ.

Bald suchten wir unser Fuhrwerk auf, aber, schmählicher Verrath, der Wagen kehrte ohne unser Wissen nach Sidney zurück, und unser Gepäck fanden wir zerstreut am Boden liegen. Mit boshaftem Lächeln erklärte uns der Wirth, daß der schöne Wagen nach den Regeln der Postordnung nur bis zu seiner Station fahre, und zu unserem Schrecken zeigte er uns ein langes, unverdecktes Fuhrwerk, einen wahren Marterkarren, mit zwei erbärmlich dürren Mähren bespannt, die unser weiteres Fortkommen übernehmen sollten. Meine Glieder dem Himmel empfehlend, bestieg ich diesen veritablen Leichenwagen, der noch obendrein von einer buntgemischten Menge besetzt war, die gewaltig gegen unsere Aufnahme protestirte.

Alle meine Ueberredungskunst mußte ich erschöpfen, um den Tenoristen zur Mitfahrt zu bewegen, der mit höhnischer Verachtung diese Reisegesellschaft musterte. Endlich ließ er sich herbei, und voll Resignation preßte ich mich in einen Winkel zwischen zwei übermäßig korpulente Damen, die, wie ich später erfuhr, direkt aus Würtemberg verschrieben wurden, um zwei edle Schwaben zu beglücken, die in Goulbourn ein Metzgergeschäft betreiben. Mir gegenüber saß in schwarzem, verschossenem Rock eine salbungsvolle, tabakschnupfende Persönlichkeit mit breitkrämpigem Hute und weißer Halsbinde. Wenn die Verzweiflung Muth giebt oder benimmt, so konnte man bei Anhörung der schauerlichen Räuber- und Mordgeschichten, die dieser Mann fast unausgesetzt im langgedehnten Predigerton vortrug, entweder ein Hannibal oder eine Memme werden. Gepreßten Herzens und schwerathmend lauschten die beiden Frauenzimmer all diesen Schauberthaten der weißen und schwarzen Räuber; eben erzählte der Fremde von den bauchaufschlitzenden Gelüsten der bösen Heiden, und wie diese, um ihre Götzen und Zauberer durch Opfer zu versöhnen, gerade meistens auf dieser Straße auf das Leben und das Nierenfett der Weißen Jagd machten, als die zu meiner Rechten sitzende Frau tobtenblaß zusammenfuhr und mit einem durchbringenden Jammerschrei ein „Herr sei bei uns, da kommen sie!" anrief.

Mehr bedurfte es nicht, das war Sporn genug, um

den Schreck aufzujagen und allen Gefährten den Angstschweiß auf die Stirne zu treiben. Wirklich gewahrten wir zu unserem Entsetzen aus einer Baumgruppe hervor einen Trupp schwarzer Reiter gegen unseren Wagen sprengen. Der tapfere Erzähler hob flehend die Hände zum Himmel und fiel wie ohnmächtig zusammen, die Weiber jammerten, der Tenorist zitterte an allen Gliedern und spannte seine Pistolen. Ich aber lachte, denn die Reiter waren keine Räuber, sondern ehrliche Polizeitrabanten, die, auf Wegelagerer fahndend, diese Gegend durchstreiften. Nachdem wir uns mit Brandy und Tabak gehörig legitimirten, legten sie unserer Weiterfahrt nichts mehr in den Weg, und keuchend zogen unsere müden Rosse weiter durch den tiefen Sand der heißen schattenlosen Ebene. Matt geschüttelt an Leib und Seele erreichten wir gegen Mitternacht den Kamm eines schroffen Gebirges, dessen eigenthümliche Bezeichnung „razorbrak" (Rasirmesserrücken) schon hinlänglich seine halsbrecherische Beschaffenheit charakterisirt. Ein schmaler Weg, steil und von Steinmassen versperrt, die oft so aufgethürmt lagen, daß die Pferde nur mit äußerster Anstrengung aller Kräfte vorwärts konnten, erschwerte unsere Fahrt nicht wenig. Schauerliche Abgründe gähnen von beiden Seiten dem schwindelnden Auge entgegen, schroffe Felsen, wild und drohend, ragen aus dem röthlichen Kalkgestein, das von keinem grünen Strauch bedeckt, von keinem Grashalme bekleidet, öde und verlassen dem Tode gleicht. Alle Vegetation scheint hier erstorben, jede Blüthenregung im Keime erstickt, nichts hörten wir als das Geflatter des kreisenden Adlers und das ächzende Rasseln unseres Fuhrwerks, das in müder Qual bergauf schlich. Wir verließen unseren Wagen, denn der Wackelkarren stürzte wenigstens ein halbdutzendmal, und angsterfüllten Herzens setzten wir unsern Weg zu Fuße fort. Der Mond warf melancholisch sein bleiches Licht durch das zerrissene Gewölk, und ermüdet auf den Tenoristen gestützt, kletterte ich, den Geigenkasten mit mir schleppend, den steilen Berg hinan. Der Tenor, der von dem letzten Sturze eine stark zerschundene Nase davontrug, war untröstlich, fluchte in seiner Verzweiflung ein paar hundert Donnerwetter herab und machte mir die unverdientesten Vorwürfe. Ich weiß, daß der Schmerz keinen guten Styl hat, und weiß, daß ein Mensch mit einer zerschlagenen Nase sich nicht immer nach den Regeln der Aesthetik benehmen kann, aber das Jammern dieses excentrischen Menschen erlustigte mich mehr, als es mich rührte. Die übrigen Gefährten machten abscheulich verdrießliche Gesichter, und nicht ohne Grund, denn unsere Situation gehörte wahrlich nicht zu den angenehmsten im Leben!

Im Osten dämmerte schon der Morgen, als wir nach einem fünf Stunden langen Marsche zu Fuß das flache Land erreichten. Hier ergötzten sich meine Augen wieder an tropischen Bananen, an Orangen= und Citro=

nen-Bäumen, die ich seit Tahiti nicht gesehen. Wie einen leuchtenden Stern am stürmisch finstern Himmel, so freudig erblickten wir ein Gasthaus, das zwei Stunden von einer Verbrecheransiedlung entfernt lag. Das Wirthshaus, von freundlichen Norfolkfichten umgrünt, bot unsern matten Gliedern einen erholenden Ruhepunkt. Aber obwohl bereits die Hälfte der Reise zurückgelegt war, so glichen die bisher erlittenen Mühsale nur einem wahren Kinderspiele gegen die Qualen und Gefahren, welche ferner unserer harrten. Die Regenzeit und ausgetretenen Flüsse setzten den Weg streckenweise unter Wasser, und oft waren wir in Gefahr in sumpfige Abgründe zu stürzen, an denen die Straße sich hinzog. Ich bin keiner von jenen, die in ihrer Herzensangst gewöhnliche Reisefatalitäten mit Passion übertreiben, habe vielmehr die Feuerprobe der Gefahr schon öfter bestanden; aber selbst die Beschwerden einer langen Seereise schrumpfen wie in Nichts zusammen gegen die Erlebnisse dieser Nacht. Selbst beim warmen Ofen erzählt, würden sie bei Jedem den Wunsch abkühlen, diese Länder zu durchfahren, und säße ihm auch die Reiselust wie Quecksilber in den Füßen. Eine halbe Nacht steckte unser Wagen, von dichter Finsterniß umhüllt, bis an die Achse im Schlamme, und nur von Zeit zu Zeit erhellte der zuckende Wetterstrahl die uns umgebende Scenerie. Der Regen goß in Strömen vom gewitterschweren Himmel nieder, die Pferde bäumten scheu vor den Flammen des

Blitzes, und der Donner rollte krachend über die bebende Erde. Schließ deine Rechnung mit dem Himmel, denkt der Mensch in solchen Momenten, und schaudernd hüllte ich mich in meinen Mantel...!

Am 22. Jänner um 9 Uhr Vormittags schleppten zwei schwindsüchtige Mähren ein von Wind und Wetter zerzaustes Fuhrwerk durch die Straßen Goulbourns. Die verkommenen Leidensgestalten dieses Wagens glichen, durchnäßt und mit Schlamm bedeckt, eher einer fahrenden Vagabundenkompagnie als einer nur halbwegs anständigen Reisegesellschaft, und inmitten dieser Gruppe, verhüllt euch, ihr Musen und Grazien, saß als Hauptperson — ich selber. Die Mädchen eilten an's Fenster, steckten neugierig die Köpfe durch die grünen Jalousien und flüsterten sich spöttische und mitleidige Bemerkungen zu; die aufgeregte Straßenjugend trieb ihr verwegenes Spiel mit uns, und die groben Wirthe versagten uns mit schimpflicher Verachtung die Aufnahme in ihren Hotels. Sogar die Polizei gerieth in Konflikt mit uns, und erkundigte sich eben nicht höflich über unser Herkommen. Da warf ich mit stolzem Selbstbewußtsein den Mantel meines ärmlichen Incognito's ab und entfaltete meinen, von Sir Charles eigener Hand geschriebenen, Geleitschein. Das wirkte; der Polizeibeamte entblößte nun höflich sein gekraustes Haupt, und, die um uns geschaarte Menge auseinander treibend, geleitete er uns nach dem Hotel „William Shakspeare." Da wo jetzt Goulbourn erbaut ist, stand vor noch gar nicht langer Zeit eine von verbannten Sträflingen getretene, Sägmühle. Wohl hat der Ort auch jetzt nur wenig Ansprüche auf den stolzen Namen einer Stadt, aber die Bewohner, deren Prahlsucht Ihresgleichen sucht, usurpiren eigenmächtig diesen Titel für einige aus Backstein aufgeführte Häuschen, zwischen denen der Fremde mit allen Laternen der Welt alles, nur keine Stadt findet.

Ueber die prahlerische Vergrößerungssucht der Bewohner, kann man sich eines spöttischen Lächelns nicht erwehren, wenn man die hochtrabenden Schilder und Aufschriften in den Straßen liest, die innen von den buntesten Gruppen wimmeln, obwohl der Ort nur 5000 Einwohner zählt. Das einstöckige Wirthshaus, das nicht die geringste Spur einer Bequemlichkeit bietet, nennen sie als wahre Persiflage auf den großen Briten „Hotel Shakspeare." Eine Art Scheune, nothdürftig aus Brettern zusammengezimmert, in der wandernde Komödiantentruppen den Hamlet verarbeiten, führt den kühnen Titel „Lord Byron-Theater." Auf einer andern hölzernen Hütte, der jeder heftige Windstoß den Garaus machen kann, flattert stolz eine Fahne, die im Verhältniß größer als das Gebäude selber ist. Das ist der Kasino-, Parlaments-, Gerichts-, Musik- und Tanzsaal der Goulbourner, der Saal, in welchem die Honoratioren gewählt und Meetings gehalten werden, wo Musikanten und Drehorgelleute die Schwänke und Purzelbäume des

Bajazzo's in Musik setzen, oder um mit Schiller zu reden, — „das Konzert für etwas Warmes geben," alles „Kleine" vergrößert die Phantasie der Goulbourner, und nur der Vergeßlichkeit muß man es zuschreiben, daß sie den großen Sumpf, der den ganzen Ort wie hermetisch umschließt, nicht auch das „stille Meer von Goulbourn" nennen.

In den ersten Tagen nach meiner Ankunft wurde der Entstehungstag dieses Weltwunders durch Festlichkeiten gefeiert, die selbst der Stadt Krähwinkel Ehre gemacht hätten. In den Straßen ging es an diesem Tage gar rege und lebhaft her. Hübsche Mädchen, in Seide und Spitzen gehüllt, huschten mit coquettem Lächeln vorüber, fromme Matronen eilten mit andächtigen Gesichtern zur Kirche, und die schwarzberockte Bürgerschaft hielt auf offener Straße ihre Meetings.

Jetzt naht sich unter melancholischem Gesumme der Glocken ein Zug. Der Alberman, dem man seine Ruhmsucht an der charakteristisch rothen Nase anmerkte, schritt im altbritischen Kostüm gravitätisch voran. Zu seiner Seite taumelten im Rausche der Begeisterung die Friedensrichter in kurzen Pluderhosen und Schnallschuhen, dann folgten Bergleute und Goldgräber mit Spaten und Schaufeln, Krämer, Metzger und Bäcker, blasende und fiedelnde Spielleute, die in ohrenquälerischer Weise das „God save the King" verarbeiteten. Zu diesen Tönen gesellte sich der heulende Chor einer Meute schwarzer Schulbuben, die in blauen Jacken und weißen Hosen, mit ihren Lehrern an der Spitze, diesem imposanten Zuge nachleuchten. Die schwarze Polizei hielt wacker die Ordnung aufrecht, und tapfer hieb sie mit dem Stocke in die dicht geschaarte Menge ein. Kaum aber war die Polizei fort, so waren Zucht, Ruhe und Ordnung auch zum Teufel. Musikanten, die gewöhnlich für einige Schluck Branntwein ihre Kunst verschleudern, spielten lustig zum Tanze auf. Liederliches Goldgräbervolk, mit unheimlichen Galgenphysiognomien, drehte sich wild im Kreise mit den kurzgeschürzten Töchtern des Leichtsinns; Feuerwerke und Raketen krachten durch die Luft, schwarze Trunkenbolde mit starren Augen, wälzten sich, den Thieren gleich, im Schlamme, kurz das wüsteste Treiben, wie ich es noch an keinem Orte der Welt gesehen, begann und tobte durch die ganze Nacht.

— —

Coulbourn, 20. Februar 1855.

Auch der ärmlichste Geiger, und flatterte auch nur noch eine Saite auf seinem armseligen Instrumente, fände in den Goldländern, wo das bewegte Leben in heißen, raschen Schlägen pulsirt, ein sorgenfreies, wenn auch nicht reichliches Fortkommen. Aber den Musen, diesen begeisterten Himmelstöchtern, ist die Tageswitterung auf dem schmutzigen Boden des Eigennutzes nicht günstig. Mit kaltem, spöttischem Achselzucken eilt die aufgejagte Habsucht an ihnen vorüber, und da, wo das Glück gut gelaunt, für alle Welt sein volles Füllhorn ausschüttet, da, wo die Erde verschwenderisch Blumen und Früchte, verborgene Schätze und Gold vertheilt, muß die Kunst verkümmernd dahinschmachten oder sich selbst entadeln, und gleich einer fahrenden Landstreicherin die Gunst der blöden Menge durch Schminke und falschen Tand erschmeicheln. Oefter wohl sträubt sich mein ästhetisches Gewissen gegen solch entehrenden Zwang. Zum Ersatze schmiege ich mich an meine Geige, erzähle den Saiten mein Geheimniß und suche so Trost.

Bei meinem ersten Auftreten in Goulbourn, in einem Konzerte voller Konfusionen und Hindernisse, spielte wieder die närrische Eitelkeit eines hier lebenden Arztes ein Solo. Der Mann, von dem böse Zungen behaupten, er hätte in Deutschland, seinem Vaterlande, zwar eine mächtige Herrschaft über die Gurgeln der bärtigen Männerwelt geübt; aber von der Medizin blutwenig verstanden, stellte sich mir als ehemaligen reisenden Flötenspieler vor, der sich jetzt von Euterpen ermüdet losgesagt, mit vollem Eifer der Arzneiwissenschaft widmet, und so eifrigst den Goulbourner Friedhof kolonisirt. Er geberdete sich im Ganzen als Windbeutel und versprach, gnädig lächelnd, mein Konzert durch seine Mitwirkung „großmüthig" zu unterstützen. Ich aber, kein Freund von solcher Großmuth, bedauerte mein Programm schon geordnet zu haben, dankte artigst dem Dokter, der überrascht zurücktrat, mir einen verdrießlichen Blick zuwarf und ging. Was thut aber sein erfinderischer Kopf? er bringt die ganze Stadt gegen mich in Aufruhr, inserirt in dem „Goulbourner Herald" ein Kriegsmanifest, von allen seinen Patienten unterschrieben, die alle insgesammt feierlichst erklären, keinen Fuß in mein Konzert zu setzen, wenn ich das Nachtigallengeflöte des Doktors nicht für ein Solo gewinne. Dieser originelle Feuereifer war stärker als ich und siegte. Die Konzertstunde schlug, das Publikum versammelte sich, und in erster Person erschien nach seiner apodiktischen Bedingung der bescheidene Flötenkünstler. Nun hätte der gute Doktor früher ein radikales Mittel gegen Ohrenzwang erfinden sollen, denn wenn er nach einem folternden Andante, in einen chaotischen Wirrwarr falscher Triller und Cadenzen ausartete, so gab sein gequältes Instrument die jämmerlichsten Jeremiaden von sich, und das ohrenzerreißende Gequike zerfleischte die Herzen der Zuhörer. Wenn ein Mann, dem es mit der Kunst nicht Ernst ist, sondern sie nur zum müssigen Zeitvertreib für die Menge übt, und unbekümmert um die Konvulsionen der Zuhörer sich ganz seiner Berserkerwuth überläßt, dann kann auch der stärkste Mensch einer Ohnmacht nahe kommen. Er arbeitete so eine tödtliche Stunde lang, der Hals war mir wie zugeschnürt. Auch das Publikum konnte es nicht länger aushalten und schleuderte gegen den Künstler einige klassische Flüche; da er diese aber in seiner Raserei nicht beachtete, so griff man zu den argumentis ad hominem von faulen Aepfeln. Dieser Undank schmerzte den Künstler; als er sich aber auch von seinen Patienten verrathen und verlassen sah, da brach sein stolzes Herz und in bitterer Wehmuth hauchte er seinen letzten Triller aus.

Der Tenor trat jetzt kühn wie ein siegeszuversichtlicher Held hervor, und der erste tapfere Triller, den er losließ, erstürmte ihm sofort den Beifall der Zuhörer. Jetzt nahte für mich der entscheidende Moment, ich wurde mit Beifall empfangen und gefiel. Als ich mich zurückziehen wollte, wurde meine Gemüthsruhe auf eine harte Probe gestellt. Plötzlich fühlte ich eine schwere Hand auf meiner Schulter, und als ich mich überrascht umwendete, erblickte ich einen breiten, plumpen Irländer in Goldgräber-Livree, der mich vor aller Welt fragte, was es wohl kosten würde, wenn ich seinem Weibe daheim so ein Stück aufspielte, er könne jetzt, meinte er pfiffig lächelnd, eher etwas springen lassen, denn es sei ihm in den Paramata-Gruben gar nicht schlecht ergangen. Um mich lüstern zu machen, klimperte er schmunzelnd in seiner Geldtasche und erwartete meine Antwort. Mein beleidigter Künstlerstolz konnte sich nicht fassen, ich bannte aber den Zorn, der in mir aufstieg und behielt nur ein Lächeln auf der Lippe, und während das Publikum in ein helles Gelächter ausbrach, kehrte ich dem irländischen Tölpel den Rücken zu. Ein Sir Seidon Sakville aus England, der eigens zum Konzerte nach Goulbourn kam, besuchte mich, um mich kennen zu lernen. Mein neuer Bekannter, ein stattlicher Mann von etwa 36 Jahren, schien nicht allein Reichthümer zu besitzen, sondern auch Intelligenz und Geist, Eigenschaften, die auf diesem Boden der profanen Geschmacklosigkeit nur sehr selten zu finden sind. Er sprach viel über Musik, die er leidenschaftlich liebe, über Literatur und andere Künste, und über alles mit Verstand. Nur wenn ich von Europa oder von langvergangenen Tagen sprach, da zuckte etwas über sein Gesicht, das ihn plötzlich entstellte, und in seinem sonst feurigen Auge erlosch der Glanz. Beim Abschiednehmen lud er mich höflichst ein, seine drei Stunden von Goulbourn liegende Besitzung zu besuchen; ich nahm diese Einladung um so lieber an, da mich der Fremde sehr, und nicht minder das Geheimniß anzog, welches, gleich einem Schleier, über sein ganzes Wesen gebreitet war.

Es blieb mir nicht Zeit, nähere Erkundigungen über ihn einzuziehen, denn folgenden Tages, neun Uhr Vormittags, hielt eine prächtige Karosse vor meinem Hotel, die Mr. Salville schickte, um mich an den versprochenen Besuch zu erinnern. Wagen und Diener waren reicher, als ich sie je in diesem entlegenen Weltwinkel vermuthete; verwundert warf ich mich in das Kabriolet, das rasch mit mir fortrollte durch karg bebaute Felder, die sich zu Einöden ausdehnten, bis ich gegen Mittag den bestimmten Ort erreichte. Was ich erwartet, war ein anständiges Farmerhaus, das vielleicht bequemer war, als man es in diesen Gegenden zu finden pflegt. Aber was traf ich und wie ward ich betroffen? Am Fuße eines bewaldeten Berges erhob sich ein mit Säulen und Balken verziertes, schloßähnliches Gebäude. Im vollsten Zauberglanze der Civilisation schimmerten rings um vom Epheu umschlungene Statuen, Springbrunnen und Kioske. Kunst und Natur wetteiferten und fesselten mein überraschtes Auge. Mr. Sakville, der mir mit großer Freundlichkeit entgegen kam, bemerkte lächelnd meine Verwunderung, führte mich rasch die Treppe hinauf und öffnete die Zimmerthüre. Auch hier war Alles voll Pracht und Prunk; hohe Pfeilerspiegel, Bilder und Statuen bedeckten die Wände, reichverzierte Meubles, Teppiche, Bücher= und Musikaliensammlungen, alles in reichem Maße und von so feinem Geschmack, daß ich mich in einem französischen Glanzsalon glaubte und nicht in Neu=Holland mit seinen Spitzbuben.

Lady Sakville, die Gattin meines freundlichen Wirthes, eine blasse Schönheit von zartem, schlankem Wuchse, empfing mich mit allem Zauber weiblicher Grazie und Liebenswürdigkeit. Düstere Stürme haben auf ihren Wangen die Rosen der Jugend allzu früh zerstört. Wir saßen am reich besetzten Mittagstische, sprachen von Musik, dem sozialen Leben und Treiben in diesen Ländern, das Gespräch wurde immer lebhafter, Mr. Sakville immer geistreicher, die schöne Wirthin immer liebenswürdiger, und der freundlich warme Lichtstrahl ihrer Augen er=

munterte mich zu innigem Vertrauen. Ich erzählte von meinen Reisen, von meinen musikalischen Erlebnissen, und wie nach langer Zeit ich endlich wieder einmal vergesse, ein Fremder am häuslichen Herde zu sein. Nach Tische setzte ich mich ans Piano, akkompagnirte der Lady zu Mendelsohns Liedern, die ich hier nicht zu finden gehofft, und mächtige Gefühle bewegten mein Herz, als ich die, mir fast fremd gewordenen Melodien meines Lieblingskomponisten wieder hörte. Ich ergriff die Violine, und erfaßt von der gottbegeisterten Musik ließ ich voll Lust den Bogen über die Saiten schweben, während Lady Sakville verständnißvoll den Klaviertheil ausführte. So verrauschten die Nachmittagsstunden.

Als die Sonne sich dem Untergang neigte, ergriff Sakville meinen Arm und zog mich geheimnißvoll in den Garten. Es war eine süße, warme Nacht, der Himmel sternhell und die silbernen Strahlen des Mondes schaukelten sich träumerisch auf den duftenden Rosenbüschen. „Ich wünsche," flüsterte Sakville beklommen, „daß Sie die furchtbare Geschichte meines Lebens lieber wahr von meinen Lippen hören, ehe sie, von Lästerzungen entstellt, zu Ihnen gelangt." Auf einer Moosbank, unter einer Linde, hatten wir Platz genommen; Sakville's Stimme zitterte; gespannt horchte ich den Enthüllungen meines wunderlichen Freundes, die stoffreich genug für die Feder eines Romanschriftstellers waren und einen tiefen Eindruck auf mich machten. Einer altenglischen

Familie entsprossen, besuchte er in Oxford die Universität, und als er seine Studien glücklich beendigt, lagen frohe Hoffnungen und das Glück der Liebe vor ihm. Die Tochter eines reichen Edelmannes hatte dem Jüngling Herz und Hand zugeschworen, aber der Vater, ein schroffer, stolzer Sonderling, sah gegen seinen Willen diese Sympathien wachsen und zwang seine Tochter zu einer Verlobung mit einem benachbarten Edelmanne. Gekränkten Herzens trennte sich Sakville von dem weinenden Mädchen, das ihm nochmals ewige Treue gelobte, und nachdem er den Doktorhut errungen, unternahm er eine Reise nach Schottland. Aber auf dem Wege dahin ward er von den Gerichten ergriffen, in das Gefängniß geworfen und eines Verbrechens beschuldigt, das er nie begangen und von dessen Schuld er auch bald freigesprochen ward. Da enthüllte ihm die Geliebte den abscheulichen Charakter seines Nebenbuhlers, der eine teuflische Anklage gegen Sakville ersann, um seine Ehre zu schänden und all seinen Liebeshoffnungen den Todesstoß zu geben. Sakville stürzt empört in die Wohnung seines Verläumders, der ihn noch durch Spott und Hohn aufstachelt; sein Blut stürmt heftig durch die Adern, sein Herz pocht, seine Lippen beben, er reißt einen Dolch von der Wand und stößt ihn dem Nebenbuhler in die Brust. Jetzt lähmt Entsetzen seine Glieder, Todesblässe bedeckt sein Gesicht und es fehlt ihm die Kraft zur Flucht. Er wurde als Mörder ergriffen und zum Tode verurtheilt, aber die

Richter übten Milde und schickten ihn nach Botany-Bay in ewige Verbannung. Seine für harte Arbeiten ungewohnten Kräfte waren bald erschöpft, er schleppte sich von Elend zu Elend, bis er, von einer schweren Krankheit niedergeworfen, dem Tode nahe war. Aber in England, das ihn gleich einen Pestkranken verworfen, schlug der Herzpuls der Liebe noch warm für ihn, und als die Geliebte dort ihren Vater durch den Tod verloren, machte sie, als einzige Erbin, die reichen Besitzthümer zu Gelde, faßte den heroischen Entschluß, dem Geliebten in die Verbannung zu folgen und landete 1849 in Sidney. Ein Priester traute hier das schwer geprüfte Paar; der ungeheure Reichthum, welchen die Lady aus Europa mitbrachte, befreite Sakville von jeder weiteren Arbeit und zauberte mitten in die entlegene Wildniß Neuhollands das Prachtgebäude, das ich oben geschildert.

Drei Tage lang war ich Gast in „Sakvilletown," und meine freundlichen Wirthe machten sich mir durch ihre intelligente Liebenswürdigkeit wahrhaft unvergeßlich. Jetzt sitze ich wieder in Goulbourn und werde hier zum Uebermaße fetirt. Festessen und Meetings sind an der Tagesordnung, denn seitdem ich zum Besten des neuen Hospitals spielte, welches dem Comité 170 Pfund Sterling eintrachte, und dem Frauenverein versprochen, zum Besten der weiblichen Schuljugend ein Gleiches zu thun, entbrannten die guten Goulbourner in lichterloher Begeisterung für mich. Es heißt: „vom Erhabenen zum Lächerlichen ist nur ein Schritt;" Mr. Bulvow, ein Narr vom reinsten Wasser und Musikenthusiast nebenbei, machte diesen Schritt, er erdrückt mich fast mit seiner zutäppischen Verehrung, verfolgt mich auf allen meinen Wegen, läßt es an Champagner nicht fehlen, und füttert mich förmlich zu Tode. Gestern kam er ganz erhitzt zu mir, flüsterte mit geheimnißvoller Miene, er komme aus einem Meeting, das zum Besten des patriotischen Fonds für die Krimmarmee abgehalten worden, bei welcher Gelegenheit die Stadt Goulbourn auch meiner ehrenvollst erwähnt, und seinen Antrag, mir eine besondere Huldigung darzubringen, besonders unterstützt habe. Ich war sehr neugierig und konnte vor Aufregung nicht einschlafen. Da erschienen mit dem Schlag 10 Uhr vor meinen Fenstern sechs spindeldürre Straßenmusikanten, welche in den verschiedensten Jammertonarten eine wahre Katzenserenade anstimmten, die mir noch heute in den Ohren gellt. Doch erschienen auch zum Ersatze drei schwarz gekleidete Herren und brachten eine goldene Uhr sammt Kette, die wenigstens einen bessern Klang, als die heisern Klarinetts der Musikanten hatte.

Auch die Schule der Eingebornen besuchte ich vor einigen Tagen. Der Kolonialsekretair, einer meiner Bekannten, der diese Anstalt amtlich inspizirte, erbat sich meine Begleitung, und ich machte von seinem Anerbieten um so lieber Gebrauch, da es mich sehr interessirte, das

2*

Feld kennen zu lernen, auf welchem der segenbringende Saame der Civilisation so schwer Wurzel fassen wollte, daß ein fruchtbringendes Gedeihen sehr bezweifelt wurde. Gouverneur Magurin, der erste Gründer dieser Schulen, sah seine eifrigen Bemühungen nur wenig gelohnt. All seine Energie scheiterte an der diebsschlauen Verwegenheit dieses wilden stumpfsinnigen Volkes, weder harte Strenge noch liebreiche Sanftmuth konnte diese entarteten Naturkinder an Zucht und Gesittung fesseln, ja nach fast einjahrlangen Bemühungen fand der Lehrer eines schönen Morgens keinen einzigen seiner Eleven wieder, alle waren, trotzdem man sie unter Schloß und Riegel gehalten, in die Wälder zurückgeflohen. Die vom jetzigen Gouverneur errichteten Bildungsanstalten haben einen erfreulichern Fortgang. Die Kinder, gleich dem Wilde in den Wäldern eingefangen, werden dem Christenthum und der Civilisation wiedergegeben, dann mit einander verheirathet und als Kolonisten ausgesetzt.

Paramatta (in den australischen Minen), 1. März 1855.
Matt gerüttelt von unserem schwerbeladenen Fuhrwerk, das mühsam den schlecht gebahnten Weg bergaufwärts schlich, der von Goulbourn nach Paramatta zwischen düsteren Thälern und dichten Waldungen sich hinzieht, erreichten wir gegen Abend ein alleinstehendes Gasthaus, in dem wir zu übernachten beschlossen. Eine reizende

Gebirgslandschaft von rauschenden Gewässern, grünen Ebenen und Baumgruppen durchschnitten, verlockte mich zu einem Spaziergange, und vom Tenor begleitet wanderte ich hinaus ins Freie.

Es war ein herrlicher Sommerabend, die blumigen Wiesen dufteten süß, und mit den Blättern der smaragdgrünen Norfolkspalmen koste die laue Luft — da unterbrach ein Geräusch von Menschenstimmen das Schweigen der Natur. Neugierig folgten wir dem Schalle und fanden am Saume eines Waldes ein aus Baumstämmen und Flechtwerk dürftig zusammengefügtes Zelt. Ein gefärbter rother Lappen, an einer Stange festgebunden, flatterte als Fahne auf der Dachspitze dieser erbärmlichen Behausung, vor welcher, nur wenige Schritte entfernt, eine herumziehende Indianertruppe lagerte. Unter einem schattigen Baume schnarchte, im Grase dahingestreckt, eine verwilderte Männergestalt und hart an seiner Seite kauerte, von zwei nackten Buben umsprungen, die gefräßig an einer Brodbaumfrucht nagten, eine häßliche Indianerin. Ihr Körper, von einigen buntfarbigen Lumpen nur dürftig verhüllt, bot einen schmutzigen, widerlichen Anblick, aber zwischen den rabenschwarzen Haaren, die kraus und zottig über ihr verwildertes Gesicht herabhingen, flammten zwei blitzende Augen schlau und boshaft uns entgegen, während um den breiten Mund ein grinselndes Lächeln zuckte. Auf den Knien schaukelte sie einen dickwangigen Buben, der gewiß seit

seiner Geburt nicht gewaschen worden war. Er schlief
— vom Golde der Abendröthe umstrahlt — so sanft,
als wäre der harte Mutterschooß ein Sammtkissen, der
blaue Himmel sein Baldachin, und er ein Fürstensohn.
Vielleicht, dachte ich bei mir, entbehrt auch der Bube
nichts! Die Abendlüfte säuseln sein Schlummerlied, die
Vögel jubeln ihm den Morgengruß zu, sorglos trägt
ihn der Mutter Arm von Feld zu Feld, von Wald zu
Wald, nirgends versagt ihm der Baum seine Frucht,
die Quelle ihren Trank, und reift er zum Manne, so
gehört er zu jenen wilden Jägern, die in Gottes großer
Natur frei und sorglos dahin leben, ohne die Qualen
eines geängstigten Herzens zu kennen, und wer weiß
auch, ob ihm dann die Freuden des Lebens so ganz ver=
sagt sind?

Solche wunderliche Gedanken beschäftigten meine
Phantasie, als ich sentimental gestimmt vor der Vaga=
bundentruppe stand. Ein Windhauch strich durch den
Wald, der die weißen Blütenflocken der Bäume ins
schwarze Gesicht des Buben wehte, so daß er darüber
aufwachte und aus Leibeskräften ein übrigens ganz ci=
vilisirtes Kindergeschrei anstimmte. Um diesem ohrenzer=
reißenden Allegro — an dem es einem fahrenden Vir=
tuosen ohnehin nie mangelt — zu entgehen, wollte ich mich
entfernen, zog ein blauseidenes Tuch aus der Tasche und
warf es der Indianerin als Geschenk zu. Da schnellte
sie wie wahnsinnig vor Freude in die Höhe, schleuderte

das schreiende Kind weit von sich weg und sprang unter wilden, zügellosen Gliederverrenkungen, das flatternde Tuch hoch über sich haltend, vor uns her, bis sie vom Schwindel verwirrt, erschöpft zusammenstürzte. Nicht mit Unrecht wird dieser Volksstamm als der wildeste, schmuzigste und falscheste der Erdenrunde gebrandmarkt, in vielen Stücken der Wildheit übertrifft er sogar den Hottentotten und den patagonischen Menschenfresser, und doch glaube ich, giebt es kaum einen Indianerstamm, der eine bessere Auffassungsgabe und mehr geistige Fähigkeiten besitzt, als eben der anscheinend stumpfsinnige australische.

Als ich in Goulbourn die Schule besuchte, hatte ich Gelegenheit, mich hiervon zu überzeugen. Ein freundliches Häuschen von Reben umschlängelt und breitästigen Bäumen umgrünt, trug die Aufschrift: „Erste Nationalschule für Eingeborene." Ein einfaches, reinliches Zimmer empfing uns, das ringsumher mit Bänken besetzt war, rechts saßen die Jungen in braunen Jacken und Hosen, links die Mädchen in grauen Kattunröcken und reinlichen Schürzen. Die Wände waren mit Bildertafeln verschiedener Thiere und Landschaften behangen, an denen die kleinen Schwarzen ein besonderes Vergnügen hatten. Der Lehrer begann das Examen — was nicht ohne Mühe geschah, denn die Jungen, welche von den Bänken sprangen, spielten mit dem Degen und den goldenen Tressen meines Begleiters, des Kolonialsekretairs, der in königlicher Uniform erschien, um der Prüfung im Auftrage des Gouverneurs beizuwohnen. Ich war überrascht von den zierlichen Stickereien der Mädchen, und verwundert von den Lippen australischer Schwarzen zu hören, wie die Sterne am Himmel gehen, wie die Städte, Menschen und Völker fremder Zonen beschaffen sind, ja ich wollte kaum meinen Ohren trauen, als der Lehrer einen kleinen Wildfang aufrief, und dieser so sicher von Rom und Cäsar, über Frankreich und Napoleon sprach, als ob er die Weltgeschichte im kleinen Finger hätte. Der Kolonialsekretair belohnte die fleißigen kleinen Schwarzen durch metallene Münzen und verschiebene andere Kleinigkeiten. Jetzt ging der lang verhaltene Lärm los. Alle fünfzig Wildfänge wollten auf einmal befriedigt sein, und erhoben ein einstimmiges Zettergeschrei, das uns verwirrt und den armen Lehrer rathlos machte. Vergebens bemühte sich Letzterer den beleidigten Respekt wieder herzustellen, aber seine Autorität war machtlos, ja ein kleiner Rebell, den er bei den Ohren ergriff, um seine lehrreichen Ermahnungen gehörig zu unterstützen, streckte gegen den Lehrer die Zunge heraus und spie ihm ins Gesicht.

Der Ort, wo ich jetzt mein geigendes Hauptquartier aufgeschlagen habe, heißt Paramatta. Die Stadt, da erbaut, wo das erste Gold gefunden wurde, liegt malerisch zwischen den blue Mountains (blauen Bergen). Noch vor wenigen Jahren betrat kein Menschenfuß diese Natur, nur wilde Heerden durchjagten die dichten, finstern

Wälder, und in den von heiteren Quellen durchrauschten Bergen herrschte eine feierliche, arkadische Ruhe. Da schmetterte Fortuna ins goldene Horn, dessen Zauberschall weithin übers Meer durch alle Welten tönte, und der Ehrenruf „Gold" ward zur Lösung des 19. Jahrhunderts. Zauberschnell bevölkerten sich die sonst verlassenen Oeden, die tiefen Wälder wichen der Axt, das Wild entfloh, die Berge öffneten ihre Schätze, ein fieberisch aufgeregtes Leben begann, und wunderbar rasch entstanden Häuser, Dörfer und Städte.

Ein in solcher Hast von herbeigestürzten Menschenschaaren erbautes Provisorium ist auch Paramatta. Die ganze Stadt nur schleuderisch aus Holz aufgeführt, gleicht einer bunten, auf Leinwand gemalten Theaterdekoration, und die Häuser, so leicht wie der Wind, drohen den Vorübergehenden auf den Kopf zu fallen; sie gleichen den ephemer errichteten Menageriehütten, die nur auswendig einem Wohngebäude gleichen, und das einzige, staatliche und imposante Gebäude Paramatta's ist das — Zuchthaus.

Es unterliegt wohl keinem Zweifel, das überall in der Welt den Spitzbuben mehr „Aufmerksamkeit" erwiesen wird, als den ehrlichen Leuten, aber hier finde ich dieses Prinzip doch zu konsequent durchgeführt, und es ist betrübend für einen reisenden Künstler, sich so zurückgesetzt zu sehen.

In den Straßen, die immer von unerträglichen

Staubwolken verhüllt sind, wogt zu allen Tageszeiten eine aus allen Welten zusammengewehte, bunte Menge, die hier alle Mittel aufbietet, um das Ziel der lockenden Verheißungen und geträumten Illusionen zu erreichen. Aber Furtuna, die launenhafte Glücksgöttin, bewacht mit Argusaugen die von goldbürstigen Menschenschaaren umlagerten Quellen; nicht jedem Schmachtenden reicht sie den erquickenden Trunk, und nur Jenen, welche sie liebt, füllt sie den goldenen Becher des Glücks.

Als ich den ersten Gang durch die Straßen machte, bemerkte ich vergnügt auf den überall angebrachten Schildern und Aufschriften auch manche deutsche Schriftzüge, die wie Heimathsgrüße mir entgegenwinkten. Zwar ist es die Gewohnheit der Deutschen, sobald sie über den Ocean segeln, daß sie Sprache, Sitten und Nationalität über Bord werfen, hastig nach allem Fremdartigen haschen, kurz alles Hergebrachte verleugnen, und sogar der wohltönenden Muttersprache sich entwöhnen, um sie mit der breitschnarrenden Englischen zu vertauschen, aber man findet zuweilen doch Manche unter ihnen, die Herz genug haben, dem deutschen Wort und Gemüth nicht untreu zu werden, obwohl solche Ausnahmen nicht allzu häufig vorkommen.

Auch eine Truppe deutscher Schauspieler zog, von nationaler Volksthümlichkeit angelockt, auf den Karren der Thespis in Paramatta ein. Im Hotel Germania, dessen Wirthe ominös genug die melancholischen Namen

„Kummer und Gram" führen, haben sie den tragischen Musentempel aufgeschlagen. Traurige Sympathie, dachte ich im Vorübergehen, dort soll's mich nicht hinverlocken. Der Direktor dieser Gesellschaft heißt „Hannibal Kurz," der erste Held „Haase" und die erste tragische Heldin „Ophelie von Eichenblech." Ich schloß aus Gründen der Anthropologie, daß die Trägerin eines solch poetischen Namens kein gewöhnliches Frauenzimmer sein könne, und ich irrte mich nicht, denn wie ich bald erfuhr, soll diese Dame einer vornehmen Familie in Hannover angehören, allen schönen Künsten ergeben, von innerer Reiselust beseelt, interessanter, schwärmerischer Natur und sehr blaß sein. Das Alles hat mir der Barbier verrathen, als er mich zum ersten Male unter seinem Messer hatte, von ihm erfuhr ich in der ersten halben Stunde mehr, als ich wünschte. Die Zunge eines solchen Menschen gleicht einem perpetuum mobile, über Alles, was selbst Murrey und Reichard in ihren Reisebüchern nicht lehren, giebt ein Barbier die nöthige Auskunft.

Gleich in den ersten Tagen nach meiner Ankunft lockte mich theils die Neugierde, theils mein vaterländisches Gemüth, vielleicht auch die Attraktion der poetischen Ophelie ins deutsche Schauspiel. Es sollte ein Lustspiel von Sheridan, welches auch in Deutschland unter dem Titel „die Lästerschule" bekannt ist, gegeben werden, aber zu meinem Verdruß erfuhr ich, daß Ophelie, von plötzlichen Uebelkeiten befallen, nįt auftreten könne, und anstatt des Lustspiele's wurde „Wilhelm Tell" aufgeführt.

An den Stufen der deutschen Kunsthalle, zum Erröthen Melpomenens, stand als Göttin verkleidet und von verblichenen Flittern umschimmert, ein geschminktes, kurzgeschürztes Musenkind, das alle Ueberredungskünste erschöpfend, mit heiserer Stimme die deutschen Landsleute anzulocken suchte, während zwei phantastisch kostümirte Negermädchen die Trompeten schmettern ließen. Der Saal, mit bunten, gefärbten Stoffen dekorirt und von einigen matt brennenden Kerzen beleuchtet, war bei meinem Eintreten schon ganz angefüllt, und nicht ohne Rippenstöße, Fußtritte und deutsche Grobheiten erreichte ich den „Platz Noble," wo ich als Standesperson nach Belieben zahlte.

Das Zeichen zum Anfange wurde endlich gegeben. Ein alterschwaches Fortepiano seufzte ohrenzerreißend, unter den grausamen Händen seines Thrannen, die Rossini'sche Tell=Ouverture in fast nicht erkennbarer Weise, übertönt von dem gräulichen Spektakel des Publikums. Letzteres gab ein ergötzliches Bild. Was nur aus dem deutschen Reiche an Krämern, Handwerkern, leichten Dirnen und rohen Gesellen in und um Paramatta Gemeines herumwanderte, fand sich da zusammen. Sie zechten, spielten, rauchten, hielten Saufgelage, und alle schlechten Redensarten wurden erschöpft. Mein Nachbar, ein baierischer Schreinergeselle, der sich schon zu den Standespersonen zählte, dampfte mir aus seiner mit gelben und rothen Trobbeln behangenen Pfeife große Rauchwolken ins Gesicht, trommelte in unausstehlicher Art immer ungeduldig mit den Füßen und zankte mit seinen Nachbarn bis der Vorhang aufrollte.

Das Stück begann. Ein riesenhafter breitschulteriger Sachse, Herr Berg, stand als Wilhelm Tell auf dem höchsten Gipfel der Unerträglichkeit. Schon durch sein gräuliches Schielen und Stottern hätte er den Geßler vertreiben und so ohne Blutvergießen die schweizerische Freiheit retten können. Beim verhängnißvollen Apfelschuß, der auch am Besten gefiel und dreimal wiederholt werden mußte, leistete er im Brüllen das Bedeutendste; die guten, vaterländischen Herzen der Zuschauer wurden so gerührt, daß sie dem vierschrötigen Frauenzimmer, welches den kleinen Tell vorstellte, einen wahren Regen von Zuckerwerk und Pomeranzen zuwarfen. Geßler, den der Direktor selbst spielte, war der Schrecken des Hauses, sobald er sich nur zeigte in seiner fürchterlichen Gestalt, dem rothen Mantel und langem Barte, erhoben die Weiber ein zaghaftes Schreckgeschrei und riefen, sich bekreuzigend, ein Herr Jesus aus. Drohende Geberden und wüthendes Geschrei begleiteten von allen Seiten sein Spiel, ja zum Schlusse schleuderte das empörte Publikum Steine und Flüche gegen den tyrannischen Vogt, und als ihm Tells Mordgeschoß die Brust durchbohrte, da ging erst der rechte Jubel los.

Ich habe zwei Konzerte gegeben, die von den Engländern sehr, von den Deutschen aber wenig besucht waren. Zwar hatte ich nicht etwa aus unziemlichen Künstlerstolz den Landsleuten zu huldigen versäumt, im Gegentheil, ich ließ mit vieler Mühe Weber's Freischütz-Ouverture aufspielen, und ein Fräulein Maher, eines Arztes Tochter aus Schwerin, die Arie „Agathe" singen, um die Deutschen anzulocken. Aber die Deutschen kamen nicht. Es ist auch unter diesen Leuten keine Volksthümlichkeit mehr, und der metallische Klang in den Minen gefällt ihnen weit besser, als der musikalische in den Konzerten.

Ich bleibe noch 14 Tage hier, gehe dann nach Bathurst, Genrith, Städte, die östlich liegen, dann aber nach Montton-Bah, das vierzehn Tagereisen von hier entfernt, in einer der wundervollsten Gegenden des südlichen Australiens, liegt.

Bathurst (in den westlichen Minen) 15. März 1855.

Selten wohl giebt es einen Sterblichen, der die Attribute der Tugend, himmlische Gebuld und lammherzige Gelassenheit dringender bedarf, als ein reisender Virtuose. Seit Wochen schon haben die Elemente mir den Fehdehandschuh hingeworfen, so oft ich Konzert gebe, stürzt der Regen in rasenden Strömen vom Himmel nieder, und meine schönsten Pläne werden zu Wasser. Acht jammervolle Tage saß ich in Paramatta, vom schlechten Wetter in eine ärmliche Wirthshausstube gebannt, allein mit der bösen Langweile, die nur dann unterbrochen wurde, wenn der Wind melancholisch durch die Bretterwände seufzte, oder der Regen verdrießlich ans Fenster schlug. Am neunten kritischen Tage endlich unterlag meine Geduld der Riesenkraft des abscheulichen Wetters, und gedemüthigt räumte ich Paramatta.

Auf einer Chaussee zum Halsbrechen rückte ich am 6. März Vormittags mit meinen Konzerttruppen in Bathurst ein, wo ich das Wetter herrlich, den Himmel rein und wolkenlos fand. Ich beeilte mich, über die Schwelle des Ruhmes zu kommen, und nach 24stündiger Bedenkzeit kündigte ich den harmlosen Bewohnern dieser Stadt den Konzertfrieden auf.

Das unschuldige Publikum, obwohl auf diesen plötzlichen Ueberfall nicht vorbereitet — denn ich schickte weder erklärende Manifeste, noch blasende Herolde voraus, fand sich dennoch sehr zahlreich ein, und bald stürmte ich, mit Geige und Bogen gewaffnet, hinaus vor die öffentliche Meinung. Der erste Angriff wurde entschieden zurückgewiesen, und voll Betrübniß sah ich meine tapfersten Staccato's, Arpeggien und Flageolet's das Ziel verfehlen. Das Publikum lachte, schwatzte, ging in dem Saal auf und ab, nahm Bier oder andere geistige Erfrischungen, und der liebe Himmel weiß, für wen sich meine arme „Lucrezia-Borgia Phantasie" denn eigentlich

bemühte. Ich ließ das schwere Geschütz des Pianisten
aufführen, aber weder dessen rasendes Furioso, noch sein
schmelzendes Andante konnten etwas Entscheidendes bewirken. — Da erschien gleich Cäsar der Tenor. Er
kam, sah und siegte. Ich weiß nicht, machte sein imposant frisirter Kopf, der von einer blendend weißen Hals-
kravatte noch mehr gehoben wurde, so viel Effekt oder
die Arie, die er sang, genug, es trat, sobald er erschien,
die größte Stille ein, und als die Kavatine sich dem
entscheidenden Augenblick nahte, hatte er den Beifall der
Zuhörer erobert. Jetzt legte auch ich die Sturmleiter
des Karnevals an, um auf der Siegesbahn meines Vorgängers weiter vorzubringen. Ein herzhaftes Staccato
verschaffte mir Respekt und Aufmerksamkeit — man hörte
keinen Athemzug.

Plötzlich entstand ein dumpfes Gemurmel im Saal,
eine Stimme rief auf Englisch: „Thunder weather, wir
sind überschwemmt", und hundert Kehlen zugleich wiederholten diese furchtbaren Worte. Alles drängte sich
entsetzt dem Ausgange zu, um sich von der Wahrheit
dieser heillosen Neuigkeit zu überzeugen, mit der es aber
in der That nur zu sehr ihre Richtigkeit hatte. Denn
während dem süßen Konzertgetute schüttete der Himmel
voll Zorn seine Fluthen nieder, die Gebirgswässer, von
allzu häufigen Regengüssen ohnehin angeschwollen, flossen
über, und im Zeitraum von einer Stunde stand ganz
Bathurst unter Wasser. Grenzenlose Angst und Verwirrung

von allen Seiten. Die Frauenzimmer, vor Schreck ganz außer sich, wurden in herbeigebrachten Kähnen nach Hause geschafft, dann folgten die Männer. Wie ich mich aber gerettet, wie nach Hause gekommen, mich in den Kahn geworfen und fortgeschwommen durch Sturm und Nacht? ich weiß es nicht; erst folgenden Tages kam ich zur Besinnung.

Bathurst, eine jüngst aufgebaute Stadt, von deren Dasein wohl nur wenige Europäer noch eine Ahnung haben, wird besonders von vielen „Gouvernementsleuten" bewohnt. Dieses nämlich sind solche hierher verbannte Sträflinge, die sich gebessert, der bürgerlichen Gesellschaft wieder angeschlossen und durch leichte Nahrungszweige ehrliche Leute geworden sind.

Ganz anders aber verhält es sich mit jenen, eines schweren Verbrechens wegen Verbannten. Da fuhr ich neulich mit dem Kapitän Savage, der im Dienste des königlichen Gouvernements den Straßenbau leitet, nach einer der Arbeiterstationen verurtheilter Sträflinge, die eines gemeinen Verbrechens, Raubes oder Mordes wegen von ihrer Heimath in diese ferne, fremde Welt geworfen, hier zu den erschöpfend schwersten Arbeiten verwendet werden. In einem von schroffen Felsenwänden umschlossenen Thale, das einer öden Steinwüste glich, fand ich etwa sechszig jener Unglücklichen. Die Männer, in graue Zuchthausjacken gekleidet, arbeiteten unter den glühend heißen Sonnenstrahlen an der Wegräumung eines steinigen Felsens, den sie mittelst Pulver zu sprengen suchten, während die Weiber unter der Gefahr, von dem herabstürzenden Gestein zerschmettert zu werden, den Schutt wegführten.

Physiognomien sah ich da, wie ich sie noch in keinem Orte der Welt beisammen gesehen und die ich in meinem ganzen Leben nicht vergessen werde. Was das Laster, das Elend und die Verworfenheit dem verzweifelten Verbrecher nur Schreckhaftes ins Gesicht drückt, spiegelte sich auf den bleichen, verzerrten Wangen, in den kalten, abgestorbenen Blicken dieser Verlorenen. Besonders hat der weibliche Theil, der hier noch viel verderbter und entsittlichter wird, mich mit Abscheu und Eckel erfüllt. Vielen dieser Unglücklichen, die mit dürren schlaffen Gliedern stumpfsinnig zur schimpflichen Arbeit getrieben werden, hat einst das Feuer der Ueppigkeit Ehre und Herz verzehrt. So Manche, die in den Jugendjahren im Glanze eitler Lust geschwelgt, bis sie, von Leidenschaften berauscht, dem Verbrechen in die Arme taumelte, durchseufzt jetzt qualvoll lange Monde und Jahre, ohne daß auch nur die Hoffnung eines Freudenschimmers das öde, stumpfe Herz erhellt. Da sah ich Weiber, die Gatten und Kinder gemordet, Giftmischerinnen, die sich mit dem Schaffotte geneckt, doch man kennt ja die Kategorie jener entweibten Kreaturen, die in den modernen englischen Romanen so grell geschildert werden, die aber auch nur darum zu diesem entsetzlichen Loose für ewig verdammt sind, weil jedes menschliche Gefühl, jeder Besserungsfunke in ihnen erstorben ist.

Es dunkelte schon, als wir den Wagen zur Rückkehr nach Bathurst bestiegen. Als wir eben sehr langsamen Schrittes durch einen steilen, von hohen Felsen umschlossenen, Hohlweg fuhren, hielt der Kutscher die Pferde an. „It is the place, Mistre" (Hier ist der Ort, Herr) rief er, nach einer hohen Felsenspitze zeigend, dem Kapitän zu, und als ich mich nach dieser mir auffallenden Bezeichnung erkundigte, erfuhr ich Folgendes:

„Vor ungefähr zwei Monaten landete unter einer Truppe Diebe und Mörder ein junger Irländer Namens Litle Garding. Er lebte früher in London, wo er die Malerkunst betrieb und war so lange fleißig und unbescholten, bis er in das Schlangennetz der Verführung fiel. Ein loderes Weib umstrickte sein Herz, das die Gefahren der Laster noch nicht kannte, und Alles, was in einer falschen Liebe nur Verführerisches und Giftiges liegt, mischte sie in seine gesunde Seele — da führte die Schändliche des Jünglings kunstfertige Hand zur Fälschung englischer Kreditpapiere, schwelgte vom Lohne seiner Sünde und sah den Betrogenen hohnlächelnd nach, als er von den Gerichten ergriffen, in die Verbannung geschleppt wurde. Er war ein hoher, bleicher Jüngling, erzählte der Kapitän nicht ohne Rührung weiter, für den ich eine ungewöhnliche Theilnahme fühlte, und der noch nicht ganz dem Laster verfallen war. Ich schrieb an den

Gouverneur, um für den Verführten einige Milderungen zu erbitten, denn hier verfiel er in tiefe Schwermuth und diente seiner verworfenen Genossenschaft nur zum schnöden Spott; als ich ihm aber vorgestern den günstigen Bescheid meiner Fürsprache mittheilen wollte, war er nirgends zu finden. Gestern fand man seine zerschmetterten Glieder an jener Stelle, an der wir eben vorbei fuhren. In einem Anfalle von Trübsinn erkletterte der Unglückliche die höchste Felsenspitze, und verzweifelt über den Verlust seiner Ehre, stürzte er sich in den Abgrund."

Derartige erschütternde Ereignisse, die leider über alle Maßen häufig vorkommen, bilden einen düstern Hintergrund zu den grellen, lustigen Lebensscenen, die durch den mächtigen Hebel des Goldes in den australischen Kolonien sich jetzt immer rascher entfalten. Wunderliche Fügung der Zeit! Diese vergessenen von der Civilisation verachtet gebliebenen isolirten Inseln, wohin das Verbrechen nur und die Schande übers Meer zitterten, bilden jetzt das Eldorado des 19. Jahrhunderts.

„Ein Land, bei dessen lockendem Verheiß
Die Hoffnung noch vom Sterbelager springt."

Noch des folgenden Tages konnte ich mich der trüben, unbehaglichen Eindrücke nicht entschlagen, die diese Scenen bei den Deportirten in mir hervorgebracht. Ich empfand die Reue der Neugierde, suchte durch Allerlei meine verdrießliche Stimmung zu tilgen und blickte den ganzen Nachmittag durchs Fenster, um an den verschiebenen Gesichtern, Gestalten und Gruppen der geschäftig eilenden Menge meine üble Laune zu zerstreuen.

Einer der Neuankommenden, den ich schon am äußersten Ende der Straße bemerkte, war mir mehr als alle Andern auffallend. Der Kerl sah ganz verwettert aus, trug einen schäbigen Sammtrock mit großen blanken Knöpfen, gelb leinene Beinkleider und sein großer runder Strohhut hatte hellfarbige Bänder und lange rothe Federn. Er konnte nur mühsam vorwärts kommen, schleppte einen großen schweren Pack verschiedener Effekten mit sich, und dicht hinter ihm keuchte eine alte Weibsperson mit einer schweren Butte beladen, aus welcher ein riesiges Violoncell hervorragte. „Tausend!" rief ich überrascht aus, „wer mag der wohl sein?" aber nur zu bald sollte ich es erfahren.

Die Thüre meines Zimmers wurde hastig aufgerissen und die wilde Gestalt des Fremden stand drohend vor mir. In der Nähe war der Mensch noch abschrekkender. Sein wild herabhängendes hellblondes Haar, der röthlich ungekämmte Bart, so wie die stark ausgeprägte Habichtsnase gaben ihm etwas Dämonisches, und sein Gesicht hatte unausstehliche Sommerflecke. Ich erschrack aufs heftigste, und wollte eben schon lieber freiwillig mit den Worten: Da lieber Herr, meine Börse hinwerfen, als der Fremde mit einer fuchtelnden Handbewegung einen Brief aus der Tasche zog. Die Furcht verdoppelte meine Höflichkeit, aber nicht um alle Schätze

Australiens wollte ich mit dem Wütherich allein im Zimmer bleiben. Ich machte ihm daher den Vorschlag, mit mir einen Spaziergang durch die Stadt zu machen, und bald wandelte ich mit dem fürchterlichen Gesellen Arm in Arm durch die Straßen Bathurst's.

Wer hätte das gedacht! rief ich vergnügt aus, als ich gleich darauf erfuhr, daß mein furchtbarer Gast weder Räuber noch Bösewicht, sondern ein hyperromantischer Narr, und nebenbei reisender Cellist, Sänger und Taschenspieler sei, der eigends aus Adelaide in Süd=Australien hieher kam, um sich zu einem großen Konzertunternehmen mit mir zu verbinden. Jetzt kann ich mir diesen Narren nicht mehr vom Halse schaffen. Täglich stellt er sich regelmäßig zum Frühstück ein, erzählt mir von seiner ruhmreichen Künstlerbahn, wie er in Deutschland alle Recensenten durchgeprügelt, freilich nur jene, die ihn getadelt, oder kratzt mir in unerträglicher Weise die Ohren voll. Solchen und ähnlichen Künstlernaturen begegne ich auf diesen meinen Wanderungen. Es ist schlimm, ich fühle es, daß ich so abgeschlossen von aller Kunstwelt lebe, ja selbst unter der großen Schaar Artisten, die seit Jahren Amerika durchzogen, fand ich, die Sonntag und den Violinisten Wallace (der die Oper „Maritana" komponirte) etwa ausgenommen, nur sehr Wenige, zu denen ich mich hingezogen fühlte. Die Meisten hatten auf dem Boden der spekulativen Gewinnsucht, wo das Geschmacklose zum Geschmack erhoben wird, alle ästhetischen Gei=

stesfunken entweder verläugnet, oder wirklich eingebüßt und sich so von der wahren Kunst immer mehr entfernt. Doch würde dieses Thema mich jetzt zu weit ablenken, und ich will noch von einem Ball erzählen, dem ich und der Tenor gestern beiwohnten, welchen, zur Feier der Eröffnung des ersten Hospitals, die deutschen Bewohner Bathursts veranstalteten.

Fröhlicher Lärm schallte uns entgegen, als wir im schwarzen Fracke und gelben Handschuhen den Ballsaal betraten, der bunt dekorirt und von vielen hellfarbigen Oellämpchen beleuchtet war. Festlich geputzte Männer, Frauen und Mädchen drängten sich durch das bunte Gewirr des engen Saales, in dessen Mitte, erhaben auf einem Brettergerüst, ein halb Dutzend Spielleute saßen, die mit einem alten verkommenen Freudenmarsch das Fest eröffneten. Nachdem dieses erhebende Tonstück mit schwerer Mühe beendigt und Orpheus Söhne wieder zu etwas Athem gekommen, wurde es lebendiger. Der Tanz begann. Munter fiedelten die Geigen zwischen den kreischenden Klarinets und heiseren Trompeten, mühsam brummte die Baßgeige nach, übertönt von den schweren Schlägen der großen Trommel. Die verschiedensten Tonarten jammerten vergebens nach Takt, während die Paare, schwerfällig dahinwirbelnd, sich bald zu einem wirren gordischen Knäuel verwickelten.

O Phantasie, himmlische Trösterin, die du so oft meine gelangweilte Seele erfrischtest, wo sind die bezau-

bernd lockenden Creolinnen? wo die blühenden Weiber
Lima's mit dem verführerischen Lächeln und den großen
schmachtenden Augen? Verflogen wie ein Traum waren
alle süßen Erinnerungen aus dem Süden. Statt den
reizenden Klängen der Kastagnetten hörte ich nur das
kreischende Gesumme der Kirmeß-Musikanten. Statt der
süß-poetischen Bolero und feenhaft dahinschwindenden
Tarantell, sah ich hier zwei magere Wesen die fade, lum=
pige Polka trippeln, dort einen verwitterten Stutzer, im
Schweiße seines Angesichts eine kurze schwere Bierwir-
thin mit sich zerren, und hier wieder hüpfte in erhitzten
bizarren Sprüngen ein steifer, lichtblonder Preuße daher.
An seinem Arme hing locker und leichtsinnig eine blasse,
verblichene Grazie, in langen Schmachtlocken und aufge=
donnerter Toilette. Der Tenor zupfte mich hastig am
Frack, als sie stolz an uns vorüberrauschte. — Es war
Ophelie von Eichenblüh, die erste tragische Heldin von
Paramatta.

Moreton-Bay im Süden Neuhollands, 2. April 1855.

Endlich nach langen, reizlosen Wanderungen auf der
staubigen Heerstraße des profanen Lebens, überschritt ich
nun wieder die Schwelle des paradiesischen Südens.
Voll freudiger Gefühle begrüßte ich die romantischen
Blumengefilde, die mir so süß entgegendufteten, die schlan=
ken Palmen, die voll Hoheit zum tiefblauen Himmel stre=

ben, und hoch oben die goldene Sonne des Südens, die erhaben, voll majestätischer Gewalt, all' diese tropischen Wunder aus der Erde zaubert.

Es ist etwas Vertrauliches, Umschlingendes in diesen von Wohlgerüchen durchhauchten Lüften, die ewig frisch und heiter, die Flammenküsse der Sonne kühlend, vom Ocean herwehen, das mich immer ergötzt, mich immer aufs Neue in süßes Entzücken taucht. Durch den blumigen Wiesenteppich plaudert da ein silberheller Bach, dort auf der graziösen Cocosbanane, mit den wild herabhängenden purpurrothen Früchten, hüpft ein goldgrüner Papagei und zankt mit dem drolligen Affen, der ungestört seine Späße und Purzelbäume fortgaukelt. Daneben im grünen Häuschen jubelt die Nachtigall ihr schönes Lied, dort wieder im Sonnenglanze erhebt der Paradiesvogel sein Prachtgefieder, hoch über der Erde schwebend nimmt er seinen Flug zum Himmel und schwingt sich hinauf ins Blaue.

Geblendet vom Glanz dieser Herrlichkeiten senkt sich das Auge, um in die Tiefe eines gigantischen Urwaldes zu bringen, doch da herrscht dichte Nacht und Grabesruhe, alles Pflanzenleben ist wie eingesargt, wie todt und vermodert. Aber im Vordergrunde, wo Sonne und Zephir vereint das Scepter führen, da sproßt und lebt und blüht Alles voll Schmelz und Pracht. Grüne Wände von Myrthen=, Jasmin= und Cactusbüschen erheben sich ringsumher. Cypressen, Cocos= und Orangenpalmen mit den üppig wuchernden Blüthenzweigen, umranken und verschlingen sich allmälig zu kleinen Wäldchen, endlich zu einem dichten unburchdringlichen Gewebe. Aus dem saftig, üppig dunkeln Grün hervor schwingt sich da eine junge Prachtpflanze, mit tausend blauen und weißen Blüthen prangend, sie allein schon ein ganzer Frühling. Da taumelt in freier Luft, nur an einem Blüthenfaden im Moose festgeklammert, eine buntfarbige Schmarotzerpflanze, dort von schönfarbigen Schmetterlingen umtändelt, verträumt die keusche Aloe ihre Pracht, hier wieder unter einem fächerartigen Gewächse wiegt sich die weiße märchenhafte Lotosblume, dort verschwendet die Opuntia ihre Pracht, die Balsanda ihren Duft, und ringsumher glänzen wild herabhängende Goldorangen, Cocosnüsse, süße Feigen, Ananas — Alles im verschwenderischen Maße, strotzend von Saft und Fülle, und hundert Mal, ja oft noch mehrmals größer als alle europäischen verkümmerten Treibhauspflanzen.

Und mitten in diesem Glanze einer großen erhabenen Natur liegt einfach und bescheiden, wie das Schwalbennest im Zaubergarten, das Städtchen Moreton-Bay. Im fernen Hintergrunde erblickt man traumhaft schwankende Umrisse der blauen Berge und rechts ruht der Löwe Ocean, dessen blaue Fluthen hart an die Küsten des Städtchens spielen.

Moreton-Bay zählt kaum mehr als 400 Häuser, die, aus Holz gebaut, zerstreut umherstehen und eine aus allen Welttheilen zusammengetrommelte Bevölkerung, die größtentheils wegen Mangel an festen Häusern, in provisorischen, längs dem Meeresstrande errichteten zeltartigen, Hütten lagert. Aber ein lustiges Leben, ein Reichthum und Wohlstand herrscht zwischen diesen ärmlichen Bretterhütten, wie es eben nur auf Australiens goldenem Boden gefunden wird.

Den ganzen Tag hört man das Geschrei der Ausrufer und Krämer, die von der gemeinsten Schuhwichse angefangen, bis hinauf zum feinsten Eau de Cologne und englischen Esbouquet alle Erzeugnisse des modernen Jahrhunderts in ihren Körben auf dem Rücken schleppen. Hier auf offener Straße befindet sich das Atelier eines Haarkräuslers, der seiner Ankündigung nach nicht nur klassisch à la Shakspeare frisirt, sondern auch allen anständigen Ladys und Gentlemen ganz nach moderner Art die Zähne auszieht. Im Innern der Bude erblickt man einen borstigen Negerjungen, der eben einen französischen Schiffskapitän unter dem Messer hat, während im Hintergrunde der Meister selbst eben auf's Lieblichste den Lockenkopf einer Lady ordnet. Dort vor der Bude eines Schneiders verwechselt ein wilder, schmutziger Kerl, der gerade so aussieht, als käme er direkt vom Galgen, seine zerlumpte Blouse mit einem eleganten Salonfrack, für den er mit dem Anstand eines Gentlemen ein glänzendes Goldstück hinwirft, und gleich daneben sitzt ein bescheidener Schuhflicker, der, im salbungsvollen Kirchenton ein Lied singend, den schlechten Lebenswandel der Leute ausbessert.

Dort um jene mit bunten Aufschriften behangene Bude drängt sich eine dichtere Gruppe. Es ist ein großes, mit farbigem Baumwollenzeug dekorirtes Zelt, weiße und rothe Fahnen wehen rings umher, und oben auf der Spitze des Zeltes dreht sich, vom Winde getrieben, eine geflügelte Fortuna, die mit verbundenen Augen und flatterndem Gewande allegorisch den Glückstempel, oder besser gesagt, die Spielhölle bezeichnen soll. Im Mittelpunkte dieser Syrenengrotte, lauert wie die Spinne in ihrem Gewebe, der Bankhalter am grünen Tische, nach allen Seiten spähend, um irgend ein fettes Opfer in sein Revier zu locken. Ihm gegenüber am Comptoirtische sitzt seine Helfershelferin, eine verlebte, leichtgeschürzte Kokette, die ihren Gästen nebst Orangen und Liqueuren auch matte Küsse und erlogene Liebesblicke kredenzt, und von Zeit zu Zeit nach dem grünen Tisch hinüberschielt, um die Instruktionen ihres Meisters einzuholen, die gewöhnlich in einem kalten, aber bedeutungsvollen Blicke sich äußern, denn die Umstehenden sind meist lockere Gesellen, die sich in den Minen goldene Beute erjagt, oder leichtgläubige Matrosen, die, immer auf hoher See umhertreibend, die Geheimnisse und Irrgänge des grünen Tisches viel zu wenig kennen, um nicht mit lüsternen Augen all die lockenden Wunder anzustaunen, die der pfiffige Charlatan jetzt eben mit Ge=

räusch entfaltet. Während er das klirrende Metall zählte, es in gleiche Theile sonderte, blieb sein Gesicht kalt und unbeweglich wie ein Leichenstein, nur als er, um zu blenden, das funkelnde Gold in der Sonne glänzen ließ und auch die erwünschte Wirkung dieses imposanten Manövers wahrnahm, spielte ein verschmitztes Lächeln um seinen Mund, und nun herbei ihr Smart, Masters und Gentlemen — das Glück sperrt die Thüre auf, ruft der Spieler seinen Gästen zu, während die Dame am Kredenztische diese Einladung mit ihrer Flötenstimme unterstützt und mit der Glocke das Zeichen zur Eröffnung der Spielbank giebt. Immer hastiger von gewinnsüchtigen Blicken verfolgt, rollt das glitzernde Metall über das grüne Tuch des Pharotisches. „God dam" murmelt hie und da ein verzweifelter Spieler und erwartet mit beängstigtem Herzen den entscheidenden Moment, der auch bald seine letzten Hoffnungen begräbt. Nur der Bankhalter behält seine steinerne Ruhe und streicht mit unverschämter Kaltblütigkeit seinen Sündenlohn ein.

Das Treiben dieser Leute kann nicht schwarz genug geschildert werden. Wie Schlangen lauern sie unter den Rosen des gesellschaftlichen Lebens, und auch der unbefangenste Mensch fällt in ihre Netze, wenn er sich nicht vorsieht. Nicht das solch ein Freibeuter leicht kenntlich ist und etwa wild und abenteuerlich wie sein schmutziges Gewerbe aussieht, im Gegentheil, er beobachtet immer jenen würdevollen Anstand und feierli=

chen Ernst, der freilich nur seiner Schurkerei zur Folie dient, den er aber so meisterhaft zu gebrauchen, so wahrscheinlich zu machen weiß, daß man ihn trotz allen Lehren Lavaters und Gründen der Anthropologie für die beste Seele von der Welt hält.

Der Bankhalter ist gewöhnlich ein sehr eleganter Mann. Er trägt ein feines, schwarzes Kleid, die allerfeinste Wäsche, eine strahlende, diamantene Hemdnadel, tadellos weiße Manschetten und die Finger mit Brillant- und Siegelringen besteckt. Um sein sanftes Gesicht tändelt gewöhnlich eine Lorgnette, und an seiner schweren, goldenen Uhrkette hängt ein ganzer Schatz von Pretiosen. Gewöhnlich sind diese Herren sehr eifrige Konzertbesucher, und als edle Kunstliebhaber erweisen sie mir so manchmal die Ehre, meine Bekanntschaft zu suchen. Da ich aber nicht geize nach dieser Ehre, und noch nebenbei die wunderliche Gewohnheit habe, mit diesen Herren immer gleich ein Gespräch über die Verderblichkeit der Hazardspiele anzuknüpfen, so geschieht es nur äußerst selten, daß sie ihre Besuche wiederholen.

Doch genug von diesem häßlichen Fleck, der überall herrscht, um so verderblicher da, wo die Civilisation jung und das Gesetz schwach ist.

Ich wende mich jetzt zu einer sehr interessanten Persönlichkeit, zu Mr. Toussaint, dessen Bekanntschaft ich gleich in den ersten Tagen nach meiner Ankunft in Moreton-Bay machte. Mein neuer Bekannter ist — schwarz, wie ein Neger aus St. Domingo, welche Insel auch seine Heimath ist, und einziger Nachkomme des berühmten Mohrengenerals Toussaint L'Ouverture, der seinen schwarzen Brüdern auf Hayti die Unabhängigkeit erkämpfte. Er lebte früher in seiner Heimath, wo er im Heere des Kaiser Faustin den Rang eines Generals bekleidete, fiel aber später in Ungnade und lebt jetzt hier — verbannt. Seine Gemahlin, die er mir jüngst im Konzerte vorstellte, ist eine gebildete Kreolin französischer Abkunft, die ihren Töchtern — zwei edlen Schönheiten — eine treffliche Erziehung giebt, und auch Herr Toussaint, der, dem Kriegsgott entsagend, jetzt als reicher Kaufmann große Handelsschiffe nach China und Japan ausrüstet, hat schon eine höhere Stufe der Kultur erstiegen. Das Haus, welches er bewohnt, liegt etwas abgesondert von Moreton-Bay, auf einer sanften Anhöhe am Meeresstrande, aber sehr reizend mitten unter blühenden Gärten. Ich besuche ihn sehr oft und fühle mich sehr angezogen.

Es liegt ein gewisser Adel in der hohen, athletischen Gestalt dieses Negers, und etwas Chevareskes in seinen Zügen, das mir ungemein gefällt. Er ist bieder, freimüthig, gastfrei und wohlthätig bis zur Verschwendung. Erst unlängst schenkte er 300 Pfund zum Fond eines Hospitals, wo arme Kranke auf seine Kosten Heilung und Pflege finden; und wahrlich, in diesem Lande, wo der schmutzige Eigennutz stärker ist, als alle edlen

Herzensregungen, sticht es wunderlich ab, daß gerade in dieser rauhen, schwarzen Hülle eine so schöne Seele wohnt.

Als ich ihn neulich besuchte, sah ich, wie einfach, wie ganz ohne Prunk und doch so vergnügt und glücklich er im Kreise seiner Familie lebt. Um einen städtisch geordneten Abendtisch saß er, seine Gattin und die beiden Töchter. Es wurde eben gesungen; mein Eintreten unterbrach ein französisches Lied, welches die Aeltere der Mädchen vortrug, während die Jüngere die Guitarre spielend accompagnirte. Wir durchplauderten einige Stunden auf's angenehmste, es wurde musizirt, gesungen, gelacht und gescherzt. Mr. Toussaint, voll Witz und munterer Laune, produzirte seine geschickten Taschenspielerkünste und erheiterte Alles, bis man zur Abendtafel ging, die ganz nach europäischer oder vielmehr französischer Art sehr fein und geschmackvoll bestellt war.

Als ich nach Tisch mit meinem schwarzen Freunde allein blieb, erzählte er mir die Geschichte seines vielbewegten Lebens. Wenn er von seiner Mutter und dem Lande seiner Kindheit sprach, standen ihm Thränen im Auge und seine Stimme klang weich und wehmüthig; sprach er dagegen von seinen Feinden, die ihn durch Verläumdung und schimpflichen Verrath aus der theuren Heimath in die Verbannung trieben, stürmte das südliche Blut wild in seinen Adern, und seine Augen flammten wüthend wie Blitze. Besonders war es der Neffe des Faustin, auf dessen Haupt er seine ganze Wuth häufte. Dieser nämlich, ein roher Neger, der immer von Branntwein berauscht im Schooße der Wollust gähnte, hatte seiner Gattin eine freche Beleidigung zugefügt, die seinen wüthenden Haß heraufbeschwor, der jetzt nach Jahren in ihm noch nicht erloschen ist. Sobald Toussaint nur den Namen des Verhaßten nannte, nahm er ganz das verzehrende Wesen eines Schwarzen an; voll kochender Rachsucht ballte er die Fäuste, stampfte mit den Füßen, nagte mit den Zähnen an der Unterlippe und raste wie besessen durchs Zimmer, bis er ohnmächtig niederstürzte. Ich sprang erschrocken auf und rief um Hilfe, Madame Toussaint eilte voll Angst herbei. „Um Gotteswillen," rief sie, „was ist geschehen!" „Nichts," erwiederte Toussaint mit schwacher Stimme, „mein altes Uebel, reicht mir meine Arznei." Nachdem er sich wieder erholt hatte, glich er einem sanften Kinde. Er bat mich, ihm das Frühlingslied, sein Lieblingsstück, vorzuspielen, da ihn dieses immer ungemein erheiterte, und ich erfüllte diesen Wunsch mit um so größerem Vergnügen, da ich mich eines leisen Vorwurfes nicht ganz frei fühlte, in meinen schwarzen Freund diese furchtbaren Erinnerungen geweckt zu haben.

Gestern war das dritte Konzert, und die fashionable Welt Mareton=Bay's, die sich sehr zahlreich einfand, klatschte mir donnernden Beifall zu. Ich wurde mit Blu=

men beworfen, kann daher ohne Unbescheidenheit und mit gutem Gewissen sagen, daß die Stücke, die ich spielte, dem Publikum mehr Vergnügen machten als mir. Nur zum Schlusse erhob sich eine heftige Demonstration gegen mich, die jedoch mehr einen politischen als musikalischen Charakter trug, mich aber bald um einen, durch zwei Stunden mühsam erzeugten Ruhm gebracht hätte. Ich vergaß nämlich die große Schlägerei, die erst unlängst zwischen amerikanischen und englischen Goldgräbern vorfiel, und als ich zum Schlusse das „Vöglein" spielte, plagte mich der Teufel, in meiner Zerstreuung oder aus alter Gewohnheit das „Yankee Doodle" einzuflechten. Gleich einem Blitzstrahl fuhr dieses verhaßte Lied durch „John Bull" und zündete. „Nichts von den Yankee's — nichts von der Seeratte" schrie es von allen Seiten und immer drohender wuchs der Lärm. Wie von Schreck gebannt, stand ich da, doch noch zur rechten Zeit ermannte ich mich, ja ich fand sogar noch Gegenwart des Geistes genug, mich mit diplomatischer Schlauheit aus dieser verdrießlichen Affaire zu ziehen. Da mir die gehässige Stimmung bekannt war, die man in dieser Kolonie wie in ganz Australien vor „Brother Jonathan" hegte, dem, nebenbei gesagt, auch ich nicht sonderlich hold bin, daher meine Beliebtheit im Lande nicht so leicht verscherzen wollte, so wendete auch ich meinen Bogen gegen die Yankee's und ließ ein bekanntes Spottliedlein ertönen; Gott weiß, welcher glückliche Zufall dieses Lieblein in mein Gedächtniß brachte, es verschaffte mir all' meine Popularität wieder, die Lady's wehten mit den Tüchern, warfen mir Blumen zu, und schon im Geiste sehe ich es, daß irgend ein Meeting mir morgen eine Dankadresse votirt.

Trotz diesem Allen ist dieses närrische Treiben mir oft bis in die Seele zuwider, und nicht selten geschieht es, daß ich müde, verdrossen und ohne Freudigkeit den Bogen führe. Und doch ist es immer nur die Kunst, bei der ich Erholung finde.

Obschon ich auf meinen rastlosen Fahrten eine karge Ruhe finde, bin ich doch immer sehr fleißig. Ich habe ein Konzertstück vollendet, ferner ein Rondo, sechs Etuden, drei Lieder (nach Heine) und ein Inpromptu komponirt. Ersteres bewegt sich in einer leichten, freien und nicht in jener Beriot'schen Form, die längst abgethan und veraltet ist. Ich glaube, es ist gelungen und wird viel gespielt werden. Die übrigen Stücke müssen schon in Wien sein, mögen sie mir Quartier machen. — Jetzt arbeite ich an meiner Phantasie mit Orchester über ein Beethoven'sches Thema, das mir ungemein gefällt. Ich habe sie eben instrumentirt, doch nur für Europa, denn hier wäre solche Musik ein sanftes Schlummerlied. Dafür schone ich auch die guten Stücke für bessere Zeiten, und nur drolle Flachheiten, wie „Ernani-Phantasie" und „Vöglein" werden gleich schlechten Mähren zu Tode geritten.

4*

Sidney, 15. April 1855.

Als ich von Moreton=Bay nach Penritho durch wüste Einöden und Wälder fuhr, die noch kein Fahrweg bahnt, wohin noch kein Lichtstrahl der Kultur drang, — kam große Bangigkeit über mein Herz. Indianische Räuberhorden und allerlei böses Gesindel, schlugen da ihre gefährlichen Schlupfwinkel auf; die Behörden, obschon bemüht, die Sicherheit der Wege wieder herzustellen, waren machtlos und manche Bewohner Moreton=Bays, welche in letzter Zeit diese Gegend durchzogen, wurden hier angefallen, beraubt oder gar erschlagen. Ich hatte Nachrichten erhalten, daß der Chef eines Sidneyer Bankhauses, bei welchem auch ich eine nicht unbedeutende Geldsumme in Verwahrung hatte, seine Zahlungen eingestellt und hoffte durch meine Anwesenheit dort noch etwas zu erwirken. Da jedoch kein anderer als oben erwähnter Weg nach Sidney führte, so entschloß ich mich, wenn gleich mit bangem Herzen, zur Abreise.

Nachdem ich mit der Royal Post für die Fahrt nach Penritho Abrede getroffen, und der tapfere Tenor seinen Muth, seinen Säbel und Revolver in gehöriger Bereitschaft hatte, bestiegen wir den Wagen. Fünf peinliche lange Tage wechselte mein Herz zwischen Jammer und Trübsal, ich las von Morgens bis Abends immer ein und dasselbe englische Zeitungsblatt, das mich vor meiner Abreise durch eine Ode verherrlichte, um die Angst durch meine Eitelkeit zu zerstreuen, aber die Angst war stärker und ließ sich nicht zerstreuen.

Ich zitterte vor der fürchterlich raschen Halsgerichtsordnung der Heiden; die schreckhaftesten Phantasiebilder beängstigten mich. Mir war es, als sähe ich die wilden Bewohner aus dem Dickichte mit gräßlichem Geheule, mit Pfeil und Wurfspieß bewaffnet, auf mich zukommen, bald glaubte ich mit Schaudern Ueberreste verzehrter Menschenopfer zu erblicken, und die einzig heitern Momente hatte ich, wenn ich mich von Zeit zu Zeit wunderte, daß ich noch nicht erdrosselt sei. Ach, seufzte ich betrübt, säßest Du jetzt nur im Weichbilde von Paramatta, bei den deutschen Schauspielern, oder in den Salons alltäglichen Geschwätzes, wie viel wohler wäre Dir dort! Weh, Unglücklicher! hier nützt Dir Dein süßes Violingeleier nichts — ehe die Sonne untergeht, kommt irgend ein schwarzer Wüthrich und holt Dich! Ein donnerndes „Halt" unterbrach hier meinen Jammermonolog. Ich sprang erschrocken von meinem Sitze auf, schon glaubte ich mit Entsetzen die Mörderhand eines Cartouche an meiner Kehle, als ich zu meiner Ueberraschung einige Gouvernements-Soldaten wahrnahm, die dicht um unsern Wagen standen.

Die vorgerückte Abenddämmerung ließ mich erst später in ihrer Mitte einen gefangenen Austral-Neger erkennen, den sie an Händen und Füßen gebunden mit sich schleppten, und den vieler begangener Mordthaten wegen, in Sidney der hohe Galgen erwartete. Dieses rührte mich weniger; als ich aber erfuhr, der Kerl solle mein Reisegefährte werden, kam ich einer Ohnmacht nahe. Kaum hatte ich Zeit, diese Ehre gehörig abzulehnen, als vier Soldaten sarmatischen Ansehens sich in unsere Mitte schwangen. Der Eine setzte sich zum Kutscher, der Andere, einen kategorischen Machtspruch donnernd, den er durch einige heftige Rippenstöße unterstützte, machte sich's neben dem Tenor bequem, der Dritte preßte sich zwischen mich und den Pianisten, und der Letzte, nachdem er den Gefangenen wie einen geschnürten Waarenballen mittelst Stricke auf dem Wagendache festgebunden hatte, schwang sich, einen martialischen Fluch murmelnd, auf das Genick des armen Tenors, während er seine langen Beine, die er nie in erwünschte Bequemlichkeit bringen konnte, auf meine Schultern stemmte, oder auch abwechselnd auf Kopf und Gesicht.

So ging es fort, schwer seufzten wir unter dem Drucke unserer vier Thrannen, bis zwei Stunden vor Penritho Halt befohlen wurde. Endlich sind wir erlöst! rief ich mit einem Blick zum Himmel, aber ich irrte mich, jetzt fingen unsere Leiden erst recht an. — Die vier Soldaten, wahrscheinlich der Attraktion des Schnapses folgend, verließen den Wagen und zwei Stunden lang standen wir auf öder Straße, von dichter Nacht umhüllt, allein mit dem gefangenen Mörder. Der Kerl, der über unseren Häupten wie ein Gewitter polterte,

hatte wie ein Rasender alle seine Kräfte angestrengt, um
sich frei zu machen. Schon war es ihm gelungen einen
großen Theil der Stricke zu zerreißen und jeden Augenblick erwarteten wir, er werde über uns herfallen.

Ich überlegte eben in meiner Herzensangst, ob es
nicht besser wäre, seine Bande freiwillig zu lösen, und
setzte meine letzte Hoffnung darein, der Mörder werde,
von meiner Menschenfreundlichkeit gerührt, mich schonen,
als ein donnerähnliches Gekrach mich aufschreckte. Gleich
darauf erblickten wir einen dunklen Schatten dem nahen
Gehölz zueilen. „The rascal is gone!" (der Kerl ist
zum Teufel) rief die Pferde antreibend der Kutscher, und
pfeilschnell rollten wir fort durch Sturm und Nacht.
Als ich folgenden Tages mit gesunden Gliedern in Penritho aufwachte, war in der ganzen Kolonie New South
Wales keiner froher als ich.

Bei meiner Ankunft in Penritho herrschte dort eine
sichtbare Aufregung. In den Straßen fand ich einzelne
Gruppen zaghafter Menschen beisammenstehen, die sich
geheimnißvoll allerlei Schauerneuigkeiten zuflüsterten. Die
Bürger schlichen betrübt einher, die Weiber eilten in
die Kirchen, und überall begegnete ich ängstlichen Gesichtern. „Till to morrow all is over" (bis morgen
ist Alles aus,) sagte mir ein Irländer, den ich um dieses seltsame Treiben befragte, mit einem schweren Seufzer. „Bis morgen sind wir Alle begraben," setzte er
mit mimischer Verzweiflung hinzu, und als ich mich

näher erkundigte, erfuhr ich, daß die guten Leute nur den Untergang ihrer Stadt erwarteten, sonst aber nichts.

Eine Geisterklopfergesellschaft, die auf dem Marktplatze ihr dämonisches Quartier aufgeschlagen hatte, stellte das mystische Horoskop: „Ehe die Sonne dreimal auf- und wieder untergeht, werde ein Erdbeben mit obligatem Donner, Blitz und Feuerregen diese Stadt verschlingen." Die Verständigen natürlich lachten, aber die dumme, vom Aberglauben beherrschte Menge glaubte dem Zauberspruche der Gaukler wie einem Himmelswunder, das Gesindel freute sich auf die kommende Verwirrung, und manche Bewohner Penritho's, die zum Scheine ein fröhliches Gesicht machten, sahen mit klopfendem Herzen dem Tage des Schreckens entgegen. An allen Orten sprach man von dem Prophetengeist der Hexenmeister, und wie Alles, was von ihnen vorhergesagt, bis jetzt eingetroffen sei.

Ein ehrbarer Schreinermeister, dem sie aufs Bestimmteste gesagt hatten, daß seine vermißte Ehehälfte in Ipswitz zu suchen sei, fand wirklich seine Gattin dort am grünen Tische an der Seite eines spanischen Schiffskapitäns. Ein Anderer wieder machte durch gedruckte Annoncen bekannt: „Das langersehnte Glück, ein Knäblein an sein väterliches Herz zu drücken, hätte er einzig und allein nur dem Machtspruch der Geisterseher zu danken, da diese süße Ueberraschung sich durch gar kein vorhergegangenes Zeichen angekündigt habe."

Solchen Wundern gegenüber konnte ich länger nicht

kalt und theilnahmslos bleiben, und vom Tenor beglei=
tet, besuchte ich die mysteriösen Geisterbeschwörer. Ein
schwarzer Vorhang rauschte empor, und über unsern Häup=
tern wölbte sich ein mit schwarzem Tuch behangener Saal,
der durch eine grünliche, papierne Mondscheibe, hinter
welcher einige Oellämpchen düster brannten, nur fahl
und matt erleuchtet war. Was der dunkle Mysticismus
vom Hexenspuck nur Schauerliches besitzt, um eine ängst=
liche Phantasie zu schrecken, fand ich da vereint. Tod=
tenschädel mit grinsenden Feueraugen bedeckten die Wände,
schaurige Höllenkobolde, grell bemalt, standen beim Ein=
gange und hagere Gespenster, in weiße lange Mäntel
gehüllt, durchhuschten den düsteren Hintergrund. Gepol=
ter, Blitz und Höllengesang erdröhnten jetzt als Ouver=
ture und eröffneten den Beginn dieses diabolischen Gau=
kelspiels. Plötzlich wurde es still. Eine unterirdische
Stimme rief drei Mal im Grabestone: „Anna Meuten,
Dein todter Großvater, den Du zu sehen wünschst, er=
wartet Dich." Ein junges Weibchen, bunt und wun=
derlich gekleidet, wankte mit bleichen Wangen und schwer
gehobener Brust aus der zaghaften Zuschauermenge her=
vor, und aus der Mitte des Saales, aus einem einge=
ästen Kreise, erhoben sich bleiche Rauchwolken, dann
die Gestalt eines Greises. Ein schneeweißes Gewand
floß von seinen Schultern, ein langer Bart wallte über
seine Brust herab. Der Greis winkte dreimal mit der
Hand und wallte eben wieder den Rückweg in die Un=

terwelt antreten, als ihm aus der Menge eine Stimme im kecken Tone zurief: „Wenn Du ein Geist bist, sage wer ich bin?" Stummes Entsetzen malte sich auf den Gesichtern der dichtgeschaarten Menge. „Glaubt ihm nicht," rief die Stimme wieder, „es ist kein Geist, es ist der Badergesell von Ipswitz." Hierauf schritt er keck auf die Gestalt des Geistes zu, und riß unter einem boshaften Hohngelächter den weißen Mantel weg, der einen unschuldigen bürgerlichen Anzug enthüllte, welchen der Gaukler unter seiner Grabestracht trug.

Ich muß gestehen, so sehr mir auch die Dummheit des Pöbels in diesen Ländern bekannt war, so hätte ich doch eine mehr raffinirte und keine so plumpe Mummerei erwartet. Der Kerl, der mit kühner Hand den Isisschleier von der Gaukelei zog, gehörte früher selbst der Geisterbande an, und wie ich später erfuhr, ward er jüngst eines Streites wegen entlassen, weshalb er jetzt diesen heillosen Racheakt vollführte. Folgenden Tages verließen die Geisterklopfer den Ort, und es versteht sich wohl von selbst, daß der Untergang dieser Stadt für diesmal unterblieb.

Anfänglich hatte ich den Plan, Penritho musikalisch zu schonen und diese Stadt nur durchreisend zu berühren, aber das Gold, das mir dort entgegenglänzte, hatte so viel Verlockendes für mich, daß ich unmöglich mit trägem Blut und matten Athemzügen vorüberkomte. In acht Tagen gab ich fünf Konzerte, und die Bewohner

Penrithos erholten sich „musikalisch" von dem Schreck des Weltunterganges.

Am 10. April landete ich wieder in Sidney. Seit den wenigen Monaten meiner Abwesenheit hat sich diese Stadt fast um die Hälfte vergrößert. Prachtgebäude, Kirchen, Hospitäler, Schulen und Paläste erheben sich immer auf's Neue und zauberschnell geschaffen von einer mächtigen Fülle materiellen Wohlstandes. Europäische Großstädte, die doch Jahrhunderte schon auf jenem Höhenpunkte geistiger und industrieller Kultur stehen, zu welchem diese kaum den Kinderjahren entwachsene Stadt jetzt erst hinanklettert, bieten trotz der kolossalen Monumente civilisirter Herrlichkeit bei Weitem nicht diese Wunder menschlicher Thätigkeit, diesen Aufwand aller Kräfte und diese athemlose Hast riesiger Entwickelung. Städte wie London, Paris oder Wien gleichen vornehmen Edelleuten, die ihre großen Reichthümer durch viele Geschlechter herab geerbt, ihre Schätze geordnet, jeden schreienden Glanz vermeiden und in Allem jene Mäßigung beobachten, zu welcher die Gewohnheit des Reichthums führt. Sidney aber ist wie ein Emporkömmling, dem der Gott des Reichthums plötzlich die leeren Taschen füllt, der vom Glück überrascht, voll Prunksucht überall mit seinen Schätzen prahlt und im Taumel der Freude allerorts seinen Glanz zur Schau trägt; es blendet mehr als alle anderen Städte.

Wie in allen Ländern der Nationalpatriotismus zu

großen Thaten aneifert, so ist es hier die Aufschneiderei, welche zu einem Wettstreit der riesenhaftesten Unternehmungen spornt. Die öffentlichen Anschlagzettel, dieses vollständige Konversationslexikon aller gangbaren Spitzbübereien der Windbeutelei, geben hiervon die sicherste Auskunft. Da macht ein Bauunternehmer bekannt, er verpflichte sich, binnen zwei Monaten zu den billigsten Preisen ein architektonisches Wunderwerk aus der Erde zu schaffen, von dem sich noch die spätesten Geschlechter erzählen würden, während gleich darauf ein Konkurrent mit Feuereifer versichert, der Teufel möge ihn holen, wenn er binnen 30 Tagen nicht ein schöneres, dauerhafteres und billigeres zur Stelle schaffe als jener Prahlhans.

Ein Schiffsrheder, Namens Stone, ging mit einem seiner Rivalen, Namens Fleaver, die sonderbare Wette ein, daß eines seiner Packetboote die Fahrt nach Newcastle um die Hälfte schneller zurücklegen müsse, als dessen Dampfer. Tausend Pfund Sterling betrug das Wettgeld und vorgestern fand im Hafen vor einer ungeheuern Menschenmenge das interessante Schauspiel statt. Brutus, als er bei Philippi Rom und die Freiheit verlor, kann unmöglich ein verzweifelteres Gesicht gemacht haben wie jener Mr. Fleaver, als er den fremden Segler seinen Dampfer überholen sah. Die verlorene industrielle Reputation schmerzte ihn mehr als der Verlust des Geldes, sagte er in einer Rede an das Volk, und zum Beweise schenkte er dieselbe Summe noch einmal verdoppelt dem patriotischen Fond der Krimmarmee. Sein Gegner wollte ihn auch hierin übertreffen und spendete eine noch größere Summe, und so war es wieder die Windbeutelei, durch welche eine schöne That geschah.

Aber es ist nicht Alles Gold, was glänzt. Mstr. Dr., einer der angesehensten Kaufleute dieser Stadt, der jüngst seine Zahlungen nicht leistete, hat sich durch einen Pistolenschuß das Leben genommen. Ich kannte diesen Mann, ich besuchte ihn oft. Die Schnellkraft des Glücks hatte ihn in wenig Jahren aus einer bescheidenen Stellung zum reichen Banquier emporgehoben, in allen Häfen lagen seine Schiffe, in allen Ländern wurden seine Papiere eingelöst, und was an Glanz und Pracht ein König nicht reicher besitzen kann, fand man in seinem Hause. Vor meiner Abreise von Sidney war ich dort zu einem Ball geladen. Der Ball war glänzender als ihn meine Feder beschreiben kann. Da wechselte die Witterung des Glücks; große Verluste in Ostindien und China machten ihn bankerott, und derselbe Mann, der kurz vorher Herz genug hatte, für die eitle Lust einer einzigen Nacht Tausende zu verschwenden, hatte nicht den Muth, der Gefahr des Unglücks in's Gesicht zu schauen, und starb wenige Tage später den fürchterlichen Tod eines verzweifelten Selbstmörders.

Melbourne (Australien), 15. Mai 1855.

Als im Jahre 1778 der englische Seefahrer Cook still begeistert und seine Fahrtgenossen mit Jauchzen das ungekannte Australien erblickten, da dachte wohl Niemand in seiner Freude daran, daß aus dem so wüsten, verlassenen Boden bald stolze, prächtige Städte sich erheben würden, in denen jetzt reisende Virtuosen, Opernsänger und Tänzerinnen, sammt allen modernen Passionen europäischer Kultur ihren blendenden Luxus entfalten, und hätte man jenen kühnen Seemännern solche Wunder vorhergesagt, sie hätten sicher gelächelt und ungläubig die Köpfe geschüttelt. Aber was hat die Macht des menschlichen Geistes in dieser kurzen Spanne Zeit nicht alles vollbracht.

In wenig mehr als zehn Jahren hat man mit Riesenschritten Jahrhunderte zurückgelegt, Welttheile verbunden, Nationen verschwistert, den Barbarismus gemildert, verborgene Schätze entdeckt. Aus sumpfigen unbewohnten Wüsteneien wurde pfeilschnell eine ganze Welt gezaubert, in deren Mitte jetzt das stolze Melbourne wie ein glänzendes Monument aufsteigt. Schöner und malerischer kann man sich nichts denken, als die Einfahrt in den Hafen, der etwas ungemein Lebendiges, Buntes, ja fast Pomphaftes hat, was mich sehr an den Hafen von Habana erinnerte. Grüne Inseln, mit Palmen und Cipressen bewachsen, grüßen den Fremden schon eine Stunde früher entgegen, und fernhin am Horizonte blitzten durch das dämmernde Morgenlicht einzelne weiße Punkte; jedes reizende Eiland, jeder freundliche Hügel ist mit zierlichen Landhäusern, Kiosken und üppigen Gärten geschmückt, überall finden sich Spuren des Reichthums, der Thätigkeit und der Civilisation. Plötzlich öffnet sich das weite Panorama, und das überraschte Auge überblickt drei prangende Städte zugleich. Stolze Kirchen, Thürme, Prachtgebäude und Paläste ragen imposant aus dem weißen Meere der Häuser, die Fahrzeuge aller Nationen mit einem Walde bunter Flaggen und Masten füllen den Hafen, prächtige Dampfer durchbrausen die stille Fluth, riesige Handelsbewegungen leitend, deren mächtige Strömung sich über ganz Indien, China und den Südsee-Inseln ergießt, und über allem diesem hängt ein saphirblauer, wolkenloser Himmel, herablächelnd auf diese jugendliche Stadt, die rosig wie ein blühendes Kind zu ihm emporblickt.

Melbourne, von beinahe 150,000 Seelen bewohnt, liegt im Mittelpunkte der Kolonie Victoria und ist die Hauptstadt des ganzen Landes. Große, mit verschwenderischem Luxus ausgestattete Hotels zieren die geregelten Straßen, Tausende von Menschen in allen Farben, Racen und Kleidungen drängen sich durch das ewige Gerassel der Omnibusse, Equipagen und Güterwagen, die abenteuerlichsten Gestalten und Gesichter sieht man durch das bunte Gewimmel der Geschäftsmäkler eilen, die schreiend und wunderlich gestikulirend, alle zugleich die Beute des Tages erjagen wollen, und das wogt und fluthet gleich einem brausenden Meere Tag und Nacht, daß dem ankommenden Fremden Hören und Sehen vergeht.

Vom Hafen aus führt eine langgestreckte Häuserreihe, zu beiden Seiten mit Bäumen bepflanzt, mitten durch die Stadt, welche sie ihrer ganzen Länge nach durchschneidet. Rechts und links öffnen sich breite, schön geregelte Straßen, deren palastähnliche Häuser eben erst aus der Erde hervorwachsen. Noch wird hier und dort an den obern Stockwerken gebaut, das Dach fehlt, oft sogar die Fensterrahmen und Gesimse, und doch sieht man Damastvorhänge und hohe Spiegel die schon wohnlich eingerichteten Zimmer zieren. Emancipirte Frauenzimmer in frivoler Reitertracht, die dampfende Cigarre kühn im Munde, sieht man hier hoch zu Roß einhersprengen, verrückte Gentlemen, 6 Mann hoch auf dem Bocke eines hohen Omnibus sitzend, rollen pfeilschnell hinten nach und lächeln entzückt, wenn die pikante Laune einer Reiterin ihnen als süße Neckerei einen Hieb mit der Reitgerte zuschickt.

Ein kleiner Menschenkreis zog mich an, ich drängte mich durch. Zwei Matrosenjungen waren in heftigen Wortwechsel gerathen; der Grund ihres Streites war kaum der Rede werth. Der Eine, ein Chinese, hatte eine alte Tabakspfeife im Straßenmiste aufgefunden, der Andere, ein Neger, machte dieselben Ansprüche auf den

Fund, ballte drohend die Fäuste und stürzte sich mit wüthenden Geberden auf seinen Gegner los. Ein fürchterlicher Kampf entspann sich — geputzte Damen und Dandi's mit faden, blasirten Gesichtern betrachteten neugierig das grausame Schauspiel. „The pipe! rogue!" (die Pfeife her, Du Lump!) kreischte der Mohr und stieß seinem Gegner rücklings ein Messer durch den Hals, daß er in Blut gebadet todt zusammensank. Die Umstehenden hatten auch nicht einen Versuch gemacht, die Wüthenden zu trennen, und zerstreuten sich jetzt mit herzloser Gleichgiltigkeit, als hätten sie einem Affentanze beigewohnt.

Ich ging weiter. Elegante Equipagen mit geputzten Damen winden sich schlangenartig überall hindurch, das Gedränge vermehrend, und ich als bescheidener Fußgänger mußte, um nicht gequetscht und gestoßen zu werden, mich so dicht als möglich an der Seite der Läden halten. Bald kam ich auf dem Platze „William Pitt", an, der sehr groß und von imposanten Gebäuden umgeben ist. Die Häuser sind nach englischer Art nur für die Bedürfnisse einer Familie eingerichtet, dabei doch hell und hoch, jede Thüre mit glänzendem Messing beschlagen, jede Treppe mit bronzirten Eisengeländern umgeben und unter den Fenstern sieht man, sehr reizend umgittert, Blumengärtchen. Hier ist das Forum der weiblichen Welt, hier liegen die Tempel der Eitelkeit. Von allen Seiten glänzen prächtige, mit allem Luzus ausgestattete, Kaufmannsläden; englische und indische Stoffe hängen in großen aufgerollten Stücken vor Thüren und Fenstern, kostbare chinesische Shawls reichen unter allerlei Verschlingungen bis zum Pflaster herab, und was die große Welt nur braucht, um zu glänzen, findet sich hier in so reichem Maße, daß auch eine Fürstin wählen könnte.

Ermüdet von meinen Wanderungen, hatte ich vor einem Eispavillon Platz genommen, der vor dem Laden eines Zuckerbäckers lag, und ergötzte mich an dem versammelten bunten Gemische der verschiedenen Trachten, Sitten und Sprachen. Grämliche Engländer, mit der ewigen Langweile im Gesichte, sitzen hier, den Hals steif zwischen hohe Vatermörder gebannt, und gähnend die langen Beine von sich gestreckt, neben den faden Lady's, die, ohne ein Wort zu reden, große Flaschen Zuckerwasser austrinken. Dort von galanten Stutzern umschwärmt, wirft eine gefallsüchtige Französin ihre Netze aus. Die großen lebhaften Augen debutiren in der Koketterie um den Beifall der Umstehenden, und der kleine verführerische Mund plaudert in einer Viertelstunde mehr, als jene steife Lady, die dort vom Nachbartische boshafte Blicke herwirft, den ganzen Tag.

Nicht weit davon, um einen großen, mit Gold vollgehäuftem, Tische bringen die Börsenmäkler unter wildem Geschrei ihre Geschäfte in Ordnung. Hier wieder die neuangekommenen Matrosen, die mit Erstaunen und lechzenden Blicken die Spiegel und das Porcellangeschirr betrachten, und dort das drollige Lächeln der Chinesen, die zum ersten Male Gefrorenes essen. Ein dürftig gekleidetes Weib wankt vorbei und sammelt Almosen; sie bettelt für einen Säugling, den sie, in Lumpen gehüllt, mütterlich gegen Wind und Sonne schützt. Auf ihren eingefallenen bleichen Wangen stand die Noth deutlich genug geschrieben, um auch die Hartherzigkeit zu erweichen; aber nur selten geschah es, daß einer der vielen Gäste, die plaudernd und lachend das süße Eis hinabschlürften, dem armen Weibe eine Kupfermünze zuwarf. Da rollte eine glänzende Kutsche vor. Ein Mohr öffnete den Schlag, und eine von Seide und Spitzen umrauschte Dame stieg aus dem Wagen. Die Bettlerin, die jetzt wie eine Furie hervorsprang, eilte ihr mit drohenden Geberden nach und schickte der reichgeputzten Fremden, die beschämt und verwirrt sich in einen der Putzladen flüchtete, eine Fluth der gemeinsten Schmähungen nach. Zusammenlauf, neugieriges Geschrei: „The vag has seduced my child" (die Abscheuliche hat mein Mädchen verführt), rief das Weib mit von Wuth erstickter Stimme, und sucht, die Fremde verfolgend, in den Laden einzudringen, bis die Kolonialwache erscheint und dem Tumulte ein Ende macht.

Melbourne, 15. Mai 1855.

So war ich Stunden lang herumgewandert und hatte auf allen Straßen das regste Leben gefunden. Die Sonne neigte sich zum Untergange, als ich ermüdet ins Hotel zurückkehrte, um den Tenor zu erwarten, der indeß bei allen Journalisten, Theaterdirektoren, Musikgesellschaften einsprach, um die Konzertgeschäfte zu besorgen, die hier viele Schwierigkeiten machen. Denn ein ganzes Heer von Sängerinnen, Virtuosen, Equilibristen, Tänzerinnen und anderen solchen Paradiesvögeln, die alle zugleich Früchte von den Bäumen schütteln wollten, hatten sämmtliche Konzertlokalitäten theils besetzt und vorgemerkt, oder Wochen lang hinaus vermiethet.

Der Tenor ließ vergebens auf sich warten, und da ich noch das Opernhaus besuchen wollte, um einen französischen Violinspieler zu hören, so machte ich mich auf den Weg. Aber zu meinem Erstaunen fand ich die Thüre von außen verschlossen. Ich zog die Schelle, es zeigte sich Niemand; ich klopfte noch heftiger, vergebens. Endlich nach halbstündigem Warten stürzte der Lohndiener ganz außer Athem ins Zimmer. „Erschrecken Sie nicht, Mistre," sprach er mit ängstlicher Stimme, „es hat gar nichts zu bedeuten, auch sind schon alle Anstalten getroffen, bis morgen ist Alles gut, aber verlassen Sie ja nur heute Ihr Zimmer nicht." — „Was hat nichts zu bedeuten, worüber soll ich nicht erschrecken, und warum soll ich mein Zimmer nicht verlassen?" frug ich überrascht und bestürzt. — "Ihr Nachbar im Nebenzimmer, ein reicher Engländer," flüsterte der Lohndiener, "ward heute Morgens plötzlich vom Schlage befallen, und jetzt rennt er wie vom Teufel besessen, mit Pistolen bewaffnet durch den Gang und droht den Ersten Besten, der ihm in den Wurf kommt, zu erschießen." Mit diesen Worten eilte der Diener fort. Nachdem ich die Thüre verschlossen und alle Eingänge mit sämmtlichen Zimmergeräthschaften hermetisch verrammelt hatte, fing ich an, die Geschichte von der romantischen Seite zu betrachten. Der verrückte Fremde, der im Nebenzimmer wie ein Pferd auf und ab trabte, accompagnirte meine "Phantasie" und schmetterte sämmtliche Flaschen, Gläser und Tassen mit Macht gegen meine Thüre, dann fluchte, lachte und lärmte er bis gegen Mitternacht. Da wurde es ruhiger. Angekleidet wie ich war, warf ich mich auf mein Lager und schlief sanfter, als man in dergleichen Verhältnissen zu thun pflegt. Doch gegen Morgen weckte mich der grelle Knall einer Pistole, ich sprang erschrocken auf, das ganze Hotel eilte herbei, — der Fremde hatte sich eine Kugel mitten durch das Herz geschossen.

Die Behörden forschten nach dem mysteriösen Fremden und enthüllten dadurch ein noch gräßlicheres Ereigniß. Der Fremde, ein Engländer aus Calcutta, landete jüngst mit einer hübschen, jungen Dame in Melbourne, und nahm in einem der schönsten Hotels seine Wohnung, die er jedoch gleich folgenden Tags ohne die Dame verließ. Die Wohnung blieb versperrt, man ward argwöhnisch, öffnete und fand die junge Lady von Dolchstichen durchbohrt, todt in ihrem Bette. Aehnliche Fälle ereignen sich hier sehr häufig, aber sie bleiben fast unbeachtet, oder verschwinden als einzelne Wellen in diesem, von ewigen Winden bewegten, tosenden Meere der Tagesereignisse. Denn auf keinem Theile der Erde finden verwegene Abenteurer ein günstigeres Terrain, auf dem sie das Roß verworfener Begierden und wilder Leidenschaften so ungehindert tummeln könnten, als eben hier, wo noch außerdem der Golddämon, die Habsucht und die Verführung der Spielbänke zu Verbrechen furchtbarster Art führen, denen kein Gesetz noch stark genug ist.

Ich will noch der ersten Theatervorstellung erwähnen, der ich in Melbourne beiwohnte, welche mich mit einer neuen Oper des Engländers Balfe „Neolanthe, das Feenmädchen" bekannt machte. Das Opernhaus wird gewöhnlich sehr stark besucht, die innere Ausstattung desselben ist ungemein reich, fast pomphaft. Den Dreßcircle füllen die fashionablen Ladys, die voll englischer Prüderie und strengem Ernst, dem kein Lächeln abzugewinnen ist, wie angeschmiedet auf ihren Plätzen sitzen, während die Gentlemen mit affektirter Gleichgiltigkeit die Damenwelt lorgnettiren, oder Cigarren rauchend, sich nachlässig auf ihren Sitzen dehnen, dem Spiel auf der Bühne aber fast gar keine Aufmerksamkeit schenken, denn in den Logen des ersten Ranges — wohin nebenbei gesagt, eine wahrhaft decente Lady nie den Fuß setzt — sieht es sehr verlockend aus. Da ist das Paradies aller Koketten und leichten Grazien, da, von rothen Sammtvorhängen drapirt, vom blendenden Gaslicht umflossen und galanten Bewunderern umschmeichelt, glänzen die abenteuerlichen Schönen aller Länder: Französinnen, Spanierinnen, Kreolinnen in kühner Bloomertracht, oder auch in Blumen, Brillanten und Spitzen prangend. Die Einen lehnen in verführerischer Stellung, Cigarren rauchend, an der Logenbrüstung, Andere wieder plaudern, lachen oder spielen kokett mit dem Fächer, obschon das Erröthen bei Mancher längst abgekommen zu sein scheint.

Die Oper, eine wahre Herberge aller musikalischen Gemeinplätze, scheint für dieses Auditorium, das keinen Sinn hat für das zarte Saitenspiel der Lust, sondern nur ein braches Ohr für jede krachende Fröhlichkeit, — wie geschaffen. — Die Instrumentirung war chaotisch lärmend, die Sänger und Sängerinnen führten einen unentschiedenen Wettkampf im Distoniren und schrien die trivialen Melodien, von Pauken und Trompetengeschmetter begleitet, unter enthusiastischem Beifallsdonner zu Ende. Der Tenor unter ihnen ward noch durch seinen Stimmmangel erträglich, aber der Bassist ging mit gewissenhafter Treue alle Unarten eines schlechten Sängers in alphabetischer Ordnung durch, und wenn er zu „Kraftstellen" kam, so hätten Aerzte schon das Zuhören als Vomitiv verschreiben können. Die Damen verschmähten jede ästhetische Kunstregel und ersetzten den einfachen Gesang durch unaufhörliches Tremoliren, die Primadonna als Feenmädchen, schien mir die leibhafte Atropos der Geduld. Ich konnte es länger nicht aushalten, und bevor noch der Vorhang zum dritten Male aufrollte, versöhnte ich mein beleidigtes Gehör und verließ das Theater.

In den Straßen nahm das Tagesgeräusch allmälig ab. Das Wagengerassel verhallte schlaftrunken, und die wüste Lust der Nacht begann. Einzelne verdächtige Gesellen, welche die abenteuerliche Nacht aus ihrer Verborgenheit gelockt, schlüpften scheu durch abgelegene Straßen, hie und da huschte eine lockende Schöne der Nacht, und aus den hellerleuchteten Spielhäusern klang das Schlangengezisch der Roulette. Sonst aber herrschte eine fast schwüle Ruhe, und die Sterne am dunklen Nachthimmel sahen hell und freundlich auf die schlafende Erde herab. Da hörten wir frohe Stimmen, Gesang und Saitenspiel immer näher tönen, und bald standen wir vor einem eleganten französischen Speisehause. Wir traten in ein großes, hellerleuchtetes Zimmer, hohe Spiegel und reiche Damastvorhänge zierten die Wände, rings umher standen Tische gedeckt für mehr als hundert Personen. Elegante Herren, viele schöne und geputzte Damen waren da fröhlich versammelt, und auf einer mit Teppichen behangenen Tribune stand im diabolischen Kostum ein Taschenspieler. Nachdem er seine faden Wunder beendigt hatte, trat ein junger, schwarzgekleideter Mann hervor und sang zur Guitarre ein Lied von Schubert.

Wir setzten uns an einen der Tische hart an der Thüre, bestellten ein Abendessen und plauderten ganz harmlos vom Theater. Die Vorsehung hatte uns diesen Platz angewiesen, denn wir waren bestimmt, diesen Abend noch eine große Rolle zu spielen. Der Tenor nämlich, dem die eben beigewohnte Opernaufführung in einem ungewöhnlichen Grade mißfiel, echauffirte sich etwas zu stark und schimpfte ganz laut und vernehmlich. Einige Herren am Nebentische warfen uns lange durchdringende Blicke zu. Ich dachte, sie wollten uns herausfordern und suchte den Tenor durch stille Winke zum Schweigen zu bringen. Dieser aber schärfte das kritische Messer immer mehr und machte sich eben mit unbarmherziger Strenge über den Bassisten. Da flog eine Flasche als Herold hart an unseren Köpfen vorbei, und eine Riesengestalt, in der ich augenblicklich den Bassisten erkannte, stürzte mit wüthender Geberde drohend auf uns zu. Gaper! (Maulaffe) schrie der Wüthrich mit einer Bärenstimme dem Tenor zu, schleuderte mit einem Schlage sämmtliche Teller und Gläser vom Tische, und zum Boxkampfe ballte sich wüthend seine Faust. Die wilde Schaar seiner Zechgenossen, so wie sämmtliche anwesende Gäste nahmen für ihn Partei und ein wüthendes Geschrei erhob sich gegen uns. Die Frauenzimmer girrten und

schnatterten durcheinander, und stiegen, neugierig den
kommenden Spektakel erwartend, auf Stühle und Tische,
denn ein Boxduell schien unvermeidlich. Da stieß mich
ein glücklicher Zufall zur nahen Thüre hinaus; ich nahm
dieses als einen Fingerzeig der Vorsehung und eilte ha=
stig die Treppe hinab. Auf der Straße angelangt, ge=
wahrte ich eine ruinirte menschliche Gestalt mit einge=
drücktem Hute einherwanken. Eine nahe Gaslaterne
warf einige Lichtstrahlen auf seine Jammermiene. O
Himmel! o Freude! Es war mein Reisgefährte und ge=
schlagener Freund, der Tenor, der mit seiner argbedroh=
ten Haut noch zeitlich genug durch die Thüre kam.

Wenige Tage später, als ich bei der Probe meines
ersten Konzerts die Theatertreppe hinaufeilte, stürmte
der Bassist, ein Lied trillernd, die Treppe herunter,
und unsere Köpfe stießen zusammen. Ich erschrack aufs
heftigste, allein er erkannte mich nicht mehr.

———————

Melbourne, 15. Juni 1855.

Einem venetianischen Karneval gleicht hier das Le=
ben! es bewegt sich nicht in gelassenen Schritten, es
stürmt eine tolle, von schreiendem Glanze und Masken=
gewühle begleitete Galopade. Wen das betäubende Ge=
räusch, die lärmende Fröhlichkeit des Materialismus an=
zieht, der komme nach Melbourne, wer aber zu etwas
Höherem Lust trägt, wer ferne von dem Gepolter der

staubigen Geschäftsstraßen die anmuthigen Blumenwege der Kunst, der Wissenschaft und des sittlichen Lebens wandeln will, der kann sein Sehnen nicht befriedigen. Worin das böse Verhängniß besteht, daß in diesen von Englands Verbrechern gegründeten Staaten nirgends ein kräftiges Bürgerleben sich entfalten will, ist schwer zu fassen. Es scheint aus einem dunkeln, unheimlichen Grauen zu entspringen, welches die abenteuerlichen Verhältnisse der meisten Bewohner einflößt, das, wie ein böses Gespenst, jedem Gesetze, wo es sich zeigt, höhnend und drohend in den Weg tritt. Eine grelle Sittenverderbniß, die gewiße Schichten der Gesellschaften durchzieht, verpestet wie ein pontinischer Sumpf dieses schöne blühende Frühlingsland. Man sieht alle Dämme der bürgerlichen Ordnung eingerissen, und die schmutzigsten Leidenschaften fluthend hereinbrechen. In den höhern, eigentlich reichern Ständen, wo die Habsucht präsidirt, herrscht eine Unerquicklichkeit des geselligen Treibens, wie ich es nirgends auf allen meinen Wanderungen durch die Welt, selbst nicht in Kalifornien, gesehen. Frauen, die in andern Ländern jedes Familienglück, jede bürgerliche Achtung längst verlebt und verscherzt haben, sieht man hier zu Rang und Reichthum erhoben, und selbst junge Damen, die noch Ansprüche auf Erziehung und Bildung machen, findet man Tage lang an den modernen Spieltischen sitzen, wo sich jede sittliche Kraft entnervt und ausfasert. So gemein prosaisch wie das Leben, wird auch die Kunst

betrieben. Theater, Konzerte und sonstige Belustigungen
sind zwar stets überfüllt, und nirgends dürften Artisten
aller Art einen ergiebigern Boden und mehr materiellen
Lohn finden, als hier, aber nur für den Flitterglanz
der Blendfeuerwerke herrscht Empfänglichkeit, nur die
vierschrötige Lustigkeit wird verstanden und beklatscht,
nicht der schöne hohe Ernst der Kunst. Oefter schon,
wenn ich ermüdet von dem närrischen Treiben des Pub=
likums, die Fiedel in den Kasten steckte, dachte ich ganz
vergnügt: nun, ärger könne es doch nicht kommen, aber
so oft ich in eine andere Stadt komme, finde ich mich
betrogen. Wahrlich, meine ästhetische Organisation wäre
längst zerrüttet, hätte ich nicht Seelenstärke, Gelassenheit
und Humor genug, diesem plumpen Gaukelspiele eine
lustige Seite abzugewinnen. Zwar müßte auch ein fah=
render Virtuose seine Geheimnisse haben, die er schon
aus Politik, wenn nicht aus Künstlerstolz, verschweigen
sollte, aber mein aufrichtiger Kosmopolitismus giebt dieses
nicht zu, ja meine Offenheit beruhigt mich, denn würde,
dem absurden Treiben dieses Publikums gegenüber, mich
noch die Eitelkeit überfallen, dann wahrlich stünde es
schlimm mit mir. Ich will daher offen sein und Alles,
was mir bei meinem ersten Auftreten in Melbourne Merk=
würdiges begegnete, genau aufzeichnen, ehe es meiner
Erinnerung entschwindet. Gezwungen mich in die Arme
eines Theaterdirektors zu werfen — denn bei meiner
Ankunft fand ich sämmtliche Konzert=Lokalitäten vermie=

thet — verpflichtete ich mich kontraktlich, an zwölf aufeinander folgenden Abenden im Theater zu spielen. An einem der letzten Maytage sollte das erste Auftreten stattfinden, und der gute Ruf, den die Zeitungen von mir verbreiteten, indem sie wochenlang fast täglich sehr enthusiastisch von mir sprachen, sowie die allgemein gespannte Neugierde des Publikums, machten, daß das Haus sich zum Erdrücken füllte. Ein Ballet sollte, wie es hier Sitte ist, das Konzert eröffnen und alle schönen Musen Melbournes, die Spanierin Aurelia Babette, die Sängerinen Miß Octavia Hamilton, Olympia Montemerie vereinigten sich zu einer Parforce-Jagd nach langathmigen Trillern, Schnörkeln, Cadenzen, Roulaten, und außer meiner gewöhnlichen Konzertcompagnie kam noch ein hyperpathetischer Deklamator und der blutdürstige Ultrabaß Signor Pottessini. Der Vorhang erhob sich. Eine französische Tänzerin, leichte, schlanke Figur, viel Physiognomie, wenig Schönheit, frivol bis zur Unverschämtheit, hüpfte im kurzen buntgestickten Spitzenröckchen auf die Bühne. Sie wurde mit Beifall empfangen und das Orchester, das ihre koketten Schwebekünste sehr charakteristisch in Musik setzte, erhob jetzt ein kriegerisches Trompetengeschmetter. Da erschien eine in voller Jugendblüthe prangende Gestalt, eine Kreolin mit wundervollen Augen, groß und schmachtend, bezaubernd von Colorit, majestätisch in ihren Formen, kurz eine wahre Muse, nur verführerischer. Gleich bei ihrem Eingangs-

Komplimente erhob sich ein allgemeiner Ruf der Ueberraschung, und der männliche Enthusiasmus machte sich durch einen donnernden Beifallssturm Luft. Diese beiden ungezogenen Lieblinge der Grazien, stritten in einer schwindelnden Tarantelle um die Palme des Abends. Wie zwei buntfarbige leichtbeflügelte Schmetterlinge schwebten sie, von rauschender Musik und Beifallgeklatsche begleitet, dahin. Die quecksilberne Pariserin verschwendete ihren ganzen Reichthum raffinirter Verlockungskünste und führte ein ganzes Heer verführerischer Pirouetten, schmachtender Attituden ins Treffen, um ihre Gegnerin aus dem Felde zu schlagen, aber die Creolin schien von den Grazien beschützt; sie blieb unverwundbar, als wäre sie gefeit. — Donnernde Beifallssalven unterstützten jede ihrer Bewegungen, die von einer unbeschreiblichen Anmuth belebt, dem Publikum die enthusiastischsten Huldigungen abschmeichelten, und so oft sie am Rande der Bühne erschien, flogen ihr ganze Ladungen Blumenbonquette, Ringe und Armbänder zu. Die eitle Französin kämpfte, erhitzt, mit ihren letzten Kräften, gegen die immer siegende Rivalin, aber immer wieder wurde sie überflügelt und zurückgeschlagen, und bald sah man die erboste Französin müde und mit hängenden Flügeln wie eine abgemattete Henne um ihre Gegnerin herumflattern, bis sie erschöpft und athemlos zu Boden fiel. Die Kreolin näherte sich mitleidsvoll der Gefallenen, um sie aufzurichten. Diese aber schoß wie ein Blitz empor, schritt erbost und mit geballten Fäusten auf ihre Feindin zu, und versetzte ihr bei offener Scene, vor den Augen des versammelten Publikums, mit möglichster Naturtreue eine Ohrfeige. Ein Donner des Mißfallens erhob sich gegen die Französin, die kreischend vor Zorn und ohnmächtiger Wuth die Worte ausrief: „Die Abscheuliche hat mir aus Bosheit ein Bein gestellt." Die Mißhandelte berief sich mit einer Ruhe, die nur der höchsten Unschuld eigen ist, auf die Reinheit ihres Gewissens, aber ein gemeines Schmähwort, das ihr die Pariserin zuwarf, brachte auch ihr südliches Blut in Aufruhr und es entzündete sich ein häßlicher Kampf.

Die beiden aufgeregten Weiber stürzten, Haß athmend, auf einander und zogen sich unter dem tollen Geschrei des Galeriepöbels wüthend bei den Haaren umher. So natürlich sah ich noch kein Spiel auf der Bühne. Das skandalsüchtige Publikum sah, wie bei den olympischen Spielen, diesem abscheulichen Treiben zu, bis die Kreolin ohnmächtig von der Bühne getragen wurde. Sie blutete heftig und jetzt erst nahm ein Theil des Publikums ihre Partei.

Einige englische Officiere, die von einer Loge aus dem Spektakel zuschauten, ließen, empört über das freche Betragen der Tänzerin, die Bühne von einigen Konstablern besetzen und die Französin in Haft nehmen. Aber die Freunde der Letztern, die sich schaarenweise zusammenrotteten, widersetzten sich dem und bald gab es einen allgemeinen Sturm. Ein großer Theil des Parterres wälzte sich gegen die Bühne, das Orchester wurde übersprungen, Geigen und Bässe zerbrochen, dichte Staubwolken umhüllten den Schauplatz, halb ohnmächtige Weiber schrien im Gedränge — ich aber floh mit meiner Geige, als käme der Teufel mit der ganzen Hölle hinter meinen Fersen, und nicht eher machte ich Halt, bis ich mein Hotel erreicht hatte. In meinem Zimmer angekommen, warf ich mich, des sichern Hafens freuend, in den weichsten Sessel und zündete mir mit Wohlbehagen eine köstliche Cigarre an; Adieu Melbourne: rief ich, und eine ganze Ideenwelt voll schöner und blühender Hoffnungen umgaukelten schmeichelnd meine Phantasie. Ostindien, das Wunderland meiner Träume, mit seinen Wäldern voll Blüthen und Düften, lag märchenhaft vor mir. In längstens 30 Tagen, sprach ich leise vor mich hin, wandelst du in diesem Götterlande, an den Ufern des heiligen Ganges, von dort aus, o Freude, trägt dich das Meer nach Europa ins theure Vaterland. Eine himmlische Freudigkeit durchfächelte mich bei diesen Gedanken, und mit den Worten: „Morgen reise ich," sprang ich beseligt vom Stuhle auf. Aber, o Kometenlaune des Schicksals, was sind menschliche Vorsätze? Der Theaterdirektor stürzte eben ins Zimmer: „Was Teufel, Sie wollen abreisen, ich lasse Sie nicht von der Stelle!" rief mir seine Bärenstimme ins Ohr und erfüllte mich mit Schaudern. Er hielt mir den unterschriebenen Kontrakt unter die Nase. „Da lesen Sie Ihre Unterschrift, mir werden sie nicht entwischen." Ich sah ihn flehentlich an und bat ihn, nur heute meiner zu schonen, der Kopf schmerze mich und es sei mir ganz übel ums Herz; aber der Grausame fühlte kein Erbarmen, er sagte, das Publikum verlange lärmend den Beginn des Konzerts, sonst wolle es das Geld zurück und das Haus einreißen. Außerdem, fügte er sehr naiv hinzu, sei durch Verhaftung der beiden Tänzerinnen und einiger Unruhstifter der Tumult wieder besänftigt und nur mein eigensinniges Weigern könne einen neuen Sturm heraufbeschwören. Mit einem schweren Seufzer nahm ich seinen Arm, mir war es, als würde ich zum Richtplatze geführt, und in wenigen Minuten stand ich wieder auf den verhängnißvollen Brettern.

Ein gräulicher Lärm, ein Dunst und Gepolter kam mir entgegen, und eine große Bangigkeit überfiel mich. Die Ouverture zu „Don Juan" sollte das Konzert eröffnen, da aber die Instrumente zertrümmert, die Orchesterleute zerstreut waren und der Kapellmeister das Weite gesucht hatte, so trat Signor Potessini, der „Ultrabaß," hervor. Dieser Generalpächter der Narrheit erschien, um Effekt zu machen, in diabolischem Bertramcostume und wurde mit Zischen und Lachen zurückgeschlagen. Die aufgeregte Menge begehrte lärmend die Ouverture und der Director mußte die Aufführung derselben versprechen. Spät, es war 12 Uhr Nachts, nachdem alle akustischen Zeichen des Spottes und des Tadels erschöpft waren, trat ich vor. Als ich mit einem tiefen Komplimente mich an die Spitze dieses invaliden Musikcorps stellte, begann eine allgemeine Augenrüstung; sämmtliche Fernröhre, Lorgnetten und Operngucker richteten sich auf mein schwaches Ich, das befangen und ahnungsschwer das Zeichen zum Beginne gab. Ich fühlte eine enge Schwüle um mich her und merkte in meiner Verwirrung gar nicht, wie das Werk des großen Mozart mißhandelt und hingerichtet wurde. Nur die aufgeschreckten Mißtöne fuhren wie Gichtstiche durch meine Nerven, sonst sah und hörte ich nichts. Da eben, als die Posaunen das jüngste Gericht ankündigten, erhob sich ein Lärmen, Pochen, Zischen und Schreien, wie es noch nicht erhört worden.

Ich fürchtete, der Geist des beleidigten Mozart spucke polternd durch's Komödienhaus, aber es war etwas ganz Anderes als ein Geist. Es war ein Polizei-Agent mit weißem Stabe, der plötzlich zwischen den Coulissen sich zeigte und im Namen des Gouverneurs das Schauspielhaus schloß. Die Bühne füllte sich mit Kolonialsoldaten, das Haus leerte sich, binnen fünf Minuten schien das ganze Parterre wie ausgekehrt und in der ganzen Stadt Melbourne war Niemand froher als ich. Folgenden Tages hielten sämmtliche Zeitungen Melbournes dem ungezogenen Publikum eine Strafpredigt. „Was soll Europa, was die Welt von uns sagen," eiferte der „Argus,"

„wenn Künstler, die unter so vielen Gefahren über den Ocean zu uns kommen, so wenig geehrt, wenn die Kunst, die uns erheben soll, so erniedrigt wird?" Diese eindringlichen Worte schienen ihre Wirkung nicht verfehlt zu haben, denn einige Tage später spielte ich von den größten Auszeichnungen begleitet. Nach jeder Piece steigerte sich der Erfolg und an den folgenden Tagen wurde ich von Ehrenbezeugungen schier erdrückt. Ein neues Stück, „Bouquets Irlandais", das aus irländischen Volksliedern mit Variationen besteht, macht viel Spektakel und erweckt bei den leicht erregbaren, hier sehr zahlreich wohnenden Irländern einen wahren Nationalfeudalismus. Vorgestern spielte ich im Arsenal zum Besten des englischen Hospitals, und aus Dankbarkeit für die Summe von 600 Pfund, die ich der Anstalt als Ertrag überschickte, wurde ich vom Comité mit vielem Pomp zum „Vice-Governor" ernannt und durch eine Serenade beehrt. Ich übergehe ganze Reihen von Huldigungen und Ehrenbezeugungen, die mir von allen Seiten zuflossen, theils weil es mir Langeweile macht, davon zu sprechen, theils um von etwas Anderem zu erzählen. So z. B. giebt es in Melbourne über 20,000 Chinesen, die mir ungemein viel Spaß machen; diese wissen meiner grämlichen Laune ein heiteres Lächeln abzugewinnen. Wandelt man durch ihre eigenen Stadtviertel und Straßen mit ihrem buntscheckigen Gewühle von Chinesen, Mandschuren und Mongolen, vorbei an den Kramläden, die alle ihre Waaren auf der Straße ausgelegt haben, so ziehen Scenen und Gruppen an uns vorüber, bunt und abenteuerlich, wie die Märchen aus tausend und einer Nacht. Hier vor einer Traiterie, wo einige Feinschmecker bei fetten Bissen sitzen, wird neben den gewöhnlichen Hausthieren, auch Hunde-, Katzen- und Rattenfleisch gebraten, Regenwürmer, aufgeweichtes Leber, gebackene Rosen, Heuschrecken und andere Konfituren mit dem größten Appetite auf offener Straße verzehrt. Hier spielen einige Vornehmere Schach, welches aber von dem gewöhnlichen gänzlich abweicht. Es entsteht ein Streit, dann ein lebhaftes Handgemenge, das aber bei dem feigen, weiblichen Charakter dieses Volkes nie ein blutiges Ende nimmt, höchstens, daß dem Ueberwinder der Zopf des Ueberwundenen in den Händen bleibt, worauf er gravitätisch den Platz verläßt. An einer Straßenecke hat ein Buchhändler seine Krambude; er verkauft seine Bücher aber nicht nach dem Werthe oder einem festgesetzten Preise, sondern nach dem Gewichte. Fehlt etwas an letzterem, so reißt er mit der größten Seelenruhe von der Welt eine Anzahl Blätter aus dem ersten besten Werke, wirft sie in die Waagschale und kompletirt das Gewicht. Seltsam ist der Gebrauch, daß Verwandte ihren Verwandten, Kinder ihren Eltern noch bei Lebzeiten schön geschmückte Särge zum Geschenk machen: ein zartes Zeichen kindlicher Liebe. Doch über all die närrischen Sitten dieses drolligen Volkes wäre es leichter ein Buch, als eine Blattseite zu schreiben, und da die Ereignisse sich drängen und der Raum meines Papieres immer enger wird, so kann ich der großen Industrie-Ausstellung, die nach Art der englischen hier vorbereitet wird, und der ersten austral. Universität, die beeröffnet ist, mit nicht mehr als wenigen Worten gedenken. Der Ausstellung will ich nächstens ausführlicher erwähnen, und von der Universität weiß ich aus den Statuten, die unter vergittertem Rahmen am Universitätsthor angeheftet sind, nichts als den ersten Paragraph, der da lautet: „Das Rauchen und Trinken in den Hörsälen ist strengstens verboten."

Melbourne, den 6. Juli 1855.

Welch' einen trüben Anblick gewähren jene Menschenschaaren, die, Europa's Stürme fliehend, wie Zugvögel in dieses Land herüberziehen, zu den tausend träumerischen Hoffnungen, die ihnen aus des Goldlands nebelhafter Ferne so verlockend entgegenschimmern! Wohl verläßt keiner fröhlichen Muthes das Land, das ihn geboren, und Niemand vermag sich ohne Schmerzen von der mütterlichen Erde loszureißen, worin das Herz mit tausend Wurzeln fasert. Aber die rauhe, thrannische Noth, eine stürmische Gebieterin, treibt immer mehr tausende Mißvergnügte von Europa's Küsten dem Pole des Goldes zu; dort zwischen den Bergen voll Schätzen, den Wäldern voll Blüthen und Früchten, hoffen Viele wolkenloses Glück und Nahrung im Freien zu finden, dort wird ihnen Gold, Milch und Honig entgegenfließen, und sie werden nicht, wie in Europa, angstvoll abzuwarten haben, bis ihnen das übermüthige Schicksal kümmerlich Brosamen darreicht. Mögen aber Jene, die den heimathlichen Herd verlassen, genau das Land kennen lernen, ehe sie den Weg über den Ocean nehmen! Denn viele Unglückliche werden wie Schiffbrüchige in diese ferne Welt geworfen, und finden rings umher nur eine menschenleere Wüste, in der jeder Nothruf ungehört verhallt.

Neulich ritt ich von einem Besuche, den ich auf dem Landgute eines meiner Bekannten, des englischen Obersten Heaucourt, machte, nach Melbourne zurück. Es war an einem schönen Sonntag, der Himmel trug sein wundervollstes Blau; zahlreiche Spaziergänger, viele geputzte Damen und Herren, Jünglinge und Mädchen, zogen in fröhlichen Reihen an mir vorüber; ein schattiges Gewimmel von reizenden Wäldchen, Landhäusern und Blumengärten schmückten von allen Seiten die schöne Landschaft, und die goldene Sonnenpracht — voll Hoheit hinter die fernen Berge tauchend — warf ihren strahlenden Abendschein über die blühende Erde. War es, daß ich mich im Glanze dieses Anblicks zu tief versenkte, oder daß ich die Topographie der Gegend nicht genau kannte, genug, ich ritt fehl, und anstatt auf dem Wege nach Melbourne, sah ich mich zu meinem Befremden auf einer etwas abgelegenen Straße, die nach Ballaratt führt.

Ich wollte eben die Hauptstraße aufsuchen und ritt, um mich zu orientiren, einen kleinen Hügel hinan, von dem man die Stadt, die Eisenbahn und Fahrstraße und die fröhlichen Menschen übersehen konnte, die schaarenweise nach Melbourne zogen, als plötzlich ein Geräusch von Menschenstimmen an mein Ohr schlug, das aus gar nicht weiter Entfernung immer vernehmbarer tönte. Ich hielt an und hörte ein Kind weinen, das von einer weiblichen Stimme mit deutschen Worten besänftigt wurde. Wer lange die Fremde gesehen, der weiß, mit welcher Freudigkeit man im fernen Lande nach jedem heimathlichen Schalle lauscht, und wie warm man jede Nachricht, jede Erinnerung an's Herz drückt, die aus dem Vaterlande kommt.

Als ich, die Spur verfolgend, weiter ritt, öffnete sich ein kleines Wäldchen, an dessen Saume, vor einer aus Strohmatten und Binsen elend zusammengefügten Hütte, ich eine auf dem Boden umherlagernde Truppe deutscher Auswanderer fand. Es war eine bunte, aus allen Theilen des deutschen Reiches zusammengewürfelte Genossenschaft, badische und schwäbische Landleute, Krämer und Handwerker, Weiber und Kinder, mit schüchternen deutschen Gesichtszügen, treuherzig und rechtschaffen, aber lauter schlaffe, bleiche und herabgekommene, entsetzlich herabgekommene Gestalten, in elende Lumpen gehüllt, wie sie der abenteuerliche Zufall ihnen eben an den Leib geworfen.

Von Wehmuth und Mitleid ergriffen, blieb ich stehen. Als ich ihnen in deutscher Sprache ein "Willkommen Landsleute!" zurief, schauten sie mich lange schüchtern und verwundert an, ehe sie den Muth hatten, ein lautes Wort zu reden und die Fragen zu erwidern, die ich zu wiederholten Malen an sie stellte.

Ein schon bejahrtes Mütterchen von sehr kränklichem Aussehen, wankte, auf einen Stab gestützt, mir entgegen. "Guter Landsmann," lispelte sie mit schwacher, kaum vernehmbarer Stimme, "Ihr seid ein vornehmer Herr und doch so freundlich, und wir sind so arme, vom Unglück geschlagene Menschen. Aber," fuhr sie traurig fort, "in Würtemberg, meinem Vaterlande drüben, da war es einst anders, da hatten wir Haus und Hof und Heerden und zu essen genug, bis uns die bösen Zeiten, die vielen Steuern und Abgaben um Alles, Alles brachten." Und mit traurigen, ergreifenden Worten erzählte mir die Arme, was sie von diesem Lande Alles gehofft, wie sie in ihrem Sinne sich schon ein schönes, geräumiges Wohnhaus eingerichtet und mit Behagen ausgeschmückt hätte. Hier dachte sie, ungeneckt vom bösen Schicksal, ihre Enkel zu wiegen und ein neues, immer blühendes Glück zu finden. Aber schon auf dem Meere zerschmetterte der Sturm ihr Fahrzeug, der Ocean verschlang ihre letzte ärmliche Habe und ein böses Fieber, das unter ihnen wüthete, bedrohte auch noch das nackte Leben und raffte ihre beiden Söhne weg. Von 300 Auswanderern, die vor wenigen Monaten; von tausend goldenen Träumen umgaukelt, die Heimath verlassen, hatte nur ein kleiner Theil den australischen Boden erreicht, und diese verkümmerten Ueberbleibsel lagen jetzt verzweifelt, krank und trostlos auf dem harten Boden der Fremde.

Friedrich Schlegel, der irgendwo sagt: „Der Mensch ist eine ernsthafte Bestie," hat ein wahres Wort gesprochen. Sehnend strecken sie die schlaffen Arme nach dem Vaterlande aus, dem sie so leichtfertig entsagten, vergebens späht das matte ausgetrocknete Auge nach Rettung und selbst die Hoffnung, diese Schmeichlerin des Mangels, ist in ihnen erstorben. Erst spät, nach langen Leiden und bitteren Enttäuschungen, wanken sie einem stillen Plätzchen zu, auf dem sie das müde altergraue Haupt zum Ausruhen und Sterben hinlegen — die Heimath hätte sie weicher begraben.

Tief angegriffen von diesen traurigen Zuständen, die so unerwartet auf mich einstürmten, stand ich wie festgebannt unter den unglücklichen Landsleuten. Das Waldholz loderte düster auf dem Boden, einen unheimlichen Schein werfend über die bleichen, trostlosen Gestalten. Ich vertheilte den Inhalt meiner Börse, sprach ihnen Trost zu, und versprach noch mehr zu thun, dann spornte ich mein Roß und voll von Wehmuth und düsteren Gedanken, sprengte ich dem glänzenden Melbourne entgegen, wo die Reichen im Ueberflusse schwelgen, mit im Feuer der Ueppigkeit gestählten Herzen.

Es ist Zeit, daß ich umlenke und den düstern Hohlweg dieser Betrachtungen verlasse, um lichtere Pfade aufzusuchen, aber in diesem Lande, wo man mehr „strebt" als „lebt," findet man fast nirgends jene reine Höhe der Geselligkeit, wo man ausruhen und sich erfrischen kann, wenn die Wege des Lebens flach und sandig sind.

Die Universität, ein kolossales, steinernes Gebäude, das groß genug wäre für alle schönen Geister unseres aufgeklärten Jahrhunderts, steht schüchtern und vereinsamt da auf diesem profanen Boden, wie ein klassisches Fragezeichen der Zeit an den Grab der eingewanderten Kultur.

Noch sind die weiten Räume öde, die großen Hallen und Säle leer, die Professoren predigen, außer einer kleinen Zahl Wißbegieriger, nur tauben Wänden, und nur Wenigen fällt es in diesem Lande ein, sich hinzusetzen, um einen Professor der Philosophie, der Aesthetik oder der Moral anzuhören.

„Grau, theurer Freund, ist alle Theorie,
Und nur die Praxis ist der goldne Lebensbaum."

Die Gründer dieser Anstalt, so achtungswerth und edel auch ihr Streben genannt zu werden verdient, sind mit diesem ihrem Unternehmen der Zeit um viele Jahre vorausgeeilt. Sie nahmen ihren Flug zu hoch, und haben es übersehen, um wie viel nothwendiger man zu erst gute niedere Volksschulen, als eine hohe Schule braucht. Denn nur durch zweckmäßige und gute Unterrichtsanstalten kann in diesen, aus den gemeinsten, abenteuerlichsten Elementen entstandenen Kolonien ein kräftiger Staatsbürgersinn herangebildet werden, weil mit dem Fortschritte der Ausbildung des Geistes und des Herzens, das Sittenverderbniß niedergehalten und der Pöbel, der seine läßige Zeit in Branntwein ertränkt, am besten vernichtet wird, wenn er sittliche Zerstreuung und Geistesnahrrung erhält.

Gegenwärtig ist es ein indischer Prinz, ein Sohn des mächtigen birmanischen Königs von Ava, der die Aufmerksamkeit der gesammten fashionabeln Welt in einem nicht gewöhnlichen Grade auf sich zieht. Diese kaffeebraune Hoheit, die von ihrem königlichen Vater nach Melbourne geschickt wurde, um sich unter der Leuchte der vielgerühmten Civilisation zu sonnen, führt das allerloseste Leben und anstatt seinen Universitätsstudien, geht er den lockersten Grazien und den lustigsten Abenteuern nach. Er ist von athletischer Figur, mit breiten Schultern und von hohem Wuchse wie ein Riese. Geht er in seinem rothen, von Gold durchwirkten Turban, dem vom Glanze der Edelsteine funkelnden Mantel, kühn über die Schultern geworfen, durch die Straßen Melbourne's, so zittern die Glasscheiben an den Läden und alle jungen Lady's eilen an die Fenster. Denn Prinz „Bab-Usauga," so lautet sein schöner Name, steht mit dem zarten Geschlechte dieser Stadt auf dem besten Fuße, und würde es ihn auch seiner Farbe wegen verachten, die „Schattenlivree der lichten Sonne,“ so sind es seine blanken Dukaten, mit fabelhafter Verschwendung ausgetheilt, die ihm viele weibliche Herzen pfeilschnell öffnen.

Eines Abends saß er im Theater in einer Loge des ersten Ranges. Eine italienische Operngesellschaft debutirte eben zum ersten Male, und der Prinz, den das süße Geleier der Signora „Lucia“ sehr zu langweilen schien, machte sich die eigenthümliche Privatzerstreuung, und heulte, grinzte und polterte so laut und vernehmlich, daß das ganze Parterre sich wüthend erhob, um ihn aufs energischste durch ein allgemeines Sittengericht zu züchtigen. Herr Bab-Usauga aber blieb standhaft bei seiner despotischen Sultanslaune, und außer seinen akustischen Waffen bediente er sich noch Gipskügelchen und Knallerbsen, die er mit großer Seelenruhe unter die civilisirten Sclaven des Parterres schleuderte. Der Lärm wurde immer größer. „Hinaus mit dem gelben Maulwurf!“ donnerten ihm hundert Stimmen zugleich entgegen; der Prinz blieb. Ein Handschuh flog ihm ins Gesicht, aber er blieb, und saß in seiner Loge wie ein alter Römer, der das Pöbelgeschrei verachtet. Endlich schickte sich ein Theil des zornigen Parterrepublikums an, seine Loge zu erklettern, das endlich bewog diesen indischen Ritter den Platz seiner Heldenthaten zu räumen.

Diesen wunderlichen Kauz fand ich jüngst in der

Abendgesellschaft eines deutschen Bankiers, der, auf Tagescelebritäten und Kuriositäten Jagd machend, diesen braunen Riesen zu sich in seinen Salon lud. Anfänglich ging Alles recht gut. Der Prinz sprach tapfer dem Theekessel zu, leerte ein Glas Rum nach dem andern, und verschlang ganze Schüsseln voll Confituren und Backwerk mit einer Virtuosität, die ihm allein schon die Bewunderung der ganzen Gesellschaft zuzog. Kaum aber waren die Schüsseln und Flaschen geleert, so begann er allerlei lustige Streiche, die den sehr zahlreich anwesenden Lady's, die gekommen waren, das ostindische Wunder in der Nähe anzustaunen, die ärgsten Verlegenheiten bereiteten. Er mengte sich unter die Schönsten, und seine von Rum erhitzte Phantasie, so wie die reizenden Toiletten der blonden Lady's brachten ihn so in Extase, daß er sich die impertinentesten Vertraulichkeiten erlaubte. Die zimperlichen Schönen, nicht einverstanden mit diesen mimischen Liebeserklärungen, flohen den heißblütigen Mohren, dieser aber wich ihnen nicht vom Leibe und verfolgte die armen aufgeschreckten Täubchen, die girrend und kichernd vor den unverschämten Zudringlichkeiten dieses schwarzen Don Juan von einer Ecke des Salons zur andern flüchteten. Der geängstigte Hausherr sah mit saurer Miene sich endlich genöthigt, seinem braunen Gaste zu bedeuten, er möge mit Anstand sein Haus verlassen, sonst müsse er ihn — so leid es ihm auch wäre — mit Schmerz zur Thüre hinauswerfen! Seine farbige Hoheit aber fand diese Ansicht für lächerlich; er blieb, in seinem Genre sich weiter amusirend, und verließ erst dann den Salon, als ihn einige aufmerksame Bediente dabei hilfreich unterstützten.

Wollte ich auch noch von vielen andern Dingen erzählen, die in der Vorrathskammer meiner Erinnerung aufgespeichert liegen, so kann ich doch nicht mehr, denn mit Verdruß sehe ich das Schiff signalisiren und das Papier zu Ende gehen. Ich will noch in aller Schnelligkeit erwähnen, daß ich vom englischen Gouverneur den Auftrag erhalten, einen Festmarsch zur Eröffnungsfeier der ersten australischen Industrieausstellung zu komponiren. Da es mir an Geduld, Zeit, Lust und noch an verschiedenen anderen Dingen mangelte, die zu einem Effektmarsch für das australische Publikum unumgänglich nöthig sind, so beging ich eine kleine Felonie, schrieb den Marsch ab, den ich einst in Schweden im Auftrag des dortigen Königs zur Krönungsfeierlichkeit komponirte, und schickte ihn an das Comité. Gestern fand die Probe statt, der Marsch wurde mit großer Acclamation aufgenommen, und außer den versprochenen 200 Pfund Honorar, erhielt ich noch von Sr. Excellenz dem Gouverneur eine Diamanten-Busennadel.

Melbourne, 4. August 1855.

Um zu erproben, welch ein lästiges Geschenk des Himmels zuweilen auch der feine Geschmack für Musik sei, muß man nur solch einem transatlantischen Monstrekonzerte beiwohnen, wie es am letzten Juli nach Aufforderung des Gouverneurs im großen mechanischen Saale stattfand. Es geschah zum Besten des patriotischen Fonds für verwundete englische Soldaten im Orient. Der neue philharmonische Verein, die Sängergesellschaft, alle Schauspieler, Opernmitglieder und Musikbanden wirkten durch volle böse sieben Stunden in langen 30 Nummern mit. Die ganze fashionable Gentry Melbourne's, die gewöhnlich bei solchen Gelegenheiten vor Entzücken in einen sanften Schlummer verfällt, hielt tapfer aus und blieb aus Zartheit für den wohlthätigen Zweck munter bis zum letzten Stücke.

Schon einige Stunden vor der Saaleröffnung umstand eine zahlreich wartende Menge das große Arsenalgebäude, sogar aus den entfernteren Minen kamen ganze Schaaren herangezogen; es war eine allgemeine Wanderung, wie zu den olympischen Spielen, und wer nicht gesunde Rippen und Ellbogen hatte, mußte unbefriedigt wieder abziehen. Gegen 8 Uhr Abends krachten die ersten Lärmschüsse der Ouverture einer Komposition des Engländers Linley, in der die abgebrauchtesten musikalischen Gemeinheiten aus sämmtlichen Weltgegenden redlich zusammengetragen waren. Dann folgte ein großes orientalisches Schlachtentonbild von Bishop, mit Gesang, Deklamation, Tanz, obligatem Kanonengedonner, Rule Britannia's, Pferdegetrabe und Türkenmärchen. Welch ein grausames Vergnügen! Als wenn es nöthig wäre, die Langeweile von so vielen Seiten her mit Mühe herbeizuschleppen!

Es hat mir immer wunderlich geschienen, daß ein so großes, stolzes Volk wie das britische, das in der Literatur den höchsten Gipfel des Ruhmes erstiegen hat, in allen andern Künsten, besonders aber in der Tonkunst, so wenig Erhebliches leistet, und daß es den vielen großen Komponisten und Virtuosen, die alljährlich als Herolde ihrer Kunst nach London gezogen, nicht gelungen ist, dort eigenthümlich schöpferische Kräfte anzuregen.

Die Musik, diese heilige Palme von Duft und Blüthen, wollte in diesem feuchten, düster umnebelten England nicht recht gedeihen, und da, wo man sie pflanzte, führt sie nur ein mattes, unerquickliches Treibhausleben; denn von jenen modernen englischen Komponisten, die wie falsche Propheten mit Schellenklang und Paukengetöse durch diese noch halbkultivirten Länder ziehen, und den Geschmack der Menge irre leiten und verderben, ist nichts Gutes zu sagen. Selbst Balfé und Walace, Männer von vieler Bildung, die es wenigstens verstehen, über ihre Fehler und Mängel den Vorhang des Geschmackes zu ziehen, haben es trotzdem bis jetzt noch nicht vermocht, ihre Werke über die Fläche der Gewöhnlichkeit zu erheben. So fad, parfümirt und übersüß ist ihre Musik, daß selbst die moderne italienische Pfeffer und Salz dagegen scheint. Aber jene Andern, wie Linley, Bishob und Massa, die in der ganzen Union, in Kalifornien und in den australischen Kolonien überall das musikalische Wort führen, tragen viele Sünden auf ihrem ästhetischen Gewissen. Verrenkung ist ihnen Gewandtheit in der Instrumentation, Verzerrung Ausdruck des Gedankens; sie lärmen prahlend mit allen möglichen Blechinstrumenten, um die Gedanken=Armuth zu überschreien, die hohl und grell überall hervortritt, und taucht aus diesem Chaos der Betäubung endlich eine Melodie auf, oder wirft ihnen die Laune des Zufalls ja endlich einen Gedanken zu, gleich wird er von dem Janitscharenlärm der Posaunen und Pauken niedergetrommelt. Traurig, daß es so ist, traurig für mich, der schon Jahre hindurch nur "solchen krachenden Unsinn" hört.

Aber das Publikum ist auch danach. Ich weiß oft nicht, ob ich lachen oder mich ärgern soll, wenn ich mit der Geige hervortrete und sehe, wie mein Andante, das ich gewöhnlich als Introduktion dem neuen "Bouquet Irlandais" vorausschicke, von den Gentlemen und Lady's nur mit einem unisonen Gähnen begleitet wird. Kaum aber nähert sich das Andante dem entscheidenden Momente, so bemerke ich lachend, wie gleich beim ersten Paukenschlag und Schellenklang, die das burleske Thema ankündigen, sämmtliche müden Parterregesichter sich aufheitern. Sobald meine Piece beendigt ist, ziehe ich mich in irgend einen Winkel zurück und, eine strenge Passivität beobachtend, höre ich all' diese aufgeschreckten Triller, diese abgehetzten Rouladen und girrenden Liebesarien, mit der Ruhe und Geduld eines Deutschen an, denke mir immer: Höchst wahrscheinlich singen und spielen sie Alle ganz vortrefflich, nur ich Betrübter verstehe nichts davon! Nur dann, wenn sie (was, dem Himmel sei Dank, selten geschieht,) an den hohen Priestern der Tonkunst sich vergreifen, wenn sie die edlen, zauberischen Melodien meiner Lieblingscomponisten matt und seelenlos dahinschleppen, da endet meine Geduld, da sind mir all' die falschen Musen zuwider, ich möchte sie alle zum Tempel hinausjagen.

Einige Tage nach diesem Konzerte, das dem patriotischen Comité nahe an 20,000 fl. eintrug, veranstalteten die hier lebenden Franzosen, an deren Spitze der französische Konsul Graf Chirapey steht, einen glänzenden Festball, dem sämmtliche Honoratioren Melbourne's, der Gouverneur, die hohen Militärpersonen und alle fremden Gesandten und Konsuln beiwohnten. Es war mehr ein Verbrüderungsfest, ein mächtiger Wiederhall jener europäischen, Franzosen und Briten vereinenden Völker-Allianz, der auch hier unter diesem fernen, entlegenen Himmelsstrich wiedertönte, und namentlich unter den Franzosen eine Begeisterung hervorrief, wie sie auf australischem Boden noch nicht erlebt worden.

Der Saal war zu einem wahren Feenhain umgewandelt. Zu beiden Seiten erhoben sich Blumenlauben, tropische Gewächse, Springquellen. Rauschende Kaskaden erfrischten die Luft, und im Mittelpunkte des, von tausend Kerzen funkelnden, Saales, prangten Transparente im Brillantfeuer und ein ganzes Parables von Blumen, welche die Statuen der alliirten Häupter bunt und märchenhaft umrankten. Ein Kranz schöner Damen, meist muntere Französinnen (denn die grämlichen, eifersüchtigen Lady's leben mit den Französinnen trotz aller Allianzen immer auf gespanntem Fuße), bildeten den Brennpunkt der Konversation, um welchen sich Alles schaarte. Sie haben alle Koketterien, alle feinen Künste der Gefallsucht von Paris mit herübergetragen, und sehr reizend in Blumen und Spitzen prangend, entfalteten sie das ganze lose Spiel verführerischer Liebenswürdigkeit, welches so Manche unter ihnen aus dunkler Vergangenheit zu Glanz und Reichthum erhob.

Durch dies bunte Gewimmel von Gestalten aller Länder, Völker und Zonen drängte ich mich, von allen Seiten sehr ehrenvoll empfangen und begrüßt, durch den schimmernden Ballsaal, der trotz allen Glanzes einen abenteuerlichen, fast theatralischen Anstrich nicht verläugnen konnte. Hier sah man elegante Franzosen, mit ihren feinen, geistreichen Gesichtszügen, freudestrahlend dem schweren, gediegenen Briten den Hof machen, die besonnen, selbst in ihrer Lust gemäßigt, auch in ihrem Enthusiasmus stolz, zufrieden wie die Römer, all' diese Huldigungen hinnahmen — da wieder malayische Häuptlinge, weiche, kränkelnde Gestalten des Südens, gesalbt mit wohlriechenden Oelen, aber strotzend von Gold und Edelsteinen — dort wieder indische Soldaten in englischen Uniformen, Seeleute mit abenteuerlichen, von Wind und Sonne gebräunten Gesichtern, Marineoffiziere, schwarz wie die Raben, häßlich wie die Affen, aber höchst elegant in silberschimmernden Uniformen, weißen Kravatten und Handschuhen geputzt; denn „die Kultur, die jetzt alle Welt beleckt, hat auch auf die Teufel sich erstreckt." Diese Worte, die Göthe in seinem „Faust" den kecken Mephisto sagen läßt, kamen mir immer in den Sinn, so oft mir solch ein borstiger, schwarzer Kobold in den Weg trat. Am komischsten sahen sie aber aus, wenn sie mit ihren plumpen, schwerfälligen Gliedern die Tänzergrazie der Franzosen nachäffen wollten, was ihnen so ungeschickt gelang, daß oft der ganze Saal in ein schallendes Gelächter ausbrach. Doch dieses hinderte die schwarzen Schlingel in nichts, sie lachten mit und tranken, den französischen Weinen huldigend, ganze Reihen von Flaschen Champagner und Madeira, bis sie, total betrunken, sich nicht mehr aufrecht erhalten konnten.

Nach Mitternacht erhielt an der Tafel die ganze Geschichte eine etwas bacchantisch=lärmende, fast wilde Färbung. „Rule Britania" und patriotische Franzosenlieder, englische Plumpuddings und französische Trüffel=

pasteten, schäumender Porter und Champagner, vereinigten die aufgeregten Gäste jubelnd mit einander. Der französische Konsul erhob sich plötzlich zu einer Rede, mit der er noch zur rechten Zeit das Fest schloß, das gar bald eine den Festgeber kompromittirende Wendung genommen hätte.

Auch die Gemahlin des Gouverneurs, eine ehemalige französische Schauspielerin, Cölestine Mogador, der auch in Europa einst eine zweideutige Berühmtheit zu Theil ward, ergriff zum Schlusse das Wort. Der Toast, den sie zum Heile aller tapferen französischen Krieger ausbrachte, auf die im fernen Orient eben der Schlachtentod ziele, hatte eine solche enthusiastische Wirkung, daß binnen wenigen Minuten eine Summe von nahe an 30,000 Francs für die französischen Soldaten gezeichnet wurde, und so schloß dieses wunderliche Fest noch mit einer schönen That.

Miß Hayez ist von ihrer Reise nach Bombay, Kalkutta und Batavia wieder in Melbourne eingetroffen. Die indischen Nabobs, bei denen übrigens der Kunstgeschmack noch sehr in der Wiege liegt, haben dieser sonst überall gefeierten Muse des Gesanges nur sehr wenig gehuldigt, das heißt, sie machte überall sehr schlechte Geschäfte. Bei einem großen Theaterbrande, der eben entstand, als sie im Theater zu Kalkutta die „Norma" sang, wäre sie bald verbrannt.

Auch Lola Montez, die Gräfin Landsfeld, wie sie

noch immer sich nennt, ist hier und macht ein rasendes
Geschäft. Anfänglich hielt ich mich sehr entfernt von der
Sennora, denn in Kalifornien schieden wir nicht sehr
freundlich; da mir aber ein Konflikt mit ihr, besonders
in diesem Lande, sehr nachtheilig wäre, und sie noch
überdies den ersten Schritt zur Versöhnung that, indem sie mich brieflich, in sehr freundschaftlicher Art, zu
sich in's Hotel lud, so überlegte ich nicht lange und
machte den zweiten Schritt. Vor einigen Tagen besuchte
ich sie. Die schöne Nichtsthuerin ruhte eben auf ihrem
Zimmer in einer weichen Ottomane ausgestreckt und
rauchte Cigarren. Ein Spiel Traum- und Wahrsage-
karten lag vor ihr auf dem Tische aufgeschlagen, denn
Lola ist sehr abergläubisch, und ganze Thürme von
Schachteln und Koffern standen halb ausgepackt und un-
geordnet im Zimmer umher. „Dachte ich's doch, Sie
deutscher Bär," rief sie mir entgegen, „daß Sie kommen
würden und nicht ernstlich böse sein können. Gleich nach
meiner Ankunft wollte ich Sie aufsuchen, aber die große
Ermüdung von der Reise, die vielen Geschäfte" — hierauf begann sie, mich mit einer Fluth von Neuigkeiten
zu überschwemmen. Ich konnte gar nicht zu Worte kommen; plaudernd und lachend ging es lange so fort und
in einer Stunde erzählte sie mehr, als sie in einem ganzen Tage hätte verantworten können. Die Zeit ist an
dieser unverwüstlichen Spanierin, an dieser üppigen, in
ewigem Sommer prangenden Gestalt, spurlos vorüberge-

zogen; noch immer dasselbe, von einer Fülle glänzend
schwarzer Haare umwallte, südlich-schwärmerische Antlitz,
von dem Syrenenzauber um den Lippen wunderbar be=
lebt; noch immer das von langen, schwarzen Wimpern
umschattete Auge, das öfter in ein mildes Leuchten und
träumerisches Umirren sich verlierend, oft aber, leidenschaftlich aufflammend wie ein tropischer Blitz, auch den
kältesten Menschen entzünden und hinreißen kann. Aber
auch immer ist sie noch das kühne, abenteuerliche, ent=
fesselte weibliche Wesen, wild, unbedachtsam, flüchtig,
lustig bis zum Tollwerden, witzig bis zur Ungezogenheit
und leidenschaftlich bis zur Raserei.

Ihren letzten Ehegemahl (ob den ganz letzten, wage
ich nicht zu behaupten), Mr. Patrik Hull, hat jüngst in
Kalifornien ein eigenthümlich tragisches Geschick getroffen.
Er reiste nämlich mit einem seiner Brüder, den er über
Alles liebte und den er erst vor Kurzem aus England
kommen ließ, von San Francisco nach Sennorah. Die
abgelegene Heerstraße, durch Diebe und abenteuerliches
Gesindel sehr unsicher gemacht, bot nur ein einziges
Wirthshaus, in welchem, obwohl es auch in sehr ver=
dächtigem Rufe stand, die beiden Brüder zu übernachten
beschlossen. Man brauchte alle Vorsicht, setzte die Pistolen in Bereitschaft und ging zu Bette. Da plötzlich,
nach Mitternacht, erhob Mr. Hull, der an der Gewohnheit leidet, sehr laut im Schlafe zu sprechen, ein schreck-
liches Angstgeschrei, und, von schweren Träumen gedrückt,

rief er laut aufschreiend: „Zu Hilfe! Räuber! Mörder!"
Der Bruder, erschrocken von seinem Lager auffahrend,
eilte dem Geängstigten, der sich in seiner Phantasie von
Räubern angegriffen glaubte, zu Hilfe. Hull aber ringt
unter wüthendem Geschrei mit dem arglosen Bruder,
der ihn vergebens aus seinen Fieberträumen zu rütteln
sucht. Da überfällt ihn im Schlafe der böse Geist; er
reißt mit Blitzesschnelle die Pistole von der Wand und
schießt den Bruder zu Boden. Er sank leblos zusam=
men, die Kugel traf ihn mitten ins Herz. Der oberste
Gerichtshof zu San Sacramento soll, nachdem er diesen
Vorfall genau untersucht und veröffentlicht hatte, Herrn
Hull von jeder Schuld gänzlich freigesprochen haben.
Letzterer, in Folge jener schrecklichen Nacht in düstere
Schwermuth versunken, soll sich in die Einsamkeit der
Urwälder zurückgezogen haben.

Diese Geschichte von Lola, so in ihrer Art mit
herzloser Gleichgiltigkeit erzählt, machte, da mir überdies
Hull als ein Mann von vielem Geiste persönlich bekannt
war, einen tiefen Eindruck auf mich. Die Erzählerin, der
diese Wirkung nicht entging, gab der Unterhaltung eine
andere Wendung, und zum Klavier eilend, sang sie:
„Am Ganges duftet's und leuchtet's", ein Lied von
Heine, das ich einst in Kalifornien für sie komponirte.

Abends sah ich sie im Theater tanzen. Die Scene
auf der Bühne war eine märchenhafte Landschaft aus
dem Süden. Bunt gekleidete Indianer standen mit bren=

nenden Fackeln an den Seiten-Coulissen. Gleich bei ihrem Erscheinen wurde sie von einem Beifallsjubel vorschußweise begrüßt. Sie tanzte eine Art spanischen Fandango, wild, feurig, glühend, mit einer an Raserei grenzenden Leidenschaft, in jeder Fiber ihres Wesens lag Sinnlichkeit. Sie könnte ein Kind der Tropen vorstellen, und mit ihrer wilden, urwüchsigen Natur die Gräfin Landsfeld sammt ihrer übercivilisirten Vergangenheit vergessen machen. Uebrigens hat sie sich erst jetzt, und künstlich, zu dieser Höhe der Leidenschaft entflammt, und tanzt außer mit den Beinen noch mit einem Raffinement, das mehr nach den Köpfen, als nach den Herzen der männlichen Zuschauer zielt. — Ich habe nicht Zeit, mehr zu schreiben, denn in einer Stunde reise ich ab: nach Ballaratt, Geelon und von dort nach Adelaide.

Ballarat (Australien), den 30. August 1855.

Es war an einem lieblich frischen Morgen, noch eingehüllt von der duftigen Nachtfrische, als ich mit meiner Konzertgesellschaft das schöne Melbourne verließ. Ein ziemlich bequemer Reisewagen, von vier flinken Rossen gezogen, rollte lustig mit uns fort, munter schmetterte das Horn unseres Schwagers durch die grünen Auen und Weiden, die, ringsumher von fruchtbaren Aeckern, reizenden Villen und wohlhabenden Farmerhäusern durchschnitten, der Landschaft ein freundlicheres Relief gaben, als es der Wanderer in diesem dürren, quellenarmen Lande zu finden gewohnt ist. Denn Australien, das Land der Paradoxe mit seinen langgestreckten Sandsteppen und wilden, schroffen Felsenmassen, ist so arm an schöner Scenerie, so langweilig durch eine dürre Monotonie, daß man vor Freude aufjauchzen möchte, wenn das Auge außer den ewigen faden Gummibüschen, den Mimosen mit lederartigen Stachelblättern, oder den krüppelhaften Myrthen, die auf den kahlen nackten Höhen nur ein darbendes Fortkommen finden, endlich wieder freundlich üppiges Waldesgrün erblickt.

Und hier war es, wo ich in Australien die erste schöne Waldparthie fand. Keine düstern Urwaldbäume sind es, zwischen denen der Wanderer mit geheimnißvollem Schauer durch das dürre, todte Laub rauscht; es waren Fichten und Norfolktannen, an deren schlankem Gehölz rasche Eichhörnchen munter umher klettern, und zu deren Füßen ein Teppich, aus bunten Blumen gestickt, sich ausbreitet. Auf allen Blättern und Gräsern schimmerten feuchte Thautropfen wie Perlen und Diamanten, und durch das hellgrüne, zitternde Laubgewebe lächelte der blaue Himmel.

Von Frühlingserinnerungen umschmeichelt, verfolgten wir einen schmalen Pfad, um verborgene Schönheiten aufzusuchen, die da und dort aus dem dunkeln Dickichte uns zulockten. Hier erhob sich der Boden zu einem sanften Waldeshügel, dort bildete er ein kleines

Thal voll Gebüsch und Blumen. Mitten im wilden Dickichte lagen, wie verborgene Paradiese, hellgrüne Wiesen mit einzelnen Gruppen hoher Norfolkpalmen, weiße Blüthen, große blaue Glockenblumen schauten aus dem thaufeuchten Grase ins goldene Sonnenlicht, rothe Nelken und Rosen lächelten uns zu und versteckte Erdbeeren verriethen sich durch ihren Duft. Wie in Entzücken getaucht, fühlte ich mich umkost von den traulichen Lüften meiner Heimath. Ich vergaß den fremden Himmel, den kränkelnden Süden mit seinen grotesk gigantischen Pflanzen, glaubte mich zurückgekehrt in die lieblichen deutschen Auen; der Frühling rief durch den Wald und lockte zu tausend Freuden.

Mögen wir auch der stolzen Tropenblume, die unter der goldenen Sonne des Südens majestätisch prangt, unsere Bewunderung zollen, unsere Liebe wird dem vertrauten Veilchen, das bescheiden auf dem Boden unserer Heimath blüht, und dessen süßer Duft uns alle die frohen Tage unserer Heimath zurückruft, wenn wir aus dem Garten der Kindheit in die weite, ungebahnte Welt getreten.

Der Tenor und die übrigen Reisegefährten streiften mit der Flinte durchs Gehölz und verknallten ihr Pulver in den Lüften, ohne auch nur eine Feder zu erbeuten. Ich aber zog meinen lieben Uhland aus der Tasche und, an seinen herrlichen deutschen Liedern mich ergötzend, lagerte ich mich auf ein halbes Stündchen ins frische Gras unter dem breiten Schatten einer Norfolkpalme.

Die Sonne stand schon hoch am Himmel, als wir unsere Reise fortsetzten. Aber wie mit einem Zauberschlag hatte sich jetzt Land, Klima, Boden, Scenerie, kurz alles um uns her verändert. Die milden Lüfte waren verweht, die grünen Wiesen verdorrt, Bäume und Hügel verschwunden, das Land schien plötzlich in eine Steinwüste verwandelt, und statt der milden Sonnenstrahlen flammte die schattenlose Mittagsgluth wie versengend auf uns nieder. Große Felsenstücke, schroffe und wild, waren wie von Riesenarmen über die öde Fläche gestreut, und immer massenhafter stieg das kolossale Gestein empor, wie auseinander gerissen und zerklüftet von vulkanischen Elementen.

Die Straße begann jetzt sehr lebhaft zu werden. Banditenähnliche Gestalten mit wilden, geschwärzten Gesichtern und bis an die Zähne mit Pistolen, Dolchen und Hirschfängern bewaffnet, sprengten auf halb zu Tod gehetzten Mähren über Stock und Stein. Es sind Couriere, die mit Gefahr ihres Halses den Kaufleuten und Goldmäklern der Städte täglich den Stand der Minen berichten.

Alte karrenähnliche Fuhrwerke, dicht besetzt von wunderlichen Chinesen und buntgemischten Gruppen, schlichen, von einzelnen Kleppern gezogen, mühselig bergauf. Inzwischen kletterten einzelne Fußgänger, mit Karren,

Schaufeln, Pfannen und Spitzhacken schwer beladen, den steilen Berg hinan, während müde Weiber von traurigem Aussehen, Kinder, Säuglinge, Kochgeschirr und andere Geräthschaften mit sich schleppend, schwer athmend hinten nach keuchten. Halb vergessene kalifornische Scenen und Bilder tauchten plötzlich wieder vor mir auf und umringten mich immer lebhafter, bis wir das Ziel unserer Reise erreicht hatten.

Ballarat, der Brennpunkt australischen Goldgräberlebens, das Hauptquartier der Minen, liegt hoch oben auf steilem Gebirge, wie ein Nest für Raben und Geier. Wohl führt es den hochtrabenden Namen einer City, aber ohne Anstrengung der Phantasie geht es schwer, zwischen den bunt zerstreuten Zelten und Holzhäusermassen, die wie Nürnberger-Waaren das Spielzeug des Windes sind, auch nur die bescheidensten Attribute einer Stadt zu finden. Dennoch aber ist der Platz von enormer Bedeutung. Die hölzernen Wohnhäuser stehen auf goldenem Boden, die Leinwandbuden bergen einen seltenen Wohlstand, und in den bunt und wild durch einander laufenden Straßen herrscht ein Gewimmel und Geschrei, ein Treiben, Schaffen und Jagen, das eher einer wilden Jagd gleicht, als dem vernünftigen Geschäftsverkehr civilisirter Menschen. Da und dort erheben sich kleine Kirchen und Kapellen, von dichten Norfolkfichten umschattet, auch steigen schon einzelne festgebaute Wohnhäuser aus dem Boden; ein-, auch zweistöckige Hotels, gelb, grün und roth angestrichen, stehen wunderlich genug zwischen den verworren bergauf- und ablaufenden Leinwandhäuschen, und riesige Aushängetafeln und Schilder, die mit den winzigen Hütten in gar keinem Verhältniß stehen, verkünden mit allegorischer Marktschreierei: hier eine chinesische Restauration, dort den großen „Circus Olympikus" einer hochberühmten römischen Kunstreiterkompagnie, da einen bunt bewimpelten französischen Glückstempel, dort wieder englische Schauspieler, Sänger, Tänzer, Zauberer, Zwerge und Riesen — kurz, Ballarat giebt ein Bild von halbreifer Antipodenkultur, es ist ein Prototyp des transatlantischen Charlatanismus!

Die Bevölkerung des Platzes kann nicht einmal errathen, viel weniger angegeben werden, da fortwährend Alles unterwegs ist oder in den Minen arbeitet und nur ein kleiner Theil feste Wohnplätze besitzt. Alle Welt ist hier auf Reisen; Niemand bindet sich an die einmal gewählte Scholle: wo das Glück schimmert, dort zieht man hin.

Die zwölf Meilen von hier entfernten „Eureka Diggins" sind wahrhaft unerschöpflich, wie der Schacht des Plutus. Tag für Tag werden neue und fabelhaft ergiebige Goldquellen entdeckt; Alles, was ich dergleichen in Kalifornien und New-South-Wales bis jetzt gesehen, tritt in den Schatten, ist kleinlich dagegen. Doch glaube Niemand, daß man etwa nur sich zu bücken brauche, um die Schätze aufzulesen. Durch brennend heiße Sandstrecken, über wüste, schroffe Felsenmauern geht der Goldjäger seinem harten, mühseligen Tagewerke nach. Unter der schattenlosen Sonnengluth peinigen ihn Durst und Hitze, des Nachts schüttelt ihn der Frost. In Sturm, Regen und Wetter schläft er ohne Bett, unausgekleidet, auf nacktem Boden, und oft genug irrt er hungernd, schweißtriefend und wie verzweifelt durch die öden, langgestreckten Wildnisse, ohne auch nur ein Stäubchen zu finden von dem mit wahnsinniger Hast gesuchten Golde. Dieses ist das harte, schwere Loos des australischen Goldsuchers, und wer nicht ist, wie Shakspeare sagt, „der Knopf auf Fortunens Mütze", den trifft kein besseres Geschick. Freilich den Crösus, der behaglich sich unter den Strahlen des Glückes sonnt und die funkelnden Dukaten nur aufzurollen braucht, um sich alle Herrlichkeiten und Genüsse des Lebens dafür einzutauschen — oder das blühende, frohe Mädchen, das zur Lust eines Balles den schönen, weißen Arm mit goldenen Bändern schmückt, diese kümmert es wenig, wie schwer diese Kostbarkeiten der Erde abgerungen sind. Wahrlich, man weiß oft nicht, wie theuer die Natur sich ihre Schmeicheleien bezahlen läßt! Es ist zum Erstaunen, wie launenhaft das Glück hier mit den Menschen spielt. Es gleicht der Witterung des April: hier lächelt die goldene Sonne, dort stürmt wüstes Wetter; Leute, die hieher kamen und nicht Geld genug hatten, ihre „Licenz" zu bezahlen, besitzen jetzt große Goldwäschereien, Andere wieder darben im Elende, und so kommt es, daß zwischen den glücklichen

Besitzern von rohen, ungemünzten Goldklumpen, welch letztere oft auf freier Straße zum Verkaufe ausgelegt werden, viel bleiches Volk in Lumpen schleicht, das von dem glänzenden Wohlstande der Anderen grell genug absticht.

Die Wahlen zur legislativen Versammlung, die in den Goldfeldern jetzt überall ausgeschrieben sind, geben dem hiesigen Treiben einen noch bunteren Anstrich. Mitten auf offener Straße, vor einer Schnapsbude, fand ich gestern das souveräne Volk von Ballarat versammelt, und unter Saufgelagen, Würfelgeklapper, Stampfen und Trommeln donnerte die Stimme eines Redners. Der Kerl sah aus, als hätte ihn der Teufel eben vom Galgen herabgeholt. „The most infamous, injust and diabolical," schrie ein Anderer, den Redner unterbrechend, von einem wilden Oppositionsgeschrei unterstützt, und dieses war das Signal, welches die Parteien in Feuer und Flammen versetzte. Eine ganze Armee von geballten Fäusten erhob sich jetzt wüthend zum Boxkampfe, und das berathende Meeting schloß mit einer großen imposanten Prügelei, welche sehr feierlich war.

Nicht weit davon, in einer der breitesten Straßen, zwischen einem Labyrinth von Baumwollenhütten, wurde der Auktionsmarkt abgehalten, wo zu allen Tageszeiten ein ununterbrochen tumultuarisches Gewirre herrscht. Unter den Krämern und Mäklern aller möglichen Nationen, klingen die Stimmen vieler deutschen und englischen

Juden, die hier, wie überall in der Welt, ihre Trödler= und Kleiderbuden halten. Sie stehen hier auf dem klaſſiſchen Boden eines neuen goldenen Jeruſalems, und mit ihrer angeſtammten jüdiſchen Beweglichkeit und der vollſten Liebe zur Oeffentlichkeit, ſtehen ſie, zwanzig, drei= ßig in einer Reihe, oder hoch oben auf Baumſtümpfen und Fäſſern, ohne nur einen Wanderer vorüberziehen zu laſſen, den ſie nicht mit echt orientaliſcher Gaſtfreund= ſchaft rhetoriſch in ihre Hütten ſchleppen. „Gring, gring, gring, gring, gring! Kleider, Wäſche, Waffen, Schmuck, alte und neue Stiefeln, Bücher, Bilder, Säbel und Piſtolen!" rufen ſie unermüdet mit einer ans Fa= belhafte grenzenden Zungengeläufigkeit, während Füße, Hände, Arme und Köpfe den Text ihrer Rede begleiten. Und mit welcher Liberalität dieſes Alles geſchieht! Sie haben nichts in ihrem Beſitze, das ſie nicht auf freier Straße, vor allen Ohren verhandelten: „Zwei Pfund Sterling, nur zwei Pfund für dieſes feine, ausgezeich= net ſchöne Gentleman=Kleid — ſoll ich nicht 1½ Pfund hören, edler Lord?" rief mir eine heiſere, ſchon ausge= ſchriene Stimme zu, obgleich ich auch nicht die mindeſte Kaufluſt zeigte. „Zwanzig Schilling, nur zwanzig Schil= ling, Mylady," rief wieder ein Anderer, eine grüne, verſchoſſene Damenmantille anpreiſend, während rings= umher unter dem abſcheulichen Lärm der Verkäufer, Ausrufer, Trommler, verſchiedene Thiere, wahre Gerippe von Pferden und Maulthieren, verſteigert werden.

Ermüdet und betäubt von diesem wirren Durcheinander und Getümmel, suchte ich mein Gasthaus auf, das außer mit dem hochtrabenden Schilde „Lord Palmerston Hotel" noch mit einer zweiten großen Aushängetafel prunkte, auf der mit Riesenlettern das Wort „Theater" zu lesen war. Eine umherstreifende englische Schauspielertruppe, die hier tapfer gezecht hatte, ohne ihre Wirthshausrechnung bezahlen zu können, liegt jetzt in der wahrsten Bedeutung des Wortes faktisch im Versatz. Unter der despotischen Direktion des Wirthes, dem sämmtliche Mitglieder mit Haut und Haar, sammt Dekorationen, Costumen und allen schönen Geistesfunken förmlich verpfändet und verfallen sind, müssen jetzt die Armen in einer zu Melpomene's Diensten rasch qualifizirten großen Holzscheune mit Seufzen, Händeringen und Jammern ihre Schulden abbüßen, ohne daß auch nur ein Penny der Einnahme in ihre Taschen fällt. So werden diese armen Musensöhne, zu denen mich der Zufall, oder eine Art Sympathie unter ein Dach führte, von dem grausamen Wirthe auf das Schonungsloseste ausgebeutet. Der erste Held, der jetzt mit trockener Kehle den Tyrannen spielen muß, hat mir gestern aufs rührendste sein Leid geklagt. Der Wirth, ein Wüthrich ohne Gleichen, giebt den edlen Rittern und Prinzessinnen oft nicht genug, sich satt essen zu können, und während er den Lohn ihrer Kunst einstreicht, besitzen die an ein flottes Leben gewöhnten Künstler nur wenig mehr als Schulden, Durst und nichts zu frühstücken. Sie führen nur große Tragödien, klassisch wie ihr eigenes Schicksal, auf, und mit einer Originalität, die mir ungemein viel Vergnügen macht. Aus den erschütterndsten Dramen Shakspeare's schaffen sie Possen zum Todtlachen. Gestern sollte „Hamlet" gegeben werden. Das Publikum, das sich massenhaft versammelte, sah mit verzehrender Ungeduld dem Anfange entgegen, aber der Vorhang erhob sich nicht und die Zeit verstrich, ohne daß man mehr hörte, als die schrillen Töne einiger Geigen und Klarinettes, oder den Höllenlärm einer großen Trommel und Trompete, die ein zerlumpter krausköpfiger Mohr auf das Abscheulichste bearbeitete. Da entstand das Gerücht, die Komödianten hätten sich empört und weigerten sich zu spielen. Mit einem wilden Stampfen, Zischen und Trommeln begehrte die wartende Menge das Aufziehen des Vorhanges. Endlich öffnete sich die Scene. Der König Claudius und die Königin im geflickten, abgeschabten Komödianten-Costume, zeigten sich jetzt dem drohend aufgeregten Volke. Ihnen folgte Laertes, Polonius, der Schelm, die blonde bleichsüchtige Ophelia und viele andere dänische Edle. Nur Prinz Hamlet fehlte. Man suchte ihn an allen Orten — umsonst. „Viele Dinge giebt es zwischen Himmel und Erde, von denen die Philosophie eines Wirthes nichts träumt." Prinz Hamlet floh aus dem faulen Dänemark, weil er unentgeldlich nicht länger seufzen wollte.

Geelong (Australien), 21. September 1855.

Der Aufenthalt in den australischen Minen mag wohl für den glücklichen Goldsucher seine Ersprießlichkeiten haben, aber für die schwachen Nerven eines romantischen Geigenspielers gehört er wahrlich nicht zu den Annehmlichkeiten des Lebens; zum wenigsten, weiß ich gewiß, ist es bei mir so. Denn kaum, daß ich nur den Fuß in solch' eine hölzerne Bretterresidenz setze, werde ich in ein Labyrinth der fatalsten Hindernisse und Konfusionen verstrickt. Alle meine Unternehmungen, Pläne, Entwürfe und Hoffnungen werden von der Kometenlaune des Wetters und des Zufalls regiert, und so sitze ich oft inmitten eines „See's von Plagen," von Wind und Wolkenbrüchen umgeben, ganz einsam in einer öden Wirthshausstube, wo alle Todsünden der Langeweile meine gequälte Seele foltern. Auch Fortuna ist oft zänkisch, und wenn sie bei übler Laune ist, grollt sie wie eine donnernde Wolke und kein Strahl des Friedens beleuchtet ihr finsteres Gesicht. Ich habe mir oft schon vorgenommen, diese Dame als Solosängerin für meine Konzerte zu engagiren, dabei, dachte ich, würden wir uns besser stehen, denn wahrlich, es wäre der beste Weg, in Kürze ein reicher Mann zu werden; aber die Stolze wollte von einem solchen Vertrage nichts wissen. Je nach ihrer Laune führt sie gegen meine unschuldigen Konzertbestrebungen zuweilen einen förmlichen Guerillakrieg und läßt, als hätte sie mit dem Bösen ein Bündniß geschlossen, den Satan mit allen sieben Bosheiten mitwirken.

In Ballarat, einem höchst schaubervollen Neste zwischen kahlen Sandbergen, wo die Känguruhs krächzen und die Kultur gute Nacht sagt, mußte ich wegen Unwohlsein das Zimmer hüten und acht Tage liegen bleiben. Mein Auge litt in Folge des unerträglichen Staubes und der stechenden Sonnenhitze an einer schmerzhaften Entzündung, meine Seele an Langeweile, mein Herz an Heimweh. In meiner üblen Laune wünschte ich nichts sehnlicher, als daß zehntausend Millionen Donnerwetter in das verdammte Nest schlügen, und so lange wünschte ich dies, bis wirklich ein ganz anständiges Donnerwetter vom Himmel krachte. Aber so wie jede böse That und jeder böse Wunsch sich von selbst rächt, so geschah es auch, daß gerade in dem Wirthshause, in welchem die einzige Lokalität war, die sich zum Konzertgeben geeignet hätte, das Wetter einschlug und den Saal in Asche legte.

Nun saß ich, ein zweiter Marius, trostlos auf den Trümmern einer Herrlichkeit. Ein deutscher Taschenspieler und Thierbändiger, der auf dem City Platze eine große Menageriehütte aufgeschlagen, versprach, aus deutschem Patriotismus und Liebe zur Kunst, mir seine Bude einzuräumen, und ich, erfreut von dem Edelmuthe meines Landsmannes, ließ mit schimmernden Worten und schmetternden Redensarten mein erstes Auftreten ankün-

bigen. Aber der satyrische Windbeutel hat nicht Wort
gehalten; so oft ich ihn an sein Versprechen erinnerte,
sagte er ein spöttisches „Morgen," die Tiger, Elephan=
ten und Hyänen wurden immer beliebter im Publikum,
auch dort hörte man Flöten und Geigen; ja als ich
ihm zuletzt sogar eine beträchtliche Entschädigungssumme
und alle Gegenfreundschaft anbot, lachte er mich aus
und meinte: „Hier sei Jeder nur sein eigener Freund."

So kam es, daß ich einige Zeit ein müßiggänge=
risches Leben führte; ich spielte und komponirte nicht,
war weder entschlossen zu bleiben, noch abzureisen, und
wie Hans der Träumer, schlenderte ich planlos durch die
schwindelköpfige Eile des Straßengewimmels in Ballarat umher. Da wachte plötzlich der Gedanke in mir
auf, mir einen eigenen Konzertsaal aufzubauen, und obwohl dieses viel Geld und Schwierigkeiten kostete, so
führte ich dennoch meinen Lieblingsplan aus, und bald
stieg ein architektonisches Wunder aus der Erde, das
mir in Ballarat auf wenigstens vier Jahre die Unsterblichkeit gesichert. Die gespannte Neugierde, mit der ganz
Ballarat diesem Unternehmen folgte, berührte lächelnd
mein Herz. Ein reges Leben herrschte in meiner Phantasie. Schon sah ich im Geiste den gedrängt vollen Saal,
die lockenden Goldstücke, die Menschenschaaren, die, weil
sie keinen Platz mehr fanden, wieder abziehen mußten,
und als ich endlich, schon drei Tage vor dem Konzerte,
sämmtliche Billets in den Händen des Publikums sah,

schwamm ich in süßem Entzücken und huldigte im Stillen
dem Scharfblicke meines erfinderischen Geistes.

Endlich nach vielen schlaflosen, vor Freude und Auf=
regung durchwachten Nächten, kam der Tag und der ent=
scheidende Augenblick. Schon eine Stunde vor dem Be=
ginne waren alle Plätze von einer buntgemischten Menge
im Sturme genommen, ein allgemeines Erstaunen malte
sich auf den Gesichtern der Goldjungen. Der Tenor stand
schon hoch oben, und voll hyperpathetischer Emphase
deklamirte er begeistert den herrlichen Prolog, den er
zur Eröffnungsfeier gedichtet, als mich, der ich eben mit
der Geige hinaustreten wollte, ein riesenhafter Mensch
am Arme faßte. Halt! donnerte seine barbarische Stimme,
während ich meinen Arm von seiner eisernen Faust um=
klammert fühlte. Dieses Alles geschah mit Blitzesrasch=
heit. Der donnernde Lärm, der mittlerweile unter dem
Publikum losbrach, betäubte mich derart, daß ich anfäng=
lich den Kolonialbeamten gar nicht bemerkte, der in Be=
gleitung einiger schwarzen Police=Konstabler erschien, und
im Namen der Königin zur augenblicklichen Räumung
und Schließung des Saales aufforderte. Wie entseelt
stand ich da; die Menge stäubte auseinander, das Haus
wurde geschlossen, sämmtliche Eingänge vernagelt, und
als ich mit trübseligem Gemüthe am Arme des Tenors,
gleich einem geschlagenen Fechter nach verlorner Schlacht,
meinem Hotel zuwankte, fand ich den satyrischen Thier=
bändiger hohnlächelnd vor seiner Menageriehütte stehen,

während die löbliche Straßenjugend mich mit einem schadenfrohen „Halloh" verfolgte.

Der Grund dieses sehr fatalen Qui pro quo hatte weniger Bedeutung, als ich anfänglich gefürchtet. In meinem Eifer vergaß ich nämlich, vor der Eröffnung des Konzertlokales, um die dazu nöthige friedensrichterliche Bewilligung einzukommen; und da ich dieses in meiner Zerstreutheit versäumte, so betrieb der despotische Alderman der City beim Gouvernement die Sperrung meines mit so vielen Opfern geweihten Tempels. Er lud mich zur Verantwortung vor seinen Richterstuhl.

Ich wollte mich auch folgenden Tages auf den Weg dahin machen, und umging eben, in meinem Zimmer auf und ab schreitend, die Festungswerke meiner Unschuld, indem ich meine sämmtlichen Vertheidigungskräfte musterte, als plötzlich die Thüre aufging. Der Alderman von Ballarat-City, ein schwerer, hochgewachsener Mann, stand mit ungestümen Geberden drohend vor mir. Sein von der Wein-Aurora unausstehlich gefärbtes Gesicht war in ernste, hochwichtige Amtsfalten gezogen. Alles, was nur Dummes und Boshaftes in ihm war, versammelte sich um die Spitze seiner Nase, und die tölpelhafte Rohheit, mit der er ins Zimmer drang, hätte einem Viehtreiber alle Ehre gemacht. Nachdem er nach Luft geschnappt, ordnete er seine Glieder und begann, aber nicht mit einem Andante, sondern gleich ganz erschrecklich mit tausend „Thunder Weather" wie die

Ouverture zur „diebischen Elster," eine ganz fürchterliche Strafpredigt. Roth vor Aerger, donnerte er in den gröbsten Ausdrücken so lange fort, bis er endlich nur noch einzelne abgebrochene Accorde seines Zornes hervorbringen konnte.

Als ihm vollends der Athem ausgegangen und sein Gesicht schon ganz geschwollen vor Wuth und blau wie eine Zwetschke war, bot ich ihm ganz artig mit den Worten: „Setzen Sie sich gefälligst" einen Stuhl an. Freilich hätte ich ihn viel lieber zur Thüre hinausgeworfen, aber die verschiedenartigsten Rücksichten hielten mich diesmal ab, der Stimme meines Herzens zu folgen. Ich vermied es um jeden Preis, mit dieser friedensrichterlichen Autorität in einen Konflikt zu kommen, nahm Alles zusammen, was mich Knigge über den Umgang mit Menschen Schönes gelehrt, übersetzte es aufs Zierlichste ins Englische, und näherte mich voll ehrerbietiger Schüchternheit dem noch vor Zorn dampfenden Friedensrichter. Als ich meine gewöhnliche Liebenswürdigkeit (das heißt meine sehr gewöhnliche) wieder fand, und mich bereit erklärte, mein Vergehen auszugleichen und einen Geldbetrag von 20 Pfund Sterling zur Vertheilung an Arme in seine weisen Hände niederzulegen, ward sein Zorn vollkommen zur Asche; ein Strahl des Friedens flog über sein finsteres Gesicht, und nach drei Tagen öffneten sich die Pforten meines Ruhmes wieder.

In zwölf auf einander folgenden Konzerten, bei denen die Theilnahme sich immer steigerte, mußte ich fast immer dieselben Stücke spielen: „Karneval" und „Vöglein," „The Song of Tahity" und „Karneval," und so oft ich eine andere Piece anstimmte, erhob sich ein wildes Oppositionsgeschrei, das oft in Zischen ausartete. Und dennoch war es in Ballarat, wo ich das achthundertste meiner Konzerte auf transatlantischem Boden gab. Achthundert Konzerte! Wahrlich, dazu gehört schon eine Elephantenhaut, die keinen satyrischen Kitzel mehr fühlt! wird mancher Kenner einer solchen Arbeit ausrufen. Das öffentliche Musiziren in diesen Ländern, ich mache kein Geheimniß daraus, ist mir profan, gleichgiltig und reizlos geworden; es muß mir nur als Mittel meines Zweckes dienen, den ich bald zu erreichen hoffe, und der mich von der Oeffentlichkeit unabhängig machen soll. Aber wenn ich mich von den Mühen des Tages in die Einsamkeit zurückziehe, dann wird mir die Musik zu jener überirdischen Lust, die mich tröstet und erhebt, und die den, der sie empfindet, alle Freuden der Welt genießen macht.

Das Leben bietet hier viel Interessantes, aber wenig Schönes und Gutes. Die Sittenlosigkeit steht auf dem Chimbarasso der Verderbtheit, sie kann nicht höher steigen. In einem Wirthshaus, zur „blue jacket" (blauen Jacke) genannt, das vereinsamt auf einer abgelegenen Straße nach den Minen liegt, entdeckte man mit Grauen und Entsetzen ein förmliches Menschenschlachthaus. Als man jüngst das Haus wegen Baufälligkeit niederriß, fand man, im Schutt vergraben, nicht weniger als 12 menschliche Leichen. Der fürchterliche Verdacht, die aus den Minen heimkehrenden Arbeiter in dieses Haus gelockt, ermordet und ihres Goldes beraubt zu haben, lastet auf einem noch jungen Weibe, der ehemaligen Wirthin, die von Adelaide aus, wo sie in Reichthum und Glanz mit einem Spanier lebte, in Ketten nach Ballarat gebracht wurde.

Die Abscheuliche soll auch ihren Mann auf gleiche Weise aus der Welt geschafft haben, was übrigens gerade hier nicht zu den Seltenheiten gehört, denn in keinem Theile der Welt machen die Weiber mit ihren Männern einen kürzern Prozeß als hier. Ich habe, seitdem ich diese Länder bereise, mich über Vieles zu wundern aufgehört, aber daß sich hier noch Männer finden, die trotz der vielen warnenden Beispiele, dennoch so unbesonnen sich ins eheliche Verderben stürzen, darüber staune ich noch alle Tage. Der Ehemann, der sich durch Strenge Gehorsam und Folgsamkeit von seinem Weibe erzwingen will, täuscht sich am meisten, denn wenn sie ihm nicht in den ersten Tagen davonläuft, so peinigt und quält sie ihn so lange, daß er seufzend den Tag erwartet, an dem sie davonläuft.

Als ich jüngst in Melbourne dem Meeting einer Gesellschaft moderner Sittenapostel beiwohnte, kam auch die Frage an die Tagesordnung, wie der immer mehr überhandnehmenden Flatterhaftigkeit der Frauen am kürzesten und sicherften abzuhelfen sei? Ein Redner beantragte: „man möge das Kolonialgouvernement auffordern, zur Besserung der bürgerlichen Lebensverhältnisse beträchtliche Geldsummen als Preise auszusetzen für weibliche Häuslichkeit und langjährige eheliche Treue; dabei," meinte er, „würde vielen leidenden Ehemännern, wenn auch nicht gänzlich, doch momentan abgeholfen werden, indem viele ihrer weiblichen Quälgeister, wenn schon nicht ernstlich gebessert, sich wenigstens doch bemühen werden, den lockenden Preis zu erringen, den," setzte er sehr naiv hinzu, „man jedenfalls sehr hoch ansetzen müsse, da sich leider nur Wenige finden dürften, die ihn verdienen würden."

Ein zweiter Redner, ein Mr. Healven, bedauert, mit den Ansichten seines Vorgängers gar nicht einverstanden zu sein. „Diese," meinte er, „wären nicht allein unnütz, sondern das Falschthun, das Schmeichelwesen und die Eitelkeit der Weiber würde dadurch noch mehr befördert werden." „Besser wäre es," eiferte er erhitzt, „wir errichteten Straf- und Besserungshäuser für entlaufene, pflichtvergessene Weiber, dort sollen sie arbeiten und für den Uebermuth ihrer Launen und treulosen Ränke die gerechte Strafe ertragen." „Es ist Zeit," sagte er mit Pathos, „daß wir endlich die schmutzige Wäsche unseres häuslichen Lebens reinigen und dem Sittenverderbniß, das uns zu überschwemmen droht, einen Damm setzen." Diesen Redner belohnte große Akklamation, und als der wunderliche Gentleman noch mit Feuer gegen Lola Montez eiferte, die er das böse Beispiel eines weiblichen Satans nannte, beschloß die ganze Versammlung, sich nach dem Royal=Theater zu begeben, wo die schöne Lola eben ganz sorglos unter großem Enthusiasmus des Hauses den „Spinnentanz" produzirte.

Wetter! war das ein Pfeifen, Pochen, Zischen und Schreien, als die feindliche Armee so plötzlich ins Haus fiel! Im Orchester, im Parterre, auf den Gallerien, überall vertheilte sich die wilde, fanatische Schaar, und mit einer donnernden Salve des Mißfallens kündigten Alle zugleich der Spanierin den Krieg an. Lola wollte reden, ein dreifaches „Pereat," ein Heulen und Grunzen ohne Gleichen übertäubte ihre Stimme. Der Angriff kam zu rasch, sie war unvorbereitet, konnte sich nicht fassen, und halb ohnmächtig führte man sie von der Bühne.

Geelong, am 15. October 1855.

Als ich nach Geelong kam, herrschte dort eine sichtbare Gährung. Es waren Nachrichten eingelaufen, daß in den Minen ernstliche Unruhen ausgebrochen, die Goldgräber dort die üblichen Licenzen verweigerten; die Behörden, vollkommen gerüstet, um dem Ausbruch einer Empörung zu begegnen, waren achtsam und strenge; das müßige Gesindel, das, sich auf die kommende Verwirrung schon freuend, mit Schaufeln, Flinten und Spitzhacken bewaffnet, drohend umherzog, rottete sich an den Straßenecken zusammen und suchte durch allerlei böswillige Neckereien mit den Kolonialbehörden zu brechen, um einen offenen Konflikt herbeizuführen.

Ich hatte in Geelong ein munteres, musikluftiges Völkchen erwartet und fand nur aufgeregte Gemüther, wildes Revolutionsgeschrei und jene schwüle Aengstlichkeit, wie sie einem Gewitter voranzugehen pflegt. Die Stimmung der Bevölkerung glich einer Pulvertonne, die nur des zündenden Funkens bedarf, um prasselnd loszuknallen.

Voll banger Unruhe sah ich am zweiten Abende nach meiner Ankunft vom Fenster meines Gasthofes auf dieses drohende Pöbelgewirre. In den Straßen rotteten sich wild aussehende Männer und Weiber um das aufrührerische Geschrei einzelner Redner; schwerbewaffnete englische Soldaten zogen schweigsam, aber warnend durch die lärmenden Gruppen des Straßentumults, der immer drohender wurde und durch ganze Schaaren aufwieglerischer Diggers, die zu Pferde, zu Fuß, mit Trommeln und Waffenlärm, einem Gewittersturme gleich, durch das Städtchen rasten, zur wilden Empörung auflohte.

„O schwerer Stand," seufzte ich betrübt, „wie leicht könnte jetzt Geelong meine Violinkonzerte entbehren — und wie ungleich bringender braucht man hier vieles Andere, als das süße Quinquilieren meiner Abaglos,

Rondos und Capriccios! Armes Geigenspiel! mach'
dich auf die Sohlen, denn ehe eine Stunde vergeht, spielen vielleicht schon die Kanonen!"

Solchen und ähnlichen Gedanken nachhängend, kam
ich schon dem Entschlusse nahe: die ohnehin so schwer
bedrohte Stadt zu schonen und nach Melbourne umzu-
kehren, als ein Reisewagen vor's Thor rollte. Die auf-
gethürmten Schachteln und vielen Koffer ließen mich sogleich ein reisendes Frauenzimmer errathen, und voll
Neugierde erwartete ich das Oeffnen des Kutschenschla-
ges. Ein grüner Schleier wurde sichtbar, dann eine
zarte schlanke Damengestalt, die, auf den Arm eines
jungen Mannes gestützt, in einer an Ohnmacht grenzenden Schwäche den Wagen verließ und ins Haus geführt
wurde. Die vorgerückte Abenddämmerung ließ mich weder den jungen Mann, noch die Züge der vom Schleier
verhüllten Dame näher erkennen, aber die Verwirrung,
die ängstliche Hast, mit welcher der Fremde seine Reisegefährtin in so schwachem Zustande in eine von Gefahr
und Revolution umdrohte Stadt führte, kam mir so auffallend und abenteuerlich vor, daß ich nichts Gewöhnliches, nichts Gutes vermuthete. Und ich irrte mich nicht. —

Zu jeder andern Zeit hätten die beiden geheimnißvollen Reisenden meine Neugierde mehr gereizt, als diesmal. Ich hatte andere Sorgen: die Unsicherheit der
Straßen machte mir die Abreise eben so gefährlich als
das Bleiben. Die Situation wurde immer schlimmer,

die Luft immer drückender, und bangevoll erwartete ich die Stunde des Ausbruchs.

Aber sie kam nicht. Dem Himmel sei Dank, über Nacht änderte sich die Sachlage. Das Gouvernement, klug genug, einem Kampfe von so schweren Folgen auszuweichen, gab nach, die Herabsetzung der Goldgräbersteuern wurde in Melbourne bewilligt, ein allgemeiner Jubel erscholl, Musik und Friedensgeschrei verdrängten die heillose Unzufriedenheit, weiße Fahnen wehten von Thürmen und Fenstern, und wie reisende Virtuosen in allen gesitteten Ländern für gute Anzeichen eines wohlgeordneten Staates gehalten werden, weil sie den Frieden, die Ruhe und Zufriedenheit mit befestigen helfen, so wollte auch ich meine schöne Pflicht hier nicht versäumen und beeilte mich rasch, die Pacifikation der Stadt mit Sang und Klang zu feiern.

An Sang war wohl freilich keine Noth, denn außer dem Tenor trillerten zu meiner besondern Quälerei noch zwei heisere Lady's wie falsche Nachtigallen mit, aber der Klang, der höchst solide finanzielle Klang, blieb diesmal aus und meine Geige spielte die rührendsten Klagelieder. Ein sehr überflüssiger Mangel an Publikum zeigte sich im Saale, das heißt, es war so leer, daß ich mir die ästhetische Musikhalle des Wiener Konservatoriums nicht schöner denken konnte. Doch war das zweite Konzert besser, das dritte voll und jetzt kommen die braven Goldvögel immer zahlreicher. Sie trinken und rauchen, steigen auf Bänke und Stühle, halten Reden und tumultuarische Meetings, und klatschen, als wollten sie das Haus umkehren. Doch während der Vorträge herrscht die größte Stille.

Es giebt nichts Possierlicheres, als dieses exotisch-kulturhistorische, von allen Winkeln der Welt zusammengeschneite Konzertpublikum zu betrachten. Die Dreigroschen-Gallerie irgend einer schwäbischen Komödiantenbude bietet einen erhabenen Anblick dagegen. Und dieses bunt wunderliche Gemisch von Gruppen, Anzügen, Gestalten und Gesichtern! Die Lady's, die in den ersten Sitzreihen des fashionablen Dreßcercle ihren Platz haben, kommen in ausgewählter Geschmacklosigkeit, wie Paradiesvögel mit Bändern und schreiend farbigen Federn aufgedonnert, und die Gentlemen theils in feinen Salonkleidern, theils in groben Zwilchblousen mit geschwärzten Händen und Gesichtern, rothen Banditengürteln und großen runden Strohhüten. Zwischen den räuberähnlichen Gestalten der Digger, die alle anderen Plätze ausfüllen, blickt oft das dumme Blinzeln eines Chinesen, die Affenphysiognomie eines wolligen Negerkopfes, oder das breitmäulige Gesicht eines stämmigen Schiffsjungen hervor, die Alle voll Enttäuschung meine Geige anstarren, weil ihre Phantasie unter der Bezeichnung Konzert wohl eher allen möglichen Zauberspuck, als die faden Wunder meiner Violinmusik erwarteten. Von manch schnurrigen Geschichten und Scenen könnte ich erzählen, die mir dieses Urwaldaubitorium gewöhnlich zum Besten giebt, wollte ich nicht jetzt der beiden Reisenden und einer Begebenheit gedenken, deren tragischer Verlauf wohl lange meiner Erinnerung nicht entschwinden wird.

Von den beiden Fremden hörte ich anfänglich nur Ungewisses. Man sagte, die Dame, plötzlich von einer Krankheit befallen, wäre genöthigt worden, ihre Reise zu unterbrechen und sich in Geelong der ärztlichen Behandlung zu unterziehen. Ich hielt dies für sehr möglich, und beschäftigt, wie ich war, dachte ich an den Vorfall weiter nicht. Eines Morgens, als ich eben violinspielend im Zimmer auf und nieder schritt, klopfte es an meiner Thüre. Ich rief „Eintreten" und gewahrte überrascht den jungen Fremden, in welchem ich zu meiner Freude nicht nur keinen Fremden, sondern den Mr. Manfreath, einen meiner liebsten Bekannten aus Sidney, fand, bei dessen Vater ich eine so warme, liebevolle Aufnahme gefunden. Aber fast hätte ich ihn nicht mehr erkannt, so auffallend waren die Veränderungen, welche die sonst kräftig schöne Gestalt, die einst so lebensfrischen Züge des Jünglings erlitten. Als ich meine Verwunderung darüber äußerte, ihn so unerwartet, zu solcher Zeit, in solch wunderlichen Verhältnissen wieder zu sehen, suchte er verlegen und unsicher nach Worten. Ein schmerzliches Lächeln flog über seine traurig bleichen Züge, und der schwere Seufzer, der es begleitete, ließ mich den Seelenschmerz ahnen, der diese lebensfrohe Brust so rasch zerrüttet hatte. Unglücklich verliebt! dachte ich und suchte ihn durch allerlei Scherze aufzuheitern. Aber kein heiterer Strahl belebte sein schwermüthiges Gesicht. Ich wollte nicht weiter in ihn bringen, wollte nicht gern mit plumpen Fragen so zarte Herzenssaiten berühren und ließ, um seine Gedanken nicht zu stören, im Gespräche eine Pause eintreten, als mein Gast selbst das Schweigen brach.

Er begann mir seine jetzige Lebenslage zu enthüllen, und was ich erfuhr, war für sein Schicksal von so mißlicher Art, daß es wie Blei meine Stimmung niederdrückte. Die Geschichte ist lang, und der enge Raum hier erlaubt es nur flüchtig wiederzugeben, was ich verwundert von ihm hörte. Seine Reisegefährtin war die Frau eines irländischen Schiffkapitäns, mit dem sie in Europa gegen ihren Willen vermählt wurde. Der Kapitän, ein roher, bösartiger Mensch, der durch allerlei trugvolle Machinationen ihre Hand erzwang, konnte ihre Liebe nicht erringen und wüthend eifersüchtig darüber, peinigte er die Unglückliche mit allen Rachequalen einer verschmähten Liebe. Maufreath, der auf einer Seereise die Bekanntschaft der Dame machte, fühlte die lebhafteste Theilnahme für Sie. Er erfuhr ihre Leidensgeschichte, sah, wie sie, einer stillen Dulderin gleich, das schwere Schicksal und die barbarische Rohheit ihres Gatten ertrug, und in sein Herz, das sich dem Mitleide geöffnet, zog die Liebe ein. Der verhängnißvolle Zufall, der ihn

9*

einst in Cook-River mit dem Kapitän und dessen Gattin zusammenführte, ließ ihn Zeuge der fürchterlichen Qualen sein, welche die Unglückliche von ihrem Tyrannen zu erdulden hatte. Er sah sie mißhandeln, mit Füßen treten; sein Blut empörte sich, es ließ ihn nicht ruhen und wie von der Gewalt der Vorsehung ergriffen, fühlte er sich zu ihrem Schutze hingerissen. Dem heftigen Auftritte der beiden Nebenbuhler folgte ein Duell. Der Kapitän fiel, von einer Kugel getroffen, verwundet zu Boden, und Manfreath floh mit der Lady, die ihren geliebten Beschützer, einem rettenden Engel gleich, anbetete, nach Melbourne. Da hörten sie von der Wiedergenesung des Kapitäns, und ihre Sicherheit war von neuen Gefahren bedroht. Sie eilten nach Hobart-Town, um dort ein Schiff nach Java zu erreichen, aber auf dem Wege dahin sanken die von Fieberangst und Nachtwachen geschwächten Kräfte der Dame, und so mußte Manfreath, trotz der Gefahren, die jeder versäumte Augenblick über seinem Haupte thürmte, sich entschließen, mit der kranken Geliebten in Geelong einzufahren.

Mein Gast, der, seine merkwürdige Erzählung zu Ende führend, noch wie schwärmend von den hohen, anbetungswerthen Eigenschaften seiner unglücklichen Gefährtin sprach, wurde von einem Boten unterbrochen, der in hastiger Eile ihm einen Brief überbrachte. Er schien ein warnendes Lüftchen, das einen furchtbaren Sturm ankündigte, denn Manfreath hatte kaum das Blatt überflogen, so wurde er leichenblaß, eine zerstörende Aufregung ergriff ihn und ohne von mir Abschied zu nehmen, stürzte er wie verzweifelt fort.

Mir ahnte Schlimmes. Bald sah man die Kutsche der beiden Reisenden in wilder Hast aus Geelong flüchten; von Bangigkeit erfüllt, blickte ich noch lange nach und die wirbelnden Staubwolken schienen mir wie letzte Zeichen meines so hart bedrängten Freundes. Ich hatte sehr viel Herzeleid; noch hoffte ich, sie könnten zur Flucht ein Schiff erreichen, aber folgenden Tages schwand diese Hoffnung.

Der Kapitän, der, einem wilden Jäger gleich, der das arme geängstigte Opfer wittert, zu Pferd wie besessen nach Geelong gesprengt kam, kehrte im Hotel ein. Es war ein unheimlich aussehender Mensch, mit fahlen, verzerrten Gesichtszügen, grünlich-gelben Haaren und stechenden Augen. Er trug den breitkrämpigen Hut tief in den Nacken gedrückt, ein staubbedecktes, aufgerissenes Reisekleid, das weit und hängend um seine dürren Glieder schlotterte, und im Gürtel, den er um den Leib trug, blitzten Dolche und Pistolen.

Haß athmend und voll Wuth hörte er von der Weiterreise der Flüchtenden. Bald saß er wieder zu Roß, in rasender Eile der Richtung nachjagend, welche Tags zuvor die Verfolgten eingeschlagen. Nur zu bald hatte der Schreckliche sein Opfer ereilt. Was folgte, erfuhr ich aus den Zeitungen. Ein Pistolenschuß streckte im Zweikampfe den unglücklichen Manfreath als Leiche hin und die Lady wurde halb entseelt von ihrem fürchterlichen Gatten nach Melbourne zurückgebracht. Die armen Eltern! Ich mag des Jammers gar nicht gedenken, den diese Schreckensbotschaft über diese biederen Leute bringen wird. Er war ihr einziger Sohn und einer der gebildetsten Menschen, die ich hier zu Lande kennen gelernt.

Das Mondlicht ist hier ganz wunderbarer Art und habe ich Aehnliches in meinem Leben nicht gesehen. Wie in Norwegen gleicht die Nacht hier nur einem trüben Tage, aber das Kreuz des Südens macht den Eindruck märchenhaft. Vor Jahren — es war in meiner Heimath — fand ich einst in einer Gesellschaft, wo ich als Gast geladen war, ein somnambules Mädchen, das im Hause ganz untergeordnet bedienstet war. In magnetischen Schlaf versunken, führte man die Kranke vor die zahlreich anwesenden Damen und Herren. Ein allgemeines Verwundern, ein neugieriges Drängen und Fragen begann, doch wie eine Grabgestalt schwebte das träumende Mädchen durch alle Reihen der Gäste, ohne zu hören, oder still zu stehen und schritt, den Blick starr auf mich geheftet, zum Klavier hin, wo ich saß. Ein kalter Schauer überfiel mich, ich wurde leichenblaß vor Aufregung, sie aber winkte mit der Hand, ihre Lippen bewegten sich, und während der sie behandelnde Arzt mit der Hand über ihre Züge fuhr, sprach sie, den Finger auf mich gerichtet, ein dreimaliges: „Mond, ich grüße Dich!"

Ich weiß nicht, ist es schwärmerischer Hang, kindische Angewöhnung oder Aberglauben, genug, seit jener Zeit versäumte ich es nie, während aller meiner Reisen der mysteriösen Somnambule zu gedenken, und so oft ich den Mond erblicke, rufe ich, wie aus lieber Gewohnheit: „Mond, ich grüße Dich!"

In einer Nacht, wo mich das Heimweh überfiel und nicht schlafen ließ, zog es mich, einem bleichen Träumer gleich, auch hier hinaus in die vom Mond beglänzte Nacht. Vom Tenor begleitet, den ich gegen seinen Willen aus dem Schlafe rüttelte und zum Mitkommen zwang, schlug ich einen Gebirgsweg ein und stand bald auf dem Gipfel eines lichtbewaldeten Hügels. Der tiefblaue Nachthimmel funkelte im Glanze seltsam gebildeter Sterngruppen; die vier Sterne des südlichen Kreuzes umstrahlten wie Nachtdiamanten das verklärte Zauberlicht des Mondes, der hochthronend wie eine Wunderlampe, die ganze Scenerie, die weiten Ebenen, die Berge und grünen Auen in grellen Silberglanz tauchte.

Alles schwieg; die bergigen Höhen lagen wie verfallenes Grabgestein geisterhaft, vom Mond gebleicht, umher und nichts störte die tiefe Kirchhofsstille der Natur, als der nächtliche Wind, der von den öden Sandebenen her traurig, gleich Sterbeseufzern, durch die schlafenden Wälder sauste. Mir war es, als sähe ich aus dem Silbergrün des Waldes geheimnißvolle Luftgestalten huschen, als hörte ich zum Mondscheintanze überirdische Harfenklänge rauschen, und wie in Verwunderung getaucht stand ich da. Aber meinem Begleiter, der schon ungeduldig mich immer am Rocke zog, war es nicht heimlich zu Muth, er gähnte schlaftrunken und mit einem ärgerlichen: „Zum Teufel, kommen Sie doch!" faßte er mich beim Arme und zerstörte die märchenhaften Mondscheinträumereien meiner Phantasie.

Ich reise noch heute nach Abelaide, dort werde ich meinen Reiseplan und den Weg bestimmen, den ich nach Europa nehmen will.

Adelaide (Südaustralien), den 30. November 1855.

Nach langem Umherwandern auf ermüdend flachem Wege des Lebens begrüße ich mit Entzücken die schönen warmen Sonnentage, die Abelaide's südlicher Himmel mir so reichlich spendet. Wie mit einem Zauberschlage stehe ich in einem neuen Lande, unter einer andern Sonne; Luft, Himmel, Erde, Scenerie, Alles um mich her ist verändert. Die Macht erfrischender Kultur, das Geräusch des Lebens und alle schönen Wohlthaten, welche der Geist menschlicher Civilisation veredelnd über die Natur haucht, umgeben mich und wieder erkenne ich es, daß Entbehrungen und überstandenes Ungemach, mögen sie noch so empfindlich sein, doch nur einem Gläschen Wermuth gleichen, das, vor dem Essen genommen, die Eßlust schärft und die Freuden des Mahles würzt. Vielleicht ist in Adelaide nicht Alles so, wie ich es finde! Der seltene Wein macht den Durstenden taumeln und überschwänglich, und mir, der seit Monaten nur schattenlose Sandsteppen und schmutziges Goldgräbervolk gesehen, den nach langer Dürre wieder einmal der frische Lebensquell umrauscht, mir ist es jetzt, als fühlte ich mich von irgend einer wüsten Verbannungsinsel des Oceans plötzlich mitten im Glanze der Welt, zu allen Lebensfreuden erhoben.

Adelaide — wie schon der schöne Name zeigt — von Deutschen gegründet, steht wie ein junger, lebensfrischer Baum in der Maienblüthe vielversprechender Entwickelung. Noch hat der Ort nicht die Ausdehnung und Zahl der Bevölkerung wie Melbourne und Sidney erreicht — die Attraktion des Goldes macht diese Städte zu Centralpunkten des Landes — aber als Hauptstadt von Südaustralien, wo die Macht des tropischen Himmels alle Reichthümer der Erde segnet, wo außer den Herrlichkeiten des Südens auch alle Früchte der gemäßigten Zone gedeihen, und der Ackerbau sich rascher und blühender entfaltet, wie im nördlichen Theil des Landes, genießt Adelaide eine schönere Bedeutung, als ihre Schwesterstädte, und auch die Bevölkerung, die viele deutsche und nicht gar so abenteuerliche Elemente zählt, hat schon eine höhere Stufe der Kultur erstiegen.

Die Stadt liegt malerisch schön, an der Schwelle des Südens, im Hintergrunde von himmelnahen Höhen begrenzt, die bis zum Rande des Oceans sich hinziehen, und mit den **Blue Mountains** vereinigt nach Norden laufen. Die Straßen, nach amerikanischer Art mit schattenkühlen Norfolkpalmen bepflanzt, sind größtentheils mit Stein gepflastert; einzelne imposante Gebäude, Kirchen mit Kuppeln und Thürmen, wachsen stolz und fabelhaft schnell aus dem Boden, der vor Kurzem nur Bretterhäuser und Leinwandzelte trug; deutscher Fleiß und britische Gediegenheit walten hier in überraschend günstiger Weise und die zierlichen ein= auch zweistockhohen Wohnhäuser, nach moderner Bauart sehr geschmackvoll mit Balkonen, Blumengärtchen und grünen Jalousien geschmückt, blicken mir so traulich entgegen, daß ich, heiter gestimmt, die entlegenen Freunde und das Heimweh vergesse. Ist es doch das erste Mal in diesem Welttheile, daß ich deutsches Leben, ein Schiff voll reicher Ladung auf offener See, bei günstigem Winde, mit geschwellten Segeln stolz dahinfahren sehe, denn überall auf meinen Wanderungen fand ich das vaterländische Element gleich einem gebrechlichen Fahrzeuge schlecht gesteuert und entmastet von den schwankenden Wellen, getragen hin in das Ungewisse, unter sich den Abgrund, hinter sich die Launen des Windes, immer umherirrend, zerstreut und ohne Ziel. Und Adelaide ist der Zufluchtshafen der über den Ocean gewehten Volksthümlichkeit. Man findet hier ein Thusnelda=Casino, ein Friedrich Schiller=Theater, mehrere Lesevereine, Handels= und Assekuranz=

gesellschaften, kurz es ist hier, wie nach den klassischen Phantasien des Astronomen Gruithuisen, als ob ein Stück Deutschland plötzlich vom Monde herabgefallen wäre.

Alle Mundarten des deutschen Reiches klingen durch das schnarrende Straßengeschwätz, und wen sollte es nicht freudig überraschen, wenn ihn zwölftausend Meilen fern vom Vaterlande so liebe heimathliche Erinnerungen umschmeicheln? Wandelt man durch das meist von deutschen Gastwirthen, Kaufleuten und Handwerkern bewohnte Germaniaviertel, wo das Völkchen der Krämer und Mäkler mit Bienenemsigkeit durch die Straßen wimmelt, so glaubt man sich im Traume in irgend ein handelsbeflissenes Seitengäßchen der freien Stadt Frankfurt versetzt. Was das merkantilische Genie des vaterländischen Soll und Habens nur Erfinderisches auszudenken vermag, und was das löbliche deutsche Zunftwesen nur Drolliges aufzuweisen hat, findet sich da beisammen. Vor den ärmlichsten Kaufbuden, in welchen selbst das anspruchsloseste wiener Stubenkätzchen mit Mühe ihren Sonntagsputz finden dürfte, prahlen große Aushängeschilder, wie: „Mode=Bazar der fashionablen Welt von James Mayer und Adolf Parieser"; „Erste deutsche Goldwechselstube und elegante Waarenhalle des William Stern und Moritz Stieglitz", oder „Gasthaus des Hermann Fink zur deutschen Treue". In der Eingangspforte des Letzteren, unter farbigen Draperien, Nationalflaggen und patriotischen Allegorien hängt ein grell gemaltes „Will=

kommen", unter welchem mit großen Lettern wörtlich geschrieben steht: "Alle soliden Landsleute können hier zu jeder Zeit kalt und warm gespeist werden." Gleich darauf hält der Chirurg und Haarkräusler "Fritz Schelble" aus Berlin seinen Laden. Eine fürchterliche Maria Stuart, auf dem Schaffotte knieend, dient ihm als artistisches Waarenschild, das, von erläuternden Randbemerkungen und vielen Anzeigetafeln umgeben, bald deutlicher erklärt, was das Schild denn eigentlich im Schilde führt. Der Haarkräusler nämlich hat es selbst gemalt und mit preußischer Bescheidenheit giebt er zu verstehen, daß er einer der geschicktesten Portraitkünstler im Lande sei. Er macht die billigsten Bedingnisse: wer ein halbes Jahr lang im Vorhinein aufs Frisiren abonnirt, den will er umsonst malen und Jeden, der sich malen läßt, verspricht er eine Zeit lang unentgeltlich zu frisiren. Nebenbei versichert er mit klassischer Bildung, er sei ein geflüchteter Patriot, deutscher Demokrat, und als ehemaliger Freischaarenführer der badischen Bürgerwehr, will er allen deutschen Brüdern das Fechten und Turnen lehren. Der konsequente Windbeutel fährt noch lange fort, seine wunderlichen Tausendkünste anzupreisen; aber zum Schluß läßt ihn seine angestammte deutsche Aufrichtigkeit nicht länger ruhen, und in einem merkwürdigen Manifeste an alle Krämer und Geschäftsfreunde der Stadt warnt er: seiner Frau, die wegen häuslicher Liederlichkeit von ihm getrennt lebe, in keinem Falle auf seinen Namen etwas zu borgen, da er ihre etwaigen Schulden niemals bezahlen werde.

Stundenlang streifte ich vergnügt umher und fand in allen Straßen das regste Leben. Es lachte und hüpfte zwar nicht immer dieses Leben, es seufzte auch zuweilen und stöhnte unter den Lasten schwerdrückender Armuth, aber es lebte und bewegte sich. Denn in diesem Lande, wo das Glück gutgelaunt bei offener Tafel mit jedem kecken Spieler würfelt, wo der Besitz eine Laune des abenteuerlichen Zufalles und die Hoffnung eine Schmeichlerin des Mangels ist, verliert das Elend jene angeborene bleiche Farbe der Ohnmacht, die Noth hilft sich auf, der Hunger scherzt, die Armuth wird vergoldet.

Als ich meine Wanderungen durch die Stadt beendet hatte, miethete ich ein Kabriolet und fuhr nach „Cumberland-Park". Cumberland Park, ein englischer Garten voll pittoresker Scenerie mit gigantischen Wäldern, brausenden Sturzbächen und schattenkühlen Lustlauben, ruhte im Strahlenglanze der Abendsonne. Eine weite Allee reizender Baumgänge führte mich durch das bunte Gewimmel der Spaziergänger, die von allen Seiten herbeiströmten, um das Geburtsfest des englischen Gouverneurs dieser Kolonie zu feiern. Schöne und geputzte Damen, von galanten Dandys umschwärmt, spazierten durch die duftenden Blüthenbüsche, fröhliche Knaben und Mädchen in lichten Sommerkleidern, hüpften spielend im

Grase umher, Springquellen rauschten, die Luft wurde
kühler, tausend tropische Wohlgerüche dufteten durch
den abendlichen Garten, und in dunklen, abgelegenen Lau-
ben seufzten mondscheinburstige Verliebte. Das holde
zauberische Lied Beethovens an Adelaide kam mir nicht
aus dem Sinne; ich trillerte es den ganzen Abend vor
mir her, und fortgezogen von Erinnerung zu Erinnerung,
schlenderte ich vergnügt durch das fröhliche Treiben.

Vor einer Sorbeterie, die mit einem Wirthshaus=
garten „Zum Wilhelm Tell" vereinigt auf einer kühlen
Anhöhe lag, hatte ich Platz genommen und wie von einer
Schaubühne aus überblickte ich die vielen Bilder, Scenen und Gruppen, die der Beobachtung sich immer neu
entrollten. Eine deutsche Musikbande spielte, unter einem
bunten Durcheinander längst verschwundener Tonstücke,
auch mein Wiegenlied, was mir aber wenig Vergnügen
machte, denn nicht allein, daß es anfänglich unter der
Wehmuth einer schwindsüchtigen Flöte so schleppend und
seelenlos wie nur möglich dahinweinte, mengten sich zum
Schlusse noch zwei grausame Trompeten ein, die das
arme Lied in eine unausstehliche Polka auflösten. Der
Dirigent, der so schonungslos mit mir umging, sah ganz
phantastisch wie ein Genie aus, und fuchtelte mit Geige
und Bogen wie besessen durch die Luft. Ein Stück, das
mit der Ouverture zu „Zampa" aufangend, ins Jäger=
lied der „Martha" überging, und mit einem flotten Wiener Walzer endigte, gab er ganz sorglos für seine eigene

Mache aus, und nannte es gemüthlich „Gruß an Australien, eine freie Phantasie". Doch das versammelte Publikum, das ganz entzückt, von diesen Tönen geschaukelt, das süße Eis hinabschlürfte, applaudirte enthusiastisch jede Musikpiece und es lag hierin eine Art Trost für mich und meine musikalischen Erfolge.

In den Zwischenpausen zogen kleine Indianerknaben, musicirend wie die italienischen Savoyarden, mit Affen und anderen Gaukeleien umher. Sie betteln um Gnadenpfennige oder um ein Lächeln mit einem Raffinement, das trotz ihrer borstigen Urwüchsigkeit, alle Schleichwege zum menschlichen Herzen kennt. Mit gespielter Demuth erheben sie die großen schwarzen Augen zum Himmel und singen voll Andacht, die Hände gefaltet, ein Kirchenlied im heiligen Tone. Kaum aber wirft ihnen das Mitleid einige Kupfermünzen in den durchlöcherten Hut, brechen sie in ein verschmitztes Lachen aus, und stürzen laut aufjauchzend mit ihrem kleinen Vermögen davon.

In nicht weiter Entfernung, auf einer bergigen Höhe, lag, aus Brettern erbaut, ein Tanzsaal. Eine buntgemischte Tanzgesellschaft drehte sich dort unter Lärm und Musik lustig im Kreise; fröhliches Gejauchze, Gläsergeklirr und die Töne der Geigen und Klarinetten hallten weit hin. Die Unglücklichen ahnten es nicht, an welchem Rande des Abgrundes sie diese Freuden pflückten. Sie tanzten über ihren eigenen Gräbern. Der

Ballsaal, aus Brettern leicht gezimmert, war über einer grundlos schlammigen Untiefe erbaut, die zwischen Felsenklüften durch den Garten läuft. Das zahlreiche Getümmel der Tanzgäste, zu schwer für den schwachen Boden, erschütterte das Holzgebäude, es wankte und unter fürchterlichem Gekrach brach es zusammen. Acht Menschenleben stürzten unrettbar verloren mit in den sumpfigen Abgrund. Ein grauenhaftes Wehgeschrei trieb mich aus dem Garten, und tief ergriffen von dieser erschütternden Katastrophe, kehrte ich nach der Stadt zurück.

Es lag schon tiefe Nacht über Adelaide, eine zahlreiche Menschenmenge bewegte sich aus dem Theater und Parke in die Börsenhalle, wo zu meiner nicht geringen Ueberraschung Herr Bochsa und Madame Bishop sich in einem Konzerte hören ließen. Ich löste mir einen Sitzplatz, trat in den freundlich erleuchteten, von der feinen Welt dicht gefüllten Saal, der mich an Europa's schöne, freundliche Tage erinnerte. Schöne und elegante englische Damen in Balltoiletten geputzt, mit Blumen, Fächern und Duftflacons geschmückt, füllten die fashionablen Sitzreihen. Die Ouverture zur „weißen Dame", gut geleitet und lebendig ausgeführt, rauschte imposant vorüber und nach einer kurzen Pause erschien der Harfenspieler Bochsa*), von lebhaftem Beifall empfangen. Ein hohes

---

*) Dem neuesten Berichte zufolge ist Bochsa in Sidney gestorben.

Menschenalter, über ein halbes Jahrhundert zog an dieſem Manne vorüber und noch trägt er Luſt, mit ſeiner Harfe durch die weite Welt zu ziehen, noch hat er die Kraft, Konzerte zu geben. Er iſt der gediegenſte, wenn nicht der erſte Harfenſpieler, den ich je gehört. Eine wunderbare Anmuth, eine reizende Lieblichkeit, lockend und liebkoſend, rauſcht aus den Saitentönen dieſes trefflichen Virtuoſen. Man vergißt den etwas matten Glanz dieſes Inſtrumentes unter ſeinen kunſtfertigen Händen und wird nicht müde, ihn ſpielen zu hören. Miſtreß Biſhop, ſeine ewige Gefährtin, unterſtützte ihn mit Geſangsvorträgen, mit engliſchen und franzöſiſchen Liedern. Es gelingt ihr nur noch mit Mühe, die Hinderniſſe zu durchbrechen, die ſich ihren geſchwächten, abgenützten Stimmmitteln von allen Seiten wie Klippen drohend entgegenſtellen. Während der Geſangsvorträge entſtand ein lebhaftes Geräuſch im Saale, Aller Blicke richteten ſich neugierig nach der Thüre, aus welcher Lola Montez, von einer Schaar Bewunderer gefolgt, ſtolz und ſtrahlend in den Saal ſchritt. Ein allgemeiner Beifallsſturm erhob ſich, ſogar Kränze und Blumenbouquets flogen ihr zu. Was ihr eigentlich dieſe triumphartige Aufnahme verſchaffte, mag der liebe Himmel vielleicht ſelbſt nicht wiſſen, deſſen Rechnungsbuch über ausgetheilten Ruhm ſeit vielen Jahren ſchon mit der größten Unordnung geführt wird. Doch wie es immer kommen mag, Lola iſt trotz aller Aergerniſſe, die ſie ſtiftet, hier wie überall, wo sie erscheint, die Tagesheldin. Alle feindlichen Hindernisse fliehen betäubt vor der tanzenden Syrene. Den männlichen Enthusiasmus anfachend, zieht sie wie ein weiblicher Alexander triumphirend durch's Land, und nimmt eine Stadt nach der andern im Sturme ein. Die Luft dieser abenteuerlichen Länder stärkt ihre phantastische Organisation wie die Flamme den Stahl; sie ist schöner und verführerischer als je, und der mächtige Zauber ihrer Augen vermag auch dem strengsten Tadler ein Lächeln abzuschmeicheln. Unter dem Gefolge, das im Konzert mit ihr erschien, befand sich auch ein wunderlicher Patron. Es ist ein verrückter englischer Gentleman, schon hoch an Jahren, unermeßlich reich, der aber trotz seiner Millionen zu den bedauernswerthesten Narren der Erde gehört. Er ist nämlich verliebt, bis zum Wahnsinn in Lola Montez verliebt, die, wie begreiflich, ohne jede Spur von Gegenliebe, den Armen wie einen Hofnarren zum Possenspiel ihrer Launen hält. Zum Gespött und Gelächter des öffentlichen Skandals, liebt sie es, ihren Witz gegen das alte müde Wild zu hetzen, durch's ganze Land von Stadt zu Stadt. Der alte Narr, der sich in hoffnungsloser Liebespein verzehrt, folgt der lockenden Tänzerin Schritt für Schritt, überhäuft sie mit den kostbarsten Geschenken und bietet ihr sein Herz, seine Hand und seine Millionen; aber vergebens. Die lustige Jägerin liebt nur die Jagd und verschmäht die Beute. Von diesem wunderlichen Liebeshandel erfährt man aus den Zeitungen die buntesten Histörchen.

Hier ein kleines Beispiel. Der Redakteur des Melbourner „Argus", dem der Spinnentanz nicht gefiel, zog mit scharfer Feder aufs feindlichste gegen Lola in den Krieg, die ergrimmt den fatalen Sittenprediger zum Zweikampfe forderte. Der Geforderte schrieb ihr ruhig in seinem Blatte als Antwort: Er bedauere, nicht dienen zu können, denn er schlage sich mit keinem „frechen, ungezogenen Weibe". Dieses war Oel für Lola's flammenden Zorn. Sie waffnete sich mit ihrer berühmten Reitgerte, stürzte wüthend in die Wohnung des Journalisten, der aber, vorbereitet auf ihren Besuch, alle üblichen Anstalten traf, und sie ohne Umstände zur Thüre hinauswarf. Krank vor Zorn und ohnmächtiger Wuth schrieb sie folgenden, in öffentlichen Blättern publizirten Aufruf: „Gentleman! Der Zeitungsredakteur N. schmäht Lola Montez und ist zu feig, mit ihr in den Kampf zu treten. Der erbärmliche Wicht verdeckt seine Feigheit; er sagt: er schlage sich mit keinem Weibe — wohlan denn, Gentlemen und Freunde, Ihr seid Männer — schlagt Euch für mich!" Und der oben erwähnte närrische Gentleman schlug sich für Lola; der Redakteur, der ihm auf die bereitwilligste Weise den linken Arm zerschmetterte, ist mein guter Bekannter, und darum hat mich Lola neuerdings aus dem Buche ihrer Liebe gestrichen.

Adelaide, 20. Dezember 1855.

Das Reisen wäre die angenehmste Sache von der Welt, wenn nicht immer das Heimweh unser Vergnügen störte. Diesem Uebel zu entgehen, habe ich in der Fremde oft und viel nachgedacht, aber trotz aller Anstrengung der Phantasie, fand ich noch immer keinen lindernden Balsam, keine freimachende Arznei. Es ist ein wahres Seelenleiden, ein im Geheimen schleichendes Weh, das jede trübe Ahnung, jede geängstigte Empfindung aus dem verborgensten, dunkelsten Winkel hervorholt, und uns mit Bangigkeit und traurigen Gedanken quält, für die wir keinen Trost, keinen Schlummer finden, der sie in Vergessenheit wiegt. Ein unverwahrter Augenblick, eine vorüberziehende Erinnerung, drückt wie ein dumpfer Nebel Tage lang unsere Stimmung, und weder der Glanz der Welt, noch das Geräusch und die Zerstreuungen des Lebens, vermögen uns dann aufzuheitern. Aus dem Lärm der Städte ziehen wir oft hinaus in die Einsamkeit zur himmlischen Trösterin Natur, staunen breite Wege und Ströme, Meere und himmelnahe Alpen an, aber auch an der mächtigen Gewalt dieses Anblicks heilt unsere Schwermuth nicht. Jeder Anlaß mahnt uns, der unbedeutendste Gegenstand, ein schattiger Laubgang, das Flüstern einer Waldquelle, eine freundliche Wiese nimmt unsere Einbildungskraft gefangen, und führt uns im Geiste auf lockende heimathliche Pfade zurück; langersehnte Bilder und Gestalten ziehen durch un-

sere Phantasie, aus jedem Busch stürzen Erinnerungen
hervor, bis wir, von der kalten Hand der Wirklichkeit
erfaßt, wie träumend ins Blaue schauen, und schmerzlich
verzichtend die Einsamkeit verlassen. Denn:

>Wer sich der Einsamkeit ergiebt,
>Ach! der ist bald allein;
>Ein Jeder lebt, ein Jeder liebt
>Und läßt ihn seiner Pein.

Zu solchen und ähnlichen hypochondrischen Reflexionen hat mich eine wildromantische Gebirgslandschaft verleitet, die, wenige Stunden von Adelaide entfernt, einen Reiz und eine Pracht des Anblicks gewährt, wie es unter dem zänkischen Himmel dieses paradoxen Welttheiles nur selten angetroffen wird. Die Vegetation voll lieblicher Frühlingsüppigkeit, gleicht in den Thälern und Ebenen der im Süden des heimathlichen Europa; nur daß einzelne Gruppen der Norfolk= und Gummibüsche, welche hier und da ihr fahles Grün aus dem tiefen Dunkel schillern lassen, der Scenerie einen gewissermaßen fremden Anstrich geben. Dicht verwachsene Eichenwälder voll wilder Schönheit ziehen sich über blumige Wiesen, durch lachende Thäler, über pittoreske Hochgebirge bis zum nebelhaften Hintergrunde hin, wo starre Felsenmassen, verwitterten Grabmälern gleich, das volle warme Leben einschließen, und die kahlen Riffe in wilden phantastischen Formen zu den Wolken erheben. In den reich bewässerten Niederungen zeigt sich schon überall das Walten menschlichen Fleißes; der Weizen schüttelt die reichen vollen Halme, der Obstbaum biegt sich beinahe unter der Last strotzender Fülle; alle Feld- und Gartenfrüchte der gemäßigten Zone erreichen eine verschwenderische Ueppigkeit, und sogar der Weinstock, den man vor Kurzem nur versuchsweise hierhergepflanzt, hängt voll süßer Trauben und rankt sein frisches Rebengewinde über sanfte wellenförmige Hügel, die, allmälig immer höher steigend, zu gigantischen Hochgebirgen anwachsen, deren äußerste Spitzen wohl noch nie erstiegen wurden. Brausende Sturzbäche springen dort wild und jäh durch enge verwachsene Felsengassen, über Riffe und Tiefen und bahnen sich durch tiefe verwachsene Waldungen, die wie ein finsteres Geheimniß über ganze Strecken lagern, den Weg zum grausen Untergang. Mitten durch den wilden Trotz moosbedeckter Klüfte und Abgründe schwingen sich palmenähnliche Gewächse, vom heitern Sonnenlicht umflossen, mit rothen, gelben und silbergrauen herabhängenden Schleifen; blühen Bergblumen, Mimosen und wilde Schlingpflanzen in bunten Schattirungen und ziehen sich in den seltsamsten Windungen hinauf zum äußersten Gipfel, wo am Rande schwindelnder Abhänge, von Untiefen und Schluchten umdroht, einzelne Norfolktannen frei und heiter zum milden, blauen Himmel streben.

In den Anblick dieser herrlichen Scenerie vertieft, hatte ich eine schöne Morgenstunde verträumt. Ich glaubte mich hoch oben in den Steirerbergen, von vertrauten Lüften umschmeichelt, und als ich meine durchglühte Einbildungskraft an der rauhen Gegenwart abgekühlt, stand ich bis tief über den Hals in Heimweh versunken. Ich suchte den Rückweg und das kleine Dörfchen deutscher Ansiedler auf, das, vor nicht langer Zeit gegründet, in einem schönen, milden Thale zu den Füßen der Berge sich ausbreitet. Die einzelnen umhergestreuten Farmerhäuschen, nur dürftig aus Waldstämmen und Brettern gezimmert, sehen wie Brocken aus, die Wind und Wetter von der Felsenwand abgespült haben; aber sie liegen sicher und ruhig in dieser reinen, unverdorbenen Natur und die armen hinausgestoßenen Landsleute, die das Mißgeschick vom mütterlichen Strande an bis weit über den Ocean mit Noth und Entbehrung verfolgt, finden in dieser Abgeschiedenheit ein stilles Ruheplätzchen und eine freundliche Vergütung.

Als der Abend herandämmerte, und ich das gesellige Dörfchen durchwandelte, wurde ich freudig überrascht, auf einem so kleinen Umkreise so viele fröhliche Gesichter beisammen zu sehen. Aus allen Ecken, unter allen Strohdächern umher, blickte Friede und Freude, Thätigkeit oder Ruhe nach vollbrachter Arbeit. Ein Morgen Land, der an ihre Hütte stößt, mit Getraide, Obst und Küchengewächsen bepflanzt, ein aus Waldholz geschnitztes Bett, ein Stuhl, ein Tisch: das sind die einfachen Mittel ihres Lebensunterhaltes, und noch nie, sagen sie, habe sich ihrer Schwelle Mangel genähert. Alles lehrte mich hier, bei welchem geringen Aufwand menschliche Zufriedenheit bestehen kann, und um wie viel reiner diese fleißigen Leute Lohn und Nahrung aus den Händen der Natur empfangen, als jene ruhelosen, von Habsucht verstörten Gestalten in den tiefen, finstern Schachten der Erde, die mit dem Schicksal um Schätze ringen.

Welch ein ganz anderes Gemälde für Geist und Gemüth als jene trügerischen Irrpfade des kummervollen Glanzes! Hier war Alles lebendig. Bald tönte Saitenspiel, Gesang und heiteres Gelächter aus den kleinen Fenstern heraus, bald begleiteten mich die schönen Augen eines blühenden Mädchens über die Gasse. Hier kam mir der Reif entgegengerollt, hinter dem ein Dutzend spielender Kinder hersprang, dort entblößt ein freundlicher Alter sein graues Haupt, um den Abendsegen zu beten, und hier wieder wankt, auf einen Stab gebeugt, ein altes Mütterchen vorbei, dem es wohl nie geträumt, einst bei den Antipoden und nicht in der stillen engen Dorfstube ihrer Heimath zu sterben.

Die Leute leben hier förmlich isolirt und wissen von dem Treiben der großen Welt fast gar nichts. In ihrer angebornen Einfalt sammelten sie sich in Schaaren und umdrängten mich mit Fragen, deren Beantwortung mir äußerst schwer fiel. Ein kurzer rundköpfiger Sachse frug mich ganz ernsthaft: „Ob ich nichts von der neuen Lufteisenbahn wisse, die schon im nächsten Monate von

Sidney aus in längstens fünf Tagen nach Europa fahren werde?" Andere wieder erzählten mir die buntesten Histörchen: von bösen heidnischen Priestern, die auf menschliches Nierenfett Jagd machen, von wilden Zauberern, die, Kinder raubend, nächtlich durch's Dorf reiten, und allerlei solch' riesenhaften Antipodenspuk. Ihrer alten ehrlichen Schwabentracht, welche sie wie eine geheiligte Erinnerung ans theure Vaterland bewahren, würden sie um keinen Preis der Welt entsagen, aber über den Stand der jetzigen Verhältnisse in Deutschland leben sie in greller Unwissenheit. Sie sprechen noch immer von der Revolution, die dort schrecklich wüthet, und glauben, ganz Deutschland liege in Trümmer rauchender Schutthaufen. Alles, was ich hierüber mittheilte, wurde trotz meiner eifrigsten Versicherung ungläubig zurückgewiesen; sie blieben fest der Meinung: „Der Russe herrscht jetzt dort und habe Alles in Schutt und Asche geschossen."

Acht Tage lebte ich in dieser idyllischen Abgeschiedenheit, welche ich bald nach meiner Ankunft in Adelaide, einer freundlichen Einladung folgend, bezog, theils von der ermüdenden Konzertjagd ausruhend, theils mich an der herrlichen Luft erquickend, besonders aber von der seltenen Liebenswürdigkeit meines freundlichen Wirthes gefesselt. Es ist dieses ein englischer Edelmann, Sir David Hamilton, ein Menschenfreund der schönsten und edelsten Weise, wie man dieses Wort nur deuten mag. Als Gründer dieser Niederlassung, ist er der Tröster aller Hilfsbedürftigen, der Beschützer aller Unglücklichen; er kauft ganze Strecken Landes an sich, um arme umherirrende Auswanderer dem Fleiße und dem Ackerbaue zuzuführen, und seine volle Wirksamkeit, wie den größten Theil seines Vermögens, wendet er der Humanität zu.

Sir Hamilton, dessen Lebensjahre sich schon abwärts neigen, lebt hier auf seinem Landsitze einfach und schlicht, wie ein Mann, den sein schönes Bewußtsein über alle eitlen Lebensgenüsse erhebt, und der es einst selbst gefühlt, wie tief die Wunden unverdienten Mißgeschicks schmerzen. Schön ist es, hier, wo die schmutzige Habsucht zur Tagesmode gehört, solch eine edle Ausnahme zu finden, und da die Menschenliebe auf diesem Boden zu den größten Seltenheiten gehört, so will ich hier dieses Mannes mit mehr als weniger Worte gedenken.

Er hatte vor mehreren Jahren über den schmerzlichen Verlust seiner Gattin England verlassen, zog mit einem bedeutenden Vermögen nach Ostindien, von dort nach Neu-Südwales, wo er sich in Sidney niederließ und errichtete dort, seinem angebornen Wohlthätigkeitshang folgend, eine Art Hilfsbank, um gebesserte Sträflinge den bürgerlichen Gewerben zu widmen. Aber von den Behörden nur wenig unterstützt, und mit den Landesverhältnissen fast gar nicht vertraut, brachte ihn dieses Unternehmen um einen großen Theil seines Vermögens. Er entwarf andere Pläne, erbaute Fabriken, großartige Arbeitsanstalten und wagte sich in ein Meer von

Spekulationen, die ihn im raschen Wechsel bald erhoben, bald stürzten; dreimal schwang er sich zum Reichthum empor, und immer wieder sah er sich zurückgestoßen von der Schwelle seines Glückes, bis eine in Windsor ausgebrochene Feuersbrunst sein ganzes Besitzthum in Asche legte, wodurch er, völlig ruinirt, dem Bettelstabe nahe kam. Da wurden die Goldfelder entdeckt und der feine englische Edelmann, der als Crösus ins Land kam, zog als Arbeiter in grober Zwilchblouse mit Schaufel und Karren unter einer Schaar zerlumpten Gesindels in die australischen Bergwerke. Schätze von Gold wurden entdeckt, unerschöpflich reiche Fundgruben öffneten sich, doch nicht für ihn. Monate lang durchirrte er, vom Schicksal geneckt, alle Richtungen der Goldfelder, über Berge und wilde Steppen, durch Wälder und schlammige Untiefen, und kein Strahl des Glückes erleuchtete sein kummervolles Leben. Alles kehrte mit reicher Beute heim, nur er fand nichts. Milde und von allen Hoffnungen verlassen, zog er aus den Minen nach Paramatta, lebte dort in tiefer Armuth, bis ihm das Gouvernement das dürftige Aemtchen eines Schullehrers bei den kleinen schwarzen Eingebornen verlieh, und ihm einen kleinen Bauplatz nebst einigen Morgen Landes schenkte, wo er, mit Hilfe einiger Geldzuschüsse der dortigen Bewohner, den Bau eines kleinen Schulgebäudes unternahm. Die Arbeit wurde rasch in Angriff genommen, doch schon in den ersten Tagen, als der arme Schullehrer beim Auf=

lockern des Grundes rührig mit Hand anlegte, entfielen ihm Grabscheit und Haue, wie geblendet stand er da, glänzender Sand und Goldkörner lagen rings umher, massive Metallklumpen wuchsen aus dem Boden, jede Erdschichte barg neue Reichthümer, Schätze von Gold wurden ausgegraben, und demselben Mann, der grambeladen, unter schweißtriefenden Mühen, Monate lang vergebens an der Quelle geschmachtet, floßen plötzlich mit Zauberschnelligkeit ganze Ströme von Glücksgütern zu, die reichste, ergiebigste Goldmine, die auf australischem Boden noch je gefunden wurde.

Diese Begebenheit, einzig dastehend in der Geschichte des australischen Goldgräberlebens, die seiner Zeit ein Erstaunen und eine Aufregung hervorgerufen, die weit über die Grenzen dieses Landes, selbst bis nach Europa drang, hat ganze Schaaren Auswanderer hoffnungstrunken nach Australien gelockt. Alles stürzte nach Paramatta, dem gepriesenen Eldorado, aber die meisten kamen zu spät und die jetzt kommen, finden statt jenes reichen Plutus-Schachtes ein stattliches Hospital, welches Sir David Hamilton für kranke Minen-Arbeiter erbauen ließ.

Als ich, von meinem Stillleben zurückkehrend, in Adelaide mein erstes Auftreten ankündigte, bemerkte ich bei einem Gange durch die Stadt, daß sämmtliche Konzertannoncen von den Straßenecken verschwunden waren. In meiner harmlosen Unbefangenheit hielt ich dieses wunderliche Intermezzo für nichts als ein gewöhnliches Amusement der löblichen Straßenjugend und ließ neue Zettel drucken und anheften. Aber auch diese traf ein ähnliches Schicksal. Ich sann lange hin und her, was denn dieses fatale Hinderniß eigentlich zu bedeuten habe, ohne daß mir auch nur die mindeste Aufklärung zu Theil wurde. Schon wollte ich bei den Behörden die üblichen Schritte thun, als mir endlich ein hier erscheinendes Zeitungsblatt die nöthige Auskunft gab. Lola Montez nämlich, der durch einen wunderlichen Zufall der Inhalt meiner Briefe, die ich von Kalifornien und Australien nach Europa schrieb, bekannt wurde, hat, verletzt durch die Art der Schilderungen, die ich dort von ihrer Persönlichkeit entwarf, mir offen den Krieg erklärt. Sie sucht alle ihre Verehrer gegen mich zu spornen, schmiedet wahre Komplotte und bietet alle Mittel auf, mich mit einem Netz von Verlegenheiten zu umgarnen, die mir den Boden dieses Landes, den sie allein behaupten will, verleiden sollen.

Auch der Redakteur der „............", Mr. ...., der mich bei meiner Ankunft so originell empfangen und dessen uneigennütziger Menschenfreundlichkeit ich in einem meiner Briefe ausführlicher, als klug war, Erwähnung gethan, verfolgt mich jetzt mit Groll und Rache. Nicht er allein, so donnert dieser Gentleman in den wüthendsten Ausdrücken, die ganze Bevölkerung sei von mir aufs Gröblichste beleidigt worden. — Alle bürgerli=

chen Zustände und Landesverhältnisse hätte ich geschmäht, verläumdet und beschimpft und ihn selbst, der sich so warm und liebevoll meiner angenommen, aus schnödem Undank einen „literarischen Buschmann", einen „Preßhaifisch" genannt. „Er komme mir nur nach Sidney," ruft er zum Schlusse, „ich werde hinter diesen musikalischen Spottvogel schon Hände schicken, die ihn rupfen sollen."

Weiß der liebe Himmel, welch böser Wind dieses harmlose Blatt Papier, das ich so unbefangen nach Europa flattern ließ, wieder hieher getragen, und so entstellt, in solchen plumpen Redensarten! Obwohl ich viel lieber eine Ungerechtigkeit ertragen, als eine Undankbarkeit begehen möchte, so werde ich doch auf dieses Alles kein Wort erwidern. Ich wappne mich mit Fibel und Bogen, mit Fassung und Ruhe und mit Jean Paul's herrlichen Worten, die da sagen: „Nicht wenn du beim Loben, wenn du beim Tadel bescheiden bleibst, dann bist du es."

Adelaide, 5. Jänner 1856.

Leute, die ein beschauliches Leben führen, die, in den Schlafrock gehüllt, die Pfeife im Munde, sorgloser wie ein König, täglich im sicheren Hafen ruhend, den duftigen Morgenthee schlürfen, sagten mir oft: „Ein Virtuose, wie Sie, der auf „Flügeln des Gesanges" nach allen Weltrichtungen flattert, hat ja das schönste Leben auf Erden." Beneidenswerthe Unwissenheit! Nur ein Unerfahrener, ein Glücklicher kann so irren; wer aber die tausend Aergernisse, die Mücken= und Wespenstiche kennt, die das ewige Schicksal oft quälend über unsere zarte, ästhetische Haut schickt, der muß es wissen und bezeugen, daß unter allen reisenden Erdenkindern Niemand weniger zu beneiden ist, als ein weltumgeigender Virtuose.

Wie freut sich jeder Andere, wenn er den Gefahren einer wilden See glücklich entronnen, wie jubelt da Alles, was aus dem schwankenden Schiffe an's feste, sichere Land steigt, um das überstandene Ungemach durch Ruhe und Erholung zu vergüten! Nur uns ist diese Freude nicht gegönnt, nur wir kommen aus dem Regen in die noch verdrießlichere Traufe. Denn was ist das weite offene Meer gegen die tückischen Wellenspiele der Chikanen, Kabalen und Intriguen, die in jeder andern Stadt auf's Neue über uns herfluthen? Was sind Sandbänke und Untiefen gegen die Klippenhemmnisse, die sich da drohend gegen unser erstes Auftreten erheben und uns den Weg zum Ruhm versperren? Und endlich (um das Bild zu vollenden) ist nicht selbst die grollende Windsbraut oft sanfter und versöhnlicher, als die Coulissenlaune einer übermüthigen Opernsängerin? O, unbesonnene Uebereilung! Jetzt, nachdem dieses niedergeschrieben — gewiß; denn wird es gelesen, so habe ich die Rache der feindlichen Uebermacht nur noch mehr zu fürchten. Doch diese exotischen Leiden können nicht traurig genug erzählt werden, und wenn man lebhaft fühlt und sich an unerreichbaren Personen rächen möchte, verfällt man leicht in erhitzte Kunstrebnerei, was aus guten Gründen und vielen erst jetzt gemachten Erfahrungen, dem Vorhaben meines Briefes sehr entgegen wäre. Daher will ich allen philosophischen Anschauungen entsagen und, gleich einem neutralen Herold, nur das erwähnen, was ich gesehen und erlebt, gezeigt und erduldet.

Adelaide, noch zu jungfräulich, ich meine nicht stark und ausgebildet genug, um so vielen musikalischen Lärm, wie andere Städte, zu ertragen, besitzt außer den weltbedeutenden Brettern, die jetzt von englischen, spanischen und deutschen Truppen gemeinschaftlich okkupirt werden, nur noch eine zu Musikproduktionen geeignete Lokalität, nämlich die Börsenhalle. „Wenn Sie Adelaide besuchen,“ sagte mir ein Melbourner Freund, „so will ich Sie gern dem Chef eines dortigen Bankhauses empfehlen, dessen Gemahlin, eine vortreffliche Sängerin, gewiß auch mit Vergnügen Ihr Konzert unterstützen wird.“ Diese lockende Anempfehlung schien mir um so willkommener, da ich bei meiner Ankunft erfahren hatte, daß das Verfügungsrecht über oben erwähnten Saal nur dem deutschen Banquier zustehe, an den ich empfohlen war. Sehr froh, von dieser Sorge frei zu werden, suchte ich das zierliche Empfehlungsschreiben hervor, warf mich in schwarze Galakleider, und fuhr in sehr feierlicher Stimmung nach Riverley-Street, der Wohnung meines neuen Protektors.

Mr. P..., ein kleines rundes Männchen mit hellblonder Perrücke und goldener Brille, saß eben auf seinem Comptoir, in tiefem merkantilischen Ernst versunken, mit einer Andacht, als hätte der liebe Gott ihm die zehn Gebote in die Feder diktirt. Ohne aufzublicken und mit dem Schreiben einzuhalten, ließ er mich ganz ins Innerste seines Heiligthums bringen, ohne meine sehr artigen Eingangskomplimente mit mehr als einem räthselhaftem Murmeln zu erwidern, das plötzlich, als ich unter den höflichsten Redensarten immer näher rückte, in einem lauten englischen: „Donnerwetter, Wechselstube Treppe links" endigte. „Ich weiß nicht, ob ich recht gehe," erwiderte ich zusammenfahrend und hielt ihm halb fragend, halb positiv das Empfehlungsschreiben unter die Nase, das er bejahend aus meinen Händen nahm. „Sie müssen lauter reden," lispelte er, sich entschuldigend, „ich bin etwas harthörig," hieß mich willkommen und bot mir einen Stuhl an.

Mr. P..., nachdem er sehr ernsthaft das Schreiben entsiegelt und dessen Inhalt durchflogen, fuhr jetzt plötzlich wie besessen von seinem Sitze auf. „Wer hätte das gedacht," rief er, an meinen Hals stürzend, „Sie hier? Nie hätte ich Sie je zu sehen vermuthet." — „Ich auch nicht," sprach ich stotternd, wie verblüfft in das fremde Gesicht blickend, und blieb starr und unbeweglich vor Erstaunen, wie ein Schneemann, auf meinem Stuhle sitzen.

Der chinesische Kaiser und das ganze himmlische Reich schien mir nicht unbekannter, als dieser vom Monde herabgefallene Freund, und ärgerlich über mein schlechtes Gedächtniß für Namen und Gesichter, überließ ich mich geduldig seinen drückenden Umarmungen, bis endlich ein Lichtstrahl der Erinnerung durch mein dunkles Gedächtniß fuhr. Im Jahre 1840 nämlich kam ich nach Breslau, wo ich, vereint mit dem Pianisten Herrn Alexander Dreischock, mich im dortigen Theater hören ließ. Ich war damals noch sehr jung, stand in den Flegeljahren der Virtuosenlaufbahn, wo man mit klopfendem Herzen und langen Athemzügen dem heißen Moment des Auftretens entgegenseufzt, und harrte mit Geige und Bogen hinter einer Theatercoulisse auf das Ende des dem Konzerte vorangehenden Stückes, welches, wie ich mich erinnere, „Der lange Israel" hieß, und so viel Langweile und Mißfallen erregte, daß es ausgepfiffen und gar nicht zu Ende gespielt wurde. Einer der Schauspieler hatte durch sein mißglücktes Spiel den grollenden Unmuth des Publikums besonders heraufbeschworen, und als er bei jedesmaligem Auftreten verhöhnt und ausgelacht wurde, konnte er sich nicht halten und rief von der Bühne herab dem gesammten Parterrepublikum das Wort „Lumpengesindel" zu. Ein Donner des Unwillens erhob sich im Hause, und während ein Theil der stürmenden Menge unter einem Hagel fauler Aepfel und anderer Theaterkartätschen den verwegenen Theaterhelden herausforderte, schrie ein anderer Theil: „Die Virtuosen, die Virtuosen sollen kommen." Ich hütete mich wohl, diesem kritischen Rufe zu folgen, Dreischock aber eilte hinaus und ein zerquetschtes Ei traf maliziöser Weise seine Stirne. Die Polizei schritt ein, der arme Schauspieler wurde auf vierzehn Tage in Arrest gesteckt, und indem er nach dieser kränkenden Affaire die Bühne verlassen mußte, beschloß er, nach Amerika auszuwandern. Ich war ihm gerne behülflich, und da er mir seinen überflüssigen Mangel an Reisegeld klagte, so veranstaltete ich ein geheimes Subskriptions=Konzert, dessen Ertrag ihn über den Ocean helfen sollte.

Seit jener Zeit ward mir keine Kunde über sein Schicksal. Schon hatte ich ihn vergessen, als er zu meinem großen Erstaunen plötzlich und unverhofft mir in der Person des Mr. P. gegenüber stand. Gleich in der ersten halben Stunde erzählte er mir als merkwürdigsten Moment seines Lebens: daß ihn nach langen Irrfahrten Sturm und Schiffbruch in die Arme einer sehr reichen Wittwe getragen, die er bei einem Unfall zur See aus den Wellen gerettet und als Lebensgefährtin heimgeführt. Obwohl er seit jenem erlittenen Schreck das Gehör und, wie ich auch bald bemerkte, seine Selbstständigkeit und noch mehr eingebüßt, so wäre seine jetzige Lebenslage durch das bedeutende Vermögen, das er ge=

wonnen, ein sehr glückliches zu nennen, wenn nur, wie er seufzend bemerkte, seine ehelichen Leiden und die Launen seiner Frau nicht wären.

Diese naive Offenheit beunruhigte mich um so mehr, indem ich große Hoffnungen in die zarte Liebenswürdigkeit dieser Dame, als Sängerin, für meine Konzerte setzte und kaum den geeigneten Augenblick erwarten konnte, um hiervon zu sprechen. Doch Mr. P. kam mit Eifer meiner zögernden Bitte zuvor, indem er mir nicht nur den Konzertsaal, sondern in fabelhafter Liberalität auch seine Gattin zur Verfügung stellte: „Wie wird die jubeln!" rief er voll Freude beim Abschied, „es ist ihre größte Leidenschaft."

Vier Tage voll spannender Neugierde wartete ich vergebens, der Lady vorgestellt zu werden, endlich wenige Stunden vor dem Konzerte, nachdem schon Alles geordnet und in Bereitschaft stand, ward mir der Tempel geöffnet. Ich habe manche Gefahren zu Land und zur See muthig überstanden, aber als ich Mistreß P. im phantastischen Normakostüm, mit theatralischen Gesten und fliegenden Locken, wie eine alte verwunschene Fee, auf mich zuschweben sah und an das Unheil dachte, das meinem ersten Auftreten drohend bevorstand, wurde ich blaß. Nachdem sie mich eine grausame Stunde mit dem hyperpathetischsten Kunstenthusiasmus rhetorisch gemartert, folgte ich ihr halb bewußtlos an's Piano. Wie mechanisch fuhr ich über die Tasten, während sie höchst auf=

geregt mit emporgestrecktem Halse ein bösartiges italienisches Rachegeschrei über mein Haupt wüthen ließ, von dem jeder Ton wie ein Dolch mir durchs Gehör fuhr. Dabei verdrehte sie die Augen ganz unheimlich, die flatternden Locken, falsch wie ihre Triller, flogen wild durch die Luft, während Kopf, Hände und Füße in dämonischen Gestikulationen den Text ihrer Klagetöne erklärten. „Um Gottes Willen genug," rief ich, einer Ohnmacht nahe, als sie gierig nach einer vierten Arie griff: „diese Anstrengung ist gefährlich, Mylady," setzte ich ergänzend mit schwacher Stimme hinzu, griff hastig nach Hut und Stock, um dieser Folter zu entfliehen. Obwohl sie erhitzt und entathmet mich zurückzuhalten versuchte, erhaschte ich doch einen günstigen Moment und schlüpfte glücklich durch die Thüre. „Nein, die darf nicht singen," schwur ich mir feierlichst auf der Treppe. Ich fürchtete, der Geist des beleidigten Geschmackes werde Nachts vor meinem Bett erscheinen und mich richten.

So waren meine üppigsten Hoffnungen entblättert worden. Mit der Lady hatte ich auch den Saal verscherzt, das Konzert wurde abgesagt und vierzehn Tage mußte ich geduldig an der Schwelle des Tempels warten, bis die feindliche Lola abzog und die Musen mir ihre Hallen öffneten.

Das Leben in Adelaide ist durch den raschen Aufschwung dieser jungen Stadt ein sehr bewegtes. Es gleicht einem buntfarbigen Kaleidoskop, worin die heterogensten Lebenselemente, Glanz und Elend, Civilisation und Barbarei, Reichthum und Pauperismus, Intelligenz und die tiefste Sittenrohheit in gemischten Bildern grell durcheinander schwirren, so daß der ruhigste Beobachter geblendet allen Maßstab verliert und sich nicht zurecht finden kann. In fliehender Eile jagt Alles seinen Geschäften nach, als hätte der liebe Himmel die letzten Tage auf Erden beschlossen, und jeder menschliche Beruf müsse auf's Rascheste beendigt werden. Der Fremde kann Stunden lang durch das betäubende Geräusch, des von allen Zonen und Weltenden herbeigeströmten Menschengewimmels schreiten, ohne alle die immer neu auftauchenden Scenen, Gestalten, Bilder und Gruppen überblicken zu können, die sich auf dem engen Raume dieses, einst so verschmähten Weltwinkels in hastiger Bewegung, wie auf einem Maskenballe, umhertummeln. Das bunte Farbenspiel der weiß, roth, blau und gelb bemalten Häuser, mit aufgepflanzten Fahnen bewimpelt, von Sonnendächern überspannt und von Gärten umschattet, trägt einen mehr theatralischen, als großstädtischen Charakter. Da in vielen Straßen das Pflaster mangelt, so macht dieses einen sehr barocken, parvenuartigen Eindruck, ungefähr so, als wenn man bei einer parfumirten Salondame schlechte, durchlöcherte Schuhe erblickt. Ueberhaupt fand ich den Ruf, den Adelaide in sittlicher Beziehung genießt, nur bei der deutschen Bevölkerung und theilweise bei einigen englischen Familien der höhern Stände ge=

rechtfertigt, sonst sind die bürgerlichen Lebensverhältnisse um wenig beßer, als in allen andern Städten dieses Landes, und tragen die Farbe schillernder Abenteuerlichkeit.

Zu dem bösen Fleck, den diese Kolonie als „Zuchtstätte für Diebe und Mörder" wie ein Kainszeichen an der Stirne trägt, gesellt sich, durch die nicht zu zähmende Verwilderung der Eingebornen Indianerstämme, eine noch tiefere Wunde, die kein kritisches Pulver, keine civilisirende Salbe und kein englisches Diplomatenpflaster so bald vernarben wird.

Schwerer als überall in jenen Ländern, wo die Fackel der Civilisation mit blendender Helle plötzlich durch die finstere Urwildniß leuchtete, wird es hier gelingen, die thierische Versunkenheit dieses mißgestalteten Negervolkes zu mildern, das in den tiefsten Schlupfwinkeln der Wälder, in Schluchten und Höhlen verborgen, jede Aufklärung wie den Tod flieht, noch immer voll kochender Rachsucht auf Zeit und Gelegenheit lauert, um mit Pfeil und Wurfspieß gegen den weißen Erbfeind vernichtend hervorzubrechen. Selbst die Mehrzahl jener Wenigen, die man bis jetzt den Wäldern entrissen, spottet in ihrer starren, wilden Gemüthsart allen philantropischen Bemühungen; sie bleiben falsche, feige, tückisch, boshaft, und zeigen einen so niedrigen, entarteten Sinn, daß sie unwillkührlich an den Sklaven Caliban erinnern, den Shakspeare in seinem „Sturm" so trefflich gezeichnet.

Sie kleiden sich in das plumpste, närrischste Durcheinander aller möglichen Toilettestücke: in Weiberröcke, weiße Gilets, chinesische Kaftans, halb zerfetzte Salonfracks, bedecken sich mit alten Soldatenmützen, durchlöcherten Damenmantillen, wie sie ihnen der Zufall eben an den Leib wirft, und gewahrt man sie, so träge und schlotternd in diebesschlauer Verschmitztheit an den Häusermauern einherschleichend, so hat man allen Grund, ihnen auszuweichen und auch die verborgensten Taschen in Acht zu nehmen. Das Stehlen ist ihnen Religion, das Betteln Leidenschaft und die Branntweinflasche das größte Heiligthum. Die Weiber und Mädchen, von sehr häßlicher Körperbildung, mit kleinen, listigen Augen, breitem aufgeworfenem Munde und großer, dickknochiger Nase, werden von ihnen oft auf das Grausamste zu Tode gepeinigt und wie Zugvieh vor schwere Lastwagen gespannt, um Brandy und Tabak herbeizuschaffen. Kein Gefühl menschlichen Mitleids erbarmt sich dieser unglücklichen, nur zur Qual erschaffenen Geschöpfe, und oft sieht man sie auf offener Straße matt und entkräftet, von Epilepsie befallen, wie todt zusammenbrechen, während die abscheulichen Männer Tage lang müßig im Sonnenschein schnarchen, oder als Trunkenbolde sich in dem Schlamm einer Straßenecke wälzen, wo sie fluchend und grinsend keinen anständigen Menschen ungeneckt vorüber lassen. Diese gehören noch in die intelligente Kategorie und begnügen sich mit den Resultaten ihrer Fingergewandtheit; Andere aber streben höher und rasten nicht, bis sie die äußerste Spitze des lichten Galgens erreicht haben.

Adelaide, 1. Februar 1856.

Nicht einem stillen, abgelegenen Kolonialorte, sondern einer frivolen, übervollen Weltstadt gleich, strömt und wogt das Leben in den Mauern dieser Stadt. „Die Wüstenblume des Südens," wie Adelaide poetisch genug genannt wird, ist rasch und mächtig emporgeblüht und schneller, als man nach europäischen Begriffen denken mag, wird sie eine Höhe von enormer Bedeutung erreichen. Schreitet man durch die breite, langgedehnte Hindley-Street, die für Adelaide das ist, was Regent-Street für London, vorbei an den neuen, bunt aufgeführten Häuserreihen, den vielen, mit allem erdenklichen Waarenluxus gefüllten Läden, Gold- und Juwelenmagazinen, so staunt man über die Macht der eilenden Kultur, mit welcher Blitzesraschheit alle Schmeicheleien des Lebens hierhergezaubert wurden. Fashionable Theegesellschaften, Bälle, Tanzmusik und ästhetische Salons gehören hier ebenso zur Tagesordnung, wie im lustigen Paris. Kostbare Equipagen mit geputzten Damen rollen, von phantastisch kostümirten Negerdienern gefolgt, durch das auf- und abwogende Gedränge eines buntscheckigen Potpourris von Fußgängern aller Farben und Zonen, Miethkutschen, Lastwägen und Omnibussen. Gespreizte Dandies mit

parfümirten Manieren, Gentlemen in gebückter, nach=
lässiger Haltung und weiten, herabschlotternden Kleidern,
tummeln auf arabischen Vollbluthengsten mitten hindurch,
und aus den Wohnhäusern der vornehmen Welt tönen
die Melodien Rossini's und Donizetti's.

Am äußersten Ende dieser geräuschvollen, immer be=
wegten Straße hängt, in der Wölbung einer hohen, aus
Stein gebauten Eingangspforte, die große Sturmglocke,
deren Schall einst die Hilfe der ersten Ansiedler zu=
sammenrief, wenn wilde Indianerschwärme nächtlich
den Ort überfielen. Von hier aus erreicht man einen
großen, freien Platz, wo das Haus des Gouverneurs,
in Mitten eines prangenden Gartenparkes, sich erhebt.
Diesem gegenüber liegt die St. Patrikskirche, ein nicht be=
deutendes architektonisches Gebäude, und im Mittelpunkte
des Platzes erblickte ich einen vereinzelten, hochstämmigen
Gummibaum, unter welchem der erste südaustralische
Gouverneur, Oberst Hindmars, vor kaum mehr als
zwanzig Jahren seinen abenteuerlichen Gefährten die kö=
nigliche Ordre vorgelesen, kraft welcher er von diesem
Gebiete Besitz nahm, und in einer von Sümpfen umschlosse=
nen pittoresken Wildniß den Platz zum heutigen Adelaide
wählte. Der Baum, den man unter dichten Wäldern,
die hier gewurzelt, allein unberührt ließ und zur Erin=
nerung mit einer metallenen Denktafel zierte, steht jetzt
gesenkten Hauptes morsch und entblättert da, als trauere
er in kummervoller Einsamkeit um die entschwundenen

Genossen, die das Beil menschlicher Gewalt schonungslos von seiner Seite gerissen.

Nicht weit von da liegt der unermeßlich weite Wakfield- oder Torrensplatz, häuser- und schattenlos, preisgegeben der sengenden Mittagsgluth, aber berühmt durch die höchste, auserlesenste Crême der Gesellschaft von Ochsen, Schweinen, Schafen, Maulthieren, Pferden und andern schlichten, bürgerlichen Hausthieren, die hier in massenhaften Schaaren und Kolonnen von einer Größe und Fülle, wie ich sie noch nirgends in der Welt gesehen, zum Kauf ausgestellt sind. Ein summendes Sprachengewirr bringt, wie beim babylonischen Thurmbau, kreischend und schnarrend durch aufgewirbelte Staubmassen, und das wüste Marktgewimmel, das in schwindelköpfiger Hast wie auf einem Schlachtfelde kämpfend und schreiend bald rechts, bald links allen Richtungen zustürzt, wo die zum Markt kommenden Heerdenbesitzer unter Trommelschlag und dem Gekreisch der Ausrufer ihre Waaren feilbieten.

Zwischen dem echt transoceanischen Getümmel der Käufer, Mäkler, Juden, Neger und chinesischen Krämer, die unter Feilschen und Zanken sich wie verrückt um das dumme Vieh herumbalgen, gewähren die riesigen Gestalten der Hirten, in ihrer banditenartigen Haltung und Kleidung, einen interessanten, malerischen Anblick. Sie tragen breitrandige Sambéros, mit bunten, herabflatternden Bändern und Hahnenfedern verziert, scharlachrothe Flanelhemden, breite, mit Pistolen besteckte Gürtel, Messer und Tomahawks und gewaltige Bärte.

Unter diesen halbwilden Salvator-Rosa-Figuren, die aus den weiten australischen Prairien zeitweise nach Abelaide kommen, findet man viele, die nicht halb so naturborstiger Herkunft sind, als es ihr fürchterliches Aussehen glauben macht. Glücksritter, die vom Schicksalsroß in den Staub geworfen, bankrotte Kaufleute und Schiffskapitäne, Spieler, die am Roulette-Tisch Schiffbruch litten, Abenteurer aus Neigung und Beruf, ziehen oft freiwillig oder nothgezwungen in die wilde Freiheit der Steppen und Wälder, wo sie völlig abgeschieden von der Welt, ein umherstreifendes, freies Jägerleben führen. Doch in Abelaide können die Wenigsten den verführerischen Lockungen des Lebens widerstehen, und kaum sind die Heerden in Geld umgesetzt, wird die rohe barbarische Hülle abgeschüttelt, mit fashionablen Salonkleidern vertauscht und das struppige Haar aufs Modernste frisirt. Jeden Tag wird das Theater, ein anderer Ball, ein anderes Spielhaus besucht; eine tolle lustige Wirthschaft unter Champagner und Schmausgelagen beginnt, und währt, bis der letzte Penny aus ihren Taschen schwindet. Erst wenn Alles glücklich durchgebracht ist, sieht man sie müde und übernächtig die wilden, flinken Haiderosse besteigen und in bunten, fastnachtsähnlichen Geschwadern den abenteuerlichen Rückzug antreten.

Hinter dem Torrensplatze, abgeschieden von den übrigen Stadttheilen, in einem Meer von Schmutz und mephitischen Schlamm liegen dunkle, trostlose Menschenwohnungen, an welchen außer Jenen, die dort leben und treiben, wohl Niemand unbeklommen, ohne geheimes Zagen vorüberschreitet. Es sind Vorstädte Adelaide's, zusammengetragen aus Leinwandzelten, Bretterbuden, Hütten aus gestampfter Erde, Scheunen aus Schindeln und Lehm, die planlos, wie vom Wind umhergestreut, ein wildes bergauf- und ablaufendes Straßenlabyrinth bilden. In diesem Revier des Elends und der bleichen Noth verborgen, nisten, wie überall in der Welt, die geheimen Schlupfwinkel des Verbrechens, und wenn der Tag endet und die engen Irr- und Schleichwege von abenteuerlicher Nacht bedeckt sind, beginnt da die echte Spuckzeit des Lasters, eine Schlangenrührigkeit, die manchen verspäteten Wandern schon Börse und Leben kostete.

„Alte Hände" oder „Professoren," wie man jene in Botany-Bai's Zuchthaus ergrauten Verbrecher nennt, deren Strafzeit abgelaufen ist, ziehen sich hier ins Privatleben zurück. Sie halten nebst Schnapsbuden und Spielkneipen (Schutzhöhlen für entsprungene Deportirte, Dirnen, Piraten und ähnliches lichtscheues Gesindel) auch komplette Diebserziehungsanstalten, wo sie als „Professoren" öffentliche Vorträge halten und zahlreiche Gaunerzöglinge als treffliche Galgenkandidaten heranbilden. Wie im geheimen Londoner Kriminalleben, werden auch hier gestohlene oder entlaufene Negerkinder geübt, lebensgroßen Puppen, die mit Schellen behängt sind, die Taschen zu leeren; sie müssen dieses unter grausamen Mißhandlungen vollbringen, ohne zu klingeln. Haben sie einen gewissen Grad der Ausbildung und das Schurkendiplom erreicht, so werden sie, je nach ihrer Befähigung, theils in den fashionablen Städten, theils in den Goldfeldern, oder auf abgelegenen Heerstraßen, am häufigsten aber dort beschäftigt, wo einzelne Ansiedlungen schutzloser Farmerleute stehen, an deren Leben und Eigenthum oft verdammter Raub geschieht. Die Polizei, aus gebesserten „Gouvernementsleuten" und Eingebornen nur mangelhaft organisirt, ist diesem Treiben nicht mächtig genug, und nur ein Mann lebt in der Kolonie, dessen eiserne Faust und kühne Schaar diesem Schurkenneste einen panischen Respekt einjagt. Es ist der Kapitän Yarra Yarra, ein Greis von athletischer Kraft und Gestalt, der eine so seltsame Berühmtheit genießt. Sein heidnischer Name schreibt sich von dem Yarra-Yarra-Flusse bei Melbourne her, an dessen Gestaden der jetzige Kapitän einst eine Rolle voll wahrhaft dramatischer Effekte spielte.

Vor etwa zwanzig Jahren nämlich, streifte eine, von Sidney auf Forschungen ausziehende Reiterschaar, im Innern des wilden Landes umher. Unweit dem heutigen Melbourne von Indianerschwärmen angefallen, unterlagen die Meisten dem blutigen Kampfe, währen die letzten ermatteten Ueberreste als Gefangene in ein entferntes Lager der Eingebornen geschleppt wurden. Mitten in einer Schaar der wilden, feindlichen Uebermacht, an der Schwelle des Todes hoffnungslos den letzten Pulsschlag des Lebens erwartend, erblickten sie einen Mann von lichterer Hautfarbe als seine Gefährten unter einem Baume sitzen. Es war ein Mann von starkem Gliederbau und gigantischer Statur, mit allen Waffen und Attributen eines Häuptlings geschmückt, der sie plötzlich vor sich kommen ließ. Er starrte die Fremden lange an und schien, Gedanken brütend, vor sich hinzumurmeln. Dann stand er wie von einer mächtigen Erinnerung überwältigt, vom Boden auf, näherte sich ihnen und redete sie in einem seltsamen Jargon an, aus dem sich einige wenige englische Worte heraus erkennen ließen. Es war ein in die Wälder entsprungener Transportirter, der dreißig Jahre lang, nach allen Sitten und heidnischen Gebräuchen, im Busch bei den Wilden als Häuptling lebte, der sich jetzt zum ersten Male wieder unter weißen Landesgenossen sah. Die Gewalt dieses mächtigen Eindrucks weckte alle seine schlummernden Gefühle, und fachte in seiner fast schon erloschenen Erinnerung den letzten Funken an. Hingezogen zu den Landsleuten, befreite er sie aus den Händen des Todes, schlug sich mit Hilfe einiger Anhänger durch das empörte Lager, und flüchtete mit ihnen nach Sidney, wo er, vom damaligen Gouverneur begnadigt, wegen seiner riesenhaften, körperlichen Kraft das Amt eines Konstablers erhielt. Durch viele

Dienste, die er als solcher der Kolonie geleistet, hat sich sein Wirkungskreis immer mehr erweitert, und aus dem ehemals wilden Häuptling ist der jetzt gefürchtete, aber im ganzen Lande geachtete Polizei-Chef, Kapitän Yarra Yarra, geworden.

Wenn ich von diesen mysteriösen Kriminal- und Urwaldsgeschichten zum Theater übergehe, so ist dieses kein so großer Sprung, denn schwerlich wird wohl auf irgend einer Bühne der Welt mehr getödtet, gehängt, geviertheilt, geköpft, vergiftet, gebrandmarkt, kurz so viel in allen blutrothen Effekten des dramatischen Todtschlags und Schaudern gewirthschaftet, als es von den englischen Schauspielern auf den hiesigen Theaterbrettern geschieht. Die erschütternde Wirklichkeit der Natur ist nur matter Schatten gegen die Kunst der englisch-australischen Schauspieler, und die armen geängstigten Zuschauer kommen jeden Abend, wie von einem Richtplatze, mit geräderter Seele aus dem Komödienhause. Auch meine Konzerte, die ich jetzt an fünfzehn aufeinanderfolgenden Abenden im Theater gebe, werden in den Zwischenpausen von solchen artistischen Henker- und Mordscenen ausgefüllt, und eine unheimliche Kälte durchrieselt mich, wenn ich mit der Geige hinaustretend vor den Richterstuhl der öffentlichen Meinung, auf die finstere, zerknirschte Gestalt eines Bösewichts stoße, oder das in den Seitencoulissen reservirte Schaffot mit den Henkern erblicke. Ich habe in solchen Augenblicken gar keine Vorstellung, wie ich mit ganzem Halse durchkommen werde.

"Mein Lied ertönt der unbekannten Menge,
Ihr Beifall selbst macht meinem Herzen bang."

Die schönen Worte Goethe's wollen mir nicht aus dem Sinne, so oft ich von stürmendem Beifall im Spiel unterbrochen und herausgerufen werde, ja man würde lachen, wenn man wüßte, wie beklommen ich bin, wenn ich den Bogen führe. Doch man glaube nicht, daß dieses aus überspannter Aengstlichkeit oder Schwachheit geschieht. Nur einem dieser tausend Köpfe, deren Augen starr und mißtrauisch auf meine Geige, wie auf die Hände eines Taschenspielers blicken, braucht es beispielsweise einzufallen, auf dem Hals oder dem Rücken des Instrumentes Variationen über das „Oh Merrecey! Oh Merrecey!" hören zu wollen, so erhebt er dem versammelten Publikum gegenüber das Wort, sucht in einer pathetischen Rede zu beweisen, daß sein Verlangen gar nicht unmöglich, oder schwer zu befriedigen und in allen Fällen nur von meiner musikalischen Geschicklichkeit abhängig sei. Dieses ist allerdings nur eine Fabel, aber von ähnlichen wahren Geschichten könnte ich erzählen und von manchen malitiösen Histörchen, von denen die Philosophie eines in Europa reisenden glücklichen Konzertgebers sich nichts träumen läßt. Aber die Bewohner Adelaide's, deren Gunst ich über viele Schanzen und Wälle zu erstürmen hatte, zeichnen mich jetzt in einer Weise aus, die alle Mühen und Hindernisse einer langen Belagerung entschädigt. Die sonst finanzschlaue

Gentry des „Soll und Haben" hat mir einen prächtigen Ball gegeben, der Gouverneur Sir Richard Macdonald und die Lady besuchen jedes meiner Konzerte, jeden Abend bin ich dort und anderswo geladen, kostbare Geschenke, Blumen und Lobgedichte fließen mir zu, als müßte es die Welt und die Civilisation, was sie einem reisenden Virtuosen Alles zu danken hat.

Sidney, am 28. Mai 1857.

Nachdem ich auf den Theaterbrettern zu Adelaide, vielen Vorurtheilen der öffentlichen Meinung gegenüber, gleich einem Manne gestanden, der wie Prinz Hamlet sagt: „Stöße und Gaben vom Geschick mit gleichem Dank entgegennimmt," und mich vor Zeichen neckender Mißgunst eben so höflich als vor Huldigungen verneigen mußte, blieb mir, da ich diese Antipathien nicht ahnend,*) mich mit Haut und Seele dem Theaterimpressario verschrieben hatte, nur die trübe Wahl, mich nach der Strenge englischer Gesetze entweder geduldig in mein Loos, oder in ein Gefängniß zu schicken, bis es meiner braven Geige endlich gelang, den Ton zu treffen, der mir über Berge voll Hindernisse die Popularität errang. Ich spielte nämlich zu Gunsten armer Farmersleute,

---

*) Welche meine nach Europa geschickten, und in Sidneyer Journalen mit vielen Entstellungen wieder publizirten Briefe gegen mich ausstreuten.

deren Ansiedlungen von Indianern ausgeplündert und verwüstet worden, und dieses war das Versöhnungslied, das meine schon erlahmten Hoffnungen wieder aufhalf. Von nun an lebte ich, wie eine Operntänzerin, in einem Taumel hyperenthusiastischer Theaterhuldigungen. Ich wohnte im Schlosse des Gouverneurs in stolzen fürstlichen Gemächern, mit kühlem Marmor belegt, und mit hohen Portalfenstern, Kristalspiegeln, weißen Vorhängen, Gemälden, Statuen und Springquellen ausgeschmückt, ganz nach jenem reizenden Geschmacke des Südens, der französische Eleganz und orientalische Ueppigkeit so mährchenhaft verbindet. Ein weiter Gartenpark umgränzte in bunter, entzückender Farbenpracht mein Arbeitszimmer, wo ich die heißen Tagesstunden theils in träumerischer Ruhe, theils componirend am Piano zubrachte. Während in der Heimath alles grüne Leben unter der Winterdecke des Eises schlummerte, trug mir ein sanfter Tropenhauch tausend indische Blumendüfte zu. Die Musen, die nur sympathetische Luft athmen, könnten es nicht besser haben. Abends im Kreise meiner Bewunderer und im Theater unter den Grazien, da ging erst das wahre Götterleben an. Man fütterte mich mit Gunstbezeugungen, berauschte mich mit Ovationen. Ich mußte ganze Fässer ihres Lobes austrinken in Prosa und in Versen, mir schwindelte wie einem Trunkenen, und nur manchmal, an schwülen Abenden, wenn ich von meinen grausamen Verehrern gequält, immer aufs Neue den

kritischen „Carneval" anstimmen mußte, kam ich zur
Besinnung. Solche nüchterne Momente benützte ich oft,
um all' die früher erlittenen Unbilden auf eine eben so
ästhetische als sinnige Weise zu rächen. So oft nämlich
die Carnevalsextase ausbrach, kühlte ich dieselbe entweder durch ein keusches „Andante Religioso" aus einem
Quartett von Mozart, oder durch eine contrapunktisch
verwickelte Kirchenfuge von Bach auf das classischte ab,
was dem größten Theil der Menge, welche nur das
krachende Vergnügen liebt, erstaunlich fremd und dumm
vorkam. Doch genug. — Schon besorge ich, man wird
die Ausführlichkeit tadeln, mit der ich so selbstgefällig von
meinen eigenen Erfolgen spreche, doch man bedenke, daß
ich in Südaustralien schreibe, wo die Sonne alle Neigungen und Leidenschaften schneller treibt und ausbrütet,
und man wird mir vergeben. Um diesen Lockungen zu
entgehen, will ich die blumigen Pfade des geselligen Lebens aufsuchen, und des gastlichen und liebenswürdigen
Hauses Sr. Excellenz des Gouverneurs gedenken. Der
Gouverneur, Sir Richard Macdonald, einer hohen,
altenglischen Familie entsprossen, ist ein geistvoller, im
britischen Parlamente geschulter Staatsmann und auch
ein warmer Freund der Künste und des Schönen. Als
höchste Autorität im Lande, regiert er an der Seite eines
Atorney Generals und eines executiven und legislativen
Rathes. Er hält einen förmlichen Hofstaat, der in vielen Stücken jenem eines kleinen deutschen Fürstenthums

gleicht, nur daß der dort übliche Ton strenger Hofetiquette, hier nach den Landessitten modificirt, einen Anflug demokratischer Färbung trägt. Lady Macdonald, eine jener schönen und fein gebildeten Damen des englischen Adels, die in glücklicher Geschäftslosigkeit ihren Geist nach jeder reizenden Gegend der Kunst und Wissenschaft frei hinwendet, bildet den Magnet, der die elegante Welt Adelaides unaufhaltsam an sich zieht. Jeden Dienstag ist Abendgesellschaft bei ihr, da findet man Damen in duftenden Spitzenkleidern, mit Federn blitzenden Agraffes und vornehmen Mienen, neben den grotesken und sonnenverbrannten Gestalten der Seecapitäne und Abgeordneten fremder Nationen, denen die Salons des Gouverneurs eben so gastlich offen stehen, als den feinen und stolzen Söhnen der englischen Diplomatie, die in eleganten Fracks und weißen Halsbinden erscheinen und sich ganz nach dem Takte der Hofetiquette bewegen. Rings umher, von schimmernden Offizieren und den duftigsten Galanterien umschwärmt, sitzt die holde Götterschaft der Damen, die, wie seltene Blumen, zwar spärlich blühen, aber um so stolzer und bewußter den Thau dieser Huldigungen einathmen. Unter diesen Wenigen findet man jedoch ungemein reizende Erscheinungen, die sich von dem bleichen, matten Genre ihrer Schwestern im Norden, durch frische, anmuthige Gesichtszüge, reizendes Colorit und eine gewisse Lebhaftigkeit des Geistes sehr vortheilhaft auszeichnen. Auch die blonden Lady's, so sanft sie auch scheinen mögen, sind gefährlich, sowohl ihrer blauen Augen wegen, die unter dem Abglanze des südlichen Himmels noch verführerischer strahlen, als auch wegen ihrer leidenschaftlichen und höchst grausamen Trillerwuth. Schon aus Rache gegen Letztere hätte ich von den hübschen Augen schweigen sollen, aber man muß auch gegen Feinde gerecht sein. Andere Reisende kennen dieses Uebel nicht, aber ich, der ich überall musikalisch behandelt werde, und jedes gesellige Vergnügen unter den Dornen falscher Triller pflücken muß, leide oft schauerlich. Das Gespenst einer altschottischen Ballade „O Dunkan, Dunkan" zog wie ein böser Schatten allen meinen Wegen nach. Die Ballade ist nach Shakspeares „Makbeth" gebildet, und bewegt sich in einer alten, schleichenden Bänkelsängermelodie. Wohin ich nur immer kommen mochte, in jedem Salon, in allen Musik= Tanz= Spiel= und Theegesellschaften, mitten in der vergnügtesten Stimmung, wenn ich mich der Erholung und dem Frohsinn hingab, plötzlich erschien Bouquets Geist und schüttelte die blutigen Locken nach mir. Da galt kein Entrinnen, kein Weigern, kein Bitten, kein Drohen, da wurde ich von irgend einer grausamen Blondine zur Klavier=Folter hingezogen, und unter den grellsten Dissonanzen verworrener Läufe und Passagen, brach das weibliche Kehlenwettter los. Oft stimmte noch die entzückte Gesellschaft im vollen Chorus mit ein, während ich wie jener Römer litt, der den entblößten

Arm in ein glühendes Kohlenbecken hielt, ohne daß nur ein Zeichen schmerzhafter Ungeduld meine Pein verrathen durfte.

Weihnachten, das gemüthliche Winterfest, mit seinen warmen Freuden, brachte auch hier eigenthümliche Reize. Ueberall begegnete man malerischen, von Eseln gezogenen Körben, die hoch mit Norfolkstechpalmen beladen sind, denn das Innere der Kirchen, sowie der Häuser, wird mit diesen grünen, schönen Zweigen voll rother Beeren verziert. Auch die Läden werden damit geschmückt, die Märkte bieten einen merkwürdigen Reichthum von Meer- und Landprodukten, an Geflügel, Fischen, Austern und grotesken Seethieren. Tausend Stimmen erschallen und zu allen Zeiten wogt ein buntes Gewühl durch die unendliche Verschiedenheit der Buden und Zelte, wo zahllose Verkäufer mit lautem Rufen tausend unbekannte Früchte feilbieten. Mitten durch dieses Marktgetümmel, wo wunderverkündende Charletans, Mordgeschichtensänger, Gaukler, chinesische Jongleurs mit Affen und andern Bettelkünsten, umherziehen, sieht man da die robuste Gestalt einer irländischen Bäuerin neben dem schüchternen Wesen der deutschen Hausfrau ihren Weihnachtstisch besorgen, dort eine Schaar Matrosen von Wind und Sonne gebräunt, die Krambude eines Kuchenbäckers umstehen, und mit sehnsüchtigen Blicken all' diese Süßigkeiten betrachten, und hier wieder das stumpfsinnige Gesicht eines Papuas, der sich in den Anblick der mit

Rauschgold und bunten Zierrathen behangenen Bäume und Christnachtsbescheerungen vertieft. „Wo brennts?" würde jeder Wiener die Leute auf der Straße fragen, würde er an solchen Tagen plötzlich nach Sidney oder Adelaide versetzt. Aber das Durcheinanderrennen ist dieser goldburstigen Menge instinktiv geworden, es ist gar nichts besonderes vorgefallen, es geht Alles seinen gewöhnlichen Weg. Es muß viel dazu gehören, die Aufmerksamkeit dieser, von tausend Neigungen und Leidenschaften bewegten Menge nur auf acht Tage zu fesseln, und einem gewöhnlichen Talente, in welchem Fache es auch sei, fällt es ungemein schwer, sich geltend zu machen. Die Feiertage führten mich auf's Land in das gastfreie Haus des Gouverneurs. Das Clima der Gegend ist mild und den immergrünen Gewächsen äußerst günstig. Liebliche Auen, mit großen Rosenbüschen voll Blüthen und Knospen besetzt, verwandeln die Gegend, die noch vor wenigen Jahren nur wildes Gebüsch und Schlingkraut aufwies, in einem blumenreichen Frühling, und die üppigen, immergrünen Tannen und Stechpalmen mit großen, purpurrothen Beeren, bilden eine anmuthige und reizende Umgebung für die sehr stattliche und doch zugleich malerische Sommervilla. Im Innern war es nicht minder freundlich, und die Tage meines dortigen Aufenthaltes haben für mich eine Reihe schöner Erinnerungen. Die Festessen und Belustigungen wollten kein Ende nehmen. Es wurde musiziert, gesungen, und unter der

Leitung eines französischen Balletmeisters, der nach Adelaide zum Theater berufen wurde, lebende Bilder aufgeführt, Gesellschaftsspiele gespielt, und Charaden aufgegeben. Die Männer lockte die Jagd ins Freie, und ein spiegelblauer See zum Gondelfahren, zu dem sich auch reizende Damengestalten einfanden, und mit ihren schönen Armen das kleine Fahrzeug lenkten. Der See, der lange wie ein Strom sich zwischen den beiden, von Pavillons und Lustgrotten geschmückten Ufern hinzieht, führt an einem wild romantischen Eichenwalde vorbei, der seine dunkle, geheimnißvolle Schönheit in den Fluthen abspiegelt. Weidengebüsche und grüne Wäldchen von Schilf, drängen sich, von weißen Winden umrankt, bis an das Wasser und bilden schattige Winkel, wo wilde Schwäne wohnen, die vor uns fliehend, mit ihren Flügeln rauschten, und wie silberbefiederte Nymphen durch den Sonnenglanz flatterten. Weiße Schmetterlinge und funkelnde Libellen umkosen die stark duftenden Büsche, und seltsame geflügelte Schwalben schossen pfeilschnell durch die Luft. Es war eine Lust, von reizenden Schifferinnen geführt, so sanft über die stille, blaue Fläche zu gleiten. Wir landeten, und nachdem wir den kleinen, grünen Nachen an einen Zweig des Weidengebüsches festgebunden und unseren muthigen Schifferinnen ans Land geholfen, betraten wir einen schmalen Pfad, der uns durch das Dickicht einer Aue in ein kleines Thal voll Düfte und Blumen führte. So weit das Auge reicht, sieht es nur einen Luftwald voll Frühlingsblüthen, und durch das hellgrüne, zitternde Laubgewebe lächelt der blaue Himmel. Mitten in den Reizen dieses Waldesgrün's erhebt sich ein imposanter, von schlanken Säulen getragener Pavillon, zu dessen Füßen sich ein reicher Teppich, aus tausend Wiesenblumen gestickt, ausbreitet. Se. Excellenz der Gouverneur und sein Bruder, Oberst Macdonald, derselbe, der wenige Wochen später auf den indischen Schlachtfeldern den Heldentod starb, erwartete uns hier, und während die Gesellschaft in ungebundenem Frohsinn sich erging, horchte ich mit hochgespannter Aufmerksamkeit den Erzählungen des Obersten, der von dem Stand der Verhältnisse in Indien, wo er zwölf Jahre als Soldat gelebt, die interessantesten Mittheilungen machte. Als ich nach Adelaide zurückkam, setzte ich meine Produktionen trotz mancher Opposition unter großem Zudrange fort. Sogar die deutsche Bevölkerung, die meist aus Handelsleuten besteht, welche trotz aller nationalen Rücksichten von solchen lustigen Dingen nie viel wissen wollen, echauffirten sich diesmal und besuchten meine Konzerte sehr zahlreich. Nur Mister Schönchen, ein ehemaliger Zahnarzt, blieb mein unbeugsamer, geschworener Gegner. Mister William Schönchen, ein Vollblut-Berliner, englisch dressirt, gehörte zu jenen Naturen, bei welchen man, wie Börne sagt, immer in Zweifel ist, ob man sie in den Fasten genießen darf. Er hatte sich mir früher als Arzt und Naturforscher präsentirt, und kam später in schmerzliche Verlegenheit, als ich ihn eines Tages in den Antichambres des Gouverneurs unter allen jenen Umständen begegnete, die meinen Ansichten über seinen Stand und Beruf eine ganz andere Richtung gaben. Mr. Schönchen nämlich hatte sich von der Innern zur äußern Behandlung des menschlichen Körpers gewendet und wurde ein — Schneider. Als solcher erwarb er sich hier ein großes Vermögen, welches ihn in den Stand setzte, seinen nicht zu überwindenden Kunstenthusiasmus mit aller Behaglichkeit eines reichen Mannes zu pflegen. Er hatte auch einen Sohn und drei Töchter. Diesen Sohn schickte er als Violinvirtuosen zur Ausbildung nach London, während er die Töchter der Gesangskunst widmete. Auch ließ er in Adelaide auf eigene Kosten einen prachtvollen Konzertsaal aufführen. Man sieht, Hr. Schönchen schwatzte nicht allein für die Kunst, gleich manchen Enthusiasten, sondern er wirkte auch für sie. Bald nach meiner Ankunft besuchte er mich. Er war von auffallend kleiner Statur, trug einen Sommeranzug von schwefelgelbem Nankin, colossale Halskrägen, und eine grüne Sammtweste mit unausstehlich farbigen Blumen. Außerdem verfügte er über eine fabelhafte Zungengeläufigkeit, ließ alle Schätze seines Wissens über Kunst, Musik und Poesie frei ausströmen, und stellte mir splendid die Mitwirkung seiner drei Töchter zur Verfügung. Alle drei erschienen schon eine Stunde vor dem Konzerte. Sie waren seltsam aufgeputzt und als Schäferinnen gekleidet. Schäferinnen pflegen hübsch zu sein, aber Fräulein Schönchen's waren häßlich, bis zur naturgeschichtlichen Seltenheit. Sie sangen nur Compositionen ihres Vaters, und das Publikum zischte bis sie aufhörten. Von da wurde Herr Schönchen mein Feind und haßte mich mit aller Leidenschaft, der ein musikalischer Bekleidungskünstler nur fähig ist.

Melbourne, 2. August 1857.

Es war im Jänner 1856, dem Hochsommer Australiens, als ich mich an Bord eines Dampfschiffes begab, das die regelmäßige Verbindung zwischen Port Jakson und Adelaide in Südaustralien leitet. Ich kam von einem Konzertarrangement aus Bendigo in den Minen, wo ich von dem großen und bewegten Treiben der Städte beinahe drei Monate hindurch isolirt und abgeschlossen lebte. Nachdem mein Reisegut geborgen war, und ich mich unter die buntgemischte Gesellschaft begab, die auf dem Verdecke das gemeinschaftliche Frühstück einnahm, ging es vorwärts. Der Schornstein qualmte, die Räder schlugen und unter dem Gejauchze der Matrosen und dem lustigen Uebermuthe des Hafenlebens, verließen wir bereits die pittoreske, im Sonnenschein strahlende Bay, als vom Ufer aus plötzlich ein Signal ertönte. Alles stutzte, das Schiff machte Halt, ein stark besetztes Boot ruderte heran, und nachdem unsere Gesellschaft um eine kleine, aber schwer bewaffnete Schaar englischer Polizeisoldaten vermehrt worden war, dampften wir wieder weiter. So bedeutungslos dieses Zwischenspiel auch scheint, rief es dennoch eine lebhafte Bewegung hervor. Die Soldaten durchschritten ernst und schweigend alle Richtungen des Schiffraumes und gaben durch ihre sarmatische Haltung zu erkennen, daß ihre Sendung von Wichtigkeit sei. Man vermuthete die wunderlichsten Geschichten, flüsterte hin und her, ward ungeduldig, und auch ich, dem Aehnliches im Lande noch nie begegnet war, empfand die größte Neugierde. Meine Verwunderung stieg, als ich, gleich den übrigen Passagieren, in die Office des Kapitäns gerufen, meine Papiere einer genauen Prüfung unterbreiten mußte, und nach überstandener Legitimation endlich die Veranlassung des Vorganges erfuhr, der mit folgender merkwürdigen Begebenheit im Zusammenhang stand.

Kapitän Platz nämlich, ein Javaneser und kühner Seefahrer, dem das Gouvernement die Auffindung sehr wichtiger Plätze und Schiffsstationen zu danken hat, kam durch seine verdienstreichen Entdeckungen plötzlich in den Besitz ansehnlicher Glücksgüter. Der wilde, ruhelose Hang eines Seenomaden wurzelte jedoch zu tief in ihm, als daß ihn dieser irdische Plunder hätte fesseln können. Das trockene Land war ihm ein Greuel unter den Füßen, und nachdem er einem Vetter die Verwaltung der ausgedehnten Besitzthümer überlassen, schiffte er nach allen Richtungen des Windes, denn nur auf dem abenteuerlichen Meere zwischen Nebel und Stürmen, Klippen und Gefahren fühlte er sich wohl und frei. Die fernen Gewässer des indischen Ozeans waren zuletzt der Schauplatz seiner Forschungen, dort am Strande einer blühenden und märchenhaft sonnigen Insel standen die Zelte eines wilden, kriegerischen Malayenstammes, mit welchem Platz im freundschaftlichen Verkehr stand. Er hegte Liebe für ein arabisches Mädchen, Aba, die Tochter eines Scheiks. In einer Nacht, als die Männer den Tieger jagten, und die Weiber und Kinder schutzlos zurück blieben, überfielen feindliche Nachbarn den malayischen Ort und metzelten Alles nieder. Der wackere Platz eilte mit seinen bewaffneten Gefährten zur Stelle, um die verübte Gewaltthätigkeit zu züchtigen. Er fand den greisen Araber sterbend, mit Todeswunden bedeckt, der, ehe er verschied, die Hand seiner vierzehnjährigen Tochter in die ihres Erretters legte. Sie dankte mit dem heißen, dunklen Blick des Morgenlandes, dem Ausdrucke ewiger Treue. Der ritterliche Kapitän trug sie auf seinen Armen auf sein Schiff. Sie ward sein Weib, sein Schutzgeist, begleitete ihn auf allen seinen Zügen und folgte ihm vor Kurzen auf dem Festlande nach Neu-Süd-Wales. Platz, des wüsten Umherziehens endlich müde, nahm seine Güter in Besitz, bezog bei Cocc River ein isolirtes, aber bequemes Wohnhaus und beschloß, fernerhin nur dem Frieden und dem Glücke seiner Aba zu leben. Aber dieser rasche Wechsel erregte das Mißvergnügen des Ref=

fen, der sich durch diese abenteuerliche Verbindung um alle Glücksgüter des ihm einst zufallenden Erbes betrogen sah. Er sann auf Abhilfe und diese fand sich eines Tages, als die liebliche Ada plötzlich an einem Fieber erkrankte. Play schickte erschrocken um einen Arzt, und dieser erschien, vom Vetter eiligst herbeigeholt, in der Person des in Sidney wohlrenommirten Dr. B. Doch war die Krankheit von nur kurzer Dauer, denn schon nach zwei Tagen lag Ada todt in den Armen ihres vor Schmerz und Verzweiflung bewußtlosen Gemahls. Dieses Ereigniß, verbunden mit der Flucht des schändlichen Urhebers, erregte große Sensation. Man schöpfte Verdacht, untersuchte, und die Todtenbeschau fand Gift in der Leiche. Dr. B., durch einen aufgefangenen Brief seines Mitschuldigen verrathen und überführt, wurde schleunigst verhaftet und vom obersten Kriminalgerichte zu lebenslänglicher Haft nach Kakadu, einem grauenhaften Verbannungsorte voll Plagen und Foltern, verurtheilt.

So weit war ich dem Vorfalle mit großer Spannung in den Zeitungen gefolgt. Hier aber, als ich erfuhr, daß es dem Verurtheilten mit Hülfe seines Goldes gelungen, in letzter Nacht aus dem Gefängnisse zu entweichen, und daß die zu seiner Verfolgung ausgeschickten Polizeileute ihn unter den Passagieren unseres Schiffes suchten, konnte ich mich einer seltsamen Spannung und Beklommenheit nicht entschlagen. Ueberdies war mir Dr. B. noch persönlich bekannt, und aus Furcht, er könnte mir begegnen, wagte ich kaum umherzublicken. Ich zog mich in den entferntesten Winkel des Schiffsdeckes zurück, und in dem Anblick einer herrlichen Landschaft versunken, die plötzlich wie ein schwimmendes Paradies aus den Fluthen stieg, suchte ich diese unbehagliche Affaire zu vergessen. Wir fuhren einer Küste von entzückender Blüthenpracht entlang. Ein frisches, üppiges Grün lachte wohlthätig dem Auge entgegen, und der Himmel, der, in den australischen Küstenstrichen meist von schweren Dünsten umsponnen, wie ein bleierner Sargdeckel über der Erde lastet, spannte sich diesmal in klarem, wundervollem Dunkelblau über uns aus. Cypressen und Norfolkpalmen ruhten traumhaft und in tausendgestaltigen Gruppen an dem Strand, und tauchten die phantastisch dunklen Blätter wie dürstend in die spiegelhelle Fluth. Dazwischen jubelten buntbefiederte Singvögel ihr Lied, und ein lauter Wind wehte die Wohlgerüche der Citronenblüthen über das Ufer. Alles schien neu belebt, sogar die grämlichen Affen, die in diesem Lande sonst mißmuthig vor sich hingaffen und nur mit Mücken zu kämpfen pflegen, geriethen vor Freude wie außer sich und schienen erfinderisch in den seltsamsten Sprüngen und Gliederverrenkungen. Da und dort gleitete ein kleiner Kahn, von schwarzen Eingebornen geführt, über die Wellen, einfach und ganz urthümlich aus einem hohlen Baumstamm gebildet, und die schmutzigen verwilderten Gestalten, die erst hier und da vereinzelt, dann in kleinen Gruppen aus dem Dickicht wie verstohlen auf- und niedertauchten, kündigten die Nähe eines Indianerlagers an.

Eine wildromantische, von dichten Gummiwäldern und Gebüschen eingeschlossene Ebene öffnete sich bald unsern Blicken, und die mit Laub und Thierhäuten phantastisch geschmückten Gestalten der Austral-Indianer, die etwa 200 Köpfe stark hier versammelt waren, bildeten hierin die richtige Staffage. Halbnackte Weiber und Kinder, mit Aussatz, Schmutz und Häßlichkeit bedeckt, kauerten in den widerlichsten Stellungen auf dem Boden, oder wälzten sich wie Thiere im Sonnenschein. Einige lagen der Länge nach ausgestreckt, und das Gesicht ins Gras eingedrückt, stießen sie von Zeit zu Zeit ein jämmerliches Wehgeschrei aus. Nicht weit davon bildeten die Männer einen großen Kreis. Sie schienen zu einer Art von Gottesverehrung oder Volksberathung versammelt, und tanzten in dämonischen Sprüngen um allerlei Götzenspuk herum, den schrecklichsten Ausgeburten menschlichen Wahnes. Viele unter ihnen, die eine Art Ansehen als Priester und Zauberer genießen, aber zu Tode geprügelt und mißhandelt werden, sobald ihre Mittel fehlschlagen, waren scheußlich geschmückt und vom Halse bis zur Zehe mit Kalk bestrichen. Die von herabhängenden Haarzotten verwilderten Köpfe, waren mit einem hohen thurmförmigen Geflechte von Schlingpflanzen und Federn bedeckt, während die mit Baumöl und Zinnober auf das Abscheulichste beschmierten Gesichter zum Entsetzen aussahen.

Ein geheimes Grauen überfiel mich beim Anblick dieser Bilder, die sich inmitten der großen und praktischen Regsamkeit der Kultur hier aufrollten. Keine Spur von sittlicher Veredlung regt sich in diesem versunkenen Volke, das, voll Bosheit, Wuth und Mißtrauen, auf der tiefsten Stufe menschlicher Niedrigkeit verkommt und starrsinnig aller philanthropischen Bemühungen spottet. Diese verwerfliche, aber eiserne Konsequenz wird nicht die Zeit, sondern nur der Tod brechen. Von Jahr zu Jahr vermindert sich ihre Anzahl; die Stämme, in Zwist und Feindschaft lebend, kehren die vergifteten Pfeile gegen einander, und was von diesen verschont bleibt, fällt in den Städten der Branntweinpest zum Opfer.

Die dunklen, blitzenden Augen der Indianer-Weiber folgten uns rachsüchtig nach, als wir nach kurzem Halt weiter fuhren. Bald waren wir allem Schönen entrückt. Denn in diesem Lande des Wechsels und der Abnormitäten, wo Einöden und Paradiese dicht beisammen liegen, folgt das Erblühen und Ersterben der Natur so rasch auf einander, daß nach Verlauf von wenigen Stunden auch keine Spur jener zauberhaften Tropenwelt mehr sichtbar war. Die Mittagsgluth der Sonne fiel senkrecht auf den ruhenden Ozean, der wie geschmolzenes Gold glitzerte. Ueber die Fluthen flimmerte ein heißer Dunst, so daß das Auge die Blendung nicht ertragen

konnte und vergebens nach Schatten spähte. Graslose
Steppen, auf welchen die Sonne alle Gewächse zu Staub
und Asche brennt, die viele Meilen weit hinfliegt und
kein Zeichen von Vegetation übrig läßt, bildeten die Ufer.
Da und dort sah man abgemagerte, ausgezehrte Rinder,
Büffel, Pferde und Maulthierheerden, brüllend vor Hunger,
lechzend nach einem Tropfen Wasser, vom Sonnenbrand
gequält, umherirren und endlich verschmachtet den Geiern
zur Beute werden. Sonst regte sich nichts, kaum daß
ein Fisch blitzend herausschnellte oder eine Möve vor-
überjagte. Die Luft stand still, die Blätter vereinzelter
Gummibüsche, die nur am äußersten Rande dieser Wüste
fortkommen, hingen todt an Baum und Strauch, das
Meer lag glatt und unbeweglich, und eine träumerische
Müdigkeit überfiel mich — da weckte mich ein plötzlicher
Lärm. Schiffsbedienung, Matrosen und Passagiere liefen durcheinander und häuften sich bald auf die eine, bald
auf die andere Seite des Schiffes, so daß die Wenigsten wußten, was vorgefallen. Hier schrie Einer, der
Kessel werde springen, dort ein Anderer, es brenne in
der Schiffsmaschine. Ich eilte bestürzt nach dem Geländer, wo viele Menschen sich zusammendrängten, und
bemerkte vier Matrosen ins Meer springen. Sie verfolgten einen Schwimmenden, der alle Anstrengungen,
ihnen zu entkommen, machte und mit der Kraft eines Verzweifelten in den Wellen rang. Bald nach kurzem heftigen Kampfe bemächtigten sie sich seiner, und man sah

die triefende Gestalt eines bleichen, ohnmächtigen Mannes aus dem Wasser ziehen, der von einigen Polizeileuten an Händen und Füßen gefesselt in die Matrosenkammer geschleppt wurde. Es ist wohl leicht zu errathen, wer dieser Mann gewesen. Trotz der Bravour, mit der er sich bis zur Unkenntlichkeit verkleidete, hatte ihn die rächende Vergeltung erkannt. Die Polizei war ihrer Sache gewiß, konnte aber, da der Flüchtling unter falschem Namen reiste, gegen den kein Haftsbefehl erlassen war, nichts unternehmen. Zudem legte Dr. B. eine erstaunliche Ruhe und Kaltblütigkeit an den Tag, die jeden Verdacht wanken machte. Während der Table d'hôte jedoch riß ihm ein Polizeiagent den falschen Bart vom Gesichte, und dieser Umstand gab seiner Ergreifung die rechtskräftige Veranlassung. Er wurde zum Kapitän geführt und sprang auf dem Wege dahin über Bord. Die Nähe der Küste hätte seine Flucht allerdings sehr leicht gemacht, aber von der Vorsehung war es anders beschlossen.

Am Bord des Dampfers „Emeau" im July 1859.

In den ersten Tagen des wunderschönen Monats May 1858 erwachte ich eines Morgens in Sidney unter süßem Heimweh und beschloß ihm nachzugeben. Ich war neun Jahre in fremden Welttheilen herumgewandert, fand meinen Zweck erreicht, meinen Wandertrieb gestillt, und fühlte, daß tausend Wurzeln, die ich selbst nie geahnt, mich mächtig nach dem heimathlichen Boden zurückzogen. Nachdem mein Vorhaben zu einem festen Entschluß gediehen, gewann ich alle meine Heiterkeit wieder. Der Himmel ward blau über mir, es kam wieder Sonne in die Pläne meiner Zukunft, und ein inniges Wohlbehagen durchzog mich. Ich eilte über Goulbourne, Paramatta, Bathurst nach Hobertown, um überall mein Scheidelied zu singen und dem gelb funkelnden Metall das letzte Lächeln abzulocken, kehrte am 13. März wieder nach Sidney zurück, wo ich Abends im Victoria-Theater zum letzten Mal den Bogen führte, und von den schmeichelhaftesten Acclamationen des Publikums begleitet, meinen Abschied nahm. Drei Stunden darauf war ich an Bord des Royal Mayl Steamers „Europeän", und vier Tage später in Melbourne. Mein Vorsatz, diese Stadt nur durchreisend zu berühren, konnte der freundlichen Aufnahme und den vielen Einladungen, die im Hafen meiner warteten, nicht widerstehen. Die Schiffskompagnie verlängerte mir um einen Monat das Reisebillet, die Europeän segelte weiter und ich blieb fast gegen meinen Willen in Melbourne zurück. Schon damals, als meine Briefe vor etwa drei Jahren eine Schilderung von Melbourne versuchten, war diese schöne, im Aufblühen begriffene Stadt ein Musterwerk dessen, was menschlicher Fleiß in kürzester Zeit zu bewirken im Stande ist. Aber wie hat sich seitdem alles verändert! Aus schmutzigen, abgelegenen Vorstädten, wo nur die Bretterhütten des Elends mit scheibenlosen Fenstern standen, sind jetzt weite, imposante Plätze geworden, mit palastähnlichen Häusern, Hotel's, Kirchen, Gärten und Brunnen geschmückt. Die sonst pflasterlosen und wild durcheinander laufenden Straßen sind jetzt Muster von Symetrie, und bilden eine ununterbrochene Kette steinerner Gebäude, mit hohen, luftigen Zimmern, Balkonen und schönen Veranden, zwischen welchen das bunte Gewimmel eines nie stillestehenden Verkehrs und das donnernde Geräusch unzähliger Lastwagen und Omnibusse erdröhnt. Wer sollte nicht staunen bei diesem Anblick, wenn er weiß, daß noch vor wenig mehr als acht Jahren diese Stelle eine sumpfige, bewaldete und unbewohnte Wüstenei war. Die Bevölkerung der australischen Kolonien, die anfänglich als Masse wenig Eindruck auf mich machte, hat, nachdem ich sie später in allen Theilen kennen lernte, mein Urtheil um Manches geändert, und mich von vielen Vorurtheilen zurückgeführt. Zwar hat das Goldfieber, welches durch alle Theile des praktischen Geschäftslebens pulsirt, auch hier den Egoismus zur gebieterischen Nothwendigkeit für jeden Einzelnen gemacht, aber diesem ungeachtet bilden die Zustände dieser Kolonien, mit jenen Kaliforniens und gewissen Theilen der Union verglichen, einen erfreulichen Gegensatz. Der warme, lebensvolle Hauch brittischer Gesittung weht mildernd durch alle Verhältnisse. Die Sicherheit der Person und des Eigen-

thums besteht hier ungefährdet, wie nur in irgend einem
Theil der civilisirten Welt, und da, wo noch vor Kur=
zem die Gewalt über dem Rechte stand, entwickelt sich
unter dem Schutze eines, aus der Volkswahl hervorge=
henden Parlaments, ein freies, kräftiges Bürgerleben,
das, von einer Fülle materiellen Wohlstandes begünstigt,
einer vielversprechenden Zukunft entgegen sieht. Der
Reichthum und die Mannigfaltigkeit der ohne Unterbre=
chung aneinandergereihten Waarengewölbe, in welchen
man neben den entbehrlichsten Luxusgegenständen auch
die unentbehrlichsten Lebensbedürfnisse, neben fürstlichen
Kostbarkeiten, Gold= und Juwelengeschmeiden auch die
bettelhaften Minengeräthschaften und die Zwilchblouse
des Diggers findet, machen Melbourne zum Magnet=
berge, der Alles unaufhaltsam an sich zieht. Die Auf=
merksamkeit des Fremden wird hier durch tausend eigen=
thümliche Erscheinungen angezogen, und wer auch nur
mit Nichtsthun beschäftigt ist, bedarf einer endlichen Er=
holung von den Strapazen, so reich ist die Abwechselung
der Scenen und Bilder, die sich fortwährend aufrollen,
so pomphaft ist der Glanz für's Auge, so betäubt wird
das Gehör. Man kann hier alle Arten der menschlichen
Leidenschaften studiren. Einige Tage, nachdem ich an=
gekommen, ging ich an's Fenster meines Hotels und sah die
Straße hinab. Da gewahrte ich, daß in das große
Haus, mir gegenüber, eine Menge Menschen gingen, und
viel müßiges Volk davor stand, dann sah ich wieder

viele Menschen herauskommen, und so ging das abwechselnd fort. Ich wurde neugierig, schickte hinunter, um Erkundigungen einzuziehen, erhielt aber keine Aufklärung. Da kleidete ich mich schnell an und ging selber hinunter. Als ich nicht ohne Mühe die von Menschen angefüllte Treppe hinaufstieg, wankte eine junge, blaße Dame am Arme eines Herrn gestützt die Treppe herunter. Sie verließ, von Schmerz und Unruhe gefoltert, die Räume ihrer Häuslichkeit und ihres zerstörten Glückes, und flößte mir durch ihre traurige und gebeugte Haltung das größte Mitleid ein, selbst ehe ich noch ihr Unglück kannte. Ich ging weiter und gelangte in einen großen, mit Comfort ausgestatteten Saal, wo unter dem Gedränge einer bunten Menschenmenge die Versteigerung vieler Möbels, Bilder und reicher Kostbarkeiten abgehalten wurde. Der ehemalige Besitzer derselben, ein noch junger Engländer, der mit Aufopferung seines Lebensglückes den Dämonen des Spiels ergeben war, und nun sein kostbares Gut von unbarmherzigen Gläubigern zerstören sah, saß kalt, wie ein Steinbild, in einem ausgeleerten Nebenzimmer und starrte wie bewußtlos vor sich hin. In einer Nacht, so erzählt man sich, als er von den Lockungen des grünen Tisches umstrickt, in Hobertoven große Summen verlor, die er immer wieder doppelt einsetzte und wieder verlor, suchte er, betäubt und aufgestachelt von den sich immer häufenden Verlusten, das Verlorene auf einmal wieder einzubringen, und verschrieb seiner wahnsinnigen

Leidenschaft das letzte Eigenthum, sein Haus und Gut als Einsatz. Die Karten fielen, doch unglücklich wie zuvor. — Die beklagenswerthe Gattin, die von dem Allen nichts ahnte, fuhr eines Morgens erschrocken aus ihren Träumen empor, als unter Lärm und Gepolter ein fremder Mann pöbelhaft in ihr Zimmer drang. Die Dienerschaft suchte ihn gewaltsam zurückzuhalten, er aber ließ sich nicht abweisen und meinte, er komme jetzt, sein Eigenthum zu besichtigen und in Empfang zu nehmen, denn er sei jetzt Herr dieses Hauses. Er machte sich's in dem weichsten Sessel bequem und befahl den Dienern, die Gartenthüre zu öffnen, denn er wünsche jetzt in seinem Garten zu promeniren. Die junge Dame glaubte, er sei verrückt, und rief um Hilfe. Aber der Fremde, ein Irländer und Schiffsrheder aus Hobertown, zog kalt und höhnisch einen Schein aus der Tasche, nach welchem ihm Haus und Hof als Eigenthum eingeräumt wurde, und der unglücklichen Dame, die vor Gram und Bestürzung krank wurde, klärte sich bald die ganze Trostlosigkeit ihrer Lage auf, in welche sie durch die fluchwürdige Leidenschaft ihres Mannes gestürzt worden.

Nachdem ich an sechs aufeinanderfolgenden Abenden im Melbourner Operntheater gespielt, zog es mich hinauf nach Ballarat zu den Goldquellen. Ich spielte in Geelong, Beudigo, Hobertown, wo ich, überall gut aufgenommen, den Becher bis zur Neige leerte, und ging zu Lande nach Adelaide. Man gewinnt auf Reisen eine

Fertigkeit, sich überall zu Hause zu finden, die wohlthut. Denn wie hätte ich es sonst vermocht, die enormen Beschwerlichkeiten, welche die Landwege in Australien nach sich ziehen, zu überstehen? Man humpelt in maroden Postkutschen durch Sümpfe und auf halsbrecherischen Chausseen, bleibt in der Regenzeit den herabstürzenden Fluthen, im Sommer dem heißen Sand und den Pfeilen einer glühenden Sonne ausgesetzt. Oft erblickt man Wälder und ganze Strecken dürren Grases in Flammen, die mit einer solchen Windeseile um sich greifen und fortbrausen, daß die weithinfliegenden Funken und Feuerbrände den Reisenden bedrohen und auch das schnellste Roß nicht zu entfliehen vermag. Der landschaftliche Charakter ist grau, dürr und eintönig, hier und da trifft man jedoch sehr anmuthige Punkte. So hatte ich unweit von Melbourne den Anblick eines herrlichen Wasserfalles. Die Gegend welche eine steile, mit dichten Bäumen und Gebüschen bewaldete Felsenhöhe umschließt, von deren Spitze die silberschäumenden Katarakten in wildem Drang herunterstürzen, ist sehr anziehend und frisch, voll Bäume, Berge und Wiesen. Der Wassersturz, der sich in vielfachen Richtungen bricht, und brausend wieder vereinigt in Dampf auflöst, den die Sonne wie Diamantenstaub in tausend Farben kleidet, erfüllt mit seinem Gekrach die Luft, so daß man ihn schon von weiter Ferne brausen hört. Im Ganzen entschädigten mich die Reize dieser lieblichen Landschaft für manches

Ungemach; es quoll mir Frühlingsluft entgegen, und ich athmete sie in vollen Zügen ein. Das Leben in den Minen bot zur Zeit der Wahlen ein sehr reges und bewegtes Bild. Tausende von Menschen aus allen Theilen der Welt, bilden da in den verschiedenartigsten Bekleidungen und der einfachsten Costumelosigkeit eine bunte, wogende Menge, die unaufhaltsam zwischen Trinkbuden, Verkaufshütten, Baumwollenzelten, Bretterverschlägen, wie bei einem Jahrmarkt, ab- und zuströmt. Palmenhüte, weiße Jacken und Hosen, blau-, grün- und rothgestreifte Hemden und Schürzen, schimmerten wie Sternschnuppen aus der gedrängten Masse der „Goldjungen", die, um das „The bird on the Tree" zu hören, meine Produktionen besuchten, und mir mit ihren breiten Händen enthusiastischen Beifall zuklatschen. Es war stets ein Gemisch aller möglichen Völkerschaften vertreten. Engländer, Deutsche, Franzosen, Chinesen, Italiener, Spanier, Irländer, Malayen, Holländer und Belgier mischten sich unter trotzigen Gestalten wild gelockter Australindianer, die allerlei Erfrischungen feil boten, und wohl zum ersten Male ein Violinandante mit anhörten, bunt durcheinander. Sie schlugen und boxten sich um die Plätze, und waren bis an die Zähne mit Messern und Revolvern bewaffnet. Aber während der Vorträge herrschte die größte Stille. In Beudigo, wo ich zur Errichtung eines Hospital's spielte, brachten mir die Diggers einen Fackelzug,' und sangen Chöre und Nationallieder unter meinen Fenstern, während ich eine bange, schlaflose Nacht hinbrachte. Weniger glücklich war ich in Ballarat. Schon auf dem Wege dahin überraschte mich ein furchtbares Ungewitter. Man fährt durch Wald über Höhen, aber ein in dichten Bächen herabstürzender Regen hatte den Boden dermaßen zu einer Pfütze durchweicht, daß wir bis über die Räder im Schlamme steckten, und die müden Pferde vergebens den Berg hinauf keuchten. Endlich erreichten wir Ballarat; der ganze Ort war von einer sichtbaren Aufregung ergriffen.

In „Ereuka Diggings" hatte eine Kompagnie Irländer einen unerhörten, alle bisherigen Ergebnisse übersteigenden Fund gemacht. Es war ein Goldklumpen vom reinsten Metalle, ohne jede Beimischung, und hatte einen gediegenen Werth von 5850 Pfund. Da dieses Ereigniß Aller Interesse anzog und der Klang des Metalls mehr Attraktion als meine Violinmusik ausübte, so stürzte Alles golddurstig nach den Minen, und ich beschloß nach Melbourne zurückzukehren. Aber zu meinem Verdruß verfehlte ich den dahin fahrenden Postwagen. Ich empfand die größte Ungeduld und beschwor den mir befreundeten Posthalter, da diese Verzögerung leicht das Versäumen des Steamers nach sich ziehen konnte, mich auf jede, sei es auf immer welche Weise, nach Melbourne zu schaffen. Aber der Mann zuckte rathlos die Achseln; er hatte kein einziges Fuhrwerk zu Hause, außer jenem, das, von einer Schaar schmutziger Chinesen besetzt, eben nach Melbourne zog. „Wenn sie sich entschließen könnten, da mitzufahren," sagte er nicht ohne Mitleid, „will ich Ihnen gern einen Platz verschaffen." Obschon mir bekannt war, daß eine chinesische Reisegesellschaft nicht zu den Annehmlichkeiten des Lebens gehört, und ich mich zu jeder andern Zeit mit Schaudern von diesem Antrage gewendet hätte, so war meine Furcht, das Schiff und die schon bezahlte Passage nach Europa zu versäumen, doch stärker, als meine Eitelkeit, und alle widerstrebenden Gefühle unterdrückend, schwang ich mich in den abscheulichen Karren, und bald saß ich hoch oben, umgeben von sieben und zwanzig Chinesen. Es war eine wandernde Gauklertruppe, ein Gemisch von geschminkten Deklamatoren, Musikanten, Possenreißern, Sängerinnen und Paukenschlägern, Musen aus dem himmlischen Reiche, wie sie, zum Entzücken ihrer Landsleute, in den Minen umherziehen. Aber sie hatten kein poetisches Gefühl und rochen abscheulich nach Opium und allen mephitischen Leibesausdünstungen, wie sie nur ein Chinese fähig ist. Wer lenkt sein Schicksal! dachte ich oft seufzend, als ich auf diesem martervollen Fuhrwerk im Brennpunkte einer Vagabundentruppe saß. Ich konnte es kaum aushalten und kam dem Ersticken nahe. Jeden Augenblick fuhr ich wie verzweifelt in die Höhe, um meine bezopften Gefährten, die mir den stinkenden Athem fortwährend ins Gesicht hauchten und mich fast zu zerquetschen drohten, durch einige mörderische Flüche, Faust= und Ellbogen=

stöße abzuwehen. Sie waren sanfte Bestien und ertrugen Alles mit großer Duldung, dieses ist das Einzige, was ich ihnen nachrühmen kann. Das steife, lächerliche Ceremoniell, welches im gesellschaftlichen Leben der vornehmen Chinesen herrscht, wurde sogar von dieser Bettlertruppe mit heiligster Ernsthaftigkeit betrieben. Jede Verrichtung, sie mag noch so bedeutungslos sein, erheischt eine bestimmte Anzahl von Kniebeugungen, Arm- und Handbewegungen, die je nach dem Range der verschiedenen Personen modificirt werden. Ladet ein Chinese Jemand zur Tafel, so muß dies 3 Mal schriftlich auf rosenrothem Papier geschehen, und das dritte Mal kurz vor dem Feste. Im Allgemeinen fand ich den chinesischen Nationalkarakter als ein Gemisch von Stolz, List, Kleinlichkeit, Pedanterie, Bettelhaftigkeit und Arroganz. Ich habe oft Schauspiele aufführen sehen, die weiter nichts als verworrene Pantomimen waren. Sie prügeln sich gegenseitig und stechen einander todt, daß es eine Lust ist. Dazu giebt es noch ein geschmack- und formloses Durcheinander von Deklamation und Gesang, eine Art Melodram, aber ganz roh und so mit mimischen Unsittlichkeiten vermengt, daß Frauen diesen Produktionen nicht beiwohnen können. Doch genug von den Chinesen, zurück nach Melbourne, wo ich am 15. July im Arsenalgebäude mein allerletztes Konzert zum Besten der Armen gab. Mit Tagesanbruch sollte der „Emeau" (das Schiff, welches mich nach Europa führen sollte) die Reise antreten, und noch um 12 Uhr Nachts, stand ich im Konzertanzuge, mit Geige und Bogen, vor der Melbourner Gentrie. Eine große Zuhörermenge hatte sich eingefunden, und so gleichgültig ich oft die Violine in den Kasten steckte, um von einem Publikum Abschied zu nehmen, welches nur das Schellengeläute liebt, dem hohen Ernste der Kunst aber kaum erlogene Aufmerksamkeit schenkt, so bewegt war ich diesmal, als ich unter Zurufen und warmen Glückwünschungen den Schauplatz verließ, den ich vor drei Jahren fremd und ungekannt betreten. Ein großer Theil des Publikums geleitete mich zu Schiff und rief mir ein donnerndes „Lebewohl" zu.

———

Am Bord des Dampfers „Emeau," im July 1858.
Die Töresstraße, eine ununterbrochene Reihe von nackten, auffallend geformten Sandsteinklippen, die scharf abgeschnittene, tief durchklüftete Riffe gegen das Meer bilden, war nach einer zwölftägigen Fahrt glücklich durchschifft, und nach mancher angstvoll durchwachten Nacht dämmerte endlich ein freundlicher Morgen. Die erblassenden Sterne schimmerten noch am dunkelblauen Himmel, die Frühröthe hauchte ihr Gold über den fernen Horizont, und ein rosiger Schein lag auf den Flaggen und Segeln unseres Schiffes. Das ununterbrochene Brausen und Dröhnen der Dampfmaschine trieb mich

frühzeitig aus dem Schlafe und, an einen Mastbaum gelehnt, betrachtete ich das erhabene Schauspiel des Sonnenaufgangs. Kein Windhauch weckte den schlummernden Ocean, der bewegungslos in weiter, unübersehbarer Fläche dahingegossen lag, und nur von sanft athmenden Wellen umspielt, fuhren wir wie träumend durch den unendlichen Glanz des Himmels und des Meeres. Bald weckte der Schall einer Glocke das schnarchende Schiffsvolk, das Verdeck belebte sich immer mehr und mehr, Matrosen und halb nackte Mohren mit rothen Mützen kletterten flink Masten und Strickleitern hinan, hißten Wimpeln und Flaggen auf, und jauchzten in schwindelnder Höhe dem Tagesanbruch ein „Hurrah" entgegen. Ein halber Sonnenblick erhellte die vom Morgennebel noch umschleierte Ferne und aus den dunklen Fluthen ragte, wie ein verlorener Schwimmer, ein Stück Land hervor. Die schwankenden Umrisse erscheinen allmälig in bestimmtern Formen und bald tauchte eine Insel, wie eine gigantische Klippe, aus der räthselhaften Tiefe, ihre kahlen, zerklüfteten Kuppen in den hellblauen Himmel erhebend. Es ist King Georg Sonnet (Western Australia Swan River). Welche schauerliche Einsamkeit! Die Gestade sind öde, felsig und pflanzenarm, der Boden besteht aus rothem, sandigem Lehm, der mit niedrigen, krüppelhaften Gesträuchen nur dürftig bewachsen, sich gegen Westen in steppenhafter Eintönigkeit ausdehnt, gegen Norden einen hügelförmigen Charakter annimmt und steile, felsige Plateau's bildet, die von vulkanischen Elementen ausgebrochen und zerrissen erscheinen. „King Georg Sound" ist ein Landungspunkt, wo Kohlen eingenommen werden. Nicht weit vom Strande erblickt man eine große, aus Felsenstücken und Baumstämmen zusammengesetzte, Hütte, in welcher beträchtliche Vorräthe von Brod und Nahrungsmitteln aufgehäuft liegen. Nächstenliebe und menschliches Mitleid haben inmitten dieser unwirthlichen Oede eine Art Asyl für gestrandete Seefahrer errichtet, wo sie das nackte, dem Schiffbruch abgekämpfte, Leben fristen können, bis sie in einem vorüberziehenden Fahrzeug Hilfe und Aufnahme finden. Der Eindruck, den diese Scenerie auf das Gemüth des Reisenden übt, der noch wochenlang den Launen des Windes und den tollen Meereswogen ausgesetzt bleibt, ist so melancholisch und wehmüthig, daß man sich fortsehnt und freier athmet, wenn man diesem unheimlichen Gebiete entrückt wird. Wir segelten, vom herrlichsten Wetter begünstigt, eine ziemliche Strecke der Küste entlang, und wurden fortwährend von wilden Papuas umschwärmt, die in ausgehölten Baumstämmen auf dem Meere schifften. Die Papuas, welche die völlig verwilderten und kläglichen Reste jener Negerrace bilden, die einst über sämmtliche, jetzt von malayischen Stämmen bewohnte Inseln des Ostindischen Archipels verbreitet waren, haben hier an diesen wüsten Küstenreihen ihren Hauptsitz. Auf den ersten Blick gleichen sie durch ihre dunkle, zuweilen schwärzliche Haut, durch ihr häufiger krauses, als schlichtes Haar dem Neger Afrika's, aber, näher betrachtet, sind sie durch Schädelbildung und Körperbau wesentlich von diesem verschieden. In der Absicht, den vorbeifahrenden Reisenden allerlei bettelhafte Geschenke, wie Glasperlen, bunte Lappen und dergleichen Zierarten abzulocken, die sie, als höchste Kostbarkeiten verehrend, ihren Göttern und Priestern spenden, rudern sie in plumpen, ganz urthümlich geformten Kanoes in's Meer hinaus, sobald sie ein Fahrzeug erspähen. Auch uns verfolgten ganze Schwärme mit Grinsen und bettelnden Geberden. Der Kapitän, der den Passagieren das Schauspiel bieten wollte, einige dieser seltsamen Geschöpfe auf dem Schiffe zu sehen, ließ Seile ins Meer werfen, und kaum bemerkten die Papuas dieses, so sprangen fast alle zugleich aus den Gondeln ins Wasser, schwammen mit leidenschaftlicher Gier herbei und, sich an das Thau festklammernd, wurden einige unter dem Geheul der Zurückbleibenden an Bord gezogen. Mit verworrenen, emporgestreubten Haaren, thierisch stumpfen Gesichtszügen und den nackten Leib scheußlich tätowirt, taumelten sie unter wilden Sprüngen und Gliederzuckungen, wie im Delirium, auf dem Verdeck herum. „Hui, Pai Hai, Pai, Pai, Pai" kreischten sie, in den gräßlichsten Tonarten, und fuhren mit Händen und Füßen wie Tobsüchtige durch die Luft. Ein geheimes Frieren durchzieht den Beobachter, wenn er dem irren, mordsüchtigen Blick dieser Unglücklichen begegnet, die, zum Vieh erniedrigt, von keinem Schein menschlicher Aufklärung erwärmt werden. Sie leben in Erdhöhlungen und Schluchten, essen Baumwurzeln und ekles Gewürm, durchbohren Lippen und Ohren mit Holzpflöcken, und sind allen Ausschweifungen des Götzendienstes ergeben. Auch die Weiber sind völlig unbekleidet, und bis zum äußersten Extrem hin verwildert. Mehr als bei andern rohen Nationen sind sie auf das Tiefste erniedrigt, und haben für ein Leben voller Mühen und Qualen nicht einmal die Hoffnung, durch den Tod befreit zu werden, indem die wenigen Spuren von Religion, die sich dort finden, ihnen die nicht heitere Aussicht eröffnen, daß sie nach dem Sterben andern Männern dienen sollen, bestimmt, von denselben geschlagen, gemißhandelt und wie Lastthiere betrachtet zu werden. Schon in früher Jugend werden ihnen alle Zähne ausgeschlagen, welche wegen ihrer perlengleichen Schönheit von den Männern als Zierde um den Hals getragen werden. Eine seltsame Sitte herrscht unter ihnen. Wenn nämlich die Frau ein Kind geboren hat, bestreicht sich der Mann mit Kalk, bleibt 3 Tage in einer Grube liegen und fastet. Welch ein dunkles, grauenhaftes Schicksaal lastet auf diesen Völkerschaften! Empfinden sie die Tiefe ihres Elends? Sind sie völlig aus dem Paradiese menschlicher Freuden verjagt. — Doch zurück zu meiner Reise. Der „Emeau" ist ein schwimmendes Prachthotel, nicht im bildlichen, sondern im buchstäblichen Sinne des Wortes.

Es ist ein ganz eigenthümliches Behagen, des Morgens in einem fürstlichen, mit Sammt-Tapeten, Spiegeln und Bilderwerken verzierten Schlafgemache aufzuwachen, ein köstliches Frühstück einzunehmen, im Schlafrock gehüllt, Cigarrerauchend auf- und abzugehen, wie auf dem festen Lande, und dennoch am Rande eines Abgrundes zu schweben, getragen von dem Schwankenden hin in das Ungewisse. Von der Ausdehnung, dem kunstreichen Bau, dem Geldwerthe und der außerordentlichen Führung dieser Schrauben-Dampfer eine genaue Schilderung zu geben, ist unmöglich. Alle Worte sind leer, wenn man den merkwürdigen Eindruck nicht selbst empfunden hat. Der „Emeau," der die Größe eines Kriegsschiffes und die Höhe eines dreistöckigen Gebäudes hat, ist in allen seinen Theilen genau wie der „Leviathan," doch nur für 600 Passagiere eingerichtet. Man betritt den Schiffsraum, und kommt von einem zirkelförmigen Säulengang an eine Treppe; diese steigt man hinauf, und gelangt in ein großes Zimmer, das zwar nicht elegant, doch mit allen Möbeln häuslicher Bequemlichkeit versehen ist. Es ist der Passagiersaal des zweiten Platzes. Von da geht man eine zweite Treppe nach rechts zu den Wohnungen der Offiziere, die mit allem Comfort, aber auch mit Waffen, Flinten, Fernröhren, Kompassen und verschiedenen Seegeräthschaften ausgestattet sind. Das

Bisherige bildet den Hintertheil des Schiffsgebäudes. Der durch ein kleines Gitter abgegrenzte Vordertheil umfaßt den Speise= und Gesellschaftssaal der ersten Kajüte, die Bade= und Schlafkabinen, ferner die Gemächer des Kapitäns, der Schiffsbeamten, Priester und Aerzte u. s. w. Im Zwischendecke befinden sich Küchen, Speise= und Victualien=Magazine, und förmlich eingerichtete Stallungen. Da giebt es Ochsen, Kälber, Schweine, Kühe, Gänse, Truthühner, schreiende Hühner, und alles mögliche Federvieh, große Fässer mit Mehl, Zwiebelhaufen, Gemüseberge aller Art, Körbe mit Eiern, Früchten und Alles im reichsten Maße wie auf einem Markte. Ueberall herrscht eine Ordnung und Reinlichkeit, eine Sorgfalt und Bequemlichkeit, wie man sie auf dem Festlande nicht besser finden kann. Die Reisenden erster Cajüte bezahlen bis Alexandria 1500 fl., in der zweiten die Hälfte weniger. Ersteren wird um 8 Uhr Morgens das erste Frühstück, bestehend aus Kaffe, Obers, Butter, Eier und Chocolade, servirt; um 10 Uhr folgt Thee mit Backwerk, Confituren, Geflügel und den köstlichsten Seefischen. Gegen 4 Uhr wird, unter einer zahllosen Menge und unendlicher Verschiedenheit der Gerichte, zu Mittag gegessen. Dann werden unaufhörlich Desserts, Früchte und kühlende Getränke bis zum Abendessen gereicht. Welch ein blühendes Feld für einen Eßkünstler, wie ihn Börne gezeichnet. Aber durch diese übertriebene Fülle wird die Begehrlichkeit weit weniger angeregt, als da, wo die Wahl kleiner ist, man ißt und gähnt, und nur die Laugweile wird gefüttert. Die Construktion der Schiffsmaschine, die Seele, welche diesem Colosse Leben einhaucht, ist wunderbar. Ich verstehe viel zu wenig von der Mechanik, als daß ich die ganze complizirte Einrichtung begreifen könnte, aber es kann nichts Großartigeres aus Menschenhänden hervorgehen.

Steht man vor dem mächtigen Getriebe der Dampfkessel, Cylinder und Heizapparate, die vom Scheine der Gluth geröthet, unter dämonischem Brausen und Zischen den Gang der metallenen Räderwerke und Riesenflügel in Bewegung setzen, so glaubt man in den Schooß des Weltgeheimnisses zu blicken. Während das Schiff, wie von unsichtbaren Armen getragen, über heranbrausende Wasserberge dahinzieht, stehen Kapitän und Offiziere hoch aufrecht auf dem Steuerkasten, und kommandiren mit einer Ruhe, wie der Kapellmeister im Orchester kommandirt. Das unermeßliche Gebiet menschlichen Geistes mit seinem Wissen und seiner Kraft, tritt hier am deutlichsten zu Tage, und dennoch schrumpft dieses Alles gegen die Macht der Natur zusammen. Himmel und Wellen lächeln zu diesen Wundern, wie zu einem unschuldigen Kinderspiele, denn regt sich der Löwe Ocean, schüttelt er nur die Mähnen und erhebt sich in seiner großen, wilden Majestät, da kriechen wir ohnmächtig wie Mücken umher, und das Gefühl unserer Niedrigkeit drückt uns zu Boden. Die Gesellschaft auf dem Schiffe zählte 120 Passagiere, unter denen ich der einzige war, der nicht die Absicht hatte, wieder zurückzugehen. Meist Leute vom Stande, worunter mehrere mit 200,000 Pfund Revenüen. Auch einige schöne Damen machten die Reise, um in England ihre Verwandten kennen zu lernen. Sie zeigten viel Unerschrockenheit, und blickten mit ihren sanften Augen vertrauensvoll in die Meerestiefe. Die Anwesenheit einer Frau hat immer etwas Beruhigendes für mich. Ich hoffe, der Ocean werde ritterlich genug sein, und gegen wehrlose Weiber nichts unternehmen. Eine sehr interessante und schmachtende Blondine, die Neuvermählte eines steinreichen, aber schon bejahrten Engländers, saß selbst beim schlechtesten Wetter fortwährend auf dem Verdecke, als wollte sie die Gluth ihres Herzens an den Meeresstürmen kühlen. Unter vielen Bekannten befand sich auch Mistre Smith, der Major von Melbourn. Dieser Gentlemen, ein kurzes, launiges Männchen, mit sehr klugen Augen und einer etwas aufgestülpten Nase, die dem „Melbourner Punsch" erst jüngst zur Spielscheibe seines Witzes diente, sprach lang und viel, und hatte nichts von jener kalten, britischen Verschlossenheit, die auch auf Reisen mitgenommen wird. Mistre Smith, der in dem Goldlande fabelhafte Reichthümer erworben, spazierte jetzt vergnügt über den Ocean, um sich von ihrer Majestät in England „Knighten" das ist adeln zu lassen. Weniger erquicklich war die Anwesenheit eines andern australischen Krösus, dessen Aufnahme erst durch Prozesse und Advokaten erstritten wurde, weil er nämlich in einem so kranken und hinfälligen Zustande war, daß die Schiffahrtsgesellschaft ihm die Passage zu verweigern suchte. Kurz vor der Abfahrt hatten die Gerichte zu seinen Gunsten entschieden. Dieser Mann, der kaum die Kraft hatte, ohne Hülfe von seinem Stuhle aufzustehen, hatte doch die Kraft zu hassen, und sich, wegen eines Familien-Rechtsstreites in England, 12,000 Meilen über den Ocean zu wagen. Er war ein Prototyp cynischer Habsucht, und es machte einen widerlichen Eindruck, wenn er, von einem Krampfhusten befallen, jeden Augenblick der Auflösung nahekam, und sich mit verzweifelter Aengstlichkeit an das Leben klammerte. Dreißig Tage kämpfte sein schwacher Lebensfunke gegen den Tod, aber am 31. July erlosch er, und wir hatten das melancholische Schauspiel eines Leichenceremons am Bord.

Am Bord des Dampfers „Emeau,“ im August 1858.
Durch vierzehn Tage waren wir vom herrlichsten Wetter begünstigt, und unser Schiff fuhr wie ein beflügelter Schwan dahin, doch am 1. August gegen Abend wurde die Brise flau. Die Sonne ging mit einem so glühenden Scheine unter, daß der Himmel das Aussehen einer ungeheuern Schmiedesse gewann. Die Luft ward immer trockener und brennend heiß, der Barometer

fiel rasch und anhaltend, die Möven flogen ängstlich hin und her, während das Meer wie kochendes Wasser in langen, breiten Flächen auf und nieder wallte. Es waren dies alle Symptome einer Tornado, wie sie auf den Höhen des indischen Oceans oft vorkommen. Sie sind kurz von Dauer, aber — das tiefste Aufathmen, die krampfhafteste Zuckung der Natur, um das irgendwo verlorene Gleichgewicht des Luftmeeres wieder herzustellen. Alle Segel wurden auf das sorgfältigste geborgen, die Masten mit Tackelwerk umwunden, denn kein von Menschenhand gewebtes Leinen vermag den Stößen dieser fürchterlichen Orkane Widerstand zu bieten, unter dessen Hauche oft das stärkste Segeltuch wie unnützer Lumpen zerreißt. Der Kapitän ging ernst, doch ruhig auf und nieder, und blickte mit angestrengter Sehkraft nach dem kleinsten Wölkchen am Horizonte. Von seinen Lippen tönten nur den Seemännern verständliche Worte, nur solche, die irgend einen Einfluß auf die Wendung des Schiffes ausüben sollten. Die Matrosen hingen wie Eichhörnchen mit Händen und Armen festgeklammert an Strick- und Tauwerk. Keine Bewegung, kein Zucken der Augenlider ließ ein Zeichen von Beklommenheit erkennen. Nur die Sprache verrieth Hast und Ungeduld, begleitet von den gewohnten Flüchen. Einzelne Windstöße erfolgten, und bald waren wir wie durch Zauberwort von grausam nächtlicher Dunkelheit eingehüllt. Den ganzen Himmel hatten Wetter umzogen, finstere Wolkenthürme stiegen auf, und zeichneten ihre gewaltigen gespensterhaften Reflexe in den Ocean, der mit Luft und Himmel zu einer grauen schmutzigen Masse verschmolzen, nur widerlich von dem falben Schein der Blitze durchlichtet wurde. Dumpf verrollende Donner intonirten diese gewaltige Natursymphonie. Sausend sprang der Wind auf, er wuchs zum Sturme und peitschte die Wellen, daß sie hoch aufschäumend über Deck schlugen, und wie hungrige Bestien auf unser Fahrzeug losstürzten. Doch der mächtige Bau unseres Schiffes hielt wacker aus. Von jetzt an Stoß auf Stoß, wahnsinniges Toben und Sausen aller Elemente, rasselnde Donnerschläge und Blitze um Blitze durchzuckten den schwarzgähnenden Schlund, als wollten sie mit feurigen Schwertern den Ocean durchhauen. — Aber die Blitze verblaßten, der Donner verhallte, der Sturm ward müde und die schäumenden Wasserberge ebneten sich, und lagen mit Tagesanbruch wieder sanft zu den Füßen des blauen, klaren Himmels. Welch eine chaotische, weltzerreißende Nacht, und welch ein heiterer, sonniger Morgen. Die aufsteigende Sonne kleidete das Firmament in immer schönere Gewänder, und der spiegelglatte Ocean lag, vom Purpur umglüht, in heiliger, seelenzerschmelzender Ruhe da. Nur unter den Passagieren wollte sich die frühere Munterkeit noch immer nicht einstellen. Alles verrieth Unbehaglichkeit und blickte mit banger Scheu nach einer abgesonderten Kabine des Zwischendeckes, wo zwei Leichen auf der Bahre lagen.

Denn außer jenem Engländer, der Tags vorher als Opfer seiner Habsucht der Reisebeschwerlichkeiten erlag, starb noch ein zwölfjähriges Mädchen, ein zartes, blühendes Geschöpf. Es war die Tochter eines in Indien kämpfenden englischen Offiziers, und befand sich in Begleitung der Großmutter um nach Point de Gall zu reisen, wo sie von den Eltern erwartet wurde. Bald nach der Abreise erkrankte das Kind am Scharlach, und nach 10 Tagen starb es. Ich bin sonst in solchen Dingen nicht hypersentimental und weich, denn ich weiß, daß im Leben der Tod nicht immer das Aergste ist, aber da fiel eine Scene vor, die mir fast das Herz auflöste; außer in Romanen und Schauspielen hatte sich mir noch nie so etwas gezeigt. Der Tod auf dem Lande ist ein Liebesspiel gegen den Tod auf der See. Dort stirbt der Mensch unter Trost und Pflege, und findet dann Ruhe in seiner mütterlichen Erde, hier stirbt er unter Grauen und Entsetzen, dem Rachen wilder Seeungethüme zum Fraße hingeworfen, und kein Blümchen zeigt die Spur seines Grabes. Gegen 4 Uhr Nachmittag wurden beide Leichen, vollkommen angekleidet, auf das Verdeck getragen. Sie wurden mit entblößten Gesichtern auf schiefrechte, hohe Gestelle gelegt, die mit schwarzen Tüchern und weißen Kreuzen behängt und mit Kirchenleuchtern und brennenden Wachskerzen umstellt waren. Grellere Gegensätze kann man sich nicht denken. Hier das fahle, bleierne Gesicht eines zum Scelett abgemagerten Mannes, und nah dabei, die weiße, unschuldsvolle Gestalt des Mädchens. Ein Nachtgewand mit schwarzen Bändern, umhüllte die erstarrten Glieder, und die reichen, goldenen Haare wallten aufgelöst um das lilienbleiche Gesicht. Die aus Sonnen- und Kerzenlicht zusammenfließende magische Beleuchtung gab der Todten das Ansehen einer Schlafenden. Der Schiffskaplan, ein Greis voller Würde und Milde im Gesicht, trat nun hervor und sprach den Segen nach allen Ceremonien eines christlichen Begräbnisses. Kein Auge blieb ohne Thränen, und selbst das rauhe, von Wind und Sonne gebräunte, Schiffsvolk, stand voll Andacht, mit entblößtem Haupte, da und konnte seine Rührung nicht verbergen. Nach kurzem Gebete, in welches die ganze Schiffsmannschaft mit einstimmte, wurden beide Leichname in weiße Tücher gehüllt, um in den Ocean gesenkt zu werden. Da ertönte ein fürchterlicher, herzzerreißender Schrei, und die Großmutter des Kindes, welche bisher von einigen Damen in der Cajüte zurückgehalten wurde, stürzte sich jetzt über das todte Kind her und umklammerte es, wie eine Verzweiflungsvolle. Ströme von Thränen entstürzten ihren Augen, sie ließ es los, erfaßte es wieder, drückte es laut aufjammernd, mit zuckenden Händen, an ihre Brust, und sah und hörte die Umstehenden nicht, die sie tröstend fortzuführen suchten. Sie stand allein in dieser Welt mit ihrem Schmerze, und sank endlich, erschöpft, mit gebrochenem Auge, wie leblos zur Erde nieder. Tief ergriffen verließ ich die Bühne dieses Schauspiels; ich zog mich in meine Cajüte zurück, und hatte Mühe, mich dem schmerzlichen Gefühle dieses Eindruckes zu entschlagen. Ich holte meine Geige, jene treue Gefährtin hervor, die mir auf allen Lebenswegen, bei Sturm und Sonnenschein, auf dem Meere wie 'in der Sandwüste, im Urwalde, wie im Glanze der Welt, stets eine warme Trösterin gewesen, und an ihrer Seite heiterten sich auch diesmal wieder die trüben Wolken meiner Empfindungen auf. Vielen Aufforderungen nachgebend, spielte ich auch eines Abends der Schiffsgesellschaft einige Stücke vor. Fremder und wunderlicher mag dem Ocean wohl nichts klingen, als das Stacato einer Violinvariation — die Fische blieben stumm vor Staunen. — Wir hatten beständig schönes Wetter. Am Tage von heiteren Sonnenstrahlen, des Nachts vom Silberlichte des Mondes umflossen, fuhren wir mit Windesschnelligkeit über die stille, geheimnißvolle Wasserebene, jener zauberhaften indischen Welt zu, die von jeher alle Märchen und Wunder meiner Träume umschloß.

Point de Galle, (Insel Ceylon) am 12. August 1858.

Bald wölbte sich ein fremder Himmel über uns. — Als wir auf den mährchenhaften Wellen des indischen Oceans steuerten, da war es mir oft, als träumte ich von schlummernden Bergen und Thälern, von Wasserfällen, die im Silberlichte des Mondes schimmerten, von

Delphinen, Syrenen und Najaden, die in Blüthen ge=
hüllt, aus der lockenden Tiefe stiegen, und uns unter
den Klängen überirdischer Melodien, in den Hafen eines
Paradieses einführten. Plötzlich ragte auf einem Felsen=
vorsprunge ein schlanker Leuchtthurm, wie eine geweihte
Kerze, zum Himmel, und bald gewahrten wir die son=
nenfunkelnden Thürme, Kuppeln und Moscheen von Point
de Gall. Cocos bewaldete Hügel, die sich im Hinter=
grunde zu pytoresken Waldhöhen aufthürmen, umge=
ben, wie freundliche Wirthe, den Hafen, wo Schiffe aller
Nationen, mit unzähligen Mastbäumen, Wimpeln und
Flaggen geschmückt, sich in dem Meere spiegeln. Weiße
Segel ziehen wie beflügelte Schwäne dahin, Barken mit
bunten Zelten, leichte Gondeln, Ruder und Fischerboote
hüpfen über die Wellen, und nackte Hindus ruderten,
auf geschnitzten Baumstämmen knieend, in haftiger Eile
herbei, und drängten sich schreiend und rufend zwischen
die Reisenden, um allerlei Früchte und aus Rohrmatten
und Palmenblättern sehr kunstreich erzeugte Gegenstände
feilzubieten. Wir landeten endlich. Der Eindruck des
Ganzen, dieser Lärm, das fremdartige Gewühl, beleuchtet
von dem Colorit der mährchenhaften, indischen Zone,
dieses Alles ist für den ersten Augenblick zu berauschend.
Das Auge wird immer von neuen Wunder entführt, es
irrt im Kreise umher und findet nicht Ruhe, dem Einzelnen
zu folgen. — Die Gestalt der Insel Ceylon ist birnen=
förmig, so daß die größte Breite im Süden liegt. Eine

Reihe von Sandbänken und Felsenrissen, „Adams Brücke" genannt, welche zur Zeit der Ebbe so bloß liegen, daß sie passirt werden können, verbindet sie mit dem Festlande und erschwert die Umschiffung der Insel bedeutend. Das Clima ist sehr heiß aber gesund, gleichförmig und durch die Seeluft gemildert. Alle Produkte tropischer Länder gedeihen in überaus reicher Fülle, der Boden überquillt in üppiger Vegetation, und jede Art Palmen, insbesondere aber die Cocospalme erreicht hier einen wunderbaren Grad der Blüthen. Mit ihren phantastisch gefiederten Blättern, die wie Marabouts oft 12 bis 14 Fuß lang herabwallen, unter welchen ohne Unterlaß erfrischende Blüthen und Früchte hervorwachsen, entfaltet die Cocospalme den majestätischsten Baumwuchs, und nicht mit Unrecht wird sie die „Krone des Pflanzenreichs" genannt. Unweit der Stadt ist ein Wald von Cocospalmen, der dem Meeresgestade folgend, sich sechsundzwanzig englische Meilen in der Länge und einige Stunden in der Breite ausdehnt. Man berechnet, daß da an 11 Millionen erwachsener Cocospalmen beisammenstehen. Von den schönsten und lieblichsten Thälern durchschnitten, bildet das Innere der Insel ein Plateau von 2000 bis 6000 Fuß. Die Abhänge der Berge sind mit riesigen Wäldern bewachsen, die eine Menge reißender Thiere, Elephanten, Leoparden, Affen und Tiger enthalten und sich in ihrer Ausdehnung oft bis in die Nähe der Städte drängen. Die Einwohnerzahl der Insel wird beiläufig auf 1,500,000 geschätzt, kann aber nicht bestimmt angegeben werden, weil die Mohamedaner jede Volkszählung als eine Gottlosigkeit und sichere Vorboten von Pest und Hungersnoth scheuen. Außer den eingewanderten Europäern theilt sich die Einwohnerschaft in vier, von einander verschiedenen Völkern, nämlich Beddas, ein rohes, in den dichtesten Wäldern hausendes Jägervolk, dann die Singhalesen, das herrschende Volk, die schon eine gewisse Stufe der Bildung erreicht haben, ferner die Malahalas oder Hindus, und endlich die Mauren, die Nachkommen eingewanderter Araber und Mohamedaner. — Die vielen Moscheen mit ihren leuchtenden Domen und schlanken Minarets, die da und dort zerstreuten Paläste, mit ihren anstoßenden Gärten, die Masse Tempel, Wihàra und Priesterklöster des Budahismus mit weitläufigen Terrassen und Säulengängen für die heiligen Feigenbäume, alles dies verleiht der Stadt etwas glänzendes, imposantes, mährchenhaftes. Aber in der Nähe betrachtet, ändert sich das Bild und man bemerkt, daß man sich in einer orientalischen Stadt mit engen, volkreichen und schmutzigen Straßen befindet. Der ältere Theil der Stadt umfaßt nur wenig Gebäude aus Ziegeln und Stein, meist nur Häuser mit Lehmmauern und Strohdächern, zum Theil selbst nur Buden aus Matten und Bambus mit Palmenblättern bedeckt. Während der heißen Tagesstunden ist die Stadt und ihr Gebiet ziemlich ruhig. Nur der Hauptstraße entlang, wo die Bazars und Kaufhütten errichtet sind, da drängt sich zu allen Tageszeiten ein buntes Durcheinander aller möglichen Völkerschaften. Tausende von Stimmen erschallen aus diesem abenteuerlichen Marktgewimmel, und zahllose Verkäufer kauern mit ihren Waaren hin, wo es ihnen beliebt. Zwischen den grotesken Gestalten der Reiter und Fußgänger mischen sich Malayen, Kaffern, Javaner, Chinesen und Parsis. Das Pfeifen der Barbiere tönt beständig durch diese Gruppen, und oft sieht man einen vornehm costümirten Malayen seinen sonnengebräunten Hals dem Messer eines solch zerlumpten Figaro hinhalten, der ihn natürlich auf das Unbarmherzigste zerkratzt. Hie und da wird die Scenerie durch Gaukler, Schlangenzähmer und Geschichtenerzähler noch mehr belebt. Ein solcher Aufzug wird gewöhnlich noch von halbnackten Hindus und maskirten Tänzern mit Thierlarven begleitet, welche unter Schellengeklingel, Pfeifenspiel und wilden, einförmigen Trommelschlägen zum Ergötzen des schaulustigen Straßenpöbels ihre Productionen halten. Ein blendender, schillernder Glanz an lebhaft bunten Farben ist vorherrschend. An allen Häusern und Buden flattern Fahnen, Bänder, Teppiche, bunte Lappen u. s. w. Wie die in Gold und Edelsteinen prangenden Frauen vornehmer Kaste, kann auch das braune, bettelhafte Blumenmädchen ihre Glas=Corallen und bunten Zierarten nicht entbehren. Die Sonne und der balsamische

Hauch des üppigen Indiens, üben einen merkwürdigen Einfluß auf das Gemüth des Menschen, und der Charakter des öffentlichen Lebens, die Sitten und Gebräuche des Orients, bilden einen bunten und grotesken Gegensatz zur graudiosen und praktischen Regsamkeit des austral-englischen und amerikanischen Volkes. Selbst die religiösen Feierlichkeiten des Budahismus haben weit eher das frivole Ansehen einer übernächtigen Fastnachtskavalkade, als den ernsten Charakter einer Gottesverehrung. Von Zeit zu Zeit wallen phantastische Prozessionen und Priesterzüge nach den zahllosen Tempeln der Stadt. Die magische Beleuchtung der Oriflamme und des Sonnenlichts, die Mohrengesichter in weiten, bunten, bis zum Boden reichenden Priestergewändern, das geheimnißvolle Murmeln und Summen der Betenden, die berauschenden Räucherungen und endlich die riesigen, von Pracht funkelnden Elephanten, dies alles gewährt zwar einen feenhaften Anblick, aber durch die nachfolgenden Gruppen und Karrikaturen allerlei Götzenspucks unter Trommeln und Glocken wird alle Weihe profanirt und entzaubert.

Gall war früher der Centralpunkt der budhistischen Heiligthümer und im Besitze des heiligen Zahns des Budah, der jetzt in Candy verehrt wird. Dort wurde 1815 der letzte König entthront und jetzt steht die Insel unter englischer Herrschaft, die in Person eines Gouverneurs zu Colambo ihren Sitz hat.

Point de Galle, Ceylon, im August 1858.

Der nordöstliche Theil der Stadt umfast sehr zahlreiche Denkmäler moslemischer Architektur. Wie alle orientalischen Bauwerke, bilden sie weite, mit Terrassen besetzte, Hallen, kühn und phantastisch gewölbte Bogengänge, mit reicher, kunstvoller und harmonischer Ornamentik verziert. Die innern Räume sind nach morgenländischer Art durch viele Draperien aus bunten, herabhängenden Stoffen abgetheilt. Von den eigentlichen Gemächern aus führen offene, nur von oben gedeckte Gallerien zu einer Art von Lusthäusern, wo die Frauen auf Divans und Bastmatten manche Stunde des Tages sitzen und plaudern. Mit jener Anmuth und all' ihren Reizen in Mienen und Haltung, welche den malayischen Frauen eigen ist, richten sie die schwarzen, aufglühenden Augen neugierig nach allen Seiten und kommen ausser sich vor Freude, wenn irgend eine seltsame Erscheinung, oder ein Zusammenlauf von Menschen ihre Langweile vertreibt. Die Frauen altern rasch und werden dann welk und häßlich, aber in der Zauberstunde ihrer Jugend sind sie ungemein reizende Geschöpfe. Die Gluth des Südens im Teint und Blick tragend, theilen sie mit den Orientalinnen die Grazie der Bewegung und Haltung, mit den Bewohnern des Tropenlandes aber die Tiefe der Leidenschaften. Sie sind schlank gewachsen, haben reizende, üppige Formen, und sollen in der Unterhaltung einen lebhaften aber wenig ausgebildeten Geist zeigen.

Ihre Gesichtsfarbe würde dunkelbraun erscheinen, dämpfte sie nicht rabenschwarzes Haar und das tiefe, leidenschaftliche Auge. In ihrer Toilette lieben die Vornehmen phantastischen Putz, grelle, schreiende Farben, besonders aber reichen Gold- und Juwelenschmuck, welchen sie in die zu Zöpfen geflochtenen pechschwarzen Haare winden, was unter den vielen herabflatternden Bändern ein sehr malerisches Aussehen gewinnt. Die eingewanderten Portugiesen, Holländer und Engländer besitzen sehr schöne, aus Backsteinen aufgeführte, Wohngebäude, mit hohen luftigen Zimmern und Sälen, schönen Veranden und Pavillons, welche durch die Mannigfaltigkeit der architektonischen Verzierungen vieler Säulen ein fremdartiges Gepräge erhalten. Im Innern dieser Häuser findet man mitunter sehr noble, mit orientalischem Glanz ausgestattete Räume, und die nirgends fehlenden Balkone mit Aloen, Springquellen und Gemälden geschmückt. In ihrer Liebe zur Ruhe sitzen hier die reizenden Portugiesinnen, um frische Luft zu schöpfen. Viele rauchen Cigarren und schaukeln sich in weichen, elastischen Stühlen, zwischen Blumenbüschen und halb geöffneten Jalousien, hinter denen sie, mit verführerischer Koketterie, den Blicken der Vorübergehenden sich zugleich zeigen und verbergen. Wenn der Abend seinen weichen, dunkeln Mantel um die Stadt hüllte und das traumhafte Mondlicht über die Säulen- und Terrassengänge verfallener Paläste einen fahlen Silberschein wirft, dann gewinnt die Stadt ein märchenhaft romantisches Gepräge. Die erquickende Seeluft haucht tausend indische Wohlgerüche aus den Blüthen- und Orangen-Büschen der Gärten, und lockt ein buntes Gemisch von Spaziergängern bis nach Mitternacht durch die Straßen. Im Mittelpunkte des europäischen Quartiers versammelten die Töne der Militärmusik ein seltsam verschlungenes Menschengewühl. Glänzende Kutschen, mehr altmodisch prachtvoll, mit Federbüschen, Schellen und Trobbeln geschmückt, als elegant und modern, haben Mühe, sich durch die engen, mit Menschen überladenen Straßen durchzuarbeiten, und ich, als bescheidener Fußgänger, konnte trotz meiner gesunden Rippen und Ellbogen nur unter einem Empfang zahlreicher Fußtritte und blauer Flecke den Platz erreichen, wo sich vor üppig umblühten Sorbeterien die elegante Welt einfand. Eine auf dem Flügelhorne etwas holperig geblasene Cavatine aus „Norma" empfing mich, dann folgten Arien aus „Robert", „Lucia", „Sonnambula" ꝛc. ꝛc. Aber diese Klänge, die sonst immer nur gleichgültige Bekannte meines Ohr's gewesen, ergriffen und berauschten mich jetzt wie überirdische Lust. Ich saß unter blühenden Cocospalmen, umschmeichelt von poetischen Lüften; die Sterne funkelten wie Nachtdiamanten über mir, und logen meiner Phantasie die wunderbarsten Mährchen vor. Die kreischenden Töne einer Sackpfeife weckten mich aus meinen Träumen, und von dem Takte einer barbarischen Hindumusik begleitet, wälzte sich eine Gruppe Tänzer heran, die unter dem Schellengeklingel der Tambourine eine wild phantastische Tarantell produzirten. Junge Mädchen, das nachtschwarze, ölgetränkte Haar zurückgeschlagen, den Körper nur von den Hüften bis über die Knie vom Sarong bedeckt, den Oberleib, den braunen Sammet der vollen Arme, den reichen Nacken und üppigen Busen völlig nackt, flogen entathmet und erhitzt im Kreise umher, bis sie, vom Schwindel erschöpft, zu Boden sanken. Ich winkte Einigen herbei, um ihre Produktionen durch ein Geldstück zu belohnen, aber sie schauten mich mit ihren tief dunkeln Augen verwundert an, schüttelten die Köpfe und nahmen nichts. Erst spät nach Mitternacht erstirbt allmälig das Volksgewühl, nur noch hier und dort, aus Tempelhallen und Priesterklöstern, tönten die mystischen Gesänge der Allahababen durch die brütende Nacht hin, begleitet von dem wehmüthigen Liede eines braunen Mädchens, das für einige Bettelpfennige in Eis gekühltes Wasser feilbot, und nun einsam heimkehrte. Mein Weg führte mich durch ein Labyrinth von Straßenkreuzungen an einem blühenden Parke vorbei, zu den Standbildern mehrerer verstorbenen Monarchen. Diesem folgte eine ununterbrochene Kette verfallener Gebäude mit Höfen, Terrassen, Säulengängen, Gärten und Pavillons. Ich stand vor den bemoosten Ruinengemäuern des einst mächtigen Herrschersitzes, wo entnervte Könige, von einem schwelgerischen Hofgesinde umgeben, im Schooße der Wollüste gähnten. Die dunkle Geschichte der Vorzeit weht geheimnißvoll durch die Trümmer dieser versunkenen Herrlichkeit. Mannigfache Fragen drängen sich hier dem Wanderer auf, aber nur das Geflatter kreischender Eulen und Raben tönt aus diesen begrabenen Mysterien als Antwort zurück. Alles lag in Grabesruhe todt und verlassen umher, und nur eine Gruppe dichtverschlungener Cypressen senkte als stummer Zeuge die dunklen, vom Mond gebleichten, Aeste schwermüthig zur Erde herab.

Byron's schöne Worte:

„Dunkler Baum, immer noch trauernd,"
wenn der andern Schmerz längst verflogen ist. —

fanden hier die richtige Staffage.

Am Bord des Dampfers „Emeau," im August 1868.

Die Winde waren uns günstig, als wir nach kurzem Aufenthalte Point de Galle verließen. Stadt und Hafen entrückten sich allmälig unsern Blicken, und wie Traumbilder verflogen die tausend mannigfaltigen Erscheinungen, die dort so bunt und märchenhaft an mir vorüberschwirrten. Eben so rasch verflogen die Stunden, auch wenn ich nichts Anderes gethan hätte, als immer nur hinabzusehen nach der Stelle, wo die Wogen mit weißem Schaume an das Schiff schlugen, und im ewigen Wechsel aufwallten und vergingen, sich öffneten und schloßen über die räthselhaft lockende Tiefe, und mich dem Ziele meiner Hoffnungen, dem Hafen, meiner Heimath doch immer näher und näher brachten. Mir war es, als sähe ich aus jeder Welle Gestalten, Bilder und Erinnerungen tauchen, die mich an lang vergeſſne Tage mahnten, und ich blieb in einer fortwährenden Spannung, die mir wohl that. Vierzehn Tage ſpäter waren wir der zauberhaften Zone Indiens entrückt und ſteuerten jenem Meere zu, das von der Farbe ſeiner über Corallenriffe fluthenden Gewäſſer den Namen des rothen erhalten hat. Die rothe See bildet eine verhältnißmäßig ſchmale Straße von 262 Meilen Länge und einer durchſchnittlichen Breite von nur 45 Meilen. Die Corallenriffe, die ſich von jedem der beiden Ufer in eine Parallel-Linie ziehen, haben das rothe Meer, das bezüglich ſeiner Verkehrsverhältniſſe wohl beſſer das ſtille genannt werden könnte, in drei verſchiedene Kanäle getheilt. Der Mittelſte iſt der breiteſte und hat eine Tiefe, die durchſchnittlich hundert Faden beträgt, aber gegen Suez hin bedeutend abnimmt. In der Straße Bab el Mandeb beträgt die Breite des Meeres, von einem Ufer zum andern, nicht mehr als $2^{1}/_{2}$ Meile und ſelbſt dieſer Raum verringert ſich noch durch die Inſel Perim, welche das Waſſer in zwei Strömungen theilt. Vor noch nicht langer Zeit hatte dieſes Meer nur die Beſtimmung, fromme Muſelmänner zur Pilgerſchaft nach Dſchibba und Mecca zu führen. Als 1774 das erſte engliſche Segel erſchien, gerieth der damalige Sultan in einen gewaltigen Zorn und schrieb an den Pascha von Aegypten: „Ich befehle, daß du alle Ungläubigen, welche es wagen, diese heiligen Gewässer zu befahren, ins Gefängniß werfen sollst." Vierundzwanzig Jahre später eroberte Bonaparte Aegypten und, vom Zauberstabe des Weltverkehrs berührt, belebt sich die sonst öde See jetzt immer mehr und mehr. Eine Fahrt durchs rothe Meer jedoch gehört in den Sommermonaten zu dem Beschwerlichsten einer Weltreise und hat auch mich, der ich zu wiederholten Malen die Sonnengluth des Aequators empfunden, auf's Äußerste angegriffen und erschöpft. Der heiße Dunst, der über die Wellen haucht, und die senkrecht fallenden Sonnenstrahlen, erzeugen die Atmosphäre einer Schmelzhütte. Die Wellen glitzern wie geschmolzenes Metall, so daß das Auge von dieser ewig schattenlosen Mittagsgluth fast geblendet wird. Selbst die Küstenstriche tragen diese röthlich gelbe Eintönigkeit. Nur hier und da beugen vereinsamte Palmen ihre dürren Zweige in den Sand, das Schilf läßt matt und dürstend die langen welken Blätter hängen, die Vögel fliehen ängstlich hin und her, sie suchen vergebens das kühle Dickicht, und selbst die ewig bewegte Wolke der Möven ist nirgends sichtbar. Doch da im sumpfigen Blättergewirr des Strandes lauert das graubepanzerte Crokodil mit tückischen, gläsernen, grünen Augen. Es liegt regungslos, wie todt, aber plötzlich hat es uns erspäht und in wildester Hast, mit Blitzesgeschwindigkeit, stürzt es hervor. Ein Moment, und man sieht die langgestreckte, glitzernde Masse, den furchtbaren stachelbesetzten Rachen weit geöffnet, über die Wasserfläche hinausspringen, und dann, von den wohlgezielten Feuerkugeln der Matrosen getroffen, schwer und plump in ihr Element zurückfallen. Ein laut klatschender Wellenschlag erregt den Wasserspiegel, dann herrscht tiefes Schweigen. Unter den Passagieren stockte jede Unterhaltung. Alles lag, von der betäubenden Müdigkeit ergriffen, in den Kabinen umher, und auch ich litt in einem furchtbaren Grade. Eine fliegende Hitze röthete mir wie Scharlach das Gesicht, und auf meiner Stirne bildeten sich kleine, stechende Knoten und Beulen. Die Matrosen erinnerten sich seit Jahren keiner so verzehrenden Gluth. Die Armen hingen fortwährend an Masten und Segeln, und steckten sich nach vollbrachtem Tagwerk hinter aufgespannte, aber nur wenig schützende Sonnendächer. Arabische Küstenfahrer steuerten träge und furchtsam vorbei, in Schiffen, die noch ganz so plump und urthümlich gebaut sind, wie vor einigen hundert Jahren. Sie ziehen handeltreibend, zwischen Suez und den wichtigsten Handelsstädten Arabiens umher, halten sich möglichst dicht an der Küste und, obschon sie in jeder Nacht beilegen, scheitern sie in der Regel häufig, ehe sie den Ort ihrer Bestimmung erreichen. Eine Hand voll Datteln, ein Schluck Wasser bildet die Nahrung dieser See-Nomaden, die wie zusammengeschrumpft vor Hitze, Ungemach und Entbehrungen mit untergeschlagenen Füßen am harten Deck ihres Flachboots kauern, und sich durch Singen und Mährchenerzählen die dahinschleichende Zeit verkürzen. Poetisch klangen meinen Ohren die arabischen Melodien, die bald klagend und wehmüthig, bald wild aufjubelnd unter den Flammenküssen des Himmels, beständig von ihren Lippen tönten. Es war viel Rührendes in ihrer Heiterkeit und es klang, als wollten sie uns zurufen: Seht, die Natur hat uns doch schadlos gehalten für die bittern Mühseligkeiten, die sie in ihrem Unmuthe über uns verhängt. Ein Gemisch von Spott und Neugierde überzog schmunzelnd ihre hellbraunen Gesichter, als wir stolz an ihnen vorüberbrausten, während die schwarzen Augen uns brennende Blicke zuwarfen. Endlich, am 22. August, milderte eine sanfte Brise die drückende Luft, der flammenrothe Himmel hüllte sich des Abends in dunkle, blaue Schatten, und als das Sternenheer leuchtend über uns auftauchte, athmeten wir, wie von einer Tantalusqual befreit, hoch auf. Die bleiche Luna schwebte mährchenhaft hervor aus den weißen und grauen Wolkengebilden, das schnell verzitternde Bild des südlichen Kreuzes erschien nur noch blaß und träumerisch am Horizonte, Sternschnuppen fielen nieder, und zahllos schimmernde Funken leuchteten feenhaft in den Fluthen. Die Ruhe der Nacht hat auf dem Meere etwas heiliges, mit süßen Schauern durchbebt sie die Menschenbrust, und füllt selbst das profanste Herz mit geheimen Ahnungen, daß hoch oben im verschleierten Silberhimmel ein großer Schöpfer thront.

Als ich folgenden Tags gegen sechs Uhr, wie neu gestärkt von der Nachtfrische, in meiner Kajüte aufwachte, enthüllte sich aus den Nebelwolken des Morgens die Sabt Aben. Kahle, wild und abenteuerlich gezackte Felsenmassen erhoben sich wie verzauberte Schlösser aus dem Schooße des Meeres. Nach allen Seiten ziehen mächtige Höhlen, aufgethürmtes Gestein, wie auseinander gerissen und zerklüftet von der Wogenmacht der sie schon Jahrhunderte lang umtobenden Brandung. So weit das Auge reicht, zeigt sich keine Spur von Vegetation; alles grüne Leben scheint in dieser Steinwüste versunken; die von dem grellen Colorit der Sonne geröthet, ein Prototyp afrikanischer Eintönigkeit darstellt: Aber die Natur hat den Ort durch einen, selbst den größern Dampfern Schutz gewährenden, und zu allen Zeiten zugänglichen Hafen entschädigt. Die vielen Schiffe aller Nationen, die hier einen Stapelplatz finden, geben ein lebhaftes Bild, und machen Aben zu einer sehr wichtigen Station für den Handel mit Indien, Arabien, Aegypten und dem übrigen Afrika. Als die Engländer 1839 Aben in Besitz nahmen, war der Ort ein Trümmerhaufen, der einigen hundert armseligen Arabern zum Schlupfwinkel diente, jetzt ist es von beinahe 20,000 Menschen bewohnt. Araber, Hindu, Somali, Chinesen, Malayen, Perser, Afgahnen, und Juden durchstreifen, vom Handel angelockt, die Straßen; die Stadt ist eng und schlecht gebaut, und bildet ein regelloses Gewirr von Mauern, mit alten plumpen Thürmen und geschwärzten, scheibenlosen Fenstern. Nach kurzem Halt segelten wir weiter. Vier Tage später erreichte der „Emeau" sein Reiseziel, und unter Kanonendonner und dem Hurrah der Matrosen, landeten wir in Suez. Die weißen Mauern, die vielen Thürme, Moscheekuppeln und Minarets, die sich aus dem dunklen Hintergrunde eines Hochgebirges erheben, geben Suez ein stattliches Ansehen. Die ägyptische Regierung hat von hier aus die Beförderung der Reisenden übernommen, sie erfolgt, bis die Bahn nach Kairo vollendet ist, durch die Wüste, auf einer ziemlich guten Straße, die Limant-Bay angelegt hat. Die Fortsetzung dieser Bahn wird mit einer Umsicht und Energie betrieben, die den Arbeiten am Suez-Canal das günstigste Prognosticon stellen. Schon sind über zwanzig Stunden Erdarbeiten fertig, und auf einer Strecke von mehr als sechzig Stunden liegen die Schienen. Vom rothen Meer bis Kairo sind fünfzehn Stationen, die wir in 12 Stunden zurücklegten. Kairo gewährte, im Sonnenglanze funkelnd, einen feenhaften Anblick. Wir fuhren durch das Bakel-Futuh, das Thor der Eroberung, in den Mittelpunkt der Stadt ein. Ungeheuere palastähnliche Gebäude, Citadellen, Hospitäler, Kaufhallen, Bazare, und über 400 Moscheen erheben sich stolz und strahlend von allen Seiten, und machen diese Stadt zu einer der merkwürdigsten des ganzen

Orients. Von den verschiedenen Quartieren, in welche die Stadt getheilt wird, sind die am meisten bevölkerten das koptische, jüdische und das fränkische Quartier. Aber nur wenig Hauptstraßen verbinden die einzelnen Theile der Stadt; die meisten andern Straßen sind so eng und winklich, daß sie nur von Fußgängern passirt werden können. Mit allem Schwung und Prunk moslemischer Architektur, dehnt sich, von Parkanlagen umgeben, der Palast des Vicekönigs und seiner Familie aus, der mit schlanken Säulen, Thürmen, Kuppeln, Terassen und Bogengängen geschmückt, einem wahren Alhambra gleicht. Kairo ist der Sitz arabischer Gelehrsamkeit und Kunst, der Centralpunkt des orientalischen Handels, und der Sammelplatz der verschiedenartigsten Raçen und Nationen. Der Abend im Bazar und dessen Umgebung, bietet das bunteste und belebteste Bild, das man sich denken kann. Da sieht man kahlköpfige Muselmänner in buntseidenen Gewändern, Mohren mit turbanähnlichen Mützen, langbärtige Pilger in schwarzer Tracht, die nach Mecca wollen und hier verschiedene Einkäufe machen. Als Gegensatz zu ihnen, schreiten die grotesken Gestalten abyssinischer Krieger, in bunter Tracht mit muthig blitzenden Augen daher, jeder mit Dolchen, gekrümmtem Säbel und hellebardenartigen Lanzen bewaffnet, und hie und da erblickt man die weichlichen Figuren vornehmer Araber, in gelb und rothseidenen Kaftans gehüllt, reich mit Gold und Juwelen geschmückt. Nur auffallend wenig Weiber sind mir während der wenigen Stunden meines Aufenthaltes begegnet, und diese wenigen waren sämmtlich häßlich und von der niedersten Klasse, die von der abenteuerlichen Nacht gelockt auf Prostitution ausgingen. Ein großer Theil der türkischen Besatzung war in verschiedene Quartiere vertheilt, oder zogen, schwer bewaffnet, durch die Straßen. Die blutigen Vorgänge in Dschidda die einen Aufstand der moslemischen Bevölkerung befürchten ließen, veranlaßten diese Wachsamkeit. Als ich die Stadt verließ, wogte ein dicht verschlungenes Menschengewühl durch das Stadtthor ins Freie, wo die Hinrichtung eines Banditen vollstreckt wurde. Es war ein junger Araber, der um einen bestimmten Preis, jeden Lusttragenden von seinen Feinden befreite. Der Kerl hatte zwei Manieren zu morden: entweder auf offener Straße, oder in seinem Hause, wie man es wünschte. Er hielt ein Art Wirthshaus in einem der abgelegensten Theile der Stadt, und eine junge verführerische Araberin, welche die Schlachtopfer anlockte, und sie unter Lächeln und Kosen dem Messer ihres Gebieters auslieferte.

Am Bord des Dampfers „Eolist," vor Malta, am 3. Sept.

Am 27. August erreichte ich wohlbehalten Alexandria, wo ich ein Schiff nach Triest zu finden hoffte, aber mit unangenehmer Ueberraschung erfuhr, daß der nach Triest segelnde Dampfer bereits einen Tag vor meiner Ankunft den Hafen verlassen, und daß dessen Wiederkehr erst nach 14 Tagen zu erwarten sei. Von einer seltsamen Aufregung bewegt, durcheilte ich die Straßen, die auf orientalische Weise schmutzig und größtentheils schlecht gebaut sind, vorbei an den hier und da zerstreuten Palästen und öffentlichen Gebäuden, mit welchen Mehmed-Ali den klassischen Boden dieser Stadt geziert, die nun kaum mehr einen Schatten ihrer einst welthistorischen Größe bildet. Aber weder die Pompejussäule, noch die halbverschütteten Obelisken, sammt allen Denkmälern vermoderter Herrlichkeit, vermochten es, die Ungeduld meines, nur von Wiedersehen und Heimathsgefühlen bewegten Herzens zu zerstreuen. Ich eilte in den Hafen, an Bord eines englischen Schiffes, und den etwas längern Weg über Malta und Marseille einem unersprießlichen Aufenthalte im heißen Alexandria vorziehend, landete ich vor wenigen Stunden vor Malta. „Fuer del Moneto," die Blume der Welt, ist der stolze Name, welchen die Maltesen diesen nackten Felseninseln beigelegt haben, auf die eben ein afrikanischer Himmel seine glühenden Sonnenpfeile herabsendete. Ein mächtiger Hafen, mit vielen Gemäuern und kanonenbesetzten Cidatellen gekrönt, schützt die Stadt vor feindlichen Angriffen. Im Centrum des Mittelmeeres gelegen, einen Grenzpunkt Europas und Afrikas bildend, genießt diese Insel die üppige Vegetation südlicher Natur; die schönsten Blumen sprossen in den von orientalischer Gartenkunst gepflegten Anlagen hervor, und durch das dunkle und dichtverschlungene Baumgrün schimmern Citronen und Goldorangen in reicher Fülle. Die Stadt La Valetta liegt auf einer in das Meer hineinragenden Landzunge, und bietet von der See aus gesehen einen höchst imposanten Anblick. Die Stadt ist auf einem Berge erbaut, wodurch die meist sehr massiven und drei Stock hohen Häuser, mit platten Dächern und einer Anzahl hölzerner und bunt bemalter Balkone besetzt, sehr unregelmäßig auf einander kleben, und jeder architektonischen Schönheit entbehren. Aus dem bunt und abenteuerlichen Häusergewirre, sieht man die Thürme und Kreuze der berühmten Johanniskirche, den Palast des Großmeisters, und die Versammlungshäuser der Ritterschaft stolz in die Wolken ragen. Ueber dem Palaste erhebt sich ein viereckiger Thurm, von dem aus der jetzige Gouverneur den im Hafen liegenden Schiffen seine Befehle signalisirt. Ich muß schließen. Eben ertönt das Zeichen zum Aufbruch, alles ist gerüstet, die Winde sind günstig, in wenigen Stunden wölbt sich der Himmel Europas über mir, und der Tag, an dem ich meine Heimath glücklich wiedersehe, wird der freudigste meines Lebens.